中东地区发展报告

“一带一路”建设与中东

[2015—2016]

刘中民 朱威烈 孙德刚◎主编

时 事 出 版 社

主编的话

2015年是中东形势持续调整变化的一年，也是“一带一路”倡议提出后中国与中东国家全面推进政策沟通、设施联通、贸易畅通、资金融通和民心相通的一年。因此，《中东地区发展报告（2015—2016）》主要以2015年中东地区形势和中国与中东关系作为分析的主要对象。本书的主题报告为“‘一带一路’视野下的中国与中东”，报告既有宏观战略研究，也有具体领域的研究，还有双边关系领域的研究，力图全面认识中国与中东共建“一带一路”的战略构想、现状与趋势、机遇与挑战、问题与对策。

本书有三个专题报告。专题报告“中东地区形势的新发展”，主要分析了2015年中东形势的新发展，对认识转型国家发展态势、地区格局重组、伊核协议的深刻影响、域内外大国中东政策有重要意义。专题报告“教派问题与宗教极端主义”，对2015年中东教派矛盾加剧、“伊斯兰国”恐怖主义扩张两大问题进行了深入分析，有利于客观认识教派矛盾的实质，揭示以“伊斯兰国”为核心的极端主义的本质。专题报告“中国中东外交”主要结合中国特色的大国外交的推进，对如何构建中国特色的中东外交、中国参与中东地区安全治理的理论与实践等问题进行了重点探讨，力图全面理解中国特色中东外交的内涵和实质。

《中东地区发展报告（2015—2016）》的主题和编写大纲由上海外国语大学中东研究所刘中民教授、朱威烈教授、孙德刚教授商议拟定，刘中民教授、孙德刚教授负责通读、修改了全书，同时根据形势变化增删了各报告的部分内容。中东研究所余泳副教授承担了与作者的联系工作。

本书的撰写继续秉承跨行业、跨部门、跨机构合作的原则，继续突出基础性、应用性和政策性相结合的特点，而这一切都需仰仗国内专家学者的倾力支持。这里谨对参与本书撰写的校内外专家学者的辛勤劳动和精诚协作表示衷心感谢！

2016年3月于上海

目　　录

专题报告二
教派问题与宗教极端主义

专题报告三
中国中东外交

Table of Contents

Session Two: The New Development of the Middle East Situation

Session Three: Sectarian Issue and the Religious Extremism

Session Four: China's Middle East Diplomacy

内容提要

2015年是中东形势持续动荡、地区格局继续重组的一年，也是“一带一路”倡议提出后中国与中东关系深入发展的一年。因此，《中东地区发展报告（2015—2016）》主要以2015年中东地区形势和中国与中东关系作为分析的主要对象。本书的主题报告为“‘一带一路’视野下的中国与中东”，专题报告包括“中东地区形势的新发展”、“教派问题与宗教极端主义”和“中国中东外交”三部分。

1. 主题报告：“一带一路”视野下的中国与中东

中东地区是“一带一路”的交汇地带，具有联通欧亚非的重要枢纽地位。在“一带一路”沿线60多个国家中，有超过四分之一的国家属于中东国家。因此，做好在中东地区推进“一带一路”建设的工作，对实现“一带一路”建设总体目标有十分重要的意义。近两年来，在中东推进“一带一路”建设的工作已经取得了不小的成就，其表现具体有三：第一，内容清晰的顶层设计已经成型，战略引领作用显著。第二，中东国家反应热烈、参与积极。第三，各种机制建设为“一带一路”提供了重要平台。当然，中国在中东推进“一带一路”面临的最大挑战是安全风险，但中国并不会因畏惧安全风险而止步不前，而是要根据中东国家风险程度的差异精准施策，继续在中东推进“一带一路”建设。基于以上认识，本书编写组组织专家撰写了9篇分报告，具体问题包括：“一带一路”战略构想与中国经济外交新发展，“一带一路”框架下中国与中东国家的战略对接，中国在中东地区推进“一带一路”建设的机遇、挑战及应对，中国与中东国家产能合作的机遇和挑战，中国北斗卫星导航系统落户阿拉伯世界的机遇与风险，“一带一路”建设中的“民心相通”，“一带一路”背景下的中阿关系，埃及经济振兴计划与“一带一路”战略对接，“一带一路”背景下的中国与以色列关系。这些报告既有宏观战略研究，也有具体领域的研究，还有双边关系领域的研究，比较全面地分析了中国与中东共建“一带一路”涉及的主要问题，有助于全面认识中国与中东共建“一带一路”的战略构想、现状与趋势、机遇与挑战、问题与对策。

2. 专题报告一：中东地区形势的新发展

动荡与混乱依旧是2015年中东地区形势的常态，甚至其程度和烈度都远超过以往。但是，2015年的中东形势也呈现出了乱中有治的迹象。《伊核协议》的签署无疑是中东形势变化的最大亮点，创造了政治解决中东热点问题的伊核模式；转型阿拉伯国家已经分化为趋于稳定（如突尼斯、埃及）与继续动荡（如也门、利比亚）两种类型，呈现出治乱并存的两种趋势；“伊斯兰国”（IS）等极端恐怖势力继续肆虐，难民问题不断发酵，都强烈冲击全球安全和全球治理，但也直接推动了国际社会围绕反恐、难民治理的国际合作；在叙利亚、伊拉克、也门、巴以等地区新老热点问题持续紧张的同时，叙利亚问题在2015年年底出现了重回政治轨道的可能。但是，中东地区格局的结构性矛盾依然存在，并表现为美俄战略博弈和地区大国争夺地区主导权的斗争同时加剧。因此，本书撰写了6个分报告，分别就埃及形势的新发展、中东地区格局的新变化、伊核全面协议的影响评估、新一轮中东动荡期形势评估、土耳其G20安塔利亚峰会评估、俄罗斯中东政策等问题进行了分析，对认识转型国家发展态势、地区格局重组、伊核协议的深刻影响、域内外大国中东政策有重要意义。

3. 专题报告二：教派问题与宗教极端主义

在2015年，以沙特与伊朗为核心的两大阵营的地缘政治、民族和教派对抗日趋固化。过去几年来，沙特与伊朗围绕巴林、叙利亚、伊拉克和也门展开了持续的代理人竞争。2016年伊始，沙特与伊朗断交危机导致双方的对抗公开化、阵营化，双方的矛盾并非简单的教派矛盾，而是争夺地区主导权的地缘政治矛盾、阿拉伯民族与波斯民族矛盾、逊尼派与什叶派矛盾这三大矛盾的叠加。双方对抗的态势将呈现龃龉不断但又不会走向战争的“新常态”，中东国家日渐分化成沙特阵营、伊朗阵营和中间阵营。基于此，本书组织撰写了“对中东教派主义的多维透视”“伊朗与阿拉伯什叶派关系”两篇分报告，力图客观认识教派矛盾的实质。

在2015年，中东地区的极端主义和恐怖主义持续泛滥。具有实体化、准国家化特点的“伊斯兰国”已取代“基地”组织成为国际恐怖主义的核心，即大规模恐怖袭击的主要发起者，极端主义和恐怖主义意识形态的生产者和传播者，以及世界各地恐怖极端组织的效忠对象。打击“伊斯兰国”的恐怖主义，弱化和根除宗教极端主义已构成全球治理的难题。基于此，本书组织撰写了4篇分报告：“伊斯兰国”与恐怖主义的变形、美俄围绕打击“伊斯兰国”的国际博弈、美国和中东国家对“伊斯兰国”的认知、欧洲伊斯兰极端主义的性质和内在结构。这些报告对认识以“伊斯兰国”为核心的极端主义的本质大有裨益，也有助于认识国际社会打击“伊斯兰国”斗争的复杂性。

4. 专题报告三：中国中东外交

全面推进中国特色的大国外交构成了2015年中国外交的重点。中国特色大国外交突出表现为“六个坚持”，即坚持中国共产党领导和中国特色社会主义，坚持独立自主的和平外交方针，坚持国际关系民主化，坚持合作共赢，坚持正确义利观，坚持不干涉别国内政原则。中东地区是当今世界最复杂、最动荡的地区，也是近年来中国外交面临机遇和挑战最多的地区之一。在2015年的中国中东外交中，中国紧密结合中东地区的实际，已初步形成既具有鲜明的中国特色，又符合中东实际情况的外交理念、外交政策和外交机制。2016年1月，《中国对阿拉伯国家政策文件》的发布，习近平主席访问沙特、埃及、伊朗三国，都标志着中国特色的中东外交正在成形。本书组织撰写的“中国中东外交战略构建研究”，“中国参与中东地区冲突治理的理论与实践”，“中阿智库交流的意义、现状及政策建议”，“中国与海湾国家关系的历史变迁”都有助于全面理解中国特色中东外交的内涵和实质。

Abstract

The year 2015 was characterized by a political turmoil prevailing in the Middle East and regional pattern continuing to restructure. It was also a time when relations between China and the Middle East witnessed further development following the "One Belt and One Road" Initiative. Therefore, the Middle East Development Report (2015—2016) chooses the situation in the Middle East in 2015 as well as the relationship between China and the Middle East as the main objects of analysis. The theme of this volume is "China and the Middle East within the Framework of the 'One Belt and One Road' Initiative," while special reports consist of three parts: "the New Development in the Middle East Situation," "Sectarian Issues and Religious Extremism" and "Chinese Diplomacy in the Middle East".

Session One: China and the Middle Eastwithin the Framework of the "One Belt and One Road" Initiative

The Middle East is the intersection of the "One Belt and One Road" and a hub connecting Europe, Asia, and Africa. Among the over 60 countries along the "One Belt and One Road", more than a quarter are Middle Eastern countries. Therefore, promoting the "One Belt and One Road" construction in the Middle East is crucial to achieve the overall goal of the "One Belt and One Road" Initiative. In recent years, promotion of the "One Belt and One Road" Initiative in the Middle East has made significant headway that manifests itself in three different aspects. First, a clear top – level design has formed and taken up strategic leading roles. Second, countries in the Middle East have responded enthusiastically and participated actively. Finally, various mechanisms have provided an important platform for construction of the "One Belt and One Road". Needless to say, the biggest challenge to China's promotion of the "One Belt and One Road" in the Middle East is security, but China's ambition will not be stalled by fear of such risks. Instead, it tailors specific policies according to countries' different levels of risk and continues to promote the construction of the "One Belt and One Road" in the Middle East. Based on the above considerations, this *Development Report* compilation group organized experts to contribute nine reports, drawing on specific issues including: Strategic planning of the "One Belt and One Road" Initiative and new developments in Chinese economic diplomacy; Strategic docking between China and the Middle Eastern countries within the framework of the "One Belt and One Road" Initiative; Opportunities, challenges and countermeasures in China's promotion of the "One Belt and One Road" in the Middle East; Opportunities and challenges of production capacity cooperation between China and the Middle East; The implementation of China's Beidou Satellite Navigation System in the Arab world; People – to – people contacts in the construction of the "One Belt and One Road"; Sino – Arab relations against the background of the "One Belt and One Road"; Egypt's economic revitalization plan and strategic docking with the "One Belt and One Road" Initiative; and Sino – Israeli relations against the background of the "One Belt and One Road" Initiative.

These reports include macro strategic research as well as researches in specific fields and bilateral relations. They not only aim to analyze major problems concerning the "One Belt and One Road" Initiative between China and the Middle East, but the reports also contribute to the understanding of the strategic planning, current situation and trends, opportunities and challenges, as well as problems and countermeasures in building the "One Belt and One Road" Initiative between China and the Middle East.

Session Two: The New Development of the Middle East Situation

Turbulence and chaos remained the norm of the Middle East in 2015, the extent and intensity of which might have even exceeded those in the past. However, the Middle East in 2015 also showed signs of mixture of order amid chaos. The Iranian nuclear deal is undoubtedly the biggest highlight of the changing situation, ushering in a path of political solution to Middle Eastern issues. Transforming Arab states have divided themselves into stabling ones (e. g. Tunisia and Egypt) and those with prolonged unrest (e. g. Yemen and Libya), showing two coexisting trends. ISIS and other extremist groups remained rampant while the refugee crisis continued to escalate, exerting a strong impact on global security and global governance, though they also directly promoted the international cooperation on terrorism and refugee governance. As old and new tensions in Syria, Iraq, Yemen, and Israel – Palestine continued, the Syrian crisis took a turn to the possibility of a political solution at the end of the year. However, structural contradictions persisted in the Middle East and manifested itself in the form of US – Russia strategic power game as well as intensified competition for dominance among regional powers. Therefore, this book includes six sub – reports analyzing the new development of the Egyptian situation, new changes in the regional pattern of the Middle East, comprehensive assessment of the impact of the Iranian nuclear deal, assessment of a new round of turmoil in the region, assessment of the G20 summit in Antalya, and Russia's Middle East Policy. The reports contribute to deeper understanding of the development trends in transitional states, reorganization of regional patterns, impact of the Iranian nuclear deal, and Middle East policies of major powers in and outside the region.

Session Three: Sectarian Issue and the Religious Extremism

In 2015, the geopolitical, ethnic and sectarian rivalry centered on Saudi Arabia and Iran, and was increasingly solidified. Over the past few years, Saudi Arabia and Iran have initiated proxy wars and competition in Bahrain, Syria, Iraq and Yemen respectively. Beginning in 2016, the breaking off of diplomatic ties between the two regional powers led to their open confrontation. Their conflict is not merely sectarian; it is a combination of geopolitical struggle for regional dominance, Arab – Persian ethnic conflict, and the Sunni – Shiite religious tension. The competition between Saudi Arabia and Iran will likely show a "new norm" consisting of prolonged discord without major wars, and Middle Eastern states are grouping themselves into the Saudi camp, the Iranian camp, and the middle ground. Based on such assumptions, this book volume includes two sub reports: "Multidimensional Perspective on Sectarianism in the Middle East" and "The Relationship between Iran and Arab Shiites", attempting to present an objective view of the essence of sectarian conflict.

In 2015, religious extremism and terrorism continued to spread across the Middle East. The "Islamic State", with its many characteristics similar to those of nation states, has replaced Al – Qaeda as the core of global terrorism. It has become the main organizer of large – scale terrorist attacks, the producer and disseminator of extremist and terrorist ideologies, and the target of allegiance among extremist groups around the world. The fight against the "Islamic State", as well as weakening and eradication of religious extremism, is a question of global governance. As a result, this book has four relevant sub reports: "The Deformation of ISIS and Terrorism," "US – Russia Power Game through the Fightagainst ISIS," "The Perceptions of ISIS in the United States and the Middle East" and "The Nature and Internal Structure of Islamic Extremism in Europe". These reports assist readers in understanding the nature of extremism with ISIS as its core as well as the complexity of global combat against ISIS.

Session Four: China's Middle East Diplomacy

The comprehensive promotion of great power diplomacy with Chinese characteristics constitutes the focus of China's diplomacy in 2015. Diplomacy with Chinese characteristics consists of "Six Adherences": adhering to the leadership of the Communist Party of China and socialism with Chinese characteristics, adhering to the independent foreign policy of peace, adhering to the democratization of international relations, adhering to the win – win cooperation, adhering to the correct concept of justice and benefit, and adhering to the principle of non – interference in the internal affairs of others. The Middle East is one of the world's most complex, most volatile regions that has presented numerous opportunities and challenges for Chinese diplomacy in recent years. In 2015, China closely examined the ground situation in the Middle East, through which its diplomatic concept, policy and mechanism formed combining Chinese characteristics with the reality on the ground in the Middle East. In January 2016, the release of *China's Arab Policy Paper* and President Xi Jinping's visit to Saudi Arabia, Egypt, and Iran both signified that its Middle East diplomacy with Chinese characteristics was taking shape. This book volume includes reports such as "the Construction of China's Middle East Diplomatic Strategy," "The Mode and attributes of China's Participation in the Security Governance in the Middle East," "Significance, Current Situation and Policy Implications Regarding the Exchange between Chinese and Arab Think – tanks" and "the Historical Evolution of the Relationship between China and Gulf States" . They will help readers fully understand the connotation and essence of China's Middle East diplomacy with Chinese characteristics.

主题报告
“一带一路”视野下的中国与中东

“一带一路”战略构想与中国经济外交新发展

复旦大学美国研究中心副主任、教授　宋国友

【内容提要】

“一带一路”战略构想是中国政府迄今为止提出的最具雄心的综合性地区经济合作战略。在规划、推动和落实“一带一路”构想过程中，中国经济外交的理念、实践和策略等方面都有了新的发展。本文主要从经济外交的视角分析“一带一路”构想，重点阐述“一带一路”构想推进过程中中国经济外交所展现出来的新思维、新机制、新模式和新政策，并分析建设“一带一路”中所面临的重要挑战。这些挑战对中国的经济能力和外交能力提出了新要求，需要在推动“一带一路”战略构想过程中认真应对。

“一带一路”战略构想是迄今为止中国区域合作的最重要倡议，也是综合投入各种资源最多的经济外交战略。这一构想在我国外交中处于优先位置，对于推进我国外交具有显著的战略意义，也是考验在新时期中国综合运用国际国内两种资源、实现国内国际两重目标的系统性工程，具有极为重要的外交影响。在规划、推动和落实“一带一路”的过程中，中国外交，尤其是经济外交的理念、实践和策略等方面都有了新的发展。本文将“一带一路”和经济外交相结合，重点阐述“一带一路”推进过程中中国经济外交所展现出来的新思维、新机制、新模式和新政策，并分析建设“一带一路”中所面临的突出挑战。

一、新思维：经济和外交的相互包容

经济外交是经济和外交的结合。这是经济外交的最普遍定义，这一定义的关键在于如何理解经济和外交之间的关系。传统观点对此基本上有两种取向：其一为国家为实现外交目标所开展的经济活动，为外交而经济，经济为外交服务。经济为手段，外交为目的。其二为国家为实现经济目标所开展的外交活动，为经济而外交，外交为经济服务。[①] 外交为手段，经济为目标。手段与目标之争，反映的本质是经济目标和外交目标孰重孰轻。这既是一种理念差异，也是政策差异。

“一带一路”合作倡议既有外交目标，也有经济目标。从政治目标来看，一是要构建稳定的中国和周边国家关系。按照现有的规划，除了东北亚国家外，“一带一路”基本上涵盖了中国的所有陆上和海上邻国。对于中国在短期内是否可以通过经济合作扩大中国的地区影响力学术界并未有共识，但是经济合作能够有利于促进中国和周边地区的和平，抑制冲突，这一点还是较为肯定的。[②] 二是应对美国亚太再平衡战略。2010 年美国提出了亚太再平衡战略，其主要经济抓手为跨太平洋贸易伙伴关系（TPP）。[③] 在区域全面经济伙伴关系（RCEP）迟迟未能取得重大进展且中国被排除在 TPP 之外的情况下，中国推出“一带一路”倡议能够缓冲美国“亚太再平衡”战略的潜在冲击。三是从地缘政治角度出发推动欧亚大陆体系渐进整合。东亚和北美位于欧亚大陆两端，在全球经济和世界政治中具有极为重要的战略地位。然而，欧洲和东亚之间的联系并不密切。“一带一路”的构建有利于更为有机地串起和打通东亚和欧洲，进一步提升欧

---

① 为了和经济目标更好对比，这里的外交取其狭义概念，指为政治、安全等高级政治服务的国家对外行为。

② 这其实也是经济相互依赖和平论的理论。关于经济相互依赖和平论，可参见：Katherine Barbieri，*The Liberal Illusion：Does Trade Promote Peace*? Ann Arbor：The University of Michigan Press，2002。

③ Kurt Campbell，Ely Ratner，“Far Eastern Promises，Why Washington Should Focus on Asia”，*Foreign Affairs*，May/June 2011，pp. 106 – 116.

亚大陆的地缘政治地位。[①] 四是通过"一带一路"带动与部分周边新兴大国的政治合作。在中国周边，"一带一路"涉及俄罗斯、印尼、印度以及哈萨克斯坦等全球及区域性新兴大国。"一带一路"总体上可以帮助提升中国和这些新兴大国的双边关系，为中国与这些新兴国家不同形式的战略伙伴关系注入新的动力。五是通过"一带一路"的建设，更好地维护和统筹中国的陆权和海权，使得两者共同发展，充分发挥中国陆海复合型国家的地缘优势。

随着中国经济进入新常态，"一带一路"还有着丰富的经济目标。一是优势富余产能向外部转移，助力其他国家经济发展。水泥、钢材、纺织等传统制造业既是中国的优势行业，也是在中国国内发展接近天花板的行业。特别是在节能减排的约束下，这些行业需要重新布局。由于发展阶段的差异，大部分沿带沿路国家要比中国更为需要这些产能。二是东、中、西部区域协同发展，创造新的开放格局。中国的改革开放从地理意义上，是按照"东—中—西"的梯度进行的。如果仍然维持这种发展梯度，区域差异将会继续存在。通过"一带一路"建设，可以帮助打破地区差序，使得中部和西部地区在新的开放路径上成为开放前沿区域。即使是按照原有梯度，由于有了"一带一路"的推动，经济要素也会更好地在东、中、西部优化聚集。三是自贸区战略推进，加快地区经济一体化进程。各主要经济体加速订立自由贸易协定正成为全球经济发展的新趋势。然而，总体而言，中国在自由贸易协定方面与自身的经济实力不相符，和中国的对外贸易开放度不相符。与其他主要经济体相比，也是相对落后的。[②] "一带一路"建设不仅有利于加速现有自贸协定的谈判，而且有助于酝酿、孵化、催生新的双边或者多边自由贸易协定。当中国和沿带沿路国家订立了更多的自贸协定时，地区经济一体化也将相应深化。[③] 四是帮助中国更好地使

① 关于亚欧大陆的地缘政治意义，可参见兹比格涅夫·布热津斯基：《大棋局：美国的首要地位及其地缘战略》，中国国际问题研究所译，上海：上海人民出版社，2007 年版。

② 宋国友：《全球自贸协定竞争与中国的战略选择》，载《现代国际关系》，2013 年第 5 期，第 30—35 页。

③ 仅就中国而言，自提出"一带一路"战略构想以来，中国政府明显加快了在沿线一带国家的自贸协定谈判进度。中国和韩国于 2014 年年底结束了中韩自贸协定的实质性谈判。中国与海合会、斯里兰卡、巴基斯坦的第二阶段自贸协定谈判以及与东盟自贸协定升级版也取得了积极进展。

用国外资源和能源。中国经济发展需要消费更多的资源和能源，随着作为“一带一路”核心内容之一的互联互通推进，中国所需的能源和资源将更容易运输至国内。

上述政治和经济目标在很大程度上均具有战略性和全局性，具有很强的政策和现实意义。从政策实践以及预期目标来看，“一带一路”带有鲜明的经济外交属性。但必须要指出，“一带一路”框架下的经济外交具有经济目标和外交目标的整合性，而非两者之间的矛盾性，更非对抗性。换言之，“一带一路”不是为了实现单纯的经济目标或者政治目标的经济外交，它超越了经济为外交服务或者外交为经济服务的狭隘视野，力图通过“一带一路”共同实现经济和外交目标。从最高政策制定者的角度，很难说“一带一路”所包含的上述政治目标和经济目标谁更为重要，他们并没有设定目标之间的优先顺序，更没有认为哪个目标应该为另外一个目标服务。他们其实更关心“一带一路”政策能否帮助实现国家整体性的目标，包括经济、政治以及安全等目标。逻辑也很清楚，如果“一带一路”倡议成功，则上述两个目标均会成功。而“一带一路”的成功，有赖于经济和外交的良性互动和相互包容。在目标相容的情况下，没有必要刻意突出两者的对立性。具体而言，经贸合作有赖于两国外交关系的提升，外交关系的提升能够帮助其更好地开展经贸合作。这是“一带一路”这一重大战略倡议带给经济外交理论研究的新思维，有助于走出外交和经济对立的原有框架。

根本上，“一带一路”所展示的经济外交新思维反映了在新时期中国外交的两大重要趋势。其一，战略任务演进中的利益多元并存。在新中国成立至改革开放时期，维护国家安全或者主权利益是国家优先战略任务，因此经济主要为外交服务。改革开放后当经济发展为国家战略首要目标时，外交要为经济服务。当如今国家首要战略目标是实现更为宏大的中国民族伟大复兴时，经济和外交利益的融合性以及相应的复杂性比以往有明显变化，难以对两者进行严格的界定和区分。其二，国家发展背景下的力量主动拓展。以往中国经济外交更带有防守型和融入型这两大特征。它们反映了中国的实力状态以及中国与世界经济体系的真实关系。随着国家实力的提升，经济外交逐渐转化为进取型和塑造型。“一带一路”倡议整合经济目标和外交目标，依靠的是中国和平崛起后的强大力量。在“一带一路”中，政府力图更有能力同时塑造经济和外交目标。

二、新机制：部委统筹和央地协调下的机制创新

就涉及的中央政府部门而言，“一带一路”天然与两大部委相关。一类是经济主管部委，包括发改委、商务部、财政部和央行等部门。另一类是以外交部为代表的外交工作部门。[①]“一带一路”是否能够开展顺利、有效，很大程度上取决于这两大类部委的协调。客观而言，这两类部委有着不同的职能设置、专业偏好和利益诉求，包括经济部委内部，也有着很大的差异。因此，如完全由经济部委或外交部门主导“一带一路”恐怕都难以真正实现经济外交的目标。从学界角度，如果不能机制创新，仍然采用原先部际联席会议等机制来协调“一带一路”建设，就会出现个别部门过度主导或者最后权责不清的情况，不能实现中国的最大战略效益。

大倡议需要大协调。在“一带一路”的顶层设计中，采取了更为彻底的部委统筹机制。在“一带一路”最开始的规划设计层面，中央有意识地安排政治局常委牵头，让发改委、外交部和商务部共同参与和决策。[②]“一带一路”有了三个部委的共同主导，基本上能够反映、包含和平衡经济部委和外交部门的不同看法和工作重点，因而自其“出生”之时就带有经济和外交的双重目标，同时避免了部委的工作盲区。可以想象，如果由经济部委主导制定“一带一路”规划，将更多地反映经济部委的经济诉求，强调经济利益，而忽略这一战略规划所拥有的外交效用。同样，如果由外交部门来主导制定，将主要反映外交诉求，缺乏应有的经济意涵，甚至难以在经济层面加以推进。经济和外交部委共同制定“一带一路”规划，有利于弥补不同部委的功能短板，避免某一部门过于强势的利益，有利于真正实现“一带一路”的战略意义。在很大程度上，“一带一路”是发挥中国政治制度独特优势的最新典范，通过党管外交，在党的集中统一领导下制

---

① 宋国友：《中国周边经济外交：机制协调与策略选择》，载《国际问题研究》，2014年第2期，第41—42页。

② 中央成立“一带一路”领导小组，组长为政治局常委、国务院常务副总理张高丽，领导小组成员还包括王沪宁、汪洋、杨晶、杨洁篪等。参见：《努力实现“一带一路”建设良好开局》，载《人民日报》，2015年2月2日，第1版。

定经济外交，超越部门利益，强化对中央各部委的统筹。

“一带一路”的机制创新不仅体现在中央部委层面，而且体现在中央和地方关系上。从中央和地方互动的角度来看，“一带一路”倡议在一些涉及央地关系的重要问题上也有新的突破。

第一，“一带一路”是中央吸引地方参与最为成功的一个对外经济合作倡议。“一带一路”是中央提出的战略倡议，但离不开地方的支持。从地方参与的角度来看，“一带一路”倡议与其他经济外交倡议（包括其他类型外交倡议）相比，具有三大鲜明特点。一是地方参与的规模。超过20个省份直接涉及到“一带一路”构建，此前没有任何一个经济外交倡议能吸引如此多的省份参与其中。二是地方参与的范围。以往地方参与的经济外交倡议带有典型的局部性和区域性，涉及个别区域的少数几个省份。“一带一路”实现了两个全覆盖：地理方位上东南西北的全覆盖、经济发展程度上的发达地区与欠发达地区全覆盖。三是地方参与的热情。自从“一带一路”倡议提出，各地方给予了高度关注，纷纷结合各自的经济特点和区位特点主动与“一带一路”进行对接。①

第二，中央对外经济倡议与国内各地方和各区域经济发展规划的系统性结合和对接。从国家的角度，“一带一路”是中国与沿带沿路国家的经济合作倡议。但从国内角度来看，“一带一路”倡议事实上串起了不同经济地理区域，充分呼应了对外经济合作倡议的内部化需求，并提升了各省份的对外和对内开放水平。中国几大经济地理区域，无论是东北、华北、华东、华南、西南还是西北，都在“一带一路”规划中有自身的位置。②而且，这种位置并非简单地把各区域纳入其中，而是根据各区域经济发展特点和已有地区合作特性的设计。东北地区主要面向俄罗斯和蒙古，西北面向中亚，西南和华南面向东盟。而华北和华东，也通过交通和产业园区等规划走出国门。因此，除了对外开放程度更大之外，“一带一路”也促

---

① 甚至连台湾地区和香港、澳门特别行政区都高度关注大陆“一带一路”规划，希望积极参与其中，提升各自在地区经济合作中的地位。

② 在《推动共建丝绸之路经济带和21世纪海上丝绸之路的愿景与行动》一文的第六部分，专门阐述了各地方在“一带一路”中的角色和定位。参见国家发展改革委、外交部、商务部：《推动共建丝绸之路经济带和21世纪海上丝绸之路的愿景与行动》，载《人民日报》，2015年3月29日，第4版。

进了不同地理区域内部以及不同地区区域之间的经济融合，有助于克服一些省份外向型联系过多而内向型联系不足的问题。另外，“一带一路”规划其实与国内的重要区域经济发展规划也是相互补充的。比如，“一带一路”和2014年的长江经济带规划以及京津冀协同发展规划也高度衔接。

第三，中央宏观外交利益和地方更好地发挥外事功能的重要尝试。没有一个对外经济合作倡议有“一带一路”这样承载了国家的重大外交利益。[①]“一带一路”倡议横跨四大洲，涉及大国关系、周边外交和发展中国家等中国外交的多个重要方向。[②] 谋划这一重大经济合作倡议，需要中央充分发挥宏观战略优势，充分估计国际和地区经济局势、地缘政治局势、沿带沿路国家内部局势以及中国自身国家发展趋势等重大问题。对地方而言，尽管他们有着高涨的参与热情，但这种热情更多的是从地方经济发展和对外开放提升的角度展开的。地方可能并不关心，更不负责“一带一路”的外交后果。对中央政府而言，既然已经把地方纳入到“一带一路”规划当中，就要在实现地方经济诉求的同时，还要鼓励地方具有一定的外交（外事）意识，承担一定的外交（外事）责任。特别是对一些重要的沿边省份而言，外交利益和经济诉求的双重实现是在落实“一带一路”倡议中的重要内容。

三、新模式：政府和市场的分工共进

“一带一路”经济合作倡议是习近平主席分别在2013年9月访问哈萨克斯坦和10月访问印度尼西亚时提出的。党的十八届三中全会则在2013年11月召开。根据十八届三中全会公报，中国加快完善现代市场体系、开放型经济体系，加快转变经济发展方式的关键是使市场在资源配置中起决定性作用，核心问题是处理好政府和市场的关系。在推动“一带一路”的过程中，政府和市场需充分发挥中国经济体制优势，协调共进，同时力图

① 中美新型大国关系用以定位中国和美国之间的关系，不是经济合作倡议，金砖国家合作主要涉及五个金砖国家。

② 按照中国《推动共建丝绸之路经济带和21世纪海上丝绸之路的愿景与行动》文件，“一带一路”涉及亚洲、非洲、欧洲和大洋洲四个大洲。

实现有力、有为和有序。

中国政府为推动“一带一路”，已经构建了全方位、各层级、立体式的工作模式。在中央层面，2014 年 12 月政治局经济工作会议明确提出要把推进“一带一路”建设作为重点工作任务。[①] 2014 年 11 月习近平主席主持召开中央财经领导小组第八次会议，专题研究丝绸之路经济带和 21 世纪海上丝绸之路规划。[②] 国务院常务会议讨论如何结合“一带一路”建设，发展特色优势产业，深化产业国际合作。各相关部委也根据各自职能任务，积极对接推进“一带一路”建设。外交部、商务部、发改委、交通部、央行等中央部委在工作安排中也突出“一带一路”，除了中央层面外，沿带沿路省份主动寻求对接“一带一路”的战略突破口，从地方角度为“一带一路”建设助力。甚至那些不是直接纳入到“一带一路”规划的省份，也以各种方式参与到建设当中。从中国国情出发，各级政府的支持是经济政策倡议成功的关键要素之一。

政府着力推动“一带一路”，既表现为国内各级会议和工作安排上的重视，也表现为中国领导在重要国际场合和对外访问时直接推介“一带一路”倡议的理念和政策，扩大“一带一路”的国际影响，争取沿带沿路国家的参与和支持。2015 年习近平主席在亚洲博鳌论坛上重点阐述了中国“一带一路”战略的基本规划。2014 年 11 月习近平主席在参加 APEC 领导人非正式会议、G20 会议和太平洋岛国领导人集体会晤时，9 月出访中亚南亚四国、6 月出席中阿合作论坛第六届部长级会议时，也都提到了中国的“一带一路”倡议。2015 年 1 月李克强总理参加达沃斯论坛，2014 年 12 月出席上合组织成员国政府首脑理事会、出席第三次中国—中东欧国家领导人会晤、出席大湄公河次区域经济合作第五次领导人会议，2014 年 10 月出席亚欧首脑会议，也都把“一带一路”建设作为新的重要内容。具体负责“一带一路”工作的张高丽副总理也利用出访和接见外宾机会宣传和推进“一带一路”倡议。各中央部委领导和相关地方领导人出国访问时，也会从工作层面大力介绍“一带一路”倡议。

“一带一路”这一国家战略的明确提出以及各级政府在国内、双边和国际层面的协调和推动，为市场行为体进行海外布局提供了更明确的市场

---

① 《中央经济工作会议在北京举行》，载《人民日报》，2014 年 12 月 12 日。

② 新华社北京 2014 年 11 月 6 日电。

信号、引导目标和牵头力量，同时也通过政府力量为企业走出去降低风险，提供信用、金融、资本等保障。此外，由于沿带沿路国家以新兴经济体和发展中国家为主，相对而言更为容易理解、接受和欢迎中国政府在推进"一带一路"过程中的所扮演的角色。倡议、规划可以由政府推进，但政府无法包办。在这一过程中，政府无法也没有忽视和取代市场，而是充分发挥市场作用，鼓励国有企业、民营企业等各类企业积极参与。市场也不会旁观，而是根据市场规律，寻找"一带一路"所带来的商机。

从市场主体类型来看，央企、地方国企、民企和外企等各类主体均对"一带一路"倡议报以高度关注。在现阶段，央企是"一带一路"建设的重要市场主体。这主要是因为"一带一路"最初阶段主要以基础设施建设为先导。在此情况下，铁路、公路、电力、建材以及基建承包商等领域的央企具有突出地位。由于投融资是"一带一路"的应有之义，金融类央企在"一带一路"中可能发挥着更为关键的作用。[①] 地方国企也积极参与"一带一路"建设。一是那些国企实力较强的省份，比如上海、山东、江苏等地方的国企。二是沿带沿路地区的国企，如新疆、黑龙江、广东以及重庆等省份的国企。民营企业也抓住机会，在擅长的行业领域进行贸易和开展投资。有趣的是，中国"一带一路"倡议甚至给那些已经在中国投资的外资企业提供了新的商业机会，使得它们能够更好地跟随中国政府的规划去从事贸易和投资等行为。长远来看，随着"一带一路"布局的成熟和完善，各类企业均能在其中找到合适的位置。

在推进"一带一路"过程中，政府和企业并不是政府负责规划，市场负责运营这种简单模式。两者要有基本分工，同时还要有密切合作。政府还可以提供更多服务，比如企业参与"一带一路"建设，前提是要对沿路沿带国家有客观全面的认识，包括这些国家基本的国情、政情、党情和民情等。政府可以借助使领馆了解、掌握当地情况的优势，编制更为详细的国别情况报告，以帮助国内投资者掌握权威信息。政府部门可根据突发情况，动态发布及时的商业信息，并且通过新闻媒体等权威渠道进行传播，引导企业进行投资。政府在"一带一路"推进过程中，还要纠正企业的错

① 例如，中国银行将通过完善沿线国家的机构布局、紧盯重大项目，推动结构化融资业务发展以及加强境内外联动和多边合作，实现2015年提供相关授信支持不低于200亿美元，未来三年达到1000亿美元的目标。

误心理，特别是可能出现的投资盲目冒进心理、过分服从政府政绩的政治优先心理、照搬国内投资经验的教条主义心理、赌博投机心理以及基于中国例外的过分乐观心理等。但是，“一带一路”建设归根到底是市场行为，市场行为体才是“一带一路”这一倡议中的最终操作者和具体执行者。正是由企业实际运营的一个个项目由点到面的铺就“一带一路”的宏伟蓝图。企业在具体运营过程中，可以发现“一带一路”中的问题，并及时反馈，对于共性问题，政府可以据此补充和完善规划。

政府发挥宏观指导和规范作用，市场主体自主投资、自担风险和自享利益。[①] 政府和市场都能在经济外交中发挥重大作用，国有资本和民营资本同为中国资本的重要内容。这是中国推动“一带一路”的独特经济优势，要用好用足。反过来，“一带一路”倡议有助于政府和市场在更广范围和更多领域内进行互动、互学和互助，为未来政府和市场的关系探寻新的模式，为经济外交积累更多经验。

四、新政策：经济政策运用的新发展

“一带一路”倡议归根到底是经济合作倡议。经济是领域，是平台，是内容，是手段，也是目标。从政策角度而言，“一带一路”在对外经济政策运用上有新的重大发展，充分体现了新时期中国政府统筹运用各种经济政策的战略意识和协调能力。

第一，经济政策的整合运用。与以往经济合作倡议相比，“一带一路”是包含和运用经济政策种类最多的倡议。“一带一路”倡议的未来目标不仅仅包括自由贸易协定，这一点和 RCEP 以及中国东盟自贸区升级版有着明显区分。“一带一路”倡议不仅仅是包含金融合作，这一点和以清迈协议为核心的东亚金融合作有着显著不同。“一带一路”倡议也不是以扩大贸易总额或者平衡贸易为诉求，这一点与两国之间的贸易合作倡议存在差

① 坚持市场运作是中国政府推动“一带一路”共建中四大基本基本原则之一。其他三大原则为开放合作、和谐包容和互利共赢。参见国家发展改革委、外交部、商务部：《推动共建丝绸之路经济带和21世纪海上丝绸之路的愿景与行动》，载《人民日报》，2015年3月29日，第4版。

异。"一带一路"也不是单纯的能源合作，这与中国和俄罗斯、哈萨克斯坦或者土库曼斯坦的能源合作协议有了区别。"一带一路"虽然不是这些单个领域的经济合作倡议，却把上述这些经济政策都纳入到总的政策篮子当中，并对其加以整合。事实上，举凡所有传统对外经济政策，都可以在"一带一路"中发现，包括贸易、投资、生产、能源、援助、基建、劳务等等，涉及各种经济政策制定的部门，也都参与了其中。

第二，经济政策的升级运用。中国国内正在深化经济转型，大量优质富余产能和先进装备技术可以向"一带一路"国家转移，"一带一路"不是简单地转移过剩产能，也不是单纯地为中国国内经济发展服务，而是要在共建的基础上实现中国和沿带沿路国家和区域的共赢。这需要有意识地升级经济政策，更好地吸引沿带沿路国家参与，便利它们和中国开展经贸合作。具体而言，包括：1. 贸易政策的升级，即中国和沿带沿路国家之间从中国单纯输出产业的一般贸易往来，逐步向产能转移、技术转移和资本转移的升级；2. 合作领域的升级，即中国和沿带沿路国家之间从传统的以承包工程为主的合作方式，逐步向投资与金融合作升级；3. 融资模式的升级，即从中国对沿带沿路国家单方面的优惠贷款，逐步向共同融资、公私合营融资和多边融资的升级；4. 货币使用的升级，即从传统的以国际货币使用为主，逐步向更多人民币跨境使用升级。[①] 根据中国和沿线国家的现实，中国基本上形成了"以基础设施建设为牵引，以产能转型合作为抓手，以金融合作为支撑"的与"一带一路"国家经贸合作的升级模式。

第三，经济政策的创新运用。"一带一路"本身就是经济合作政策的重大创新。在这个创新当中，还孕育了其他经济政策和工具的创新，特别是金融领域的创新。首先是亚洲基础设施投资银行（亚投行）的创立。以基础设施建设为核心的互联互通是"一带一路"建设的前提和重要内容。为此，中国牵头创建了亚投行。亚投行并不直接服务，但有助于"一带一路"建设，能够成为亚洲区域的"一带一路"建设的金融供给方之一。[②] 此外，亚投行的建立还能扩大亚洲资金的内循环，增强亚洲金融的自主性。这和中国政府希望通过"一带一路"建设来深化亚洲经济一体化的目

① http://www.fmprc.gov.cn/mfa_chn/zyxw_602251/t1229097.shtml.

② 亚投行和21世纪海上丝绸之路都是2013年10月习近平主席访问印尼期间正式提出来的。

标高度契合。亚投行建成以后，可以帮助分担中国“一带一路”建设的资金压力，同时提高中国对外金融外交的能力。亚投行是地区性的多边金融机构，不能被中国所单独使用。有鉴于此，中国还成立了总额为400亿美元的丝路基金。① 丝路基金是中国利用外汇储备独立创设的基金，具有政策性金融和开发性金融性质，同时又按照市场化方式运营。丝路基金在未来服务于“一带一路”的运作和发展中，可以考虑通过发行债券的形式补充资金，包括发行以人民币计价的丝路基金债券，用以补充丝路基金的资本金。

第四，经济政策的定制运用。“一带一路”是中央政府倡议的政策，具有普遍性意义，但是沿带沿路国家的政治、经济等情况具有很大不同，无法采取标准化的单一模板。根据沿带沿路国家和区域的经济发展特点，中国政府有针对性地结合不同经济体特点制定了定制性的安排和设计。例如，阿拉伯国家参与“一带一路”建设将主要是以能源合作为主轴，以基础设施建设、贸易和投资便利化为两翼，以核能、航天卫星、新能源三大高新领域为新的突破口。这主要是突出了阿拉伯国家能源资源优势突出，但工业发展存在短板的现实情况制定的。为鼓励中东欧国家参与“一带一路”，中国建立不超过100亿美元的专项贷款，专门设立30亿美元规模的投资基金，启动第二期10亿美元的投资合作基金，用于支持中国与中东欧投资者在道路和铁路基建、电信以及能源等领域的合资项目。中国在和白俄罗斯开展“一带一路”领域合作时，成立了中白工业园，中白工业园是“丝绸之路经济带”的核心连结点之一，也是中国目前开发面积最大、合作层次最高、政策条件最为优惠的境外经贸合作区。中国政府和伊朗政府也有意在伊朗的贾斯克港建设一个工业城，以建立和发展包括石化、炼油、铝、铁在内的不同产业。为缓解印度对华贸易的巨额逆差，中印决定在印度成立中国产业园，替代生产那些原先要大量从中国进口的制造业产品。

“一带一路”倡议是中国政府在国家层面运用各种经济政策的最新尝试，就广泛性而言，也是涉及经济政策领域最为众多的经济外交实践。②

---

① 中国人民银行：《丝路基金起步运行》，http：//www.pbc.gov.cn/publish/goutongjiaoliu/524/2015/20150216122129516645149/20150216122129516645149.html。

② 关于经济政策在中国周边外交中的使用，参见宋国友：《中国与周边国家经济关系及政策选择》，载《国际问题研究》，2013年第3期，第33—42页。

中国政府和企业均可以借此探索更好的双边经贸合作模式，扩大市场，增加投资，在更广的空间和时间范围内维护和拓展中国经济利益。

五、“一带一路”对中国经济外交的新挑战

“一带一路”倡议标志着中国经济外交步入了一个新的阶段。这一阶段有新思维、新机制、新模式、新政策和新进展，同时也有新挑战。这些新挑战对中国的经济能力和外交能力提出了新的要求。在某种意义上，正确识别并且有效应对这些挑战更能提高中国外交经验。

第一，“一带一路”如何更好地帮助中国走出一条从边缘国家到核心国家的新型发展模式，以更好地帮助中国经济崛起？

中国和沿线国家的合作带有典型的发展中国家合作特征，是产业发展大体平行市场之间的经济合作。中国确实比部分沿线国家发展阶段要高，部分行业也更具优势，但总体上，中国与这些国家处于类似发展水平，按照人均国民收入，有些国家的经济发达程度甚至比中国要高。在这个过程当中，中国能否以一国经济之力真正推动落实“一带一路”（数亿人甚至更多）的宏伟目标？对于沿线国家，它们是否又完全接受中国的“一带一路”倡议？关键是要实现双平衡。第一重平衡：中国的“一带一路”倡议既要考虑中国自身的经济发展和能力承受程度，也要考虑沿线国家的市场容纳和政治接受程度，要在两者之间实现平衡。第二重平衡：中国要在继续吸引发达国家技术和资金与中国对沿带沿路转移技术和资金两者之间实现平衡。考虑到中国自身超大规模的经济体量、产业布局的全面性以及经济发展的层次性，是有可能实现双平衡的。一方面，中国可引导自身发达和优势富余产能和沿线国家对接，形成对沿线国家的经济优势。另一方面又推动国家一部分产业与发达国家市场进行对接，继续成为核心国家经济体系的重要组成部分。中国发挥自身边缘国家和中心国家两者兼具的特性，充分调动边缘体系和中心体系的两重资源。这一过程的要点在于中国经济的内生性要进一步强化，能支撑和容纳两种经济体系的同时需求，并且实现升级换代。

第二，中国“一带一路”的总投入要达到数千亿甚至上万亿美元，而且要经过不稳定地带和国家，在这个过程中，如何预防其中的政治和安全

风险，更好地保护中国在沿线国家的海外利益？政治风险对市场主体而言，首先是经济损失。它通常意味着数以千万计甚至更多的资金被冻结，甚至是急剧缩水。在极端情况下，累计损失可能更高。即便对于资金雄厚的央企而言，这种损失在短期内也是难以承受的，更不用说那些实力还较为有限的民营企业。这种损失不会仅仅局限在经济层面，还会蔓延到外交层面。在不少案例中，投资国部分国内政治势力以及国际政治势力往往会利用和放大中国投资项目存在的一些问题，攻击中国的外交政策，打击投资目标国友华力量，削弱其国内与中国友好的民意和社会基础，从而带来负向的经济外溢性。也就是说，中国对外投资非但没有成为促进中国和投资国双边关系提升的粘合剂，反而成为两国关系开展的烫手山芋。两国势必为解决相关投资项目投入大量的外交资源。如果处理不当，容易损害中国和当事国政府的信任关系。规避政治风险的前提是要识别政治风险。不同投资项目，不同投资地区，政治风险会有不同的表现形式。从东道国的原因来看，大致可分为政府换届乃至政权更替风险、国内族群冲突乃至军事冲突风险、民众不满乃至集体抗议风险、东道国政府治理能力不足乃至治理失效风险等具有代表性的突出风险。此外，还有第三方因素风险，即其他国家的公司、媒体、非政府组织干涉中国在这些东道国的投资，从而带来的风险。这些政治风险往往不会单独存在，而是会在某一种风险的诱发或推动下共同出现。每种风险在沿线国家大致都能找到对应的典型案例。要更好地保护中国在沿线国家的利益，需要对中国的政治、外交乃至军事能力提出新的需求。

第三，“一带一路”建设过程中的“加减法”。“一带一路”总体是做加法，更为密切中国与沿线国家的经贸合作水平。但如果做法不当，可能使得加法变减法，或者是加法不那么有效。毕竟，中国对外投资总量在一定时期内是有限的，各种经贸政策的资源投入在一定时间内也是有限的。首先，中国和沿线一些国家进行更为深入和更为密切的经济合作，是否会可能变相地减少对其他一些沿线国家的经贸合作水平？“一带一路”毕竟不是一个明确的外交对象，沿线国家才是重点。如果一些沿线国家不仅无法从“一带一路”中获益，反而相对受损，这不利于“一带一路”外交目标的实现。其次，“一带一路”倡议是否会总体上大幅提升中国与沿线国家经贸合作关系的同时，却减少与其他地区的合作？重视并且增加了在“一带一路”的经济、政治和外交投入，会不会影响在其他地区的投入？

再次，在经济合作倡议方面的加减法。"一带一路"倡议和其他双边和多边经济合作倡议是什么关系。是包含关系，并列关系还是互补关系？"一带一路"是否会抑制其他经济合作倡议？

中国政府在推进"一带一路"建设过程中，当然不止上述这些挑战。本文列出的是在笔者看来比较深层次的一些挑战。对于这些挑战，不仅影响到"一带一路"战略效果的实现，而且影响到中国经济外交的未来发展，值得重视。

“一带一路”框架下中国与中东国家的战略对接

中国前中东问题特使、上海外国语大学兼职教授　**吴思科**

【内容提要】

中东处于陆海两条丝路的汇集之处，加上其独特的地理位置和多元复杂的人文、宗教、民族因素，成为影响大国关系走向的重要地区。新时期，能源在全球民众日常生活中发挥着显著作用，这个地区作为能源富集带，在国际政治和经济上的地位举足轻重。在建设“一带一路”过程中，中东地区的作用值得中国政府高度重视，该地区也将在“一带一路”框架下的安全协作、经贸合作以及人文交流中发挥其应有的作用，从而实现中国与中东国家的战略对接与合作共赢。

“一带一路”是指2013年9月习近平主席在出访哈萨克斯坦时提出的构建“丝绸之路经济带”的倡议，以及同年10月访问印度尼西亚时提出的共同建设21世纪“海上丝绸之路”的建议。2015年3月，习近平在博鳌亚洲论坛年会上发表了“迈向命运共同体，开创亚洲新未来”的主旨演讲，他在演讲中提出，“一带一路”建设秉持的是共商、共建、共享原则，不是封闭的，而是开放包容的；不是中国一家的独奏，而是沿线国家的合唱；“一带一路”建设不是要替代现有地区合作机制和倡议，而是要在已有基础上，推动沿线国家实现发展战略相互对接、优势互补。[①] 在建设“一带一路”过程中，中东地区的作用值得我国政府高度重视，该地区也将在“一带一路”框架下的安全协作、经贸合作、以及人文交流中发挥其

① 吕迎旭：《“一带一路”贯通亚洲梦世界梦》，http：//news. xinhuanet. com/mrdx/2015 -04/01/c_ 134115553. htm。

应有的作用，从而实现中国与中东国家的战略对接与合作共赢。

一、中国与中东国家的安全协作

2011年以来，中东地区发生剧变，处在动荡转型期，这对阿拉伯世界内部以及阿拉伯国家与非阿拉伯国家之间都产生了广泛和深刻的影响。随着事态的发展，各界对这场剧变的反思与认识也更为深入。在此过程中，人们在思考一个很重要的问题，就是在进入21世纪后，不同文明、不同经历的国家怎样才能探索和走出一条适合自身发展之路。这是摆在不同文化背景的每一个国家、每一个民族面前的一个使命，因为它确实关系到每一个国家的发展，也会对未来世界的走向产生重大影响。在对阿拉伯剧变进行深入分析后，我们会发现宗教极端主义和恐怖主义在中东地区的盛行及其蔓延之势对当事国、该地区乃至整个国际社会都产生了显著的影响。这也要求中国对恐怖主义和宗教极端主义的思想根源，要有更为深入的了解和认识。

在阿拉伯地区陷于动荡期间，宗教极端主义和恐怖主义势力乱中坐大，而极端主义盛行和恐怖活动又加剧了中东地区的动荡，并且形成了一种负面的互动，使变革走向违背民意乃至社会撕裂、暴力的趋向，给当事国造成了重大损失，民众更是生灵涂炭，从而引发了广受关注的难民危机，也殃及中东近邻欧洲乃至整个世界。像黎巴嫩这样的小国家就收容了近150万难民，几乎达到该国人口的1/2。这是地区动荡和外来因素的干预共同造成的局面。

从内部因素看，中东地区的宗教极端思想数十年来不断加剧，如1979年伊朗伊斯兰革命后地区世俗力量和宗教力量之间的矛盾与较量，就一直存在。在中东地区关于一个国家走什么样的道路，怎么样走，始终有两种思想的较量，并且一直处于相互胶着状态。一种是长期受西方思想的影响，认为走西方民主选举之路就能找到出路；另一种是要回归伊斯兰教义，用政教合一的方法回到伊斯兰初期的道路。

从外部原因来看，在中东地区安全局势发生重大变化的情况下，一些西方国家利用该地区对发展道路选择的矛盾进行干预，或者进行所谓的“保护”，实际上是试图按照西方的价值观、发展模式和社会制度来改造中东国家，塑造这个地区，从而继续保持它们在中东的主导地位。不管是在利比亚或是在叙利亚，都能看到外部干预的严重后果。通过对叙利亚问题上大国干预的分析，可以看出在叙动乱后不久，一些西方势力便宣布叙利亚政权失去合法性，支持反对派用暴力方式来更迭政权，加剧叙利亚政府与反对派的对立和冲突，这显然不符合叙利亚的国家利益，而且也引发了中东地区不同民族、不同宗教派别之间的矛盾和对立。此外，该地区的恐怖主义威胁也因为外部干预而加剧，恐怖组织不断扩大其影响力，增加了问题解决的难度，结果真正遭殃的则是这些国家及其人民。

为推动叙利亚危机的政治解决，中国一直与叙政府和反对派进行联系和对话，在就叙利亚国家安全问题进行交流时，重点强调的是通过暴力的方式来解决问题没有胜者，直接遭殃的是人民，而随着时间的推移人们越来越看清楚了这一点。中方同时也积极主张发挥联合国的主导作用，使国际社会形成合力共同发挥“正能量”。联合国秘书长及相关官员在叙利亚问题上也进行了有益的参与，与叙利亚各派别进行了对话，并在反对恐怖主义、反对极端思潮这个问题上尝试与叙利亚各方找到共同点。2015 年 9 月联合国大会召开期间，有关各方专门进行了关于中东难民问题的讨论。

中方在与各方的交流中始终强调谴责和反对一切形式的恐怖主义，强调反恐要标本兼治，反对在打击恐怖主义过程中奉行双重标准，同时反对将恐怖主义同特定国家、民族、宗教挂钩，主张反恐行动应遵守《联合国宪章》宗旨和原则以及国际法和国际关系基本准则，尊重各国的主权、独立和领土完整，坚定支持中东国家维护国家安全稳定和打击恐怖主义所作出的努力。中国的立场和主张得到阿拉伯及多方面的赞赏。

与此同时，各方也对如何从源头反对极端思潮进行了探讨。2015 年以来，埃及总统塞西数次提到极端恐怖主义往往利用宗教来达到其目的，因此要对伊斯兰教的传播方式进行改革。爱资哈尔大学大教长和宗教界学者也开始探讨宗教“去极端化”问题，提倡对宗教教义要有准确的理解。

此外，在巴以问题上，中方在中东动荡过程中反复强调巴勒斯坦问题不应被边缘化，它始终是该地区有全局性影响的核心问题，强调应坚持推进和平进程，用谈判的方式实现政治解决。在 2014 年夏季加沙地区发生军事冲突时，中国政府对所有平民伤亡都表示了同情，及时派遣特使赴以色列、巴勒斯坦以及约旦、埃及和卡塔尔，与这些国家以及阿盟共同推动停火协议的达成，还在卡塔尔首都多哈会晤冲突当事一方哈马斯领导人米萨勒。通过动之以情、晓之以理的方式劝告当事方立即实现停火，珍惜民众的生命；另一方面，中方同时强调历史证明了军事手段不可能解决问题，也许会一时占据优势，但并非长久之计，战争只能加深仇恨，与达成和解的目标相悖。因此对一切主张停火的呼吁，中方都坚决给予支持。

二、中国与中东国家的经贸合作

2014 年，中国在“一带一路”倡议框架下提出与阿拉伯国家经贸合作“1 +2 +3”① 的具体实施方略：一是以能源合作为主轴，用包括能源战略通道安全的合作在内的能源合作带动中国和阿拉伯国家整体合作的发展，增进政治上的合作和互信；二是以基础建设和贸易、投资便利为两翼，带动双方经贸合作的发展；三是提出双方不能满足于传统的基础建设和商务合作，而是要在航天、核能、新能源这些高科技领域进行合作。“一带一路”倡议得到中东地区国家的积极响应，不同情况的国家都提出一些对接的建议。与“一带一路”相伴而生的亚投行的 57 个创始会员国中，西亚北非国家占了 10 个，其中阿拉伯国家为 7 个。阿尔及利亚、埃及以及阿联酋等国家领导人访华时，双方除了探讨政治上的相互支持外，对在“一带一路”框架下加强双方经贸合作也进行了深入探讨，包括金融、基础设施建设、产能合作等。中国的优质产能与中东国家工业化、城镇化和扩大就业的需求非常契合。中国与该地区国家已经有了较好的合作基础，对今后的合作也会发挥示范作用。比如，中国在埃及苏伊士湾投资建设的经济开发区，经过十几年的发展已初见成效，因此又签署了第二期协议，扩大和深化合作。中阿之间的经贸合作需要寻求支点，以点带面，把支点建好，找到能尽快见到成效的项目，与埃及的合作可成为重要支点。无论在历史上还是现实需求上，阿拉伯国家都重视发展与中国的关系，是实施“一带一路”倡议的天然战略合作伙伴。

中东地区的不同国家在经济上有不同特点，海湾一些产油国有金融实力，但经济体量小，要想长期发展，还需要有一个强大的经济体起到带动

① 钱彤等：《习近平出席中阿合作论坛第六届部长级会议开幕式并发表重要讲话》，http：//news. xinhuanet. com/world/2014 －06/05/c_ 1111002498. htm。

和联动作用，才能够走得远，做得大。以科威特为例，该国准备用1300亿美元在科威特北部沿海苏比亚地区（Subiya）和布比延岛（Bubiyan）建立一个“丝绸城”（Silk City），占地面积约1140平方公里，计划2035年建成，建成后可成为连接亚欧新丝绸之路的重要战略枢纽。丝绸城的倡导人纳赛尔·穆罕默德·萨巴赫是科威特埃米尔的长子，现任科威特宫廷事务大臣，他一直关注并主张复兴“丝绸之路”，“丝绸城”的建设由他负责也是顺理成章之事。科威特力图把丝绸城打造成一个积金融、休闲、教育为一体，又是联接亚太与欧洲的海、陆、空交通枢纽的重镇。尽管科威特在资金上极为充裕，但还是需要一个强有力的合作伙伴。所以，中国提出“一带一路”战略构想，得到了本来就有“丝绸之路”情结的科威特的积极呼应，科威特成为第一个与中国签署“一带一路”合作协议的国家。

阿曼在经贸领域则向中方重点推介杜库姆经济特区。该特区隶属于阿曼中部省杜库姆州，也是阿曼东北沿海的中心点，面向印度洋，处在东亚、南亚、中非和欧洲远航线路的要冲地带。当前那里的常住人口还不足5000人，区位优势独特，若从这里通航肯定比霍尔木兹海峡风险小。该国规划中的经济特区，包括港务、工业、物流、渔业、商业、休闲、旅游、教育八大区块，可以说是一个很雄伟的规划。阿曼人口少，特别需要国际间的合作，和中国合作的意向也非常明确，希望中方能够参与建设。目前，阿曼与中方通过中阿博览会平台已进行对接，一些中国企业已赴该特区考察，双方都有合作的强烈意愿。

卡塔尔对于“一带一路”的回应之一是多哈新港区的建设。目前的多哈港口容量有限，需要扩大，并有一个使海合会六国铁路相连的规划。因此多哈新港除了港口扩建之外，在道路连通方面也有一套设想，卡方希望中国企业参与，在“一带一路”框架下与中国加强合作。卡塔尔国家虽小，但天然气储备丰富，资金也很充足。近年来，卡塔尔在中东地区的活跃度和发挥的作用远超出了其国家的体量，世界主要大国都在关注该国。

还在反恐漩涡中奋力撕搏的伊拉克是中东的重要国家，它对中方关于建设“一带一路”的倡议也极为赞赏，并明确表示愿积极参与“一带一路”建设。中伊领导人都强调愿在共建“一带一路”框架内加强两国各领域务实合作，实现互利双赢。作为地中海的沿岸国家，黎巴嫩有其独特的地位，但经济实力不强，曾长时间处于动乱中，现在寻求稳定、谋求发展是主要任务，因此希望借“一带一路”和亚投行的成立带动国家的发展。

当前黎巴嫩处于百废待兴的状态，但希望成为“一带一路”通向地中海的通道和门户。不同的国家有不同的特点，“一带一路”框架下的经贸合作必须入乡随俗，发挥互补性，做到合作共赢。

此外，在推动经贸合作时必须充分发挥企业和市场的作用，要避免中方在对外合作中“独大”，要特别警惕“丝路基金是我们自己的”、“亚投行我们也占大头”这种老思路和老办法。注意防范风险，深入研究和发挥市场的作用，这对于“一带一路”能够平稳开展也是十分重要的。

回顾2011年以来中东地区的动荡，最根本的问题就是这个地区发展滞后，民众生活状况长期没有得到改善，从而为极端思想的产生造就了社会基础。借助中国的发展能力，在“一带一路”框架下与中东国家进行对接，实现共同发展、合作共赢，这无疑有利于从根本上解决和消除制造动荡的根源。

三、中国与中东国家的人文交流

在人文交流领域，习近平主席在第六届中阿合作论坛部长级会议开幕式上讲话时，用“和平合作、开放包容、互学互鉴、互利共赢”高度概括了丝路精神，并提出新时期建立丝绸之路的理念和主张，即“共商、共建、共享”。其中“共享”主要是指如何兼顾各方的利益，妥善处理好各方的关系，这也是中国与中东国家进行人文交流的过程中要考虑的。特别是中东现在还处在一个大变局中，处于历史转型时期，用百废待兴来形容中东地区的很多国家毫不为过，因此他们从“一带一路”倡议中看到的是历史性机遇，同时希望中方更多一点投入。怎样调动双方的积极性，使双方都能建立起共建共赢的思想，需要在交往中进行思想上的沟通。通过人文交流真正找到一个双方利益的契合点，能够合作更扎实，走得更长远，这是双方需要共同努力的。

阿曼方面在中阿人文交流中很重视历史文化积淀。公元8世纪中叶曾经有一艘“苏哈尔”号船从阿曼的祖法儿港到达广州，成为一段佳话，所以阿曼对此情有独钟。20世纪80年代他们按照原来的规格重新造了一艘“苏哈尔”号船，重走老路到达广州，该船返回阿曼后，被放在国宾馆前的广场上展示，成为马斯喀特市的一景。[①] 现在他们又提出要在郑和下西洋时曾五次到过的萨拉拉港建立一个郑和纪念园区，树立纪念碑，同时开设中餐馆，建成一个休闲旅游区，既可纪念郑和下西洋的盛举，同时也招徕中国和世界各地的游客。这一提议把郑和与“苏哈尔”号连在一起，有着很深厚的文化内涵。“一带一路”里有“五通”，包括政策沟通、设施联通、贸易畅通、资金融通和民心相通，阿曼提出的这个想法就是五通里的民心相通，值得我们关注。郑和纪念园区将带动双方文化和旅游交流，有利于把郑和下西洋这种和平交往精神传播开来，是一个很好的想法，对双方来说都很有意义。

此外，中东地区的民族、宗教、文化有其自身的特性，也异常复杂，要增加相互了解，沟通是非常重要的。因此，中阿在原有文明对话的基础上，如何增加智库之间的交流，增加中阿之间的相互了解，也是非常重要的。这种智库之间的交流，人与人之间的沟通，有时候往往能起到官方外交起不到的作用，这方面的交流沟通也需要增加，包括文化、教育、体育、青年、党派、宗教等各方面的交流都有进一步加强的需要。中方也向多个阿拉伯国家表示，愿继续为其培训各领域急需的专业人员，为更多的学生赴华留学提供政府奖学金名额，帮助有需要的阿拉伯国家加强能力建设。

整体而言，历史上中阿双方没有根本性利益冲突和对抗，友好交往和利益互补是主旋律，双方之间的友好合作有很好的基础。记得中阿合作论坛第六届部长级会议在北京举行期间，一些阿拉伯国家的外长表示，丝绸之路自古就把阿拉伯与中国联系在一起，“一带一路”的提出最容易拨动阿拉伯人的心弦，相信双方会有广阔的合作空间和良好的发展前景。在中阿合作论坛十周年部长级会议上，王毅外长也曾说道，中国和阿拉伯国家的这种政治互信是“用黄金都买不来的”，是非常值得珍惜的。

四、结语

丝绸之路曾让中阿两大文明体紧密相连，双方对丝绸之路均有特殊的

① 邢旭东：《苏哈尔古船：见证商贸传奇》，载《新华每日电讯》，2002 年 3 月 26 日。

情怀。现代版的“一带一路”不是古丝绸之路的简单复制，它有更宽的领域和更丰富的内涵，这一战略构思正是中国“向西开放”和阿拉伯国家“向东看”政策的有机结合。习近平主席在中国阿拉伯国家合作论坛第六届部长级会议开幕式上提出中阿合作共建“一带一路”的主张和战略构思，高屋建瓴，为未来中阿关系的发展指明了方向。

在经贸领域，中国有能力的企业不仅应该“走出去”，还应该“走进去”，进入合作伙伴的社会，接地气，成为利益共同体和命运共同体，为双方带来实实在在的利益，这才是大方向。只有这样，中国在海外的发展才有前景。但确实有一些走出去的企业只顾眼前利益，不重视社会责任，不注意保护生态，造成不好影响，这需要加强教育和引导，避免出现这样的情况，互利合作才能可持续，行得远。现在我国一些大企业走出去很注意对当地社会作出回报，例如修路、建学校、建医院等，政府也应引导企业担负起社会责任。

当中东地区发生重大变化时，中国政府强调不干涉他国内政，尊重各国家人民自己的选择，不把自己认为好的东西强加给别人。我国在对外合作中坚持正确的义利观，坚持相互尊重，合作共赢，共同发展，而不像过去的殖民主义者那样具有掠夺性。双方的能源合作同样是一种相互需要，是互补，能源生产国需要稳定的能源市场，消费国需要稳定的油源，这都是平等互利、共同发展，并不是一个口号，而是切实落到了实处。通过这样的交流与合作，在中东地区建设“一带一路”将走向实现利益共同体、命运共同体和责任共同体的“三同目标”。

国际上有些人在“一带一路”问题上对中国有些误解，认为中国要扩大影响，搞新时代的“马歇尔计划”。其实这是冷战思维在作怪，对中方合作共赢的理念缺乏了解，这需要中方去宣传解释，同时需要一定的时间，用事实说话，因此需要耐心和定力推进下去。因此，同在该地区有影响的大国之间的沟通和对话，增进相互了解，也非常重要，这也是“一带一路”框架下中国与中东国家战略对接的重要环节之一。中国和俄罗斯在这方面有一个稳定的沟通渠道，与欧盟也保持联系和交流，与美国也有战略对话机制，在推动热点问题解决谋求中东地区稳定方面能够找到很多共同点。总之，要增进同中东国家以及各方面的人文交流，尽量减少在实现“一带一路”宏伟愿景过程中的障碍。没有障碍是不可能的，但要尽量减少和化解它，在建设和战略对接的过程中不断完善规划。

中国在中东推进“一带一路”建设的机遇、挑战及应对

中国社会科学院西亚非洲研究所研究员　**王林聪**

【内容提要】

随着中国政府关于《推动共建丝绸之路经济带和21世纪海上丝绸之路的愿景与行动》文件的颁布，“一带一路”建设迈向具体实施阶段。围绕着“一带一路”的实施，国内外各界展开了热烈的讨论。中东地区是古代陆海“丝路”的交汇地带，又是现今“一带一路”实施的关键区域。然而，长期以来，中东地区动荡频仍，冲突迭起，乱象丛生，堪称是世界上最为动荡的地区。因此，究竟如何推动“一带一路”在中东地区的实施，仍需要人们潜心思考，深入探讨。

一、古代“丝绸之路”的当代价值

“一带一路”倡议提出后得到了中东国家的积极回应，其背后的一个重要原因是“丝绸之路”对于中国与中东国家而言，既引起共鸣，又形成共识，彰显了古代“丝绸之路”所蕴含的价值和理念。这是中国与中东国家共建“一带一路”的历史依据和思想基础。主要表现在：

第一，古代“丝绸之路”的历史经验揭示了“共需”和“互利”理念。古代“丝绸之路”既是连接东西方之间的贸易通道，又是早期经济文化交流的共同市场。中国与西亚、中亚、欧洲等地物产的差异性和独特性造就了相互之间贸易上的互补性，利益驱动和消费需求催生了“丝绸之路”的繁盛，由此形成了以丝路通道为纽带，以互补、互利和共需为动力

的早期的共同市场。

第二，古代“丝绸之路”的历史过程彰显了开放包容的理念和互学互鉴的精神。古代“丝绸之路”的历史既见证了人类从分散走向联系的过程，又显示了不同文明之间开放、包容，互学互鉴的交往经历。特别是“丝绸之路”最繁盛的公元7至10世纪——正是古代中国文化与阿拉伯—伊斯兰文化最为兴盛时期，两大文明之间的交流相得益彰，并展现出兼容并蓄的宏大气魄，文明交往的成果最为丰富，彰显了两大文明的平等、开放、包容和互学互鉴精神。

第三，古代“丝绸之路”的历史经历塑造了“和平交往”的基本理念。在古代丝路沿线诸国，征战、劫掠和冲突时有发生。但是，中国与中东国家在悠久的交往中基本上保持和平关系，即使发生诸如怛罗斯之战，大唐王朝与大食（我国史书对阿拉伯帝国的称谓）之间此后并未交恶。在随后的“安史之乱”中，大食派兵助大唐平乱。实际上，中国与中东国家和平交往的重要原因是双方都需要维护“丝绸之路”畅通，商道畅通对双方都是有利的，只有通过和平方式才能实现利益交换和共赢，从而形成了早期的“利益共同体”。

可见，古代“丝绸之路”历史所展现的“共需互利”、“宽容开放”、“互学互鉴”、“和平交往”等理念正是21世纪重振丝绸之路、共建“一带一路”的基石和前提。

二、中国在中东地区推进“一带一路”的新机遇

古代“丝绸之路”的经历塑造了中国与中东国家之间“天然”的亲近感，也形成了“一带一路”共建“天然合作伙伴”关系。新时期，双方相互需要，展现着互利共需、合作共赢的重要机遇。

首先，从整体上看，进入21世纪以来，伴随着新兴国家的群体性崛起，中东国家“向东看”步伐日益加快，即使近年来在中东地区爆发了“阿拉伯之春”，但是这些国家“向东看”的势头并未减弱。2010—2014年间，中国与中东诸国贸易额大幅增长。其中，中国与阿拉伯国家贸易额从1494.1亿美元上升至2511亿美元。与此同时，我国改革开放和社会发展进入新阶段，全面深化改革推动着“向西”开放步伐的提速，我国与中

亚、西亚国家之间的友好关系得以全面提升。可以说，21 世纪初中东国家“东向”和中国的“西向”形成历史性交汇，从而有力地推动着“一带一路”建设。

其次，中东国家总体上处于长期而深刻的社会经济转型阶段。在这一阶段，许多国家迫切需要推动社会经济发展，加快工业化步伐，以此缓解国内矛盾，逐步摆脱经济全球化过程中不断被边缘化的境地。于是，许多中东国家，一方面对于中国实现快速发展经验、治国理政方略等有着浓厚的兴趣；另一方面，希望能够搭上中国经济发展的快车，与中国开展广泛而全面的合作，吸引中国资金、技术，推动其基础设施建设和工业化进程。这些都为新时期中国与中东国家共建“一带一路”增添了动力。

第三，中东局势的新变化，也为“一带一路”共建提供了新的机遇。众所周知，中东局势瞬息万变，长期以来动荡不宁，硝烟笼罩。但是，在中东地区，劝和促谈、解决争端的努力正在进行之中，并取得了一定的进展，同时，中东国家摆脱动荡、推动稳定和发展的步伐也在加快。近期，中东局势变化所展现的良好势头，为“一带一路”在该地区的推进带来了新的机遇。主要表现在：

第一，伊朗核问题最终协议的达成具有划时代的意义，为政治解决中东地区复杂、尖锐难题提供了借鉴和示范。伊核问题牵动大国关系、地缘政治等多重矛盾，伊朗与美国等西方国家围绕核问题展开了长达 13 年的博弈，其间几度剑拔弩张，后经各方艰苦努力，最终达成和平解决伊核问题的协议。这一方式堪称国际社会解决世纪性难题和争端的“伊朗模式”，它不仅为缓解美国与伊朗紧张关系、实现伊朗与美国及欧洲关系正常化创造了条件，而且为和平解决中东其他热点问题提供了新思路和新动力，也增强了在中东地区构建和平秩序的可能性和现实性。另外，随着伊美关系的缓和，在打击共同敌人——“伊斯兰国”等恐怖组织上形成共识，有利于遏制恐怖主义的泛滥和扩张。同时，伊朗作为中东地区大国，在推进“一带一路”中发挥着重要作用。中国在伊核问题谈判过程中发挥了积极而独特的作用，既为伊核协议的达成作出了贡献，也为维护伊朗的合法权利发挥了不可替代的作用。因此，伊核最终协议的达成不仅为中国和伊朗共建“一带一路”带来了新机遇，而且为该地区建设“一带一路”创造了时机。

第二，许多中东国家开始制定新的经济发展战略，启动大规模基础设施建设项目，这为在“一带一路”框架下开展广泛深入合作提供了契机。例如，2014 年 6 月塞西当选埃及总统后，全力推动“苏伊士运河走廊规划”；2014 年 12 月塞西总统在访华时表示共同推动“一带一路”建设。2015 年 3 月埃及经济大会上，埃及政府又公布了 2030 发展规划，旨在重振经济、重回地区大国地位。2015 年 8 月 6 日新苏伊士运河的开通显示了埃及的雄心和决心。埃及政府正通过大规模基础设施建设，打造“新埃及”。同样，作为中东地区大国，又是“丝绸之路”沿线的重要国家——土耳其，正在全面推动“2023 愿景”战略规划，即在共和国建国一百年的 2023 年将使土耳其步入世界国内生产总值前十行列，目前，土耳其国内高铁、桥梁、核电等大规模基础设施建设正在开展。实际上，无论是伊朗、土耳其、埃及，还是百废待兴的伊拉克、阿富汗，都把推动基础设施建设作为这些国家振兴经济发展的重要出路，这与以互联互通为主要内容的“一带一路”方案相契合，从而为双方更深层次合作注入了动力。

第三，亚投行与丝路基金的成立为“一带一路”增添了活力。亚洲基础设施投资银行是一个政府间区域多边开发机构，为亚洲各国基础设施项目提供融资支出——包括贷款、股权投资以及提供担保等，旨在促进区域基础设施领域互联互通，促进经济一体化进程。因此，亚投行和丝路基金的成立不仅为“一带一路”沿线国家和地区提供资金支持，推动当地经济发展和一体化，而且促进互联互通，加快人民币国际化进程，也是区域多边金融合作的新探索，弥补国际金融体系缺陷。2015 年 6 月 29 日，有 50 个意向创始成员国签署《亚洲基础设施投资银行协定》，卡塔尔、阿曼、科威特、沙特阿拉伯、约旦、阿联酋、伊朗、土耳其、埃及和以色列等中东十国加入其中。可以预见，亚投行将对中国和中东国家共建“一带一路”提供必要的支持。

第四，产能合作成为国际合作新潮流并且迈出了重要步伐。除了石油贸易之外，产能合作对于推动中东国家工业化，提升其经济水平也可发挥积极作用。2015 年 8 月，中国与阿拉伯国家产能合作大会召开，其意义在于推进阿拉伯国家经济整体实力以及工业化进程，从而在根本上解决就业、贫困等问题。在这方面，中国的产能优势与阿拉伯国家的资源优势、地缘优势和市场优势可以实现充分结合；中国把自身发展同阿拉伯国家发展对接起来，为阿拉伯国家扩大就业、推进工业化、推动经济发展提供支持，在“一带一路”共建上将会有实质性进展。

总之，“一带一路”倡议展现了新时期中国处理与世界关系的理念和方案，它充满了“东方智慧”。同时，“一带一路”建设是一个长期的、复杂的、涉及国内外诸多国家的世纪性工程。“一带一路”在中东地区的推进，不仅要清醒、冷静地面对该地区的挑战和风险，又要主动创造条件，抓住机遇，因势利导，稳步推进中国与中东国家“一带一路”共建，推动中国和中东国家的共同发展和繁荣。

三、“一带一路”建设在中东面临的挑战及应对思路

对于长期动荡的中东而言，“一带一路”建设在该地区所面临的挑战和风险是多方面的、复杂的，既有长期的，又有突发式的，既包括安全、政治、观念等不同类型，又包括经济、市场运行、法律等不同领域，既有来自地区内部的各种威胁，又有来自其他域外大国的掣肘等等。具体而言，一方面，中东地区正在经历着极为深刻的变动，中东秩序的重塑正在展开。目前，中东地缘政治争夺异常激烈，“旧中东”趋向瓦解，“新中东”尚在构造中。在这一过程中，大国与中东的关系也在发生变化，美国对中东的影响力下降，大国在中东地区的博弈加剧；各种力量以不同方式影响着中东秩序的重塑，但是，中东秩序究竟如何演变，充满着悬念和不确定性。另一方面，中东国家正处在变迁的关键阶段，转型时期许多国家动荡频仍、矛盾丛生，有些国家还处在重建中，急剧的变动导致各种风险的积累和叠加，安全形势、政治局势、市场环境和社会动荡起伏不定，瞬息万变，很难在短期内形成稳定和发展的局面。

与此同时，中东各国之间差异悬殊，营垒对峙明显，相互关系又复杂多变，既有历史积怨，又有新的矛盾和冲突。

由此观之，在中东地区推动“一带一路”建设，必须客观冷静地正视挑战，积极应对各种现实的和可能的风险。

第一，推进“一带一路”必须同沿线各国的具体情况相对应，尤其是根据中东国家所在区域的特点及不同国家的现实处境，选择恰当的方式推进“一带一路”建设。因此，在中国和中东国家共建“一带一路”上，更需要具体而细致的方案。

第二，区分需求，有针对性地开展“一带一路”的共商共建；同时，

深入了解和研究各自的经济社会发展战略和重大建设项目，实现战略对接。在中东诸国中，既有富裕程度较高的国家，又有处在发展水平低、贫穷人口众多的转型国家。因此，推动“一带一路”共建需要切中不同国家的需求，量力而行。在重大项目竞标和建设上，避免“单打独斗”，可采用联合其他国际公司，或联合当地企业，共同参与，风险共担，利益共享。同时，积极呼应中东国家关于“丝绸之路”建设的倡议，以便扩大共识，形成共需。例如，2012年，土耳其领导人就提出建立“丝绸铁路”倡议，这与我国的“一带一路”倡议不谋而合。是年，土耳其学者还提出复兴丝绸之路的构想——建立丝绸之路联盟，以及丝绸之路基金会、丝绸之路服务总公司、丝绸之路信贷和投资银行等。[①] 重视这些来自中东国家的声音和方案，就能更好地达成共识，形成对接，推进“一带一路”共建。

第三，针对中东地区热点问题突出、突发事件频发、经济发展和安全环境多变的现实，“一带一路”建设的推进不仅要采取“共建”方式，而且应建立完善的危机管控、安全形势和风险评估机制，应对各种复杂问题，减少或避免不必要的损失。

第四，加强智库等专业化研究与合作，建立更为广泛的人文交流平台和渠道，推动“一带一路”民心相通取得实效。伊斯兰教是阿拉伯国家民众的最主要信仰，因此，加强并深化宗教交往对于推进“一带一路”建设具有重要意义，它是促进民心相通，提升相互认知和理解的重要步骤，也是当前应对极端主义思潮泛滥的有效途径。同时，加强智库之间的合作，推动“一带一路”共建走向深入，落在实处。应该说，实现战略对接，智库合作须先行，尤其是与所在国专业化智库之间合作，既可以围绕双方关切的重大问题开展研究，又可以加深认知，增强好感度，甚至影响舆论决策，引导舆论话语，为“一带一路”建设增加正能量。

第五，从更高层次上，致力于推进共同安全建设，打造中国和中东国家之间的安全共同体。从长远着眼，作为正在崛起的中国，需要与大国以及地区国家共同致力于中东和平机制的构建，为中东的稳定和发展创造机遇，改变中东长期动荡的历史宿命。在这方面，“一带一路”有可能为从根本上改变发展环境提供新思路、新途径。

---

① ［土耳其］阿基夫·埃尔索伊，章波：《开发中东人力和资源以复兴丝绸之路的方法》，载《西亚非洲》，2014年第3期，第17—29页。

中国与中东国家产能合作的机遇和挑战

中国国际问题研究基金会高级研究员、
上海外国语大学兼职教授　**姚匡乙**

【内容提要】

中东是中国开展产能合作具有较多优势的地区。中国在该地区进行工程承包起步早、信誉好，具有良好基础。当前中东各国处于经济转型的重要阶段，为加速推进工业化，纷纷制订经济发展中长期计划，这为中国企业“走出去”提供了重要历史机遇。中国与中东国家开展产能合作，秉持优势互补、互利共赢精神，因而得到中东各国的普遍欢迎。目前双方正在基础设施、高新技术和劳动密集型产业领域开展卓有成效的合作，并取得重要成果。中国与中东国家产能合作机遇与挑战并存，要善用机遇，防范和化解风险，切实做好中国与中东国家产能合作这篇大文章。

推进国际产能合作是中国政府为推动新一轮高水平对外开放、增强国际竞争优势的重大举措。它不仅有利于我国统筹国内国际两个大局，提升开放型经济发展水平，也有利于实施“一带一路”战略，深化我国与沿线国家合作，促进当地的经济社会发展，因而是推进“一带一路”建设的重要内容。从各方面条件看，中东是我国开展产能合作具有较多优势的地区之一。

一、中东是中国海外工程承包的传统市场

从 20 世纪 90 年代开始，中国先后与苏丹、伊朗、土耳其、埃及等在

石油、交通、投资等领域进行合作，积累了不少成功经验，为今后扩大我国与该地区的产能合作起到一定示范作用。苏丹石油储量丰富。1995 年中国石油和苏丹政府签署石油勘探开发产品分成协议，随后，中石油承担起原油外输管道和合资建设喀土穆修建炼油厂的项目。经过十多年的努力，在中国的帮助下，苏丹已建立上下游一体化、现代化的石油工业体系，一跃成为工业化迅猛发展的国家。中石油为苏丹培养了一大批工程技术和管理人员，为当地提供了 8 万余个就业岗位，还为当地居民建医院、盖学校、打水井、铺道路，为改善民生做了大量工作。中苏石油合作，真正体现了真诚合作、互利共赢的理念，不仅为苏丹这样欠发达国家找到一条以资源开发带动经济社会发展的道路，也为中国和其他国家开展产能合作提供了范例。① 伊朗德黑兰地铁一号线和二号线是中国公司 20 世纪 90 年代在中东承建的重大工程，工程克服重重困难，采用中国标准，以其经济适用和安全可靠赢得伊朗政府和人民的赞誉，为我国城市轨道交通拓展国外市场奠定了基础。2014 年 7 月，由中国公司承建的土耳其安卡拉至伊斯坦布尔高铁 156 公里路段顺利通车，标志着中国高铁技术和车辆装备技术成功进入土耳其这个采用欧洲高技术标准的高门槛国家，是中国高铁首次跨出国门，对推动中国高铁进一步“走出去”具有重要的示范意义。2008 年 9 月启动建设的中国埃及苏伊士经贸合作区，是中国“走出去”战略的重点项目，也是中国商务部确认的国家级境外经贸合作区。目前大部分在埃及投资的中国企业都集中于此，已形成聚集效应。该经贸合作区建成后，将为埃及创造 4 万个就业机会，并为埃及的产业升级、出口创汇、税收等发挥更大作用，是中埃合作共赢的典型实例。

二、中东国家加速工业化进程为开展产能合作带来机遇

从宏观经济维度看，中东国家现代化的主要问题是，对外依赖性较

① 《中国石油天然气集团公司在苏丹油气合作项目分析报告——优劣势及机遇与威胁分析》，http：//wenku. baidu. com/link？ url = HtI5o5nGqv8LbTkUgvLBj32X8Z7jJO - Ru4HYBykBrd3su2D - TdmuvncHDzLQL6FWzXMXxUNtT6O0xbvc - OlHdrW0xmli35P7tLC5XaOCT6i。

强，不少国家资源较单一，除石油资源较充足外，其他资源相对匮乏，需从国外进口，如埃及，石油天然气、旅游、侨汇和苏伊士运河是其四大外汇收入来源，缺少能支撑其经济的重要工业门类。阿拉伯产油国经济社会发展高度依赖石油和天然气，工业和经济结构单一，经济多元化水平低下。如沙特主要依靠石油工业，石油产业约占全国总收入的75%，占出口收入的90%。这种以能源为主的经济社会发展模式，在经济全球化日益发展的背景下，弊端日趋显现，难以应对国际市场的风险和挑战。近年来，中东国家为适应经济全球化的新形势，又盲目追随西方新自由主义，片面强调贸易自由化、金融自由化、私有化，过度倚重服务性，工业水平落后的经济格局未能根本改观，以致不少中东国家在经济全球化的进程中仍处于边缘地带。

从现实政治经济维度观察，肇始于2011年的中东大变局，使中东有关国家经济遭受重创，埃及等国开始艰难的经济和政治重建，并制定了一系列措施。与此同时，沙特等国虽凭借手中丰厚的石油美元躲过大变局的浩劫，但为应对全球经济下行压力和受油价持续低迷的影响，也正努力推动本国经济结构调整。中东国家纷纷制订新的中长期发展计划，着力推进工业化，重点是扩大基础设施建设和高新领域装备制造业。这为中国企业“走出去”提供了新的历史机遇。

埃及是典型的转型国家，在此次中东大变局中经济遭受重创。塞西总统废黜穆斯林兄弟会领导人穆尔西后，深知发展生产、改善民生是维系政权的根本之道。当前埃及经济的重中之重是就业，埃及政府需要在为民众创造良好就业机会的同时，减少预算赤字，维持外汇储备，以利于经济发展。为此，埃及政府在接受沙特、科威特、阿联酋超过200亿美元巨额援助外，还通过削减补贴尤其是燃料补贴，争取国际货币基金组织等国际金融机构的援助。苏伊士运河是埃及主要外汇收入，2014年埃及完成新苏伊士运河疏浚工程，使运河航道年收入从53亿美元增加到134亿美元。埃及还制定了苏伊士运河走廊计划，拟将沿岸7.6平方公里打造成世界级港口、物流、加工制造枢纽，修建5个港口码头和3个工业园区。预计全部建成后将为埃及带来1000亿美元的收入。①

---

① 杨光主编：《中东黄皮书：中东发展报告 No.17（2014—2015）》，北京：社会科学文献出版社，2015年版，第169页。

沙特将继续推进经济结构调整，把实现经济多样化、降低石油产业的依赖程度，作为其宏观经济发展战略目标。经济城和工业城建设是沙特经济结构调整、实现工业化和多元化的重要手段。沙特将投资5000亿美元兴建阿卜杜拉国王经济城、吉赞经济城、阿卜杜拉·兹·本·穆萨德王子经济城、知识经济城等，上述经济城将成为沙特高科技知识型经济的核心。截至2015年，沙特已建成18座工业城，未来5年计划增至30座。前国王阿卜杜拉的目标是要在2020年将沙特变成工业强国，在石油化工、铝业、钢铁产业和化肥四大行兴建世界级工厂。①

阿联酋为迎接“后石油时代”做准备，2015年阿联酋总统哈利法宣布了“国家科学技术和创新最高政策”，阿联酋将投入3000亿迪拉姆（约合820亿美元），支持知识经济和创新发展。② 该计划将包含100项动议，投资领域主要包括教育、健康、能源、交通、太空和水资源等。上述政策是阿联酋逐步摆脱石油经济、实现经济转型的重要决策。

近十多年来，土耳其政局相对稳定，国民经济迅速发展，已跃居世界第17大经济体。当前由于全球经济复苏乏力，外资出逃严重，土耳其经济发展困难增大，土经济面临升级转型难题。为此，土制定了2023年共和国成立100周年时的宏伟计划，届时经济总量进入世界前十名，人均国民收入达2.5万美元，对外贸易达10000亿美元，就业增加3000万人，失业率降至5%，优先发展能源、交通、旅游等产业，计划扩建高铁网，新建铁路1.1万公里，建设1.5万公里双向高速公路，拥有世界十大港口之一。

伊朗核问题达成全面协议，为其解除制裁、缓和其与美国和西方的矛盾提供了有利条件，也为其促进经济发展、增强自身国力展现了重要历史机遇。伊朗最高领袖哈梅内伊宣布伊朗新的发展规划，未来五年经济平均增速目标设定为8%，所需资金达1万亿美元。③

---

① 杨光主编：《中东黄皮书：中东发展报告 No. 17（2014—2015）》，北京：社会科学文献出版社，2015年版，第178页。

② 《阿联酋总统宣布国家科技和创新计划》，新华网：http://news.xinhuanet.com/world/2015－11/26/c_128471666.htm。

③ 《伊朗最高领袖把未来五年经济增速目标定为8%》，中华人民共和国商务部驻伊朗伊斯兰共和国大使馆经济商务参赞处：http：//ir.mofcom.gov.cn/article/jmxw/201507/20150701035736.shtml。

三、中东国家积极响应中国产能合作倡议

中国与中东国家开展产能合作应坚持互利共赢的原则。中国经过三十多年的改革开放，工业由大变强，加快中国装备走出去和推行产能合作步伐，是中国实现经济提质、增效、升级的重要举措。不少中东国家正处于工业化的关键阶段，从联合国工业发展组织的国家竞争力指数看，中东国家，尤其是阿拉伯国家整体工业竞争力相对较弱，工业总产值约占全球的5%，而中国的工业增加值、工业制成品出口额分别占全球的15.3%和14.1%。双方合作优势互补，基础扎实，契合度高，加快开展产能合作，更可以为中东地区的发展和稳定带来新的历史机遇。2015年8月，中国和阿拉伯国家产能合作和投资促进研讨会在北京召开。这是中阿双方首次以产能合作为主题的高端会议。与会代表一致认为，中阿产能合作将中国的产能优势与阿拉伯国家的资源优势、地缘优势和市场优势充分结合起来，符合世界经济发展的大趋势。[①] 与中国开展产能合作正得到越来越多的中东国家的响应。

2014年12月，埃及总统塞西访华，在与习近平主席、李克强总理会谈时表示，埃方愿同中方扩大各领域友好互利合作，特别是产能、投融资等领域的合作，欢迎中国企业积极参与埃及大项目建设。中埃双方已就建设铁路网、太阳能发电站等项目达成意向协议，并签署了包括电力、新能源、民航等领域的多个经济合作协议。埃及还专门成立了一个由政府副总理牵头的委员会，专司中国投资与合作事宜。埃及政府除加紧实施苏伊士运河区开发计划外，还正开发面积占其国土面积10%的西北沿海地区，期待中国加大对埃的投资。

2015年8月，专程来华参加中阿产能合作研讨会的苏丹工业部国务部长阿卜杜拉表示，苏丹政府正在制订2015—2019年的经济改革计划，期待中方与苏丹在农业、工业、资源等领域的合作，并将与中国的合作纳入其五年计划。2015年初，苏丹还派代表团访华，同意将中国河北省的部分优

① 钟声：《中阿产能合作是大势所趋》，载《人民日报》，2015年8月25日，第3版。

势产能转移到苏丹正在建设的红海自贸区，愿与中国签署相关协议。

当前中国与土耳其正努力做出规划，以便更顺利、有效地开展产能合作。2015 年 7 月，习近平主席向来访的埃尔多安总统建议，中土两国应通过“一个指导机制、两个合作重点、三个新兴领域”，推动双边关系不断发展。“一个指导机制”，就是中土建立一个副总理牵头的合作机制，全面协调两国在各个领域的合作；“两个合作重点”，是指双方着力打造高铁和新能源两大合作重点；“三个新兴领域”，就是进一步推进航天、金融、投资三个新兴合作领域。[①] 埃尔多安总统赞同习近平主席的意见，表示土方愿同中方共同努力，深化经贸、投资、科技、基础设施等领域的合作。2015 年 11 月，习近平主席在土耳其安塔利亚召开的二十国集团峰会上会见埃尔多安总统时，双方还签署了政府间共同推动“一带一路”建设谅解备忘录，将为双方在“一带一路”框架内推进各领域合作提供重要政策支持。

当前中国与中东国家间的产能合作重点可以集中在以下领域：一是基础设施。中东国家工程承包市场规模巨大，其工程承包市场占全球份额的 19%，规模高达 4 万亿美元。目前双方正努力在高铁、电力、港口建设等领域内合作，中国有关企业正争取早日签署土耳其东西高铁等项目合同，抓住伊朗核问题达成全面协议的机会，加快推进德黑兰至伊斯法罕高铁等大项目合作，进一步推动中伊（朗）工业园建设等。[②] 二是高新领域装备制造。中国拥有先进的航空航天技术、完整的科研体系以及配套齐全的工业设施，中国实现开放的航天政策，并积极开展多种形式的国际合作。埃及、阿联酋等启动卫星发射项目，阿拉伯通讯联盟加紧推进卫星布网。土耳其拟发射 17 颗卫星入轨。中东地区新建可再生能源项目发电量 3700 万千瓦，土耳其等积极筹建首座核电站。从全球范围看，中东是对核电、航天卫星、新能源需求增长的重要地区。双方合作潜力巨大。2014 年，中石油首次进入阿联酋油气上游市场，获得阿布扎比国家石油公司陆上和海上合作区 40% 的权益。山东电建与沙特阿美签下了 7 亿美元 MGS（燃气增压

---

① 江宛棣：《土耳其总统访华后的中土关系展望》，中国网：http://photo.china.com.cn/news/2015 - 08/07/content_36248144_3.htm。

② 赵家兴：《张毅主任作为中国政府特使访问伊朗》，载《中国中铁报》，2015 年 10 月 14 日，第 1 版。

站）二期项目。[①] 2015 年 12 月，哈尔滨电气集团与沙特国际电力和水务集团签订战略合作协议，双方将共同合作开发欧洲、亚洲、非洲电力市场，同时双方还签署共同投资在迪拜兴建中东第一座燃煤电厂，这是中资公司首次以投融资和总承包模式进入中东电力市场。[②] 目前，中国与阿拉伯国家方面已就建立中阿技术转移中心、阿拉伯和平利用核能培训中心、阿清洁能源培训中心、北斗卫星导航系统落地阿拉伯项目等达成共识，展现了双方合作的真诚意愿和巨大潜力。三是劳动密集型产业。根据国际货币基金组织 2014 年的统计，阿拉伯国家经济增长率约 3%，平均失业率为 13%，年轻人失业率高达 29.8%。到 2020 年阿拉伯青年失业人数将达到 5000 万。庞大的失业大军处置不当，很可能引发政治冲突和社会动荡。这些国家迫切希望促进经济发展，解决就业问题。中国不乏纺织等劳动密集型优势产能，完全有能力帮助阿拉伯国家推动一批周期短、见效快的项目尽快落地。

为支持中国企业与中东国家开展产能合作，发挥资金融通在产能合作中的支撑和保障作用，中国与有关中东国家努力开展金融合作。卡塔尔、阿曼、科威特、沙特、约旦、阿联酋、伊朗、土耳其、埃及和以色列等十个中东国家加入了亚投行，并对中国创建的丝路基金抱有浓厚兴趣。继 2012 年中国与土耳其达到为期三年 100 亿人民币的货币互换协议后，2014 年 11 月中国与卡塔尔签署了规模为 350 亿人民币/208 亿里亚尔的双边互换协议。为方便中国企业在中东开展商贸活动，中国工商银行在迪拜、阿布扎比、多哈、科威特、利雅特和伊斯坦布尔开设分支机构。更值得一提的是，2015 年 12 月 14 日，阿布扎比王储穆罕默德访华，中国和阿联酋宣布中阿共同设立 100 亿美元的投资基金，同日，中国央行宣行将人民币合格境外投资试点地区扩大至阿联酋，投资额度为 500 亿人民币，这是双方在金融领域内深化合作的重要体现，不仅有利于推进人民币的国际化，也有利于促进中国与中东国家贸易和投资的便利化。

---

① 《山东电建签下沙特阿美 7 亿美元大单》，人民网：http://world.people.com.cn/n/2015/1123/c157278-27845156.html。

② 《哈电国际将建中东首座燃煤电厂》，哈尔滨市政府网：http://www.harbin.gov.cn/info/news/index/detail_jryw/420317.htm。

四、中国在中东开展产能合作值得注意的风险

中国在中东开展产能合作须注意防范风险：

一是地缘政治错综复杂，地区形势持续动荡。中东是全球热点问题最为集中的地区。中东剧变以来，新旧热点此起彼伏，民族、宗教、教派矛盾和冲突相互交织，大国博弈加剧，使地区局势处于持续动荡之中。2014 年随着伊朗核问题达成协议，地区局势出现缓和的迹象，但地区动荡的格局没有改变。就国别而言，塞西当选埃及总统以来，政局渐趋稳定，经济也呈恢复性增长，但国内极端思潮泛滥，恐怖活动活跃，经济结构性问题未发生根本改变，发展前景依然存在较大不确定性。由于外来干预，叙利亚内战持续，国家面临分裂危险。利比亚出现两个政府、两个议会的局面，目前虽已达成和解，但争斗并未停息，政治重建和经济重建遥遥无期。沙特王位继承顺利渡过，但王室内部权力斗争暗流涌动，沙特由于坚持不减产、保市场份额政策，导致油价持续低迷，石油美元锐减，加之周边地缘政治复杂，沙特已难言是中东地区的和平绿洲。伊朗制裁即将取消，伊朗将重归国际社会，但伊核问题全面协议将有十年的执行过程，可以预见，还将会有不少敏感复杂的问题。上述地区和国别形势使中国企业“走出去”面临不少政治安全风险。为此必须加强对地区尤其对国别的分析和风险评估，减少中国与有关国家产能合作建设项目中的坏账，降低半途而废工程出现的可能性，提升在政治动荡中保护自身利益的能力。

二是极端恐怖势力活跃。近两年来，“伊斯兰国”极端恐怖势力在伊拉克、叙利亚两国迅速壮大，他们掠地攻城、滥杀无辜，凶残程度令人发指。“伊斯兰国”组织控制的地区已成为全球极端恐怖势力的聚集地和扩散地，其恐怖势力不仅活跃在约旦、黎巴嫩、埃及等周边邻国，而且向欧洲、非洲等地渗透。2015 年，“伊斯兰国”组织在法国巴黎等地制造了连环爆炸案，炸毁俄罗斯客机，甚至残暴杀害中国无辜公民。“伊斯兰国”组织的恐怖行径引起国际社会的强烈谴责和愤慨，已成为当前国际社会面临的最严峻的挑战。目前，国际社会加大了对“伊斯兰国”组织的打击力度。但应该看到，“伊斯兰国”组织是宗教极端思想沉渣泛起、美国和西

方错误中东政策、伊拉克教派矛盾失衡和叙利亚长期陷于内战的直接结果，如不能妥善解决上述四大问题，“伊斯兰国”组织极端恐怖势力将会长期存在。面对国际反恐的新形势，中国一方面要加强国际反恐合作，另一方面要加大投入，加强和完善反恐和保护海外企业和人员的工作机制，同时中国海外企业机构和人员要强化安全意识，在危急情况下能妥善应对，确保自身生命和财产的安全。

三是欧、美、日技术标准的挑战。中东国家普遍推崇欧、美、日技术标准，对中国技术标准持不信任态度。中国铁建承建沙特麦加轻轨造成巨额亏损就是个深刻的教训。2009 年 2 月通过议标承建 18.25 公里的麦加轻轨工程，至 2010 年 9 月工程完工，合计亏损达 41.53 亿人民币。造成巨额亏损的原因复杂，有业主对项目的需求较合同规定大幅提升，也有征地拆迁严重滞后等导致项目工作量和成本大幅增加。但有一点值得注意，中铁原以为其应拥有该项目的设计权、采购权和施工权，但事实并非如此，由于业主对中国的设备和技术不信任，因而土建工程执行美国标准，系统工程执行欧洲标准，整节列车车厢、信号设备等最赚钱的设备均来自欧洲，这无疑大大提高了项目成本。[①] 由此看到，“中国技术标准”对中国开展国际产能合作至关重要。经过多年经营，中东国家对我国在铁路、电力、通讯、地铁、港口等领域工程技术标准有了更多认识，特别是高铁，通过对国外高新技术的不断引进、消化、吸收、创新和提高，中国已成为世界上少数几个全面掌握高铁完整技术的国家之一，并积累了高铁运营和管理的丰富经验。面对竞争甚至打压，中国应在性价比上做文章，依靠安全、稳定、高效打造品牌，同时，依托重大项目推动“中国技术标准”落地生根。

国际产能合作的主体是企业，要坚持市场运作，遵循市场规律和国际通行规则，充分发挥市场在资源配置中的决定作用。企业应在政府的指导下，总结以往中国与中东开展工程承包和产业承接合作经验，对接中东国家发展计划和实际需要，在新形势下探索产能合作新思路和新模式，如改变以往主要依靠低成本投入的做法，加大中国对中东的直接投资，提升中国对地区产业布局能力；改变以往重建设、轻管理的思维，大力推进“建

① 《中国铁建麦加轻轨巨亏调查：10 亿美元的赌注》，http://finance.sina.com.cn/chanjing/sdbd/20101029/07478865953.shtml。

设运营一体化模式”；拓宽投融资渠道，由于油价持续低迷，中东产油国石油美元减少，中国应采取不同形式，多渠道解决融资难题，切实把中国与中东国家开展产能合作推向新的高度。

中国北斗卫星导航系统在阿拉伯世界推广的前景

上海外国语大学中东研究所副所长、研究员　孙德刚

【内容提要】

卫星导航系统是大国硬实力的重要标志，是科技外交的载体。新时期，大国在卫星导航系统领域已经形成了“一超”（美国的GPS系统）、“多强”（欧盟的伽利略、俄罗斯的格洛纳斯与中国的北斗系统）和“多中心”（印度区域导航卫星系统和日本准天顶卫星导航系统）的格局。北斗卫星导航系统在阿拉伯世界的推广是“一带一路”战略的重要内容，是深化中国与阿盟战略合作伙伴关系、实现“互联互通”的重要举措，也是北斗系统“走出去”战略和未来十年加快全球布局的重要一步。北斗系统落户阿拉伯世界涉及安全、政治、经济和技术等四个维度的问题，其在阿拉伯世界推广面临政治风险、安全风险、法律风险和社会文化风险等四类挑战。北斗系统在阿拉伯世界的推广应坚持循序渐进的原则，在海湾地区、东地中海地区和北非地区应分别确立支点国家，通过支点国家形成示范与辐射效应，为今后北斗系统全面打开中东和非洲市场奠定基础。

2014年6月，国家主席习近平在出席中阿合作论坛第六届部长级会议上提出中阿“1+2+3”的战略构想，其中“3”包括核能、航天卫星和新能源。习主席明确提出要“研究中国北斗卫星导航系统落地阿拉伯项目”。[①] 2016年，中阿合作论坛第七届部长级会议将在卡塔尔首都多哈举

① 习近平：《弘扬丝路精神，深化中阿合作——在中阿合作论坛第六届部长级会议开幕式上的讲话》，载《人民日报》，2014年6月5日，第2版。

行，中阿双方经协商，一致决定召开首届中阿北斗合作论坛。北斗系统落地阿盟是中国新时期向西开放、实施“一带一路”战略和构建中国与阿盟全面战略合作伙伴关系的重要战略支撑和外交资源。阿拉伯世界联盟（阿盟）拥有4亿人口、22个成员国，以沙特、阿联酋、卡塔尔和科威特为代表的海湾阿拉伯国家石油美元充足，以埃及、阿尔及利亚和摩洛哥为代表的阿拉伯国家人口众多、市场潜力大，为北斗系统在阿盟推广创造了良好的外部条件。

一、北斗系统落地阿拉伯世界的战略机遇

卫星导航系统是大国硬实力的重要标志，是科技外交的载体。新时期，大国在卫星导航系统领域已经形成了“一超”（美国的GPS系统）、“多强”（欧盟的伽利略、俄罗斯的格洛纳斯与中国的北斗系统）和“多中心”（印度区域导航卫星系统和日本准天顶卫星导航系统）的格局。北斗卫星导航系统在阿拉伯世界的推广是“一带一路”战略和推动欧亚国家大陆桥建设的重要内容，是深化中国与阿盟战略合作伙伴关系、实现“互联互通”的重要举措，也是北斗系统“走出去”战略和未来十年加快全球布局的重要一步。

近年来，随着北斗系统在海外市场的不断扩大，国际社会对中国这个第二大经济体的认识也发生了变化。中国文化已经不再限于中国结、京剧、书法、瓷器、剪纸、皮影戏等这些传统元素；中国高科技领域的突飞猛进为中国文化增添了现代元素，如高铁、核电站、航空航天技术和北斗系统等。中国从科技大国向科技强国迈进，为中国外交带来了丰富的资源和内涵；中国外交不断走向成熟也有助于北斗系统在阿拉伯世界的推广。

第一，阿拉伯世界面积广阔，人口众多，市场潜力大。阿盟22个成员国，是近代英法等西方大国“分而治之”政策的产物。作为伊斯兰合作组织的重要群体，22个阿拉伯国家面积1426万平方公里，占世界的9.5%；阿拉伯国家人口增长迅速，近4亿，占世界总人口的5%，其中埃及人口已接近9000万。30岁以下的青年占阿拉伯世界总人口的60%—70%，埃及、沙特、阿曼、阿联酋、阿尔及利亚等都是地区人口大国，在水文、气象、农业、渔业、基础设施、交通运输等领域，对北斗系统的需求量

较大。

第二，北斗系统对阿拉伯世界产业发展具有重要意义。阿拉伯国家具有以下几个共同点：第一，官方语言为阿拉伯语，主体民族均为阿拉伯族，但各国在政治制度、发展道路、经济发展水平和与域外大国关系等方面差异性较大；第二，伊斯兰教大多为国教，但是不少国家局势动荡，面临严峻的教派纷争和恐怖主义威胁，反恐任务艰巨；第三，均支持巴勒斯坦人事业，反对以色列对巴勒斯坦地区的占领；第四，阿拉伯世界连接欧、亚、非，是东西方贸易航线的中转站，均有出海口、港口和海岸线；第五，海湾阿拉伯国家、伊拉克、利比亚、阿尔及利亚等拥有丰富的油气资源，探明石油储量占全球的57.5%；第六，在卫星导航等高科技领域技术相对落后，资金投入不足，人才缺乏，但市场需求大，为中资企业打开阿拉伯国家市场提供了重要机遇。近年来，东方联星、和芯星通、国腾电子、华力创通、北斗天汇等公司相继推出了能同时兼容北斗系统、美国GPS、俄罗斯格洛纳斯和欧盟伽利略四个导航系统兼容定位，为中国卫星导航市场提供了自己的芯片①，也为中国打开阿拉伯市场提供了重要基础。

第三，“阿拉伯革命”的深刻教训使阿拉伯国家痛定思痛，重新将战略重心转向国内经济和社会建设，为北斗系统落户阿拉伯世界创造了条件。21世纪初以来，阿拉伯国家威权的世俗统治政权均受到不同程度的冲击，其挑战者一是西方推行的“大中东民主计划”，二是伊斯兰复兴运动下宗教力量的崛起，及其对世俗政权的冲击。加上以色列、伊朗和土耳其三个非阿拉伯国家插手阿拉伯内部事务，以及域外大国（美、欧、俄）的地缘政治争夺，受此影响，阿拉伯国家成为中东局势动荡的主要地区，阿拉伯世界陷入长期分裂状态。叙利亚、哈马斯等与俄罗斯长期保持战略合作关系；海合会成员国长期与美国保持安全合作关系；土耳其和卡塔尔支持埃及穆斯林兄弟会，而沙特和阿联酋支持埃及以塞西为代表的世俗政府等。2013年，阿盟终止叙利亚巴沙尔政府在阿盟组织中的成员资格，进一步加剧了阿拉伯世界内部的不和。就与外部大国关系而言，君主制国家与西方大国的安全合作更加密切，而共和制阿拉伯国家与俄罗斯关系更加密切。

---

① “北斗卫星导航为国家安全保驾护航”，《卫星与网络》，2011年第4期，第56页。

西方推动的“阿拉伯革命”并没有给中东带来民主和自由，而是带来了更多的混乱、冲突和人道主义危机，这使转型的阿拉伯国家和未发生动荡的阿拉伯国家均冷静下来，意识到改善民生、发展经济的重要性，为北斗系统进入阿盟国家创造了条件。近年来阿拉伯国家对北斗系统也表现出极大兴趣。2014 年 6 月习主席提出“北斗卫星导航系统早日落地阿拉伯国家”的倡议后，阿拉伯国家政府积极响应。如 2014 年 10 月，阿拉伯驻华使团团长、阿曼驻华大使阿卜杜拉·萨阿迪（Abudullah Al－Sardi）、约旦大使叶海亚·卡拉里（Yehaiya Qarrally）等阿拉伯国家驻华使馆代表团一行 14 人参观了“北斗数谷·数字城市”秦皇岛科技示范工程，并就北斗系统在阿拉伯国家推广进行了初步探讨。

第四，域外大国与阿拉伯世界关系的性质为北斗系统落地阿拉伯国家创造了条件。2011 年中东剧变发生前，美国 GPS 在中东的应用范围最广，基本上垄断了阿拉伯世界特别是沙特、阿联酋、卡塔尔、阿曼、巴林、科威特、埃及、摩洛哥等美国盟国的市场，美国以提供免费公共产品为由，占领了阿拉伯近一半国家的军用和民用卫星导航市场。此外，欧洲的伽利略系统虽起步较晚，但发展势头强劲，近年来占领了埃及市场，并向海湾阿拉伯国家推进。

“阿拉伯革命”爆发后，西方大国对中东的经济、能源、投资和贸易依存度下降，其在中东的影响力也在下降。奥巴马政府奉行从中东脱身的战略，通过从伊拉克和阿富汗撤军等配合美国全球战略重心东移亚太地区。受此影响，阿拉伯国家开始在政治上和经济上奉行“向东看”政策。①无论是君主制还是共和制阿拉伯国家，绝大多数一方面在安全上依靠美国和欧洲大国，另一方面在经济上依靠中国、印度、韩国和日本等亚洲大国。由于美国和欧盟大国奉行亲以色列政策，这些阿拉伯世界反以、反美、反西方势力强大，特别是在 2014－2015 年以色列进攻加沙、导致上千巴勒斯坦平民伤亡的人道主义灾难爆发后，希望中国能够成为平衡西方和美国的重要政治力量，这为中国北斗系统进入阿拉伯世界提供了重要机遇。

---

① Lars Erslev Andersen and Yang Jiang, *Oil*, *Security and Politics*: *Is China Challenging the US in the Persian Gulf*? Copenhagen: Danish Institute for International Studies, 2014, p. 31.

第五，以习近平为总书记的新一代领导集体的“一带一路”战略为北斗系统打开阿拉伯市场创造了条件。中共十八大以来，新一代中央领导集体改变了几十年来向东开放、向西方大国开放和向东南亚开放的战略思路，实施了“西进”战略。习主席于2013年提出了“一带一路”的建设目标，中国的“向西看”战略日益凸显，北斗系统在阿盟推广是新一届政府提出的“互联互通”、向西开放战略的重要组成部分；2016年1月，中国公布了首份对阿拉伯国家政策文件，习主席访问沙特、埃及和伊朗三国期间，埃及等国表示愿意成为北斗卫星导航系统落地阿拉伯世界的试点国家。中国和阿拉伯国家在对方总体外交中的战略地位从边缘走向中心，尤其是双方都开始从战略的高度审视对方的地位。

二、北斗系统落地阿拉伯世界的主要优势

从上述条件可以看出，新时期中国北斗系统向阿拉伯世界推广具有明显优势。

第一，世界大国卫星导航系统形成的多极化格局为北斗系统拓展阿盟市场创造了战略优势。21世纪初，世界权力处于多极化状态。各大国都在努力扩大在阿拉伯世界的影响力，包括美、欧、日、俄、印，甚至包括拉美大国巴西。北约东扩及美日、美澳同盟进一步强化后，中国在东亚和东南亚的发展受到挤压，印度近年来迅速崛起，大国均高度重视卫星导航系统的技术升级与海外推广，把卫星导航系统的国际市场占有率视为科技强国建设的标志性成果。2013年3月，日本内阁府宣布“准天顶”卫星系统的卫星将由3颗扩增为4颗。日本政府与三菱电机合作，预定在2017年前结束建造和发射三颗卫星。① 2014年10月，印度发射了“印度区域导航卫星系统”中的第三颗——代号为IRNSS－1C的卫星。按照计划，印度将在2015年内完成7颗导航卫星的发射，跻身世界卫星导航大国的地位。② 乌

① “Japan to Build Fleet of Navigation Satellites,” http://www.spaceflightnow.com/news/n1304/04qzss/ 2013－04－04.

② 《印度：成功发射导航卫星，区域导航系统逐渐成形》，http://mil.huanqiu.com/world/2014－10/5169578.html。

克兰危机爆发后，俄罗斯也呈再度军事崛起之势，加快了格洛纳斯海外推广的步伐。美国和欧盟则利用自己的技术优势，试图继续拉大与其他大国在卫星导航领域的“代沟”。新时期，围绕卫星导航系统的国际化发展，大国在安全上的协调增加。国际卫星导航系统的国际化发展，为北斗系统在阿盟的推广创造了机遇。

第二，中阿双方在文化、近代历史遭遇、发展阶段和国情的相似性为北斗系统向阿拉伯世界推广提供了政治优势。“中阿合作论坛”成立后，双方的政治交往日益频繁。在反对外来势力颠覆和强权政治、促进政治多极化和文明多样化等诸多方面，中阿存在共识。阿拉伯世界反美、仇美情绪强烈，在制衡美国霸权、建立多极化格局、恢复大国均势方面，中阿双方有共同的战略目标。阿拉伯世界具有独特的阿拉伯—伊斯兰体系观，未被西方国际体系所主导，发展道路具有鲜明的独立性。与东亚、东南亚和欧洲相比，美国和其他大国在该地区的控制力较弱。

中国和阿拉伯国家都属于东方，在国际秩序、民主与人权等问题上存在许多相似的看法，如民主不能输出，也不能靠外部世界强加；民主必须与本国的价值观相适应，必须是中国特色的社会主义民主或伊斯兰民主；世界是丰富多彩的，各国文化和发展模式的多样性更能促进世界的和谐共存；应通过对话和谈判解决分歧，反对动辄使用武力。近年来，中国和阿拉伯国家共同探索适合发展中国家的经济和社会发展道路。阿拉伯国家尤其是海湾国家近年来纷纷提出阿拉伯版本的“东方主义”，强调要与东亚的中国、日本、韩国、印度开展积极的外交关系，开展“大国间等距离外交”——安全上依靠西方，经济上依靠东亚，客观上也有借重中国、维护大国平衡的需要。

中国与阿拉伯世界同属发展中国家，没有根本的利害冲突，在国际事务中向来相互同情、相互支持。阿拉伯国家对中国在国际舞台上开展反“台独”、“疆独”和“藏独”行动具有重要意义。22个阿拉伯国家没有一个与台湾当局保持官方往来，没有一个政府公开支持“台独”、“疆独”或“藏独”。中国在联合国安理会一贯支持巴勒斯坦事业，也赢得了阿拉伯世界的广泛赞赏，为北斗系统向阿拉伯世界推广营造了良好的政治环境。①

---

① Degang Sun and Yahia Zoubir, “China - Arab States Strategic Partnership: Myth or Reality?” *Journal of Middle Eastern and Islamic Studies* (*in Asia*), Vol. 8, No. 3, 2014, p. 87.

第三，新时期中阿经贸关系的迅速发展为北斗系统打开阿盟市场创造了经济优势。近年来，中国代替美国，成为阿盟第二大贸易伙伴，仅次于欧盟。2013 年，中阿贸易额达 2400 亿美元，其中中国从阿拉伯国家进口商品 1400 亿美元。截至 2013 年，中国是九个阿拉伯国家的第一大贸易伙伴。[①] 2014 年 6 月，习近平主席在出席“中阿合作论坛”第六届部长级会议期间，提出了构建中阿“1 +2 +3”合作格局。“1”是以能源合作为主轴，深化油气领域全产业链合作，维护能源运输通道安全，构建互惠互利、安全可靠、长期友好的中阿能源战略合作关系；“2”是以基础设施建设、贸易和投资便利化为两翼，加强中阿在重大发展项目、标志性民生项目上的合作，为促进双边贸易和投资建立相关制度性安排。中方将鼓励中国企业自阿方进口更多非石油产品，优化贸易结构，争取中阿贸易额从 2013 年的 2400 亿美元增加至 2023 年的 6000 亿美元。中方将鼓励中资企业投资阿拉伯国家的能源、石化、农业、制造业、服务业等领域，争取在未来 10 年中国对阿非金融类投资存量从 2013 年的 100 亿美元增至 600 亿美元以上。“3”是以核能、航天卫星、新能源三大高新领域为突破口，努力提升中阿务实合作层次。双方可以探讨设立中阿技术转移中心，共建阿拉伯和平利用核能培训中心，研究中国北斗卫星导航系统落地阿拉伯项目。[②]

第四，中国卫星导航技术的发展为北斗系统打开阿盟市场创造了技术优势。目前，中国北斗系统完成了 1 个主控站、2 个时间同步/注入站、17 个监测站研制建设；美国 GPS 现代化改造工作正在稳步推进，俄罗斯格洛纳斯正在加紧实施“恢复”，欧洲伽利略系统在与美国 GPS 就 L1 和 L5 信号兼容上取得进展后，计划在 2012 年前投入运营在广域与局域导航增强系统建设方面，美国、欧盟、俄罗斯以及中国的广域增强系统建设都取得了重大的研究成果，日本也加紧了 QZSS 和 MSAS 建设的步伐，印度 IRNSS 和 GAGAN 的建设也在逐步推进。[③] 未来十年，域外大国在阿拉伯世界的竞

---

① 习近平：《弘扬丝路精神，深化中阿合作——在中阿合作论坛第六届部长级会议开幕式上的讲话》，载《人民日报》，2014 年 6 月 5 日，第 1 版。

② 习近平：《弘扬丝路精神，深化中阿合作——在中阿合作论坛第六届部长级会议开幕式上的讲话》，载《人民日报》，2014 年 6 月 5 日，第 2 版。

③ 朱筱虹、李喜来、杨元喜：《从国际卫星导航系统发展谈加速中国北斗卫星导航系统建设》，载《测绘通报》，2011 年第 8 期，第 1 页。

争将进一步增加，为北斗系统开拓中东市场带来了机遇。

第五，新时期阿拉伯世界成立的航空航天局等机构为北斗系统打开阿盟市场创造了对口合作的优势。中国与阿盟主要成员国在卫星导航领域的合作已经可以确立对口部门。迄今为止，阿尔及利亚、埃及、摩洛哥和突尼斯均成立了国家航天局；阿联酋于2006年成立了阿联酋高科技研究所，相继发射了迪拜1型和迪拜2型卫星，并计划于2017年发射自主研制的迪拜3型卫星；连处于战乱之中的叙利亚巴沙尔政府也于2014年宣布成立叙利亚航天局。① 阿拉伯国家近年来在卫星通信技术方面尽管起步较晚，但发展潜力较大，为中国北斗系统运用遥感技术、找准对口部门、开展定点培训、打开阿拉伯农业、测绘、铁路和海上交通、集装箱等市场奠定了基础。例如中国在摩洛哥空间技术研究中心举办的技术培训，与阿联酋先进技术研究院的合作等，都形成了重要双边合作关系。

根据美国天空网——固定通信卫星公司统计的数据，2012年全球国家和地区固定通信卫星前十五强公司中，阿拉伯世界占了两家，它们将成为未来中资企业的重要合作伙伴。

三、北斗系统落地阿拉伯世界面临的挑战

北斗系统在阿拉伯世界的推广涉及战略与策略、军用与民用、安全与经济、双边与多边等不同层面的问题，也涵盖中国与域外大国、中国与阿拉伯国家关系等诸多领域的系统性问题。归纳起来，北斗系统在阿拉伯世界的推广涉及四个维度。

（一）安全维度的问题

科技是国家硬实力和软实力的重要组成部分，北斗系统是国家16个重大专项之一，是中国“集中力量办大事”的重要标志。该项目在阿拉伯世界的推广涉及安全领域的问题，随着北斗系统在阿拉伯世界的推广，西方发达国家如美国、欧盟和俄罗斯势必担心中国在科技领域推行“去美国

① Sonya Shaykhoun, “Pan - Arab Space Agency: Pipe Dream or Real Possibility?” August 26, 2014.

化”和“去俄罗斯化”。例如2004年美国政府通过的《天基定位、导航与授时政策》指出：“不论空间及其增强系统是否设计军用能力，定位、导航和授时信号提供的固有能力都可以被敌方所用，包括敌方的军事力量和恐怖分子。新兴的国外天基定位、导航和授时服务系统可能会增强或削弱GPS的未来应用……我们必须不断提高拒绝与阻断敌方使用天基定位、导航和授时服务的能力，尤其包括敌方和/或恐怖分子易于使用并威胁美国安全的开放服务。”①

近年来，一方面，美国全球战略重心向亚太转移，奥巴马政府对中国填补中东权力真空、排挤美国在阿拉伯世界的影响力充满疑虑。另一方面，北斗系统海外推广、建立北斗系统海外基准站，还面临当地国家政治、法律、宗教的影响，如有些阿拉伯国家宪法和法律反对任何国家在其境内部署军事存在、建立基地站，北斗系统落户阿盟，一旦引起当地民众的误解，或者受到当地和西方媒体的炒作，必将产生一定的政治后果，甚至为伊斯兰极端势力袭击中国在这些国家的基础设施、承包项目和绑架海外中国公民提供借口，影响北斗系统在海外其他国家推广的进程。因此，为打消西方大国、俄罗斯和对象国的疑虑，中国北斗系统海外推广既需要从国家安全的高度加强顶层设计，又要在操作层面淡化北斗系统的政府背景和安全因素，在推广过程中“去政治化”，突显其企业和商业属性。

（二）政治维度的问题

近代，英法等西欧大国曾经在中东推行殖民统治；冷战时期，美苏在中东分别建立势力范围、加强地缘政治争夺。中国在安理会五个常任理事国中情况不同，因为中国从未在中东推行过殖民统治，也从未在中东谋求势力范围，中国一贯支持阿拉伯民族的独立和民族自强，历史记录比美、欧、俄更加“清白”，有利于现阶段北斗系统在阿拉伯世界的推广。从现实政治来看，在全体阿拉伯国家的最大关切——巴勒斯坦问题上，中国政府秉持公正，支持巴勒斯坦以东耶路撒冷为首都独立建国，赢得了阿拉伯世界政府的赞赏，并与中东国家各方均保持友好合作关系，这在域外大国

---

① 《美国天基定位、导航与授时政策》，载《卫星导航信息》，2014年第1期，第40页。

中是少有的。中国与阿盟在北斗系统海外推广领域的合作有望成为“南南合作”的重要典范。

北斗系统海外推广是中国对阿拉伯世界科技外交的重要内容，是中国大外交、大外事的有机组成部分。

（三）利益维度的问题

北斗系统在阿拉伯世界的推广需要理顺政府与企业的关系。北斗办应发挥积极协调作用，基于“扶上马、送一程”的原则，整合外交部、商务部、发改委、国防部等国内各部委和各种资源，视其为中国海外整体利益拓展的重要组成部分。既要对北斗系统在阿盟推广的法律风险（包括伊斯兰教法）、社会文化风险（文化价值观差异）等有充分的认识和把握，又要与习主席提出的“正确义利观（先予后取）”相结合；必须统筹国际、国内两个大局，兼顾短期商业利益与中长期战略利益。海外利益往往是中国企业利益在境外的再分配，在推广过程中，政府应发挥引导作用，及时发布阿盟投资风险报告，避免中资企业在阿拉伯世界“一哄而上、一哄而散”的局面，尽可能消除国内企业在阿拉伯国家恶性竞争的消极因素。

（四）技术维度问题

阿拉伯世界政治制度差异较大，经济发展水平参差不齐，政治稳定程度低，人口规模大，经济总量和社会治理水平也各不相同，对北斗系统的需求也不一样。2011 年“阿拉伯革命”以来，除海湾阿拉伯国家如沙特、阿联酋、卡塔尔和科威特外，绝大多数阿拉伯国家财政收入匮乏，高科技人才流向欧美现象严重，只有埃及、摩洛哥、阿尔及利亚等不多的几个国家成立了航空航天局。阿拉伯卫星通信组织（Arab Satellite Communications Organization）是阿拉伯世界最重要的卫星通信组织之一，成立于 1976 年，总部位于沙特首都利雅得，主要服务范围是西亚和北非的阿拉伯国家。除科摩罗外，其他 21 个阿拉伯国家均占有该组织的股份，其中沙特最大，占 36.7%，科威特占 14.6%，利比亚占 11.3%，卡塔尔占 9.8%，阿联酋占 4.7%。[①] 阿拉伯卫星通信组织虽在中东地区具有一定影响力，但是与美、

① “Arab Satellite Communications Organization,” http://www.arabsat.com/pages/history.aspxhidalogo.

欧、俄、中等世界大国和大国集团相比，22 个阿拉伯国家在卫星导航技术上至今仍处于落后水平。

为改变这一现状、促进阿盟内部的高科技创新，使阿盟成为全球卫星导航系统独树一帜的重要一极，2008 年，阿联酋政府提出一项倡议，呼吁在阿盟组织内部成立统一的“泛阿拉伯航空局”（Pan - Arab Space Agency），试图发挥阿盟的集体优势，特别是海湾合作委员会六国的资金优势，“抱团取暖”、减少成本，促进阿拉伯航空业的发展。“泛阿拉伯航空局”主要任务是帮助阿拉伯国家打击恐怖主义、促进航运、警务、污染防治和环境保护等事业的发展。根据阿拉伯主要成员国的构想，未来的阿拉伯航空局将走欧洲宇航局的民用化道路，而不是美国航空航天局（NASA）的军事化道路。①

阿盟的这一构想，为北斗系统加强与阿盟合作提供了重要机遇。中国应根据对象国实际需要和国情灵活处理；北斗系统在阿拉伯世界的推广过程中要推动技术升级与品牌建设，发射更先进的导航卫星，提供有保障的服务，不断实现技术、管理和产业的创新，打破与 GPS、伽利略、格洛纳斯等“零和博弈”的惯性思维，寻求互利共存，促进大国在阿拉伯国家高科技领域的合作共赢。

尽管北斗系统在阿拉伯世界推广具备上述优势，但也面临各种危机和挑战，主要表现为新时期中东国家面临的四重矛盾：第一重是中东恐怖主义与反恐怖主义之间的矛盾；第二重是阿拉伯国家亲西方阵营与反西方阵营的矛盾；第三重是阿拉伯国家与伊朗、以色列和土耳其三个非阿拉伯国家的地区矛盾；第四重是阿拉伯国家与美、欧、俄等域外大国之间的矛盾。这些矛盾相互交织，构成了中东主要热点问题，如巴以冲突、逊尼派与什叶派纷争、西撒哈拉问题、阿拉伯国家政治转型问题等。受其影响，新时期北斗系统在阿拉伯世界推广主要面临四类风险：

第一类是政治风险，包括阿拉伯世界政治上层建筑变化、选举政治和政局动荡的影响。这类国家比较有代表性的是利比亚、突尼斯、埃及和也门，这四个国家原有的威权政体已经不复存在，但是原有的权力结构打破后，新的权力结构尚未建立起来，导致世俗派与宗教力量之间的博弈成为

---

① Sonya Shaykhoun，“Pan - Arab Space Agency：Pipe Dream or Real Possibility?” August 26，2014.

这些政治转型国家政治生态的主要特征。中东地区冲突将呈常态化趋势。以色列与巴勒斯坦的矛盾进一步恶化；利比亚形成了的黎波里与班加西两个议会和两个政府；也门什叶派胡塞武装和逊尼派的军事冲突白热化；叙利亚巴沙尔政权和反对派之间的争夺朝着有利于政府军的方向发展；埃及世俗派力量将继续清算穆斯林兄弟会势力；阿拉伯国家库尔德人的分离主义倾向进一步凸显。转型阿拉伯国家均面临政治、经济和社会危机，包括也门、利比亚和埃及等，中东将迎来新一轮动荡期。2011 年利比亚战争爆发后，中国启动了有史以来最大规模的撤侨行动，中资公司直接损失达 200 亿美元；2015 年 3 月底，沙特率领十国空袭也门胡塞武装，中国再次启动也门撤侨计划。

第二类是安全风险，包括这些国家面临的恐怖主义、宗教极端主义和教派冲突的威胁。这类风险以伊拉克、叙利亚、索马里、阿尔及利亚、也门为代表。中东局势动荡为恐怖主义与极端主义的兴起提供了土壤。近代以来，国际恐怖主义经过了四次浪潮，即无政府恐怖主义（18 世纪至 19 世纪）、反殖民恐怖主义（20 世纪上半叶）、意识形态恐怖主义（1950—1990 年）和宗教恐怖主义（1991—2011 年）。[①]“伊斯兰国”的兴起，意味着第五波恐怖主义浪潮的出现。它是“阿拉伯革命”之后中东地区新一轮恐怖主义浪潮的一个缩影，与叙利亚“胜利阵线”、也门“基地”组织、埃及西奈半岛“圣城支持者”组织、阿尔及利亚“马格里布基地”组织、索马里青年党等中东恐怖组织齐头并进，利用地区乱局拓展地区影响力，引发中东地区新一轮乱局。

2013 年以来，索马里青年党、“伊斯兰国”组织以及叙利亚支持阵线的崛起，对地区局势构成了严重威胁，也对中国在阿拉伯国家的能源和投资利益构成了威胁。[②] 例如，伊拉克目前是中国第二大石油进口国，仅次于沙特，“伊斯兰国”的建国，对中国在伊拉克的石油投资构成了现实威胁，中国在伊拉克一千多劳工的保护问题，也成为中国在该国领事保护的重要任务。

---

① 张家栋：《现代恐怖主义的四次浪潮》，载《国际观察》，2007 年第 6 期，第 62 页。

② Zana Khasraw Gulmohamad, “The Rise and Fall of the Islamic Stateof Iraq and Al – Sham (Levant) ISIS,” *Global Security Studies*, Volume 5, Issue 2, Spring 2014, p. 2.

第三类是法律风险，包括阿拉伯世界法律法规对北斗系统推广的限制。一般认为，阿拉伯国家分为君主制和共和制两大类，前者无宪法，而只有伊斯兰教法（沙里亚法），即这些国家按照《古兰经》和圣训的要求，规范国家和社会的言行。例如，也门政府曾经试图成立国家航天局，后因宗教势力颁布宗教法令法塔瓦（Fatawa），禁止政府出资探索宇宙，故也门不得不放弃该项计划。[①] 共和制国家虽有宪法，但比较笼统，法律制度不健全，为中国企业进驻阿拉伯国家提出了挑战。另外，英法在阿拉伯世界的殖民统治结束后，留下了自己的法律体系，对涉及国家主权和国计民生的海外投资项目往往有较为明确的限制。这也对北斗系统提出了严峻的挑战。

第四类是文化风险，包括阿拉伯世界民族主义和伊斯兰价值观对北斗系统推广的影响。阿拉伯国家尽管国情、政治制度和经济发展阶段不同，但对阿拉伯和伊斯兰文化充满自豪感，怀有复兴阿拉伯与伊斯兰文明的抱负。因此，阿拉伯国家对外部大国的政策存在两面性，一方面希望倚重西方大国提供的保护伞维护国家安全甚至是政权安全，同时希望搭乘新兴大国崛起带来的经济机遇实现国家经济腾飞；另一方面，这些国家对域外大国日益扩大的军事存在和经济存在又保持警惕。当海外投资项目涉及国家安全而出现“政治化”后，媒体、反对派、宗教极端势力等很可能会拿海外投资项目做文章，某些所谓不尊重阿拉伯与伊斯兰习俗的做法会被放大，北斗系统在阿拉伯国家的投资项目也将面临文化风险。

以上分析了北斗系统下一步在阿拉伯世界推广可能面临的政治风险、安全风险、法律风险和文化风险，但是，中国面临的上述四类风险不一定会对中国在阿拉伯国家推广北斗系统构成直接威胁，而当这些威胁直接指向中国时，其才会变成现实威胁。本文主要从阿拉伯国家政府对华友好度、阿拉伯媒体对华友好度、阿拉伯反对党和民众对华友好度三个层面展开分析，并得出以下分析，参见下表。

---

① Sonya Shaykhoun，“Pan – Arab Space Agency：Pipe Dream or Real Possibility?” August 26，2014.

新时期阿拉伯世界面临的安全威胁类型分析

阿拉伯国家	政治风险（政治民主转型）	安全风险（恐怖主义）	法律风险	社会文化风险	对北斗系统的需求度	北斗系统是否应优先落地该国
海湾 8 国						
伊拉克	高	高	高	中	中	×
沙特	低	低	低	中	高	√
科威特	低	中	中	中	中	√
阿曼	低	低	低	低	中	√
阿联酋	低	低	低	低	高	√
卡塔尔	低	低	低	低	高	√
巴林	中	低	低	低	中	√
也门	中	高	高	中	低	×
东地中海 5 国						
黎巴嫩	高	高	低	高	低	×
叙利亚	高	高	高	中	低	×
巴勒斯坦	高	高	中	高	低	×
约旦	低	中	中	中	中	√
埃及	中	中	中	低	高	√
东非 4 国						
索马里	高	高	高	高	低	×
苏丹	中	中	中	中	高	√
吉布提	中	低	低	低	低	×
科摩罗	低	低	中	低	低	×
北非地区 5 国						
突尼斯	低	低	低	低	中	√
摩洛哥	低	低	低	低	高	√
利比亚	高	高	高	中	中	×
阿尔及利亚	中	中	低	低	高	√
毛里塔尼亚	中	中	中	低	低	×

四、结论

目前，中国北斗导航系统落地阿拉伯国家的相关行政法规已经初步形成，如2013年发布的《国家卫星导航产业中长期发展规划》；2014年1月发布的《国务院办公厅关于促进地理信息产业发展的意见》；2014年3月国家测绘地理信息局发布的《关于北斗卫星导航系统推广应用的若干意见》等，但是北斗系统国际化发展的顶层设计仍显不足。北斗系统在阿拉伯世界推广过程中需要根据已有的规划，从以下几点出发，循序渐进，稳步推动北斗系统落地阿拉伯国家。

第一，以中阿合作论坛为平台，深化中阿在北斗系统领域的合作。在阿拉伯世界推广过程中，应将北斗系统纳入到“中阿合作论坛”多边机制和中国与阿拉伯国家双边战略合作关系的双重框架下，使之成为中国对阿技术援助的一部分。应在“中阿合作论坛”的多边舞台，成立任务导向型“分论坛”和“工作组”，形成高效的工作机制，在阿拉伯重要国家建立卫星导航系统的教育基地和培训基地，为北斗系统落地生根铺平道路。

第二，在新时期中国科技外交中，增加北斗系统在阿拉伯世界推广的内容。北斗系统是中国空间基础设施的重要研究成果，对带动“走出去”战略的实施和加快测绘强国建设意义重大。把北斗系统作为中国对阿一揽子技术援助的重要内容，使之成为中国向阿拉伯世界提供的公共产品。在阿拉伯世界公共事务管理、公安、警务、渔业、水文、航运、交通、农林水利、气象、国土资源、环保、防灾减灾和紧急救援等领域，发挥北斗系统产品与服务的积极作用。①

航天事业的发展除满足军事和安全需要外，最终目的还是要为国民经济服务，为社会进步服务。中国北斗系统发展起来后，必然要考虑怎样深入到整个经济建设领域这个问题。这无疑给北斗系统提供了发展机遇；所

① 《国家测绘地理信息局关于北斗卫星导航系统推广应用的若干意见》，载《卫星导航信息》，2014年第1期，第36页。

以要把产品质量搞好，运控系统要把空间段管好，给用户服务好[1]，成为阿拉伯国家重要的基础设施建设项目。1. 继续强化“中阿合作论坛”的政治合作功能，使论坛向地区组织的方向发展；2. 建立稳定的能源供应关系，开展互利经贸合作；3. 在政治上相互支持，包括中国在联合国、亚投行、“丝路基金”、G20、国际货币基金组织等积极维护阿拉伯国家的发展权，阿拉伯国家则积极维护中国的领土完整和在中东的利益；4. 加强军事交流，包括中国训练阿拉伯国家的军官、开展联合反恐军事演习、建立柔性军事存在等；[2] 5. 加强高层领导人互访，增加双方民间往来和互派留学生的规模；6. 在制度上规范中阿战略合作关系，建立各领域的对话与合作渠道。外交部亚非司与北斗系统相关单位应建立更加密切的合作关系，共同推动北斗系统落地中东国家。

第三，加强中阿人文交流，为北斗系统在阿拉伯世界推广营造良好气氛。中阿双方决定把2014年和2015年定为中阿友好年，并在这一框架内举办一系列友好交流活动。中方也愿意同阿方扩大互办艺术节等文化交流活动规模，鼓励更多的青年学生赴对方国家留学或交流，加强旅游、航空、新闻出版等领域合作。今后3年，中国将为阿拉伯国家再培训6000名各类人才。未来10年，中国将组织10000名中阿艺术家互访交流，推动并支持200家中阿文化机构开展对口合作，邀请并支持500名阿拉伯文化艺术人才来华研修。中国应考虑在阿拉伯国家孔子学院的框架下设立北斗系统宣传、培训、演示中心，该中心可以辐射周边地区，开展市场摸底和调研工作，为北斗系统在阿拉伯世界推广“打前阵”。

第四，加强中国在与北斗系统相关的国际组织中的发言权，获得更多的国际认证。中国应高度重视全球卫星导航系统（GNSS）、国际海事组织（IMO）、国际电工委员会（IEC/TC80）、国际电信联盟（ITU）、国际航标协会（IALA）、航海无线电技术委员会（RTCM）等等，[3] 通过积极参与构

---

① 孙家栋：《加快北斗卫星导航系统产业发展》，载《中国科技投资》，2012年第23期，第24页。

② 孙德刚：《论新时期中国在中东的柔性军事存在》，载《世界经济与政治》，2014年第8期，第4—6页。

③ 周玉霞、康登榜：《北斗在国际海事组织开展标准化工作初探》，载《中国标准化》，2014年第1期，第70页。

建政策统一战线、利用多边机制，扩大中国在国际上的话语权。2014 年 11 月，国际海事组织海上安全委员会第 94 次会议在伦敦召开，会议审议通过了对北斗系统认可的航行安全通函。这是继 GPS 和格洛纳斯之后，国际海事组织认可的第三个卫星导航系统。北斗系统标准首次获得国际组织的认证，标志着北斗系统正式成为全球无线电导航系统的组成部分，取得面向海事应用的国际合法地位。积极利用与联合国合作的“中国及其他发展中国家地理信息管理能力开发”项目平台，开展多边合作。总之，在未来十年里，全球卫星导航系统将从美国一家独霸向美、欧、俄、中、印、日多极化方向发展，为北斗系统拓展阿拉伯国家市场提供了重要战略机遇期。

第五，确立北斗海外推广的支点国家。阿拉伯世界面临的政治、安全、法律和文化风险类型和程度各不相同，与中国关联度也不一样，北斗系统在阿拉伯各国的需求度也存在差异。这就决定了新时期中国在该地区推广北斗系统项目需要确立支点国家，选择先行试验区和试验项目。从试点国家来看，西亚的沙特和阿联酋、北非的埃及、摩洛哥和阿尔及利亚，宜作为北斗系统在阿拉伯世界推广的首批支点国家。首先，这些国家对北斗系统的需求度高。西亚的沙特和阿联酋、北非的埃及、摩洛哥和阿尔及利亚，都是本地区有较强影响力的关键国家，人口规模和经济总量相对较大，各行业对北斗系统的需求量大。其次，这些国家的局势相对稳定。无论是沙特、阿联酋，还是埃及、摩洛哥和阿尔及利亚自 2014 年以来政治局势稳定，面临的教派争端、恐怖主义威胁、政局动荡的风险相对较小，具备北斗系统推广的外部条件。再次，这些国家对华友好度高。上述五国与中国国情相似，均把经济建设放在国家建设首位，长期对华持友好政策，奉行“向东看”战略，沙特国防部长兼王储萨勒曼、埃及总统塞西等曾经访华，受到习主席的接见。2014 年俞正声访问摩洛哥和阿尔及利亚也取得了圆满成功；2016 年 1 月，习主席成功访问沙特、埃及和伊朗三国。中国也与上述国家建立了全面战略伙伴关系，长期高度重视这些国家。最后，这些国家分管部门与中国职能部门的合作基础好。中国相关部门近年来已经与摩洛哥、阿尔及利亚、阿联酋等对应部门建立了初步的合作关系，具有共同研发和技术推广的基础。

“一带一路”背景下中国与中东国家间的“民心相通”

上海外国语大学中东研究所研究员　丁　俊

【内容提要】

以心相交，方能成其久远。“民心相通”是“一带一路”建设中的“五通”之一，旨在通过民间交往与文化交流，加强中国与沿线各国人民间的友好往来，深化相互了解，增进传统友谊，促进不同文明之间的对话、交流与互鉴，进而夯实“一带一路”建设的社会基础和民意基础。中东国家是“一带一路”建设的天然盟友，中国与中东各国人民之间的“民心相通”不仅具有深厚的历史基础，而且具有强大的现实动力。“一带一路”建设的宏图伟业，将中国人民与中东各国人民追求和平发展与民族复兴的共同梦想紧密联系在一起，为相互间的“民心相通”带来了新的机遇，赋予了新的内涵。然而，中国与中东国家间“民心相通”的现状与“一带一路”建设的实际要求还有较大差距，不仅存在不少问题，而且受到多种因素的阻碍和干扰。“一带一路”背景下，进一步促进中国与中东国家间的“民心相通”，是一项宏大而系统的文明交往工程，需要深化研究，总结经验，继承传统，开拓创新，确立长期可持续发展的人文交往方略，进一步开拓人文外交空间，建立和完善互动交流机制，搭建更多交流平台，多渠道倾听中东声音，全方位讲好中国故事，让“和平合作、开放包容、互学互鉴、互利共赢”的丝路精神广为人知，深入人心。

“一带一路”建设蕴含着丰富而深邃的思想内涵与人文精神，体现了当代中国内政外交统筹协调、全面发展的新思维、新理念和新战略。与沿线国家共商、共建“一带一路”，进而共享建设成果，是中国通过向西开放进一步全面深化改革开放的重大举措。“一带一路”建设不仅要传承和弘扬古代丝绸之路开放包容、和平交往的历史传统，而且要彰显互利共赢、共同发展的时代精神，确立休戚与共、共生共荣的“命运共同体”理念。中国国家主席习近平指出：“丝绸之路经济带和21世纪海上丝绸之路倡议顺应了时代要求和各国加快发展的愿望，提供了一个包容性巨大的发展平台，具有深厚的历史渊源和人文基础，能够把快速发展的中国经济同沿线国家的利益结合起来。要集中力量办好这件大事，秉持亲、诚、惠、容的周边外交理念，近睦远交，使沿线国家对我们更认同、更亲近、更支持。”① “一带一路”建设将推进中国与沿线国家在政治、经济、文化、社会等诸多层面的互联互通与互助合作，实现双边及多边之间的“政策沟通”、“道路联通”、“贸易畅通”、“货币流通”和“民心相通”。

国之交在民相亲，“民心相通”是“一带一路”建设中要着力实现的“五通”之一，旨在通过民间交往与文化交流，加强中国与沿线各国人民间的友好往来，深化相互了解，增进传统友谊，促进不同文明之间的对话、交流与互鉴，进而夯实“一带一路”建设的社会基础和民意基础。“民心相通”不仅是“一带一路”建设这一伟大的时代议题中的应有之义，而且可以说是其要义要旨所在，做好与沿线国家间的“民心相通”工作，是事关“一带一路”建设能否顺利进行的重大事项。因此，深入探讨中国对外交往中的“民心相通”问题，是一个迫切而重大的议题。2014年6月5日，习近平主席在中阿合作论坛第六届部长级会议开幕式上的讲话中指出：“中阿共建‘一带一路’，应该依托并增进中阿传统友谊。民心相通是‘一带一路’建设的重要内容，也是关键基础。”②

一、中国与中东国家间的“民心相通”具有深厚的历史基础

“求知吧，即使远在中国！”千百年来，这句据传是伊斯兰教先知穆罕

---

① 《习近平主持召开中央财经领导小组第八次会议强调加快推进丝绸之路经济带和21世纪海上丝绸之路建设》，http://politics.people.com.cn/n/2014/1106/c70731-25989646.html。

② 《弘扬丝路精神　深化中阿合作——习近平在中阿合作论坛第六届部长级会议开幕式上的讲话》，http://politics.people.com.cn/n/2014/0606/c1024-25110600.html。

默德的“圣训”，在中东乃至整个伊斯兰世界可谓家喻户晓，妇孺皆知，就连奥斯曼帝国首座都城——土耳其布尔萨皇家清真寺内的穹顶上也以优美的阿拉伯文书法书写着这句古训。长期以来，这句阿拉伯古训，使中国在阿拉伯穆斯林心目中一直成为知识之源和礼仪之邦的代名词，令他们对中国文明满怀敬慕，心向往之。在漫长的历史岁月中，这句古训激励了无数中东地区的穆斯林梯山航海，沿着陆、海丝绸之路，络绎不绝地远游中国，许多人甚至在中国流连忘返，久居不归。这句古训真实而生动地反映了中国与中东国家文明交往的历史进程，堪称文明交往史上的佳话。

中国人对于中东地区的了解可以追溯到两千多年前。西汉张骞及东汉班固、甘英数度出使西域，都曾到过今天我们称为“中东地区”的一些地方。自张骞“凿空西域”后，丝绸之路渐趋畅通繁荣，中国史籍中记述当时丝路上人员往来、贸易流通的盛景说：“驰命走驿，不绝于时日；商胡贩客，日款于塞下。”①

唐朝时，中国与中东地区国家间的相互交往日趋密切，官方、民间往来络绎不绝，贸易与文化交流不断加深，伊斯兰教也随之传入中国。唐与大食（阿拉伯）是当时世界范围内文明高度发达的两大帝国。“大食在西域为强，自葱岭尽西海，地几半天下。”② 双方交流十分频繁，据中国史籍记载，自唐永徽二年（651 年）至贞元十四年（798 年）的百余年间，大食（阿拉伯）向唐遣使多达 39 次。唐朝中后期，大量阿拉伯和波斯的商人、使节、士卒、工匠等不断来华，许多人以“蕃客”身份定居中国，在广州、泉州等都市形成“蕃坊”，进而开始学习中国文化，融入中国社会。唐宣宗大中二年（848 年），“大食国人”李彦昇还考取了进士，成为当时轰动一时的新闻。唐时来华的阿拉伯旅行家苏莱曼在其《中国印度见闻录》中记述，当时仅在广州的阿拉伯等外籍人就多达十余万人。③

宋、元时期，由于中国乃至中亚、西亚地区政治格局的巨变，致使中外文化交流和人员流动空前频繁和密集。包括商人、士兵、工匠、学者等各类人员在内的大批中东穆斯林纷纷来华，或经商、或从军、或定居。宋

① 《后汉书·西域传》。

② 《资治通鉴·唐纪四十九》。

③ 穆根来、汶江、黄倬汉译：《中国印度见闻录》，北京：中华书局，2001 年版，第 96 页。

人周去非《岭外代答》中专列《大食诸国》一卷，介绍了中东阿拉伯地区的情况。元代航海家汪大渊两度远涉重洋（1330—1334 年；1337—1339 年），穿行阿拉伯海和红海，远至今日索马里、摩洛哥等地，并撰有《岛夷志略》一书，记述了当时中东阿拉伯地区的情形，称“天堂”国（麦加）地多旷漠，“气候暖，风俗好善”。稍晚于汪大渊，阿拉伯著名旅行家伊本·白图泰也到访中国（1347—1348 年），并游历多地，所撰《伊本·白图泰游记》对中国的民情风物做了详细记述，并对中国人的心灵手巧与热情好客赞誉不已。

明、清以降，汉、唐、宋、元历代王朝长期奉行的对外开放政策渐趋萎缩，中国与中东地区的交往也日呈衰微之势，只是明初郑和七下西洋的壮举颇堪称道。郑和于明永乐三年（1405 年）至宣德八年（1433 年）间，率领庞大船队七次南下西洋，遍访海陆丝绸之路沿线 30 多个国家和地区，其中包括今天的阿曼、伊朗、沙特阿拉伯、也门、索马里、埃及等诸多中东国家。郑和下西洋极大地促进了中国与海上丝绸之路沿线国家间的友好交往。明朝中后期直至清朝时期，封建王朝推行“不务远略”的海禁政策，闭关自守，加之欧洲殖民主义列强大举入侵东方，致使中国与中东地区交往日颓，以致到“16 世纪中叶后，中国商船几乎绝迹于马六甲海峡以西，中阿之间的友好交往受到严重阻碍。”[①] 然而，中华文明与阿拉伯伊斯兰文明间的交往步伐并未就此驻足。明、清时期，一批中国穆斯林学者著书立说，致力于两大文明的沟通与交融，将儒学特别是宋明理学与伊斯兰哲学融会贯通，构建出“回儒一体”的思想体系，认为“圣人之道，古今一，东西同”、“天方之经，大同孔孟之旨”，强调“回儒两教，道本同源，初无二理”，皆为“至中至正至和至平之道”，从而将中华文明与伊斯兰文明的交往、互鉴引向哲学思想的深层。

民国时期，中国社会发生了巨变，国门大开，大量学子远赴海外留学、考察，中外文化交流蔚然成风，中国与中东国家间的人文交往也日渐复苏。不少中国穆斯林学者多次深入中东，实地考察访学，并向中东国家介绍中国文化，宣传中国的抗战事业。例如，达浦生先生在 1937 年上海沦陷后，毅然自费前赴埃及、沙特等中东国家宣传抗战，揭露日本侵华罪

① 彭树智主编：《阿拉伯国家史》，北京：高等教育出版社，2002 年版，第 438 页。

行，历时8个月，重庆《新华日报》曾刊出专文报道了达先生的爱国之举。中国穆斯林学者还曾组成“中国回教近东访问团”，于1938年1月远赴中东多国宣传抗日，并取得显著成效，出访者称：“本团使命，在以国民外交之方式，向近东回教各国宣传我抗战之意义，联络各国回教民族之感情，每至一处，深蒙当地朝野回教人士热烈同情，收效之鉅，多非始料所及。”①

这时期，还有马坚等一批学子赴埃及留学，其间积极向中东国家介绍中国文化，宣传中国抗战。当时担任中国留埃学生部部长的庞士谦先生回忆说：“回教世界对于我国向来隔膜。直至有了留埃学生以后，学生们之对外宣传向不后人，尤其在抗战期间更为显著。于是他们对我国才有认识。”② 庞士谦先生还受聘担任埃及爱资哈尔大学中国文化讲座讲师，“这是回教世界讲中国文化的首创”③。马坚先生还将《论语》译为阿拉伯语在埃及出版，使这部中华文化名著第一次为阿拉伯读者所了解。对于中国留学生沟通中阿文化的努力，知名学者孙绳武先生评价说：“我国的留埃学生……到了埃及等地，一方面努力吸收新的阿拉伯文化，另一方面也尽量把我国的文化介绍给当地人。他们时常作关于中国文化的讲演和著述，各报竞相登录转载，因此流传很广。在埃及不但回教学者对中国文化极表重视，因为它有许多地方可资回教教义哲学的参证；即一般民众亦莫不感觉浓厚的兴趣，因为爱好和平的民族心理的倾向，总是相近似的。”④

历史昭示，和平交往是中华文明与伊斯兰文明交往的历史主轴与交往常态，堪称人类文明交往的典范。以和为贵、和而不同的文化内涵使两大文明始终能够交而不恶、交而互通、包容多样、共生互鉴。中华民族与中东各国人民不仅有着悠久的传统友谊，而且有着相似和共同的历史遭遇，特别是自近代以来，中国人民与广大中东国家人民在反对殖民主义列强的欺凌和压迫、争取民族解放与国家独立的历史进程中，同呼吸、共命运，

① 王曾善：《中国回教近东访问团日记》，马来西亚吉隆坡1997年再版，（自序）第9页。

② 庞士谦：《埃及九年》，北京：中国伊斯兰教协会，1988年版，第68页。

③ 庞士谦：《埃及九年》，北京：中国伊斯兰教协会，1988年版，第72页。

④ 李兴华等编：《中国伊斯兰教史参考资料选编》，银川：宁夏人民出版社，1985年版，第125页。

在捍卫民族尊严和国家主权的奋斗历程中携手互助，谱写出波澜壮阔的历史篇章。

二、中国与中东国家间的“民心相通”具有强大的现实动力

如果说中国与中东各国人民友好交往的悠久传统为今日的“民心相通”奠定了深厚的历史基础，那么，中国倡议共建“一带一路”的宏图伟业，则将中国人民与中东各国人民追求民族复兴的共同梦想紧密联系在一起，为中国与中东各国人民间的相互交往带来了新的机遇，开辟出新的路径，赋予了新的内涵，注入了强大的现实动力。

习近平主席在中阿合作论坛第六届部长级会议开幕式上的讲话中说：“同阿拉伯朋友见面，总有一见如故的感觉。这种亲近感缘于我们对待彼此的热情和真诚，也是缘于中阿两个民族的长期交往。回顾中阿人民交往历史，我们就会想起陆上丝绸之路和海上香料之路……千百年来，丝绸之路承载的和平合作、开放包容、互学互鉴、互利共赢精神薪火相传。中阿人民在维护民族尊严、捍卫国家主权的斗争中相互支持，在探索发展道路、实现民族振兴的道路上相互帮助，在深化人文交流、繁荣民族文化的事业中相互借鉴。”“中国同阿拉伯国家因为丝绸之路相知相交，我们是共建‘一带一路’的天然合作伙伴。”① 中国中东问题前特使吴思科大使曾引用阿拉伯朋友的话说，在中阿人民的交往中，“丝绸之路”的话题最能“拨动双方的心弦”，能把感情连在一起。② 之所以如此，不仅因为有古代丝路上友好交往的历史传统，更因为有今日“一带一路”上的共同梦想，相互间的交往、交流和交心有着巨大的现实动力。

首先，中国与中东各国间的政治互信与友好关系是相互间“民心相通”的政治基础。从中国外交层面看，自中华人民共和国成立以来，中国陆续与中东各国建立了外交关系。长期以来，中国奉行独立自主的和平外

---

① 《弘扬丝路精神　深化中阿合作——习近平在中阿合作论坛第六届部长级会议开幕式上的讲话》，http://politics.people.com.cn/n/2014/0606/c1024-25110600.html。

② 吴思科：《“一带一路”——来自中东的声音》，http://www.guancha.cn/wusike/2015_04_09_315234.shtml。

交政策，坚持和平共处五项原则，反对霸权主义和强权政治。在一系列纷繁复杂的中东事务中，一贯秉持客观公正的立场，支持巴勒斯坦人民独立建国的合法权利，主张通过政治对话途径解决各种争端，积极劝和促谈。在中东事务中，“中国作用彰显正义力量。”① 同时，中国政府长期支援中东国家发展经济建设事业，积极开展人道主义救援。因此，在中东国家广大人民心目中，中国是可信赖的朋友。中国政府与中东各国政府间的多层次交往日益频繁，互信不断加深，各方都在积极倡导和推动双边、多边交往，建立起多种双边和多边交流机制和平台，如“中阿合作论坛”、“中国－海合会战略对话”、“中阿博览会”等。中国已与八个阿拉伯国家建立了全面战略伙伴关系。中国倡导共建“一带一路”的宏伟大业，与沿线国家共同构筑“利益共同体”和“命运共同体”，强调弘扬“促进文明互鉴”、“尊重道路选择”、“坚持合作共赢”、“倡导对话和平”的“丝路精神”②，这种讲对话、重和平、谋发展、求共赢的文明交往新理念，不仅符合中东国家广大人民的现实期盼和愿望，而且符合当今世界和平发展的时代潮流，因而必将成为推动中国与中东各国人民深化交往的强大引擎。

从中东国家外交看，长期以来，中东各国普遍奉行对华友好政策，近年来，更有集体“向东看”的外交取向，看好中国的发展以及中国在国际事务特别是中东事务中发挥的积极作用，许多中东国家对进一步发展对华友好关系、拓展与中国合作充满期待。阿拉伯学者认为，中国在与中东国家的交往中拥有独特的道义优势与外交优势，中国与中东国家共建“一带一路”，“为重塑中东和平提供契机”，因为“在中东弘扬‘丝绸之路精神’符合时代背景和地区人民心愿”，“中国几乎可以说是唯一和中东各国均保持良好关系的安理会常任理事国，其外交中立立场得到中东各国的认可。此外，中东国家正在集体执行‘向东看’战略布局，都很欢迎‘一带一路’倡议”，“‘一带一路’作为一个开放的自由经济贸易合作和多边人文交流大战略，不但与西方大国一个多世纪以来在中东执行的殖民、控制和干涉政策在本质上完全相反，而且‘一带一路’还有潜力通过其开放性

① 吴思科：《巴勒斯坦问题与中国中东外交》，刘中民、朱威烈主编：《中东地区发展报告（2014 年卷）》，北京：时事出版社，2015 年版，第 388 页。

② 《弘扬丝路精神　深化中阿合作——习近平在中阿合作论坛第六届部长级会议开幕式上的讲话》，http://politics.people.com.cn/n/2014/0606/c1024－25110600.html。

本质和古代丝绸之路多元文化共生共荣的精神遗产，对抗‘分而治之’政策，增强中东地区社会凝聚力，让不同文化背景的民族与国家之间和平相处，为‘一带一路’打下和平发展的基础。”① 显然，中国与中东各国政府间日益频繁的高层外交互动和不断增强的政治互信，正在进一步扩大对“一带一路”建设的共识，这种互信与共识，不仅为相互间的“民心相通”奠定了坚实的政治基础，而且发挥出显著的战略引领作用。

其次，中国与中东国家间日益密切的经贸往来为相互间的“民心相通”注入了强劲动力。据中国商务部的信息，2014 年中国与阿拉伯国家间的贸易额达2512 亿美元,② 而十年前的2004 年，中阿贸易额仅为367 亿美元。习近平主席表示：“未来 5 年，中国将进口超过 10 万亿美元的商品，对外直接投资将超过 5000 亿美元。2013 年，中国从阿拉伯国家进口商品1400 亿美元，只占今后每年 2 万亿美元进口商品总额的 7%，对阿拉伯国家直接投资 22 亿美元，只占今后每年 1000 亿美元对外直接投资总额的 2. 2%。”③ 习主席还提出，要以能源合作为主轴，以基础设施建设、贸易和投资便利化为两翼，以核能、航天卫星、新能源三大高新领域为突破口，与阿拉伯国家共同构建相互合作的新格局。毫无疑问，“一带一路”建设已为中国与中东国家间的经贸交往、人员往来和“民心相通”带来前所未有的历史机遇，注入强大的发展动力，开拓出广阔的发展前景。

求稳定、谋发展，是诸多中东国家广大人民最根本、最迫切的愿望。在中东人民心目中，中国成为成功处理稳定与发展问题的范例，进一步了解中国、向中国学习的愿望异常强烈。许多中东国家积极将其经济发展的顶层设计和诸多项目规划与“一带一路”相对接，期待与中国合作，共同推进“一带一路”建设。亚投行创始成员国中就有 10 个中东国家：伊朗、约旦、科威特、阿曼、卡塔尔、沙特阿拉伯、土耳其、阿联酋、埃及、以色列，中东地区金融实力最强的“海合会”国家几乎集

---

① ［突尼斯］瓦利德：《“一带一路”为重塑中东和平提供契机》，http://world. people. com. cn/n/2015/0403/c1002 - 26796411. html。

② 《14 年中阿贸易额 2512 亿美元同比增长 5. 2%》，http://www. china. com. cn/cppcc/2015 - 08/17/content_36330062. htm。

③ 《弘扬丝路精神　深化中阿合作——习近平在中阿合作论坛第六届部长级会议开幕式上的讲话》，http://politics. people. com. cn/n/2014/0606/c1024 - 25110600. html。

体加入。继2015年4月中国在卡塔尔成立了中东首个人民币结算中心后，又于同年12月与阿联酋达成创建人民币结算中心的协议。“一带一路”建设中，中国与中东国家的金融合作正快速发展，“人民币在中东的认可度越来越高”。①

中国与中东国家间日益密切的经济交往将成千上万中国人与中东人的命运联系在一起，数以万计的中国人和中东人正在“一带一路”上并肩创业，演绎着各自精彩的人生，从中国的义乌，到中东的迪拜，新丝路上的无限商机催生出无数“丝路创客”的故事，正如中国国家主席习近平讲述的故事那样：“中阿关系的快速发展，也把双方普通人的命运更加紧密地联结在一起。在我曾经工作过的浙江，就有这样一个故事。在阿拉伯商人云集的义乌市，一位名叫穆罕奈德的约旦商人开了一家地道的阿拉伯餐馆。他把原汁原味的阿拉伯饮食文化带到了义乌，也在义乌的繁荣兴旺中收获了事业成功，最终同中国姑娘喜结连理，把根扎在了中国。一个普通阿拉伯青年人，把自己的人生梦想融入中国百姓追求幸福的中国梦中，执着奋斗，演绎了出彩人生，也诠释了中国梦和阿拉伯梦的完美结合。”②“一带一路”正在将越来越多的中国人与中东人紧紧联系在一起，他们精诚合作、休戚与共，共同追寻着美好的梦想，续写着丝绸之路和平交往的新篇章。

第三，中国与中东国家拥有诸多相似、相通的价值理念，为相互间的“民心相通”提供了丰富的精神营养。中国与中东国家都拥有悠久灿烂的文明，倡导中和宽容、崇尚公平正义等诸多价值理念相似、相近、相通、相同。中东地区是世界各大文明体系多元荟萃、相互交流融合最为密切的地区之一，融合东西方文明成果而成的伊斯兰文明在中东地区影响深远。中国学者认为：“中华文明和伊斯兰文明都是人类文明的瑰宝，不但具有强大的兼容性和吸纳性，还在形成和发展的过程中同样具有博大的文化吸纳胸怀、积极的文化互动态度和出色的文化融合能力，曾为人类历史的发

---

① 《人民币在中东认可度越来越高》，http://world.people.com.cn/n1/2016/0102/c1002－28003591.html。

② 《弘扬丝路精神　深化中阿合作——习近平在中阿合作论坛第六届部长级会议开幕式上的讲话》，http://politics.people.com.cn/n/2014/0606/c1024－25110600.html。

展和进步作出了伟大贡献。”[①] 历史上，在丝绸之路的文明交往中，伊斯兰文明“既向当时的国际社会提供了数量可观的公共产品，又在东西方文化的互动、传播方面居功至伟。”[②] 阿拉伯学者也认为：“伊斯兰文明与中华文明是两大对话的文明和智慧的文明，是互鉴、共生的文明，而不是相互冲突和对抗的文明。两大文明拥有许多共同的价值理念，都曾为人类社会贡献了丰富的公共产品，旨在济世益人，促进人类的和谐、均衡与互助，推动发展与创新，而非出于自私自利的功利主义之上的野心，图谋霸权，将单极文化强加于人。”[③] 中国和中东国家众多学者均不认同“文明冲突论”，主张并积极倡导文明对话，认为中华文明与伊斯兰文明的交流互鉴，能够为世界和平事业作出重要贡献。

近年来，中国与中东国家间的文明对话日渐深化，人文交流日益广泛，在学术、文化、教育、传媒等诸多领域中的多层次双边与多边交往合作机制和平台的建设不断发展和完善，运行日渐顺畅。如“中阿合作论坛”框架下的文明对话研讨会自 2005 年以来已先后在中国、沙特、突尼斯、阿联酋、中国、卡塔尔成功举办了六届。第七届研讨会将于 2017 年在中国举办。中国不少高校、科研院所和智库近年来积极开展与中东国家的学术交流，多次与中东国家相关机构合作，举办相关学术研讨会，全力助推“民心相通”。例如，2015 年举办的重要学术会议有：“第二届中国与伊斯兰文明对话国际学术研讨会”（伊斯坦布尔：2015. 2. 3. ）、“首届中阿智库论坛”（银川：2015. 8. 29. ）、“中阿传播创新与发展国际研讨会”（北京：2015. 9. 14. ）、“‘一带一路’与中阿关系研讨会”（上海：2015. 9. 14—15. ）、“伊斯兰教与中国社会学术研讨会”（北京：2015. 10. 27—29. ）“丝绸之路的两端：摩洛哥与中国”国际学术研讨会（卡萨布兰卡：2015. 11. 23—25. ），“一带一路”中国伊朗合作发展国际研讨会（海口：2015. 12. 22. ）等。

---

① 杨福昌：《传承中阿传统友谊推进全面战略合作》，载《中阿合作论坛第五届中阿关系击中阿文明对话研讨会发言汇编》，北京：世界知识出版社，2014 年版，第 7 页。

② 朱威烈：《伊斯兰文明与世界》，载《世界经济与政治》，2007 年第 7 期。

③ 哈穆德·本·穆罕默德·阿里·纳吉迪：《伊斯兰文明与中华文明的交流互鉴》（阿拉伯文），利雅得：费萨尔国王伊斯兰研究中心，2007 年版，第 85 页。

随着中国与中东国家交往的日益密切，"汉语热"在中东各国悄然兴起，越来越多的中东学生青睐汉语学习。与此相适应，中国已在黎巴嫩、埃及、摩洛哥、阿联酋、约旦、土耳其、伊朗、以色列等众多中东国家建立了孔子学院或孔子课堂，为汉语及中国文化走向中东开山铺路。越来越多的中东人也对中国文化产生浓厚的兴趣，中央电视台阿拉伯语频道的节目在阿拉伯国家的受众越来越多，包括卡塔尔半岛电视台在内的中东电视媒体对中国的关注与报道也日渐增强、增多。中国的电视剧也开始不断进入中东国家普通百姓的视野，自 2013 年 12 月首部在阿拉伯世界播出的中国电视剧《金太狼的幸福生活》（译名为《幸福生活》）在埃及国家电视台开播后，陆续有《媳妇的美好时代》《咱们结婚吧》《嘿，老头!》《王昭君》等多部中国电视剧在埃及、沙特、也门、阿曼等阿拉伯国家播出，受到当地民众的喜爱，阿拉伯观众从中了解到中国人的现实生活，改变了过去由李小龙、成龙等功夫片所传达的中国人单一的银幕形象，让中东人民了解到，中国人不仅懂得功夫，武艺高强，而且热爱和平，珍爱生活，富有温情与善心。概言之，中国与中东国家间日益密切而广泛的人文交流，已然成为助推"民心相通"的一股强劲动力。

三、中国与中东国家间的"民心相通"存在的问题与面临的挑战

中国是一个疆域辽阔、人口众多的大国；而中东地区不仅地域辽阔，而且国家、民族、部落、宗教众多，国情、民情纷繁复杂。中国与中东国家间"民心相通"的现状不仅与"一带一路"建设所期待的良好程度有很大差距，而且还存在不少问题，面临诸多挑战，相关功课远未做好、做足。

首先，中国与中东国家普通民众间的相互认知还非常有限，已有的认知和了解也存在偏差甚至误解。众多中国人对中东国家的印象淡漠而负面：中东地区除了滚滚流淌的石油，便是连绵不绝的战乱、冲突与恐怖袭击，阿拉伯人好斗成性，崇尚暴力；而中东国家的许多人对中国也是相当陌生，对他们而言，"中国的大名耳熟能详，中国的内情却神秘莫测"，不少人甚至抱有各种偏见和误解，在他们眼里，中国是一个尊奉无神论的共产主义专制国家，人们没有信仰和言论自由，宗教和少数民族受到歧视和

压制等等，而对中国现行内政外交政策以及“一带一路”倡议的了解就更为有限了。总之，在中国与中东国家民众相互间的认知中，充斥着大量传说中的模糊印象，各自心目中的对方形象，被许多过时的、负面的、虚假的信息所扭曲，与真实的形象相去甚远。

其次，中国与中东国家间的相互研究，无论宏观层面，还是微观层面，都有显著不足，难以为相互间的“民心相通”提供足够养料。各自的研究队伍薄弱，研究成果稀少，尤其缺乏对对方文化的深层研究和系统梳理。中国与中东国家互为近邻，但研究中往往借道西方，绕道而行。就中国的中东研究而言，数十年来，中国的中东研究者筚路蓝缕，辛勤耕耘，克服重重困难，取得了卓越的成就。然而就研究对象的浩繁宏大、斑驳复杂而言，已有的成果无论广度还是深度都远远不足以展现研究对象的全貌，甚至存在不少盲点和盲区。在研究过程中，也存在这样那样的问题，特别是在资料的来源以及研究的理论、方法甚至观点、立场方面呈现出依赖和仿效西方的倾向，缺少中国人自己对中东国家的实际调研与一手资料，中国视角与中国立场的彰显不够鲜明和突出。我们将如此众多的“西邻”称为“中东”，虽然作为一个术语早已约定俗成，但也从一个小小的侧面反映了长期以来我们研究中的问题。这样的研究现状，与快速崛起的泱泱大国地位颇不相称。总之，中国的中东研究领域依然有一片片尚未开垦的处女地等待开发，构建具有中国特色和中国气派、彰显中国立场和中国话语体系的“中东学”任重而道远。而中东国家对于中国的研究则更为薄弱和欠缺，成果寥寥，已有的研究中，同样不同程度地存在着依赖西方文献、追随西方立场的倾向。

第三，中国与中东国家各自媒体对对方的报道不仅有限，而且缺乏系统性、连贯性和独立性，对于“民心相通”的舆论引导存在诸多不足。就中国媒体而言，在报道中东地区的新闻中长期缺乏均衡性与全面性，关注表层热点，忽视深层背景，负面新闻多，正面新闻少，甚至缺少能够充分彰显中国立场的独立话语体系，对于“民心相通”带来负面影响。例如，自2013年自称“伊斯兰国”的极端组织“ISIS”兴起后，不少中东及国际媒体大都未直接使用“伊斯兰国”，而是以缩写“ISIS”或“达艾什”“Daesh”代替，中国媒体则直接照搬并频繁使用（尽管平面媒体中加了引号）这一称谓，并未充分认识到如此称谓在受众中可能导致错误引领民意的负面效应，因为那些既不了解恐怖组织真相也对伊斯兰教一无所知的广大中国媒体受众，很容易将恐怖主义和伊斯兰教联系在一起，这样的误导对中国与阿拉伯伊斯兰国家间的“民心相通”乃至对中国国内民族关系等均会带来不利影响。这种做法“暴露出中国媒体缺乏自身话语体系的弊端”，“反映了中国新闻管理政策水平和新闻媒体专业水平不高的现实。”①而中东国家的媒体在报道中国的新闻中也不同程度地存在着信息不实、以偏盖全、附和西方立场、照搬西方报道等问题，不能很好引领民意、展示真实的中国形象。

第四，中国与中东国家间的“民心相通”还受到诸多因素的阻碍和干扰，使得相互间的交往、交流存在不少困难和挑战。（1）中东地区的战乱、动荡以及恐怖主义活动，直接影响到中国与不少中东国家间的正常交往，对“一带一路”建设及中国与中东国家间的“民心相通”带来直接危害。近年来，中国民众与叙利亚、伊拉克、利比亚、也门等陷于战乱和动荡中的国家间的民间正常交往几乎处于停顿状态；一些在中东地区投资兴业的中国企业和公司面临不少安全风险；（2）西方话语霸权的舆论误导对中国与中东国家间的“民心相通”投下巨大阴影。长期以来，西方世界凭借其强大的舆论宣传工具，带着偏见与傲慢，对中国及中东国家作了不计其数充满不实之词的负面宣传，近年来更是竭力鼓噪和渲染“中国威胁论”、“伊斯兰威胁论”、“文明冲突论”，广泛散布“伊斯兰恐惧症”，将中国的发展与崛起视为对世界的威胁，将中国在海外的投资兴业视为“东方新殖民主义”的经济掠夺，将“一带一路”解读为“新马歇尔计划”，将伊斯兰文明视为中东动荡与恐怖主义的根源等等，这些舆论误导往往使中国与中东国家人民陷入相互理解的误区。（3）中东国家本身在“民心相通”方面存在着不少问题。中东地区国家多，民族多，宗教多，部落、宗派、教派更是无计其数，各种政治的、经济的、民族的、宗教的等诸多层面的矛盾错综复杂，某些国与国之间、民族与民族之间、教派与教派之间，积怨很深，不仅难以实现“民心相通”，而且相互对立，充满敌意，这种复杂情势也为中国与中东国家间的“民心相通”带来一定挑战和难度。（4）部分进入中东的中国公司和企业，特别是一些中小型企业，在产品质量、运营方式、商业信誉以及对所在国民情风俗的了解和尊重等方面尚有诸多不足，某些唯利是图的短视行为既不利于长远发展，也对中国形

① 刘中民：《中东政治专题研究》，北京：时事出版社，2013年版，第602页。

象和“民心相通”带来负面影响。中国公司和企业在进一步树立正确的义利观、确立良好的企业文化、增强品牌意识、更好地维护中国企业形象方面尚有较大提升空间。

四、对促进中国与中东国家“民心相通”的对策建议

促进中国与中东国家间的“民心相通”，是一项宏大而系统的文明交往工程，需要继承传统，总结经验，集思广益，开拓创新，确立长期可持续发展的人文交往方略，全方位讲好中国故事，宣传好共建“一带一路”的真精神。只有真正实现了“民心相通”，“一带一路”建设才会有坚实而稳固的社会基础。“中东地区的民族、宗教、文化有其自身特点，非常卓越也异常复杂，要增加相互了解，沟通是非常重要的。因此，我们在原有中阿文明对话的基础上，如何增加智库之间的交流，增加中阿之间的相互了解，确实也是非常重要的。这种智库方面的交流，人与人之间的沟通，有时候往往能起到官方外交起不到的作用，以后在这方面的交流也需要增加，包括青年、党派、宗教等各方面的交流都有进一步加强的需要。通过这样的沟通，使在中东地区建设‘一带一路’达到利益共同体、命运共同体和责任共同体的三同目标。”①

第一，进一步开拓人文外交空间，多层次全方位讲好中国故事，多渠道多方面倾听中东声音。（1）进一步密切高层交往互动，以高层交往带动民间交往，增信释疑，引领民意，提振民间交往信心，促进“民心相通”。（2）运用好各类传媒，特别是充分发挥互联网新媒体的强大传播功能，通过“互联网+”方式创新传播模式，助力“民心相通”。（3）积极向中东国家推介更多真实反映中国现状、展现中国形象的文化、艺术精品，加强中国文化和中东文化典籍的翻译工作。（4）进一步强化教育合作，办好中东国家的孔子学院，助力中东国家的汉语教学及中国的中东小语种教学工作，吸引更多中东青年学子来华学习。（5）引导和推动中国与中东国家民间团体和组织、工商界人士、妇女及青少年之间的交往、交流。（6）多渠

① 吴思科：《“一带一路”框架下中国与中东国家的战略对接》，载《阿拉伯世界研究》，2015年第6期，第8页。

道、多层次倾听中东国家人民的心声，关注中东国家广大民众的现实关切与诉求，了解他们对"一带一路"的期待和想法，并给予真诚而恰当的回应。例如，阿曼方面提出要在郑和曾经七次到过的塞拉莱港建立一个"郑和纪念园区"，"这种文化符号确实要重视。阿曼提出的这个想法就是五通里的民心相通，值得我们关注。"①

第二，进一步加强对中东国家的深入、全面研究。"一带一路"建设的新形势对中国的中东研究提出了新标准和新要求。中东研究应当为"一带一路"建设、为促进包括"民心相通"在内的互联互通提供更多智力支持。（1）促进"民心相通"，学者应当先行，摸底探路，架桥铺路，做好先导沟通工作，进一步密切与中东国家智库及学者间的交流合作。中国学者在借鉴西方研究成果的同时，应更多地深入到中东国家，亲自开展前沿和一线的实地考察调研，获取更多第一手资料，尽量摆脱大量依赖西方二手资料的现状研究。（2）进一步加强中东研究智库建设，深化对中东地区的国别研究，努力将宏观研究和微观研究相结合，将基础性研究、应用性研究和前瞻性研究相协调，争取在已有成绩的基础上，取得一批能够正确引领民意、影响舆论的研究成果。（3）强化政治学、历史学、民族学、宗教学、传播学等多学科交叉的跨学科研究，构建具有中国特色的"中东学"，更好地发出中国声音，彰显中国立场，努力提升中国中东研究的国际影响。（4）重视人才培养与队伍建设，特别是涉及中东国家的阿拉伯语、波斯语、土耳其语、希伯来语等小语种人才的培养，为中东研究的长期可持续发展储备人才，积蓄后续力量。

第三，建立相关机制和平台，进一步推动中华文明与伊斯兰文明的对话。"加深对国际关系中伊斯兰文明的认识，辨析伊斯兰文明体系与当今世界的关系，并从错综复杂的中东局势中努力地把握伊斯兰世界的发展主流，应是东西方学界需要长期重视和跟踪的重要问题。"② 东邻日本自2002

① 吴思科：《"一带一路"——来自中东的声音》，http://www.guancha.cn/wusike/2015_04_09_315234.shtml。

② 朱威烈：《伊斯兰文明与世界》，载《世界经济与政治》，2007年第7期。

年以来几乎每年与中东国家合作举办“日本－伊斯兰文明对话”活动。[①]作为东亚主流文明与中东地区主流文明的中华文明与伊斯兰文明，尽管有着悠久的交往历史，但在今日，两大文明间的对话还很有限，相关机制和平台建设滞后。“中阿合作论坛”框架下的文明对话研讨会已成功举办六届，但这一平台将土耳其、伊朗等中东伊斯兰大国排除在外。2015 年 10 月，原全国人大副主任、“尼山世界文明论坛”主席许嘉璐先生在“伊斯兰教与中国社会学术研讨会”上作了题为“是重视和伊斯兰文明对话的时候了”的报告，强调在“一带一路”背景下加强两大文明对话具有重大现实意义。许先生同时坦言，对这样的对话中国尚未做好充分的准备，他倡议将“第四届尼山论坛”（拟于 2016 年 5 月在山东举办）的主题设为“儒家文明与伊斯兰文明对话”，以促进两大文明的对话。[②] 类似“尼山世界文明论坛”这样的形式或将为推进中华文明与伊斯兰文明的对话开拓出新路径，搭建起新平台。

第四，引导民间力量积极参与中东地区人道主义救援。中东地区长期陷于动荡与战乱之中，是世界上人道主义灾难最为深重的地区，近几年来更有数百万难民流离失所，引起全世界关注。长期以来，中国政府和人民积极致力于中东地区的人道救援工作，不断向各有关国家和地区提供力所能及的救助。早在二战期间，处在艰难困苦中的中国人民依然在上海收留和救助了数万犹太人难民。如今，游购全球的中国人令世人印象深刻，但在人道救助方面似乎鲜有作为。在共建“一带一路”命运共同体的进程中，应引导民间力量积极参与国际救援，特别是对中东国家人道灾难的民间救助。习近平主席在 2015 年 12 月 31 日发表的“2016 年新年贺词”中讲：“世界那么大，问题那么多，国际社会期待听到中国声音、看到中国方案，中国不能缺席。面对身陷苦难和战火的人们，我们要有悲悯和同情，更要有责任和行动。中国将永远向世界敞开怀抱，也将尽己所能向面

① Mohammad Selim& Abdullah Sahar Mohammad, “An Assessment of the Record of the Japan – MuslimWorld Dialogue among Civilizations and Its FutureImplications,” *Asian Journal of Political Science*, Volume 23, Issue 3, 2015, PP. 282 – 300.

② 许嘉璐：《是重视和伊斯兰文明对话的时候了》——在“伊斯兰教与中国社会学术研讨会”上的学术报告（北京：2015. 10. 27 – 29），笔者参加了本次会议，聆听了许先生的报告。

临困境的人们伸出援手，让我们的‘朋友圈’越来越大。”① 疾风知劲草，患难见人心，引导民间力量在中东地区开展人道救援，必将对中国与中东国家间的“民心相通”起到巨大促进作用，更好地向世人展现中华民族乐善好施的优良传统，彰显中国强而不霸、富而有仁的国际形象。

第五，有效发挥宗教交往的人文外交作用，引导宗教界积极开展与中东国家宗教界的交往。伊斯兰教历来是中国与中东地区交往的重要纽带，中国伊斯兰教也有积极开展国际交往的良好传统。“抗日战争时期，中国伊斯兰教界运用宗教交流形式，在中东、北非和东南亚伊斯兰教界揭露日本军国主义对中国穆斯林和世界穆斯林的危害，对抗日本在阿拉伯世界的欺骗宣传，推动了伊斯兰世界抗日联盟的形成。这一经验值得我们在今天新的历史条件下予以借鉴与继承。”② 习近平主席在中阿合作论坛第六届部长级会议开幕式上的讲话中指出：“我们应该一道努力，倡导文明宽容，防止极端势力和思想在不同文明之间制造断层线。”在建设“一带一路”的新形势下，积极引导中国伊斯兰教界与中东国家间宗教交流的良性互动，不仅有助于中东国家了解和认识中国的民族宗教政策及中国穆斯林的真实生活，而且有助于防范和抵御极端思想的渗透和传播，进而推动宗教对话与文明交流，增信释疑，加深友谊。

---

① 《国家主席习近平发表二〇一六年新年贺词》：载《人民日报》，2016 年 1 月 1 日，第 1 版。

② 朱维群：《关注“丝路经济带”的民族宗教问题》，http://opinion.huanqiu.com/opinion_china/2015-08/7383770.html。

"一带一路"背景下
中阿关系的新发展

上海外国语大学中东研究所副研究员　**潜旭明**

【内容提要】

阿拉伯国家是中国建设"一带一路"的天然和重要合作伙伴，中阿资源禀赋各异，经济互补性较强，彼此合作潜力和空间很大，中阿已建立各种合作机制，这些机制主要有"中阿合作论坛"、"中国—海合会战略对话"、"中阿博览会"等，在这些机制的作用下，中阿合作取得了可喜的成绩。但中阿关系也面临一些困难和挑战，如中东地区局势长期动荡、大国因素的干扰、贸易不平衡、非传统安全威胁等，这些困难和挑战对中国的海外利益构成威胁，也增加了中国在中东推进"一带一路"建设的风险。

一、"一带一路"战略与中阿关系

"一带一路"的战略构想是一个推动经济发展、实现共同繁荣的伟大创举，也是一项长期的、艰巨的工程，它将为推动沿线国家的合作共赢、维护世界和平与稳定作出巨大贡献。阿拉伯国家地处"丝绸之路经济带"和"21世纪海上丝绸之路"西端交汇地区，是中国建设"一带一路"的天然和重要合作伙伴。

中阿通过丝绸之路进行友好交往的历史源远流长，近年来中阿合作日新月异。中国同八个阿拉伯国家建立了全面战略伙伴关系、战略伙伴关系或战略合作关系，同海湾阿拉伯国家合作委员会建立中海战略对话机制。

阿拉伯国家已成为中国第一大原油供应方和第七大贸易伙伴。中国提出的中阿共建“一带一路”、构建以能源合作为主轴，以基础设施建设和贸易投资便利化为两翼，以核能、航天卫星、新能源三大高新领域为突破口的“1 +2 +3”合作格局、加强产能合作等倡议得到阿拉伯国家积极响应。双方在维护国家主权和领土完整、捍卫民族尊严、政治解决热点问题、促进中东和平与稳定等方面存在广泛共识，在联合国改革、气候变化、多哈回合谈判等问题上立场相近，保持着良好协调与配合。双方人文交流日益频繁，民间交往更加密切，增进了双方人民的相互了解和友谊。[①]

在新形势下，中阿共同语言在增多，共同利益在扩大，共同需求在增强。中阿通过完善各种合作制度建设，探讨双方在投资、能源、人力资源开发等领域的合作，并取得显著成果。双方通过深入的政治磋商，已建立起多项合作机制，涵盖了政治、经济、新闻、能源、文明对话等多个领域，机制化建设令人鼓舞。

近年来，中阿关系发展迅速，阿拉伯地区成为中国“一带一路”战略的支点。2014 年 1 月 17 日，国家主席习近平在人民大会堂会见来华出席中国－海合会第三轮战略对话的海合会代表团时指出，中方愿同海方共同努力，推动“一带一路”建设。海合会代表也表示，海合会各成员国高度重视发展对华关系，愿积极推进双方在各领域友好合作。古老的丝绸之路曾把海湾国家同中国联系在一起。海合会各成员国愿积极参与“一带一路”建设。[②]

中阿资源禀赋各异，经济互补性较强，彼此合作潜力和空间很大。在“一带一路”战略背景下，中阿合作的重点为政策沟通、设施联通、贸易畅通、资金融通、民心相通。（1）政策沟通。加强政府间合作，积极构建多层次政府间宏观政策沟通交流机制，深化利益融合，促进政治互信，达成合作新共识。双方政治交往密切，高层互访频繁，相互理解和信任加深。中方坚定地支持阿拉伯国家探索符合自身实际的发展道路，积极促进中东和平进程和阿拉伯国家恢复合法民族权利的正义事业。阿拉伯国家在

---

① 《中国对阿拉伯国家政策文件（全文）》，中华人民共和国外交部网站，http://www.fmprc.gov.cn/web/zyxw/t1331327.shtml。

② 郝亚琳：《习近平会见海合会代表团：望早日签署自贸协定》，新华网，www.chinanews.com/gn/2014/01－17/5751512.shtml。

涉及台湾、西藏、新疆等关乎中国核心利益的问题上给予中方大力支持。中阿人民的心紧密地联结在一起。（2）设施联通。通过加强基础设施建设规划、技术标准体系的对接，共同推进国际骨干通道建设，逐步形成连接中阿之间的基础设施网络。[①] 抓住交通基础设施的关键通道、关键节点和重点工程，优先打通缺失路段，畅通瓶颈路段，配套完善道路安全防护设施和交通管理设施设备，提升道路通达水平。加强能源基础设施互联互通合作，共同维护输油、输气管道等运输通道安全，推进跨境电力与输电通道建设，积极开展区域电网升级改造合作。（3）贸易畅通。着力研究解决投资贸易便利化问题，消除投资和贸易壁垒，构建区域内和各国良好的营商环境，积极同沿线国家和地区共同商建自由贸易区，激发释放合作潜力，做大做好合作“蛋糕”。双方经贸合作有了长足进展：2005 年仅 512.73 亿美元，2008 年达 1328.4 亿美元。自 2010 年底阿拉伯地区动荡以来，双方贸易往来不仅未受到冲击，反而继续攀升。2013 年双方贸易额为 2388 亿美元，同比增长约 7.4%。2014 年，中阿贸易额为 2512 亿美元，同比增长 5.2%，中国已成为阿拉伯国家第二大贸易伙伴及最重要的原油出口市场。[②]（4）资金融通。深化金融合作，扩大中阿之间双边本币互换、结算的范围和规模。加强金融监管合作，推动签署监管合作谅解备忘录，逐步在区域内建立高效监管协调机制。完善风险应对和危机处置制度安排，构建区域性金融风险预警系统，形成应对跨境风险和危机处置的交流合作机制。加强征信管理部门、征信机构和评级机构之间的跨境交流与合作。（5）民心相通。传承和弘扬丝绸之路友好合作精神，广泛开展文化交流、学术往来、人才交流合作、媒体合作、青年和妇女交往、志愿者服务等，为深化双多边合作奠定坚实的民意基础。[③] 中阿文化交流稳步发展。中国同阿拉伯各国均签署了双边文化合作协定和具体执行计划，推动了双边高层次、宽领域的文化交流，为增进双方互相联系，互相了解搭起了一

---

① 商务部综合司：《推动共建丝绸之路经济带和 21 世纪海上丝绸之路的愿景与行动》，http://zhs.mofcom.gov.cn/article/xxfb/201503/20150300926644.shtml。

② 刘洪德：《中阿合作：潜力巨大前景乐观》，人民网，http://expo.people.com.cn/n/2015/0914/c395833-27582517.html。

③ 商务部综合司：《推动共建丝绸之路经济带和 21 世纪海上丝绸之路的愿景与行动》，http://zhs.mofcom.gov.cn/article/xxfb/201503/20150300926644.shtml。

个重要平台。每年中方都向阿拉伯国家派遣上千名留学生、研究生、教练、教师、医生、护士等，阿拉伯国家也派大批留学生来华学习。

中国提出“一带一路”，就是要把自身同包括阿拉伯国家在内沿线各国的发展紧密结合起来，为阿拉伯国家扩大就业、推进工业化、推动经济发展提供支持，形成互利互惠、共谋发展的“利益共同体”和“命运共同体”。中阿通过对接发展战略，发挥双方优势和潜能，推进国际产能合作，扩大双方在基础设施建设、贸易投资便利化以及核能、航天卫星、新能源、农业、金融等领域的合作，实现共同进步和发展，让合作成果更多惠及双方人民。中国愿同阿拉伯国家合作，共同推进开放互惠、互利共赢的新型合作机制。中方将根据阿拉伯国家需求，继续通过双多边渠道提供力所能及的援助，帮助阿拉伯国家改善民生、提高自主发展能力。①

产能合作与各类基础设施建设是“一带一路”建设的两个重要领域，也是促进“一带一路”沿线国家和地区产业合作与发展的重要途径。中国工业体系健全、制造能力强，② 中阿产能合作互补优势明显，合作基础扎实。过去 10 年间，中阿贸易额增长 9 倍，中国在阿拉伯国家新签工程承包合同额增长了 13 倍，对阿拉伯国家非金融类直接投资增长了 122 倍。中国已成为阿拉伯国家第二大贸易伙伴、9 个阿拉伯国家的最大贸易伙伴。阿拉伯国家已成为中国最大的原油供应地、第七大贸易伙伴、重要的工程承包及海外投资市场。当前中国工业制造能力正在由大变强，大量优势产能和装备正在走出国门，进入国际市场。而阿拉伯国家正处于工业化关键阶段，发展潜力巨大，据测算，仅基础设施规模就高达 4 万亿美元。中国产能可以满足阿拉伯国家的需要，是理想的合作伙伴。双方加快开展产能和投资合作能为阿拉伯世界的发展带来新的机遇。③ 中国的产能优势与阿拉伯国家的资源优势、地缘优势和市场优势充分结合，符合世界经济发展的大趋势。

---

① 《中国对阿拉伯国家政策文件（全文）》，中华人民共和国外交部网站，http://www.fmprc.gov.cn/web/zyxw/t1331327.shtml。

② 吴思科：《智库在中阿产能合作中发挥引领作用》，载《宁夏社会科学》，2015 年第 6 期。

③ 徐惠喜：《中阿产能合作对接契合双方需求》，载《经济日报》，2015 年 9 月 11 日，第 9 版。

二、“一带一路”背景下中阿合作的主要机制

“一带一路”战略下的中阿合作机制主要有“中阿合作论坛”、“中国—海合会战略对话”、“中阿博览会”等，在这些机制的作用下，中阿合作取得了可喜的成绩。

（一）中阿合作论坛

2004 年中国和阿拉伯国家共同提议设立中阿合作论坛，作为中阿关系发展史上的重要里程碑，成为开启中阿能源合作大踏步进展的契机。主要成员为中国和阿盟 22 个成员国。①

中阿合作论坛的主要机制：（1）部长级会议为论坛长期机制，由各国外长和阿盟秘书长组成，每两年在中国、阿盟总部或任何一个阿拉伯国家轮流举行一次部长级例会，必要时可以召开非常会议。会议主要讨论加强中国和阿拉伯国家在政治、经济、安全等领域的合作：就共同关心的地区和国际问题、联合国及其专门机构会议所讨论的热点问题交换意见；回顾“论坛”行动计划执行情况；讨论双方共同关心的其他事务。（2）高官委员会会议：每年召开例会，由中阿双方轮流承办，必要时经双方同意也可随时开会。负责筹备部长级会议并落实部长级会议的决议和决定，并举行中阿集体政治磋商。（3）其他机制：除部长级会议和高官会外，“论坛”框架下逐步形成了中阿企业家大会暨投资研讨会、中阿关系暨中阿文明对话研讨会、中阿友好大会、中阿能源合作大会、中阿新闻合作论坛、中阿互办艺术节、中阿卫生高官会议等机制。以上活动一般每两年轮流在中国和阿拉伯国家举办。中阿在环境保护、高教与科研、人力资源培训领域也有着机制性合作。（4）联络组：中国驻埃及大使馆为中方联络组，阿拉伯驻华使节委员会和阿盟驻华代表处为阿方联络方，负责双方的联络并落实部长会和高官会的决议和决定。中方“论坛”事务秘书处办公室设在中国

① 2011 年 11 月 16 日，阿盟正式中止叙利亚成员国资格；2013 年 3 月 26 日，阿盟决定将叙利亚在阿盟席位授予叙利亚反对派“全国联盟”，但迄今未落实。

外交部西亚北非司。①

2004 年 9 月 14 日，中阿合作论坛首届部长级会议在开罗举行。会议就“如何进一步发展新时期中阿关系”和“如何建设好论坛和论坛下一步行动”两个议题进行了讨论。会议签署了《中国 - 阿拉伯国家合作论坛宣言》和《中国 - 阿拉伯国家合作论坛行动计划》。②

2006 年 5 月 31—6 月 1 日，论坛第二届部长级会议在北京举行。中国国家主席集体会见与会的阿拉伯国家代表，就进一步发展中阿友好合作关系提出四点主张：(1) 加强政治合作，巩固和发展中阿政治关系的基础。(2) 加强经济合作，实现互利共赢。(3) 加强文化合作，弘扬传统友谊。(4) 加强国际合作，促进和平稳定。会议重点讨论了落实中国国家主席关于发展中阿关系四点主张的途径，就论坛今后两年的主要工作达成一致，决定继续建设平等、全面合作的新型伙伴关系。会后，中阿双方共同签署了《中国—阿拉伯国家合作论坛第二届部长级会议公报》、《中国—阿拉伯国家合作论坛 2006 年至 2008 年行动执行计划》、《中华人民共和国政府和阿拉伯国家联盟关于环境保护合作的联合公报》和《关于建立中国—阿拉伯国家合作论坛企业家大会合作机制的谅解备忘录》。③

2008 年 5 月 21—22 日，中阿合作论坛第三届部长级会议在巴林首都麦纳麦举行。会议围绕建立面向和平和可持续发展的中阿新型伙伴关系进行了深入讨论。中国外长代表中方作主旨发言和总结讲话，并与阿盟秘书长穆萨签署了《中国—阿拉伯国家合作论坛第三届部长级会议公报》、《中国—阿拉伯国家合作论坛 2008 年至 2010 年行动执行计划》。双方有关部门还签署了《中华人民共和国政府和阿拉伯国家联盟环境保护合作执行计划（2008—2009 年度）》、《中国国际贸易促进委员会与阿盟秘书处关于投资研讨会机制的谅解备忘录》。④

2010 年 5 月 13—14 日，中国—阿拉伯国家合作论坛第四届部长级会议在天津举行。双方就中阿关系未来、中阿合作论坛建设以及共同关心的

---

① 《中国—阿拉伯国家合作论坛》，中华人民共和国外交部网站，http://wcm.fmprc.gov.cn/pub/chn/pds/gjhdq/gjhdqzz/zalt/t532818.htm。

② http://www.fmprc.gov.cn/zalt/chn/jzjs/bzjhys/t537789.htm.

③ http://www.cascf.org/chn/jzjs/bzjhys/t537792.htm.

④ http://www.cascf.org/chn/jzjs/bzjhys/t537793.htm.

国际和地区问题进行了广泛、深入的探讨，取得重要成果。会议签署并发表了《天津宣言》，宣布在论坛框架下建立全面合作、共同发展的中阿战略合作关系。[①]

2012 年 5 月 31 日，中阿合作论坛第五届部长级会议在突尼斯哈马迈特举行。中阿双方以“深化战略合作、促进共同发展”为主题，就中阿关系及共同关心的重大问题深入交换看法。双方签署了《中国—阿拉伯国家合作论坛第五届部长级会议公报》、《中国—阿拉伯国家合作论坛 2012 年至 2014 年行动执行计划》、《中华人民共和国国家质量监督检验检疫总局与阿拉伯工矿发展组织谅解备忘录》、《中华人民共和国工业和信息化部与阿拉伯工矿发展组织谅解备忘录》、《中华人民共和国卫生部与阿拉伯国家联盟卫生合作机制谅解备忘录》等相关文件。[②]

2014 年 6 月 5 日，中阿合作论坛第六届部长级会议在北京举行，习近平主席集体会见与会阿拉伯各国代表团团长，出席会议开幕式并发表重要讲话。习近平表示，中阿都面临实现民族振兴的共同使命和挑战。希望双方弘扬丝绸之路精神，以共建丝绸之路经济带和 21 世纪海上丝绸之路为新机遇新起点，不断深化全面合作、共同发展的中阿战略合作关系。阿方代表高度评价阿中合作论坛 10 年来取得的成就，赞同习近平主席提出的加强论坛建设、发展阿中战略合作关系的主张，支持中方提出的共建“一带一路”倡议，愿意同中方加强沟通和协调，推动阿拉伯有关问题的政治解决，共同致力于促进地区和平、稳定、发展。会议总结了论坛成立十年来中阿关系发展的成功经验，规划了中阿关系未来十年的发展方向，并制定了下一阶段论坛建设的具体目标和任务。会议签署了《中国—阿拉伯国家合作论坛第六届部长级会议北京宣言》《中国—阿拉伯国家合作论坛 2014 年至 2016 年行动执行计划》《中国—阿拉伯国家合作论坛 2014 年至 2024 年发展规划》《2014 年至 2015 年中阿卫生合作执行计划》《中阿荒漠化检测和防治合作备忘录》等文件。[③]

---

① http://www.cascf.org/chn/dsjbzjhy/t694631.htm.

② http://www.fmprc.gov.cn/ce/cgfrankfurt/chn/zgyw/t937098.htm.

③ 杜尚泽、焦翔：《习近平出席中阿合作论坛第六届部长级会议开幕式并发表重要讲话》，载《人民日报》，2014 年 6 月 6 日，第 1 版。

（二）中国—海合会战略对话

海湾国家在中阿关系中处于重心地位。海合会成立后不久，中国就与其建立了联系。从1990年开始，中国外长每年都利用出席联合国大会的机会，与海合会六国外交大臣及海合会秘书长举行会晤。1996年，中国与海合会建立了经济、政治磋商机制。2004年7月，海合会秘书长和六国财长联合访华，中国与海合会签订了《经济、贸易、投资和技术合作框架协议》，并宣布启动建立自贸区的谈判。2004—2006年间，中国与海合会共进行了4轮谈判，随后因种种原因一度中断。2009年6月，双方在沙特重启自由贸易区谈判，已在货物贸易谈判大多数领域达成了共识，并启动了服务贸易谈判。

2010年6月4日，中国—海合会战略对话首届部长级会议在北京举行，双方强调愿意继续加强在各领域的合作，并签署了《中华人民共和国和海湾阿拉伯国家合作委员会成员国关于战略对话的谅解备忘录》。①

2011年5月2日，第二届中国与海合会战略对话在阿布扎比举行。双方认为应尽快召开专家会议，为落实上述框架协议和谅解备忘录在贸易、投资、能源、文化、教育、科研、环境、卫生等领域的有关内容制订行动计划，确定具体时间表。双方同意继续加强磋商，尽早完成自由贸易区谈判。②

2014年1月17日，中国与海合会第三轮战略对话在北京举行，中国外交部长王毅和海合会轮值主席国科威特第一副首相兼外交大臣萨巴赫共同主持。③ 王毅表示，中方愿同海方以建立战略伙伴为目标，提升中海政治关系水平。以建立自贸区为抓手，深化各领域务实合作。共同推进丝绸之路经济带和21世纪海上丝绸之路建设，全面提升中国海合会关系水平。打造中海友好合作的“升级版”，实现互利共赢。海方表示，海合会高度重视发展同中国的友好关系，愿同中方增进政治互信，深化互利合作，加

① 王慧慧：《中国与海合会举行首轮战略对话》，载《人民日报》，2010年6月5日，第3版。

② 安江：《中国与海合会举行第二轮战略对话》，http://news. xin huanet. com/2011 -05/03/c_121370255. htm。

③ 王慧慧：《中国—海湾合作委员会第三轮战略对话在北京举行》，http://news. xinhuanet. com/world/2014 -01/17/c_126023598. htm。

强友好交流，推动海中关系不断取得新进展。海方认为海中建立自贸区符合双方的共同利益，愿同中方一道，加快自贸区谈判进程并尽早达成一致。双方签署了《中华人民共和国和海湾阿拉伯国家合作委员会成员国战略对话2014年至2017年行动计划》，并发表了《中华人民共和国和海湾阿拉伯国家合作委员会第三轮战略对话新闻公报》。[①] 国家主席习近平在会见参与第三轮战略对话的海合会代表时表示，中国希望双方快马加鞭，早日签署协定。古老的丝绸之路曾把海湾国家同中国联系在一起，现代海合会各成员国也积极参与"一带一路"建设。

（三）中阿博览会（中阿经贸论坛）

中国—阿拉伯国家博览会是经国务院批准，由商务部、中国贸促会、宁夏回族自治区人民政府共同主办的国家级、国际性综合博览会。自2010年以来，中阿博览会（原中阿经贸论坛）已在宁夏成功举办五届，得到了包括阿拉伯国家及其他伊斯兰国家在内的"丝绸之路经济带"沿线国家的广泛欢迎，正在成为国家推进和落实中阿务实合作的重要平台。五年来，中阿博览会秉持"传承友谊、深化合作、共同发展"的宗旨，取得显著成绩。博览会按照"共商、共建、共享"的原则，坚持"中阿共办，部区联办，民间协办"的办会机制，从政府、企业、民间三个经度，政治对话、经贸洽谈、技术合作、人文交流四个纬度，搭建商品贸易、服务贸易、技术合作、投资金融、文教旅游五大平台，把博览会融入到国家向西开放和"一带一路"重大战略部署中去。[②] 经过数年的发展，中阿博览会已经形成了"论坛+展会+洽谈"等相对成熟的固定模式，办会实效显著提升，"中阿共办、部区联办、民间协办"机制逐步完善，特别是"主宾国"机制的吸引力明显增强。而"弘扬丝路精神、深化中阿合作"这一新主题更使得中阿博览会成为构建丝绸之路经济带战略支点的重要平台。[③]

① 王慧慧：《中国—海湾合作委员会第三轮战略对话在北京举行》，http://news.xinhuanet.com/world/2014-01/17/c_126023598.htm。

② 《中国—阿拉伯国家博览会概况》，http://www.casetf.org/jieshao/120676.jhtml。

③ 《2015中阿博览会9月绽放中阿友好年助推一带一路建设》，http://finance.huanqiu.com/zl/2015-05/6426263.html。

2010年9月26日至30日，首届中阿经贸论坛在宁夏银川成功举行，主题为"传承友谊、深化合作、共同发展"。论坛上共签订合作项目190个，其中框架合作协议8个，投资合作项目182个，总投资2035.63亿元。除传统的能源化工项目外，新能源、物流服务、特色农业、装备制造业项目明显增多。①

2011年9月21日至23日，第二届中阿经贸论坛在宁夏银川举行。有76个国家、地区和国际机构的1200多位国外嘉宾参展参会，国内外参展商、采购商、投资商共计超过4000人。② 大会成功签订国内外合作项目164个，总投资2078.52亿元。从签约项目的产业布局来看，主要集中在能源化工、新能源、物流等领域。其中，能源化工类项目44个，总投资771.33亿元；新能源项目30个，总投资585.34亿元；物流商贸类合作项目38个，总投资335.97亿元；装备制造类项目13个，总投资256.14亿元。③

2012年9月12日至16日，第三届中阿经贸论坛在宁夏银川举行。论坛吸引了来自71个国家、地区和国际机构，25个中央部委，27个省（市、自治区）以及港澳台代表团，1283家国内外企业，7478位嘉宾参会参展。参会政要及客商规格、规模和层次较前两届均有进一步提高。共签约项目124个，总投资2187.34亿元，涉及高新技术、能源化工、现代农业、基础设施、物流商贸、文化旅游等领域。中阿经贸论坛安排有高峰会议、主题论坛、商品展览、文化交流等30多项活动，展览总面积超过4万平方米，包括清真食品穆斯林用品展、国际主题展暨主宾国国家展、能源化工产品展、文化交流展以及特色商品展五大板块。论坛启动"主宾国"机制，作为此次主宾国的阿拉伯联合酋长国组织了113人的高规格代表团。大会期间，阿联酋举办了阿联酋商务投资论坛、阿联酋国家馆展示、阿联酋时装秀等活动。在中阿经贸论坛期间，发布了《中阿金融发展战略框架

---

① 《首届中阿经贸论坛签订合作项目190个总投资超2000亿元》，http://news.xinhuanet.com/local/2010-09/28/c_12615929.htm。

② 赵倩、曹轶：《1200多位国外嘉宾参加第二届中阿经贸论坛》，http://news.xinhuanet.com/fortune/2011-09/20/c_122062983.htm。

③ 杨静、马俊：《第二届中阿经贸论坛项目签约额突破2000亿元》，http://news.xinhuanet.com/politics/2011-09/22/c_122071979.htm。

协议》，签署了《2012—2014 年中阿民间行动计划》。①

2013 年，中阿经贸论坛更名为“中阿博览会”。2013 年 9 月 15 日至 19 日，第四届中阿经贸论坛暨首届中阿博览会在宁夏银川成功举行。大会围绕商品贸易、服务贸易、技术合作、投资金融、文教旅游五个方面，着力打造农业、金融、能源化工及新技术和文教旅游领域合作的高端论坛、专业展览和对接洽谈活动，推进中阿务实合作，携手搭建面向全球的开放平台。中阿博览会共签约 158 个项目，签约总金额达 2599.01 亿元。签约项目涉及能源化工、新材料、装备制造、清真食品、基础设施、物流商贸、文化旅游、金融合作等许多领域，很多合作项目取得了历史性的突破。②

2015 年 9 月 10 日至 13 日，第二届中阿博览会在宁夏银川举行，博览会的主题为“弘扬丝路精神，深化中阿合作”。博览会围绕共建丝绸之路经济带经贸、信息、科技、农业、卫生、旅游、文化等领域举办相关会议论坛、对接洽谈及展览展示活动，签约项目 163 个，投资金额 1712 亿元人民币。③ 博览会将“中阿共办”机制运转得更为成熟。本届主宾国是约旦，中约双方上半年就成立了联合工作小组，并各自设有筹备部，共同策划、安排了包括约旦国家馆展览、中约经贸论坛暨企业对接洽谈会、约旦投资推介会、旅游推介暨签约会等多项活动。在博览会整体活动安排上，博览会将活动聚焦在贸易、农业、卫生、网络、旅游、技术转移等合作领域，安排网上丝绸之路暨云计算技术和应用展、高新技术和装备展等活动，中外各方反响良好。博览会获得科技部、农业部、国家卫计委、中国贸促会等国家部委支持，将包括中阿技术转移中心、中阿商事调解中心、中阿联合商会联络办公室、中阿农业技术转移中心、中阿医疗健康合作发展联盟等一批中阿多双边合作机构落地宁夏，为双方打

---

① 赵国华：《第三届中阿经贸论坛签约项目总投资达 2187 亿元》，http://news.xinhuanet.com/2012-09/18/c_123727214.htm。

② 庄电一：《中阿合作的盛会世界交流的平台—首届中阿博览会成果丰硕》，载《光明日报》，2013 年 9 月 20 日，第 1 版。

③ 何晨阳、任沣、靳赫、杨稳玺：《弘扬丝路精神　深化中阿合作——2015 中国—阿拉伯国家博览会巡礼》，http://news.xinhuanet.com/fortune/2015-09/13/c_1116547133.htm。

开了新的合作领域。[①]

三、“一带一路”背景下中阿合作的机遇和挑战

国家主席习近平于1月19至23日对沙特阿拉伯、埃及、伊朗进行国事访问。访问取得的圆满成功，为中阿关系带来的诸多互利共赢的合作机遇。

首先，中国与三国达成广泛共识，共签署了50多项合作文件，涵盖诸多领域。特别是在经贸领域，中国与三国的合作步伐全面提速，双方经贸合作的宏大格局日益清晰。中国同沙特建立全面战略伙伴关系，丰富了中沙关系的内涵。此前，中国已与阿联酋、卡塔尔、苏丹、约旦、伊拉克等5个阿拉伯国家建立了战略伙伴关系，与阿尔及利亚建立了全面战略伙伴关系。中国同埃及发表加强全面战略伙伴关系的五年实施纲要，提高了两国全面战略伙伴关系的含金量，对中阿关系和发展中国家整体团结合作都将产生示范效应。[②] 其次，三国分别同中方签署了关于共建“一带一路”的谅解备忘录，中沙还签署了加强“网上丝绸之路”建设合作的谅解备忘录。三国表示愿成为“一带一路”通往非洲和欧洲 的支点，这将助力“一带一路”在海外顺利推进。“一带一路”在三国落地生根，将在中东地区发挥巨大的示范作用，推动更多国家与中国共建“一带一路”，对接发展战略，从而使这一倡议在整个中东筑牢根基，发展成为各国的合唱。第三，中阿双方也积极创新贸易和投资机制。中国将参与中东工业园区建设，重点推进苏伊士经贸合作区建设。为促进中东工业化进程，中国将联合阿拉伯国家，共同实施产能对接行动，包括设立150亿美元的中东工业化专项贷款，用于同地区国家开展的产能合作以及基础设施建设项目，同

① 《中阿博览会助力拓展中阿合作空间》，http://money.china.com/fin/kj/201511/26/8390792.html? qq-pf-to=pcqq.c2c。

② 钟声：《增添和平发展希望的中东行》，载《人民日报》，2016年1月25日，第2版。

时向中东国家提供100亿美元商业性贷款，支持开展产能合作。[①]

中国商务部和海湾阿拉伯国家合作委员会共同宣布，中国和海合会已恢复自由贸易协定谈判。双方原则上已经实质性结束货物贸易谈判，并将于2016年2月下半月举行下一轮谈判，以期在2016年年内达成一份全面的自由贸易协定。自贸区的建立将极大活跃中国和沙特等海湾国家的贸易往来。[②]

尽管中阿关系呈积极发展态势，贸易额和投资额持续增长。但是中阿合作也面临一些挑战，如大国在中东地区的争夺将对中国在该地区的利益造成很大掣肘，动荡不安的中东局势使中国在与阿拉伯国家的合作过程中存在相当大的风险和不确定因素，非传统安全因素的困扰对中国的海外利益及人员生命财产造成威胁。

（1）中东地区局势长期动荡。中东国家政局不稳，长期动荡，对中阿经贸合作带来了许多障碍。一些在和平时期签订的经贸协议与商业合同，一旦遭遇政局动荡或者战乱，不仅会使企业遭受巨大经济损失，还会造成人员伤亡。

（2）大国因素的干扰。中东阿拉伯地区蕴藏着丰富的石油资源，是全球主要的石油供应基地和大国争夺焦点，也是美国石油利益和地缘利益结合的最为紧密的地区。美国的历届政府非常重视对中东阿拉伯地区的政策，在这一地区投入大量的资源，通过实施一系列战略，逐步影响和控制中东的石油。欧盟和俄罗斯也加大在这一地区的战略投入，形成了大国博弈的态势，给中阿关系带来不确定的因素。

（3）贸易不平衡。阿拉伯国家的单一经济结构，相对落后的民用工业，导致阿拉伯国家对中国的出口产品种类相对单一。中国大量进口原油和有关化工产品，出口轻工业制品、耐用消费品、纺织品，除与产油国保持贸易逆差之外，与其他中东国家大多维持贸易顺差，招致有关国家的反倾销抵制。因此，如何平衡中阿之间的贸易平衡，使双边贸易健康、稳定地发展，是中阿开展经贸合作面临的主要问题之一。[③]

① 朱小龙：《中国与中东构建经贸合作大格局—习主席访问沙特、埃及、伊朗成果解读之一》，载《解放军报》，2016年1月26日，第3版。

② 同上。

③ 王联：《中国与中东国家的经贸关系》，载《国际问题研究》，2008年第4期。

（4）非传统安全威胁困扰。阿拉伯国家政治转型或社会变革引发的政局动荡，教派矛盾等传统热点问题长期悬而未解，政治转型过程激活了原有社会及教派矛盾，引发各种政治力量、宗教派别、宗教和世俗力量之间的博弈乃至冲突。地区总体局势不稳导致极端思潮泛滥、恐怖活动猖獗。[①]这些非传统安全因素对中国的海外利益及人员生命财产造成直接破坏或者构成严重威胁。增加了中国在中东阿拉伯地区推进“一带一路”建设的风险。[②]

四、结论

在未来一段时间内，中阿关系如何进一步升级发展，需要双方登高望远，以“一带一路”为抓手，进行顶层设计，脚踏实地向前迈进。中阿之间要保持高层交往和对话势头，进一步加强中阿政府间磋商和对话机制建设，充分发挥战略对话、政治磋商等双边和多边机制的统筹协调作用，加强沟通交流，促进共同发展。进一步加强同阿拉伯国家立法机构、政党和地方政府多层次、多渠道的交流合作。加强国际事务磋商，就重大国际和地区问题保持沟通协调，在涉及彼此核心利益和重大关切问题上相互支持，密切在国际组织中的协调与配合，维护双方和广大发展中国家的共同利益。[③]

---

① 上海国际问题研究院中国中东战略构建研究课题组：《中国中东外交战略构建研究》，2015 年 9 月，第 19 页。

② 上海国际问题研究院中国中东战略构建研究课题组：《中国中东外交战略构建研究》，2015 年 9 月，第 20 页。

③《中国对阿拉伯国家政策文件（全文）》，http://www.fmprc.gov.cn/web/zyxw/t1331327.shtml。

埃及“振兴计划”与“一带一路”倡议的战略对接

上海外国语大学中东研究所副研究员　**赵　军**

【内容提要】

埃及新政府提出的“振兴计划”与中国政府正在推进的“一带一路”倡议几乎同期进入落实阶段。“振兴计划”旨在通过振兴经济实现民族复兴，“一带一路”旨在促进经济要素有序自由流动、资源高效配置和市场深度融合的互利共赢，二者存在较强的互补性。中埃两国的政治互信、密切的经贸往来、相似的发展战略目标以及已有的经济合作制度对接等，构成了“振兴计划”与“一带一路”战略对接的基础。中埃进行战略对接进程中将会受到大国干扰和两国自身诸多不足等因素的制约。中埃可以通过循序渐进的方式，选择多种可能的路径来实现战略对接的效度，为“一带一路”沿线国家树立典范。

埃及是非洲第三大经济体和中东地区人口最多的国家，也是非盟、阿盟和伊斯兰合作组织等区域组织的核心成员国。作为传统的地区大国，埃及在非洲和中东地区乃至整个伊斯兰世界都拥有重要的影响力。随着中国“一带一路”倡议正式实施，埃及因其特殊的地缘位置和地区影响力而被中国视为在中东地区推进“一带一路”建设的支点国家之一。因此，如何发展与埃及的双边关系势必会深刻影响中国在整个中东地区的竞争力和影响力。与此同时，2014 年 6 月，埃及新任总统阿卜杜勒·法塔赫·塞西（Abdel Fattah Sisi）实施“振兴计划”，欲恢复埃及在阿拉伯－伊斯兰世界领头羊的地位。①

---

① Yousuf Basil, “Egypt's New President Vows to ‘Correct the Mistakes of the Past’,” CNN, June 9, 2014.

在此背景下，中埃两国的发展战略能否实现有效对接，如何影响未来的双边合作关系，就成为非常值得关注的议题。

一、埃及“振兴计划”的提出及其实施

2014年3月26日，塞西宣布辞去埃及武装部队总司令和国防部长职务并发表书面讲话。在演讲中，塞西谈到了对埃及未来发展战略的思考，认为埃及“要恢复引领（阿拉伯）世界的力量、实力及影响力”。[①] 5月20日，塞西在线公布了其总统竞选计划，提出了改善民生、建立现代政府和恢复国际地位等奋斗目标，并罗列出具体的实现路径，如调整税收和补贴方式进行经济结构调整；建立新的政府机构；建设公路、学校、医院和其他基础设施；明确具体的产业发展目标，以解决失业问题；实现全国灌溉系统现代化；重申农民的农地权利；建立新的旅游中心以及落实前所未有的城市化计划等等。[②] 塞西这份为竞选所准备的埃及复兴规划被媒体称为埃及的“振兴计划”。在6月8日就职演讲中，塞西再次强调了埃及的复兴目标：“我们要在未来建设一个强大、安全、繁荣的国家，埃及在未来的任务就是重回历史使命，维护伊斯兰世界和阿拉伯民族的稳定”，并将通过经济发展来“弥补所失去的”，“校正以往的过错”[③]。作为新的国家发展战略，“振兴计划”旨在使埃及摆脱面临的现实困境。

第一，破解有增长而欠发展的经济困局。长期以来，“埃及经济有增长而社会欠发展”成为一种常态，也是困扰历届政府的最大难题，更是近几年导致社会失序和政局不稳的主要原因。1991年埃及接受国际货币基金组织的经济改革方案，开始加快推进私有化进程和市场经济改革。2004年埃及正式实行价格自由化和企业重组计划，经济进入高速发展期。2005—

① *Sisi's Resignation Speech*, March 26, 2014.

② Scott Williamson, "Sisi' Vision for Egypt," http://carnegieendowment.org/2014/06/30/sisi-s-vision-for-egypt/heud.

③ Yousuf Basil, "Egypt's New President Vows to 'Correct the Mistakes of the Past'", http://edition.cnn.com/2014/06/08/world/africa/egypt-presidential-election/index.html? eref=edition.

2007 年埃及 GDP 实际增长率分别为 6.9%[①]、7.1%、7.2%[②]。但是，好景不长，全球金融危机使这一利势戛然而止。2008—2009 年经济下行趋势明显，GDP 增长率分别为 4.7% 和 5.1%[③]。而在 2010 年，埃及经济经历断崖式下降，出现了历史最低点，GDP 增长率仅为 1.9%。[④] 随之而来的政局动荡使埃及经济增长一直在低点徘徊，2011—2013 年 GDP 增长率分别为 2.2%[⑤]、2.1%、2.1%[⑥]。在上述经济起伏的同期，人口增长（见表 1）、失业率（见表 2）和通胀率（见表 3）等三个完全抵消埃及经济实际增长率的联动指标一直如影随形，使埃及经济的有效增长根本无法满足巨大的社会需求，大批民众的收入实际上不升反降。有研究表明，上述三项指标是穆巴拉克政权更迭、穆尔西政权未能坚持长久以及影响塞西政权和埃及今后的长期稳定和发展最为重要的因素[⑦]，也是导致埃及长期陷入经济困局的主因。

表 1　埃及人口数一览表（2006—2015）（单位：百万）

年　份	2006	2007	2008	2009	2010	2011	2012	2013	2014	2015
人口数	72.20	73.60	75.20	76.90	78.70	80.50	82.50	84.60	86.80	90.01

资料来源：2006—2014 数据来自 Central Bank of Egypt，http://cbe.org.eg/CBE_Bulletin/2015/Bulletin_2015_11_Nov/64_40_Population,_Labor_Force,_Employment,_Wages_and_Employment.pdf；2015 年数据来自埃及中央公众动员和统计局，http://www.capmas.gov.eg/.

表 2　埃及失业率一览表（2006—2013）

年份	2006	2007	2008	2009	2010	2011	2012	2013
失业率（%）	8.90	8.40	9.05	9.21	10.38	12.37	13.00	13.38

资料来源：*Central Bank Annual Reports*（*2006 - 2013*）. 统计的失业人员年龄段为 15—64 岁。

① Central Bank of Egypt, *Annual Report 2005 - 2006*, p. 59.

② Central Bank of Egypt, *Annual Report 2007 - 2008*, p. 53.

③ Central Bank of Egypt, *Annual Report 2009 - 2010*, p. 51.

④ Central Bank of Egypt, *Annual Report 2010 - 2011*, p. 53.

⑤ Central Bank of Egypt, *Annual Report 2011 - 2012*, p. 55.

⑥ Central Bank of Egypt, *Annual Report 2012 - 2013*, p. 55.

⑦ 参见杨光：《埃及的人口、失业与工业化》，载《西亚非洲》，2015 年第 6 期。

表 3 埃及通货膨胀率(2006—2013)

年份	2006	2007	2008	2009	2010	2011	2012	2013
通货膨胀率(%)	8.5	20.2	9.9	10.7	11.8	7.3	9.8	8.2

资料来源:*Central Bank Annual Reports*(*2006 - 2013*).

第二,解决动荡频仍的社会困局。2011—2014 年埃及先后经历穆巴拉克政权垮台、穆尔西政权被强制解散、曼苏尔临时政权移交以及塞西政权的建立等政权更迭。出于社会经济或宗教诉求,每一次的政权更迭前后都充满持续时间较长的游行示威、占领广场、暴力骚乱、集体抗议、罢工等。在穆尔西主政时期,其支持者和反对者之间的冲突几乎没有中断过。据统计,仅在穆尔西执政的第一年中,埃及记录在案的示威游行就高达 9400 多次,创下“自法老时代之最”,而在 2013 年上半年,埃及人平均每月示威 1140 次,且大多数伴随暴力破坏行为。[①] 曼苏尔过渡政权时期,埃及的开罗、亚历山大、曼苏尔、苏伊士、卢克索、沙姆沙伊赫和伊斯玛利亚等主要城市均发生了程度不同的游行示威或骚乱。仅 2013 年 8 月 14 日各地抗议者与防暴警察之间的冲突就至少造成 866 人死亡。[②] 在军方接管埃及最高权力后,埃及各地暴恐活动此起彼伏,使埃及社会经历了另类的不稳定。据不完全统计,自军方废黜穆尔西总统后,埃及发生较为严重的暴恐袭击事件就达数十起,死伤数百人。

第三,缓解国际地位衰落的战略困局。尽管埃及历任总统执政理念存在差异,但在谋求地区大国地位与主导阿拉伯世界以及独立自主的基本观念具有延续性。纳赛尔时期埃及提出了“三个圈子”和倡导“不结盟”,即以阿拉伯圈子、非洲圈子和伊斯兰圈子为基础,奉行经济自给自足和政治绝对主权。根据这些原则,埃及不仅参与制定万隆会议“十项原则”和成为“不结盟运动”的发起国,还借助阿盟平台,获得阿拉伯世界的主导

① 阚大神:《马尔萨斯魔咒——几乎无解的埃及》,http://news.ifeng.com/world/special/egyptyxsw/content-2/detail_2013_08/15/28644152_0.shtml。

② 《埃及各地爆发流血冲突已造成至少 866 人死亡》,搜狐网,http://news.sohu.com/20130819/n384466887.shtml。

权。[①] 萨达特时期和穆巴拉克时期，埃及尽管仍在一定程度上遵循“三个圈子”原则和“不结盟和独立自主的外交政策”以及依据国家利益制定对外政策，[②] 但是，埃及由于单独与以色列媾和，加之海合会国家的崛起，使其在阿拉伯世界的主导地位明显丧失，国际影响力也衰势明显，而这种衰势在后穆巴拉克时期更是彻底显现无遗。塞西总统在阐述“振兴计划”时，重申要发扬埃及共和国建国以来奉行的对外政策，试图将纳赛尔主义和穆巴拉克对外战略平衡思想结合起来，以解决面临的战略困局。因此，有评论认为，塞西对内通过激进手段稳定政治和社会秩序，对外完全以国家利益为导向，不顾国际惯例和国际影响的羁绊。[③]

为顺利实施振兴计划，埃及政府出台了一系列措施。在政治改革、稳定政局和社会秩序方面，塞西积极组建新内阁，支持新议会选举，贯彻实施《新公务员法》；强力取缔穆斯林兄弟会活动，将其定性为恐怖组织；坚决打击恐怖主义，签署并实施新反恐怖主义法；清除西方非政府组织在埃活动，对街头游行施以高压、惩治腐败等等。在处理对外关系方面，埃及新政府积极破解外交困局，重塑外交新格局，包括恢复埃及在非盟的成员国资格；争取到沙特、阿联酋和科威特等海湾阿拉伯国家政治支持和经济援助；缓和与苏丹和埃塞俄比亚有关尼罗河水资源分配造成的紧张关系；全面调整对美、欧、俄、中政策，采取亲“东”疏“西”的“向东看”政策。在发展经济方面，作为“振兴计划”的重要内容，埃及政府实施“开源节流”的经济措施最为引人注目。在开源方面，新政府通过国际援助和实行经济刺激计划，尤其是后者成为推动经济发展的核心内容和动力。塞西借上任之初的较高人气，正式启动苏伊士运河经济走廊建设计划、埃及新行政和商业首都的建设计划、高铁网建设计划以及旅游项目开发计划等四项庞大投资计划。在节流方面，埃及新政府大幅度削减能源补

① 赵军：《埃及与阿盟的互动关系研究》，载《阿拉伯世界研究》，2015 年第 5 期，第 94—100 页。

② 王京烈：《埃及外交政策分析》，载《西亚非洲》，2006 年第 4 期，第 27—35 页。

③ “Why SiSi Can’t Imitate Nasser’s Model,” http://www. al – monitor. com/pulse/politics/2013/08/sisi – is – not – nasser. html; Dmitry Minin, “Will General al – Sisi Be a New Nasser?” http://www. strategic – culture. org/news/2013/08/22/will – general – al – sisi – be – a – new – nasser. html.

贴，旨在减少居高不下的财政赤字；使用智能卡监管粮食补贴，以减少在该领域的浪费和腐败滋生等等。

埃及政府在推进“振兴计划”实施过程中，更为偏重国内政治稳定和经济发展，并取得一定成果，如国内政局趋于缓和，对外关系得到理顺，尤其经济改革和大规模投资产生明显效应。2014 和 2015 年，埃及 GDP 增长率实现了大幅提升，达到 6.8%①和 5.5%（注：此为埃及官方估计数）②。当然，我们应看到，长期困扰埃及政府的人口增长率、失业率和通胀率等现实难题依然存在。同时，我们也应看到，庞大的经济刺激计划虽在短期内使经济困境有所缓解，但也难掩其不足之处，如新苏伊士运河投入使用后的收入与预计收入存在相当大的落差，旅游业收入因俄罗斯民航飞机空难而远未达到计划目标，新首都建设计划也因阿联酋房地产大亨的退出而陷入融资困境；向国际货币基金组织申请的援助贷款谈判尚未结束等等。“振兴计划”能否将埃及顺利带出困境，仍尚待观察。

二、“一带一路”与“振兴计划”的战略对接基础

埃及“振兴计划”与中国“一带一路”倡议几乎同期进入落实阶段。从内容上看，“振兴计划”旨在通过振兴经济实现国家发展和民族复兴，“一带一路”倡议旨在促进经济要素有序自由流动、资源高效配置和市场深度融合的互利共赢，二者存在极强的互补性。众所周知，中国政府提出并推进“一带一路”建设以来，国际社会反应不一，特别是该倡议在具体实现路径方面还存在模糊性，因此急需中国与沿线国家在战略对接方面提供示范。当前，在“一带一路”沿线国家中，大致分为反对派、支持派和怀疑派三类国家。③ 埃及是这三类国家中对“一带一路”倡议反应较为积极的中东伊斯兰国家。塞西总统曾在不同场合多次表示支持该倡议。2014

---

① Central Bank of Egypt, *Economic Review*, Vol. 55, No. 1, 2014 - 2015, p. 9.

② 中国驻埃及使馆经商处：《埃及本财年计划实现经济增长 5.5%》，http://eg.mofcom.gov.cn/article/jmxw/201512/20151201207429.shtml.

③ 郑永年：《“一带一路”战略解读》，2015 年 3 月 24 日，http://www.360doc.com/content/15/0325/17/22494414_457991272.shtml。

年12月，塞西在首次访华期间就明确表示，“一带一路”倡议给埃及带来新的发展机遇，“埃及将竭尽所能与中国一道推动倡议的实施”。[①] 2015年9月，塞西来华出席世界反法西斯战争胜利70周年庆典，再次表示积极致力于推进两国各领域的合作，愿意参与“一带一路”框架下有关合作。[②] 2016年1月，习近平访埃期间，中埃签署《关于共同推进丝绸之路经济带和21世纪海上丝绸之路建设谅解备忘录》，使“一带一路”框架下的双边合作有了更为明确的方向。此外，埃及国内对中国“一带一路”倡议有着不同于其他中东国家的积极反应。[③] 此外，埃及还用实际行动来支持“一带一路”倡议，积极申请并成为“亚投行”意向创始国。综合来看，埃及可列为共建“一带一路”示范国家的重要候选国，中埃实施战略对接拥有令不少其他沿线国家唯以企及的深厚合作基础。

首先，中埃政治互信度高。中埃建交60年来，双方不存在影响两国根本分歧的所谓结构性矛盾，两国高层互访机制和对话交流机制不断加强，政治互信不断提升。表现在四个方面：一是两国高层领导人互访频繁。据不完全统计，2000—2015年中埃两国高层领导人部长及以上官员互访达五十多次。其中，穆巴拉克总统访华两次，穆尔西总统访华一次，胡锦涛主席访埃一次，温家宝总理访埃两次。塞西就任总统不到两年，已于2014年12月、2015年9月两次到访中国。2016年1月，习近平主席访问了埃及。二是中埃政治合作层次不断升级。1999年4月中埃两国建立面向21世纪战略合作关系，为两国政治合作注入新的活力。2006年6月，两国签署关于深化中埃战略合作关系的实施纲要，为进一步全面落实战略合作关系起到重要推进作用。2015年9月，基于两国对发展友好合作关系的积极取向和把这一取向通过有效机制转化为务实成果，两国决定将双边关系提升为全面战略伙伴关系。2016年1月，中埃签订《关于加强两国全面战略伙伴关系五年实施纲要》，意味着完成了双边关系未来5年发展的顶层设计。

---

① 朱小龙：《塞西："一带一路倡议"带来新机遇》，http://www.gov.cn/xinwen/2014-12/23/content_2795518.htm。

② 赵成：《习近平会见埃及总统塞西》，载《人民日报》，2015年9月2日，第2版。

③ 陈杰、徐沛雨：《阿拉伯媒体视域中的"一带一路"》，载《回族研究》，2015年第3期。

此外，中埃两国还超越双边合作，成为推动中阿合作论坛和中非合作论坛等多边合作机制的主要国家。三是建立中国人民代表大会与埃及议会交流合作的机制。2007 年 5 月中国全国人大和埃及人民议会签署建立定期交流机制的谅解备忘录。双方商定每年一次会议在两国轮流举行。实践证明，两国自 2007 年 10 月启动这一机制后，定期交流机制为双方提供了直接、深入、有效的沟通渠道，成为双边政治交往的一个重要平台。四是两国在重大国际事务中的相互支持。埃及始终奉行“一个中国”的原则立场，台湾是中国不可分割的一部分，在涉及中国主权和领土完整问题上，支持中国实现统一，反对外部势力干涉中国内政。中国始终支持埃及核心利益，尊重埃及人民独立自主选择政治制度和发展政策的权利，反对外部势力以任何名义干涉埃及内政，支持埃及政府维护安全稳定。[①] 中国始终给予巴勒斯坦人民必要的政治和道义支持，认同埃及在解决巴以问题中的关键作用。此外，中埃两国在反恐、气候、人权和贸易等诸多国际事务中相互支持。

中埃两国在 60 年的历史交往中，始终在相互尊重、平等互利基础上发展两国政治关系，被誉为“南南合作的典范”。[②] 可以说，“一带一路”与“振兴计划”进行战略对接有着深厚的政治互信基础，这也是双方进行和实现有效战略对接的政治前提。

其次，中埃两国经贸关系密切，直接投资稳中有升。中埃两国在中阿合作论坛和中非合作论坛框架的推动下，双边贸易领域进入 21 世纪后得到不断拓展，实现优势互补。贸易领域，贸易合作是中埃经济关系的核心内容。中国当前是埃及第一大贸易伙伴。近十年来中国对埃及的出口经历短暂的起伏后，自 2010 年呈持续稳定增长态势（见表 4）。埃及对中国的出口自 2012 年后呈现稳中有升趋势（见表 4）。中国向埃及出口多种类产品，如纺织品、手工小商品、机械设备及零件、电器设备、机动车、化工制品等。埃及对中国出口的产品类型渐趋多元，包括高档大理石、石油及衍生产品、棉绒面纱和亚麻制品等。

---

① 《中国和埃及关于建立全面战略伙伴关系的联合声明》，载《人民日报》，2014 年 12 月 24 日，第 3 版。

② 王昊、刘云非：《综述：中埃关系——南南合作的典范》，http://news.xinhuanet.com/world/2004 - 01/29/content_1290591.htm。

表4 中埃双边贸易额（2005—2014）（单位：百万美元）

年度	中埃贸易总额	中国对埃出口额	中国从埃进口额	中埃贸易差额
2005	1385.0	1339.6	45.4	1294.2
2006	2030.6	1981.6	49.0	1932.6
2007	3483.0	3308.4	175.1	3133.3
2008	3518.9	3423.5	95.4	3328.1
2009	874.7	543.6	330.9	212.7
2010	1091.8	1056.4	35.4	1021.0
2011	1112.4	1071.5	40.9	1030.6
2012	5063.2	4507.6	555.6	3952.0
2013	5473.6	4985.6	488.0	4497.6
2014	5931.5	5195.3	736.2	4459.1

资料来源：Central Bank of Egypt，*Statistical Bulletins*（*2005 - 2014*），http://cbe.org.eg/English/Economic + Research/Publications/.

投资领域，中国对埃及直接投资逐年增长。截至2005—2014年6月，中国对埃及累计完成各类的直接和间接投资额达52亿美元，成为埃及第23大投资国。① 中国对埃的投资领域包括工程承包业务、直接投资生产建厂以及各类金融业务等等。在投资额上尤其在中非发展基金建立后，中国对埃及的非金融类直接投资有所起色，涉及水泥、玻璃、化工、纺织、电力、高铁、建材、汽车、能源等。根据埃及中央银行统计数据，2009—2014年中国在埃完成非金融类的直接投资额累计2.9亿美元，位居在埃非金融类直接投资国第16名（见表6）。② 中国在埃非金融类直接投资在2011年达到最高值，在经历2013年历史低点后，2014年中国在埃非金融类直接投资开始反弹，基本恢复到正常水平。如果不考虑通胀因素，2014年中国对埃非金融类直接投资额是2005年的76倍（见表5）。

① Heritage Foundation，"The China Global Investment Tracker，" http://www.heritage.org.

② Central Bank of Egypt，http://cbe.org.eg/CBE_Bulletin/2015/Bulletin_2015_7_July/48_32_Net_Foreign_Direct_Investment_In_Egypt_(FDI)_by_country.pdf.

表 5 中国对埃及直接投资净额（2005—2014）（单位：百万美元）

年份	2005	2006	2007	2008	2009	2010	2011	2012	2013	2014
直接投资净额	0.8	8.4	17.5	60.0	26.9	48.0	73.6	48.8	6.3	60.5

资料来源：Central Bank of Egypt，http：//cbe.org.eg/English/Economic + Research/Publications/.

当前，中国的经济增长速度持续下滑，消费、国内投资和对外贸易能力持续走低。中国要摆脱经济下行趋势需要广阔的外部市场，埃及的经济发展需要大量资金和技术，而中国的优势恰恰是拥有巨量资金和诸多实用技术。这为“一带一路”与“振兴计划”有效对接奠定了经济基础。

再次，中埃经济合作的制度建设有经验可循。中埃苏伊士运河经贸合作区建设经验为“一带一路”与“振兴计划”的有效对接提供了不可多得的制度对接基础。该合作区是高水平的全面的经贸合作区，也被视为中埃合作的特别项目，它更是中埃两国在不同的政治制度、经济结构、管理模式以及文化差异背景下完成的制度对接典范。中埃双方在合作区建立过程中从项目合作的谈判、启动建设、招商引资、合作管理以及未来规划中均积累了大量经验。中埃经贸区已完成一期工程及招商工作。2015 年 12 月完成中埃两国完成第二期土地使用期谈判，2016 年 1 月习近平主席和塞西总统共同为该合作区二期工程建设启动揭牌。目前，该合作区初步形成包括石油装备产业园区、电力设备产业园区、新型建材产业园区和机械制造产业园区的高标准现代化工业新城区。① 中埃苏伊士运河经贸合作区的完全建成将为“一带一路”与“振兴计划”的战略对接提供更加科学、透明的制度基础和经验基础。

最后，中埃两国发展战略方向不谋而合。埃及属于“一带一路”的沿线国家，其“振兴计划”与“一带一路”方向一致、宗旨相似、空间覆盖范围多有重叠，具备战略对接和交融的区域基础。埃及实施的“振兴计划”，尽管更注重内部发展，但其对外目标明确，就是“向东看”，且其东向战略范围涵盖的区域与“一带一路”沿线相交叠。因此，埃及在政策落实过程中，与中国进行开放性合作，能获得期待的结果。中国“一带一

① 《中国埃及苏伊士经贸合作区》，http://www.setc-zone.com/portal/hzqjj。

路”以欧亚为区域大背景，兼具东非地区，将中亚、中东作为核心，在经济发展方面不仅整合欧亚大陆国家，而且整合海路亚非欧沿线国家，实现欧亚经济一体化为目标。当前，中国积极主导或深度参与中东地区与外部相连的基础设施及物流建设，更加注重贸易便利化、海关、金融等相关领域的制度建设。

三、“一带一路”与“振兴计划”战略对接的路径选择

“一带一路”强调“五通”（政策沟通、设施联通、贸易畅通、资金融通和民心相通）和“三同”（利益共同体、命运共同体和责任共同体），即通过“五通”，最终达至“三同”。鉴于埃及“振兴计划”和“一带一路”均处于初步实施阶段，在考虑中埃双方战略对接的路径时，可以先政策沟通和经济沟通，这两类如果能够实现有效对接，民心沟通就会有水到渠成的时候。因此，当前可以从以下切入点入手。

第一，应建立能够进行政策顺畅沟通的机制平台。中埃两国应在已有的政治共识基础上，有针对性地建立双边联合工作机制来推动双边无障碍沟通，以加强两国政府间合作，就经济发展战略和对策进行充分交流对接，共同制定推进两国合作的规划和措施，协商解决合作中的问题，共同为务实合作及大型项目合作提供政策支持。目前，中国已成立了“一带一路”建设领导小组，凭借中国的制度优势，已迅速调集资源来推动相关工作的开展。埃及新政府内阁中，已设立了“中国事务组”，专门负责对华政策评估和制定解决中埃关系中出现的问题。两国应在现有的相关机构基础上，有针对性地建立指导委员会或管理委员会等机制，作为两国战略对接的抓手。

第二，深化贸易便利化，以实现贸易畅通。就当前而言，中埃应改变现行的经贸模式，尤其是中国应致力于改善两国严重失衡的进出口贸易关系，加大非金融类直接投资，帮助埃及全面提升产业结构升级。从长远来看，中埃应深化贸易便利化，建立起规范的贸易便利化体制机制，以实现贸易的真正畅通。贸易便利化旨在为国际贸易创造一个连续、透明和可预见的环境，从而简化和协调与贸易有关的程序和行政障碍，降低成本，推

动货物和服务更好地流通。[①] 中埃之间应该以现存双边和多边合作机制为依托，逐步建立信息、通关、监管、司法和政策便利化，实现贸易便利化。

第三，实现双赢的投资对接。埃及“振兴计划”的落实需要巨额外资和先进技术来支撑，而中国需要为资金和先进技术找到栖息地。基础设施的工程承包和非金融类直接投资应是双方战略对接的核心领域。中国企业的强项之一就是基础设施建设，拥有强大的技术优势和工程经验。当前，埃及正在落实的大开罗建设计划、苏伊士运河经济走廊建设计划、亚历山大等港口改造、从亚历山大到卢克索的5省高铁网建设计划以及旅游项目开发计划等均属于基础设施建设，且需要大量资金投资，中企可在港口扩建、隧道挖掘、公路铁路修建、轻轨建设、新机场建设、新城市、新农村、旅游村、工业园以及海运公司等进行工程承包，或投资与大理石、白沙、石膏、棉花等丰富原材料相关的建材类产业项目。

第四，体现金融支持与产业规划的对接。“一带一路”战略与埃及“振兴计划”的建设与对接需要资金。两国可以通过丝路基金、亚投行、中非合作基金作为筹措资金的平台。亚投行正式运营将打开“一带一路”沿线国家的基础设施建设市场。埃及已正式成为亚投行的意向创始成员国，这将促进中埃以及相关国家的经济合作，增加对中东地区基础设施的投资机会，扩大埃及金融外交领域。另外，中埃在“一带一路”与“振兴计划”战略对接过程中，应积极实现产业布局的有机对接，如埃及在农业、制造业、房地产业、物流运输领域等进行布局。

第五，应建立智力支持的对接。要实现“一带一路”战略与“振兴计划”的有效对接，除保证上述物质层面的对接外，还应做好双边战略对接的顶层设计和合作研究工作。在顶层设计方面，2016年1月中国政府发布的《中国对阿拉伯国家政策文件》和中埃元首签订的《关于加强两国全面战略伙伴关系五年实施纲要》两份纲领性文件可分别视为对两国战略对接的长期和短期的智力支持。在合作研究方面，中埃双方应在上述两份纲领性文件的框架下建立合作的新机制、新模式以及应对可能出现的新问题，均需要相关研究成果的支持。因此，中埃两国除政府层面的政策沟通外，还应建立各类智库交流、数据分享、成果共享等对接机制和机构。

---

① 付辰钢：《〈贸易便利化〉解读》，载《中国对外贸易》，2015年第2期。

四、“一带一路”与“振兴计划”战略对接中的制约因素

尽管推进中埃两国战略衔接的基础较为深厚，但仍然存在不少变数会影响双边战略对接的效果。

首先，埃及国内仍存在诸多制约因素。一是政局不稳。塞西政权采取与军方合作的方式暂时稳定了局势，但埃及社会处于一种“亚健康”状态，人口问题、失业问题、通胀问题及教俗矛盾等造成埃及动荡的根源仍未得到有效解决，这些问题随时都有爆发的可能。二是国内恐怖主义依然泛滥。“基地”组织分支和“伊斯兰国”组织分支在埃及的蔓延势头尽管得到一定的遏制，但暴恐活动还是此起彼伏。如2015年5月17日，北西奈省首府阿里什市3名法官遇袭身亡；6月29日，埃及总检察长遇袭身亡。7月1日，“伊斯兰国”组织极端分子袭击埃及军队，造成17名士兵丧生。10月31日，俄罗斯科加雷姆航班遭恐怖分子袭击，机上224人全部遇难。三是市场环境急需改善。在2015年1月世界银行发布的《2016年世界营商环境报告》中，埃及投资环境吸引力与宽松度属偏下水准，在189个国家中排名第131位①，其投资市场存在的主要问题依然严峻，包括法律和偿付体系缺乏稳定性和透明度；外汇短缺，拖欠款项现象屡见不鲜；就业体制僵化；在未经磋商的情况下突然变更商业规程的情况时有发生；合同违约频繁；清关过程存在问题；对外国企业进入埃及市场限制过多。②

其次，双边贸易失衡，中国在埃投资不足和缺乏比较优势。中埃贸易长期失衡，埃对中逆差巨大（参见表4），而与在埃主要投资国家相比，中国对埃非金融类直接投资规模偏小，且整体投资缺乏比较优势。从贸易领域看，埃及是中国在非洲的第三大贸易伙伴，但处于中国全球第40—50大

---

① World Bank, *Doing Business 2016*, p. 5, http://www.doingbusiness.org/reports/global-reports/doing-business-2016.

② World Bank, *Doing Business 2016*, *Economy Profile 2016* (*Egypt*), http://www.doingbusiness.org/reports/global-reports/~/media/giawb/doing%20business/documents/profiles/country/EGY.pdf.

贸易伙伴的区间，而中国是埃及第一大贸易伙伴。2014 年中国对外出口额为 2.34 万亿美元，进口 1.96 万亿美元。[①] 中国对埃及进出口额度分别为 51.95 亿美元和 7.36 亿美元，仅占中国进出口额的 0.22% 和 0.003%。2014 年度埃及进出口总额为 829.01 亿美元，其中出口 220.58 亿美元，进口 608.43 亿美元，中国对埃及的进出口额分别占埃及对外进出口贸易总额的 3.3% 和 8.5%。[②] 2015 年 1—8 月，中埃双边货物进出口额为 85.67 亿美元，其中中国对埃出口 78.66 亿美元，从埃进口仅 7.01 亿美元。[③] 不难看出，两国贸易严重失衡，埃及对中国的依存度较大，而中国对其依存度几乎可以忽略不计。从对埃及直接投资来看，中国远远落后于欧美国家和海湾阿拉伯国家。尽管近两年中国对埃非金融类直接投资量相对增加，但与在埃主要投资国相比，仍有巨大差距。如果中国对埃投资为 1.0，在埃主要投资国则分别为 1.2—111.0 倍不等（见表 6）。从全球金融危机后的形势来看，中国对埃投资在各投资国中增长速度相对较快，其他国家对埃投资有大幅度回落，但从净增绝对值看，中国的投资额仍较少，如英国对埃非金融类直接投资一直雄踞榜首，金融危机后曾大幅度下降，且回暖缓慢，但 2014 年度仍然高达 42.56 亿美元，而同期中国对埃非金融类直接投资仅为 0.53 亿美元。

表 6　2009—2014 年对埃及直接投资的主要国家排名

国家	排名	累积投资资金（亿美元）	与中国对埃及直接投资额比较（倍）	2014 年各国直接投资额（亿美元）
英国	1	284.22	111.0	42.56
比利时	2	103.32	40.3	5.20
美国	3	99.45	38.8	17.39
阿联酋	4	33.86	13.2	12.30

① 《2014 年对外贸易稳定健康发展呈现四个特点》，http://www.scio.gov.cn/32344/32345/32347/32348/zy32353/Document/1392427/1392427.htm。

② Central Bank of Egypt, *Statistical Bulletins* (*2014 – 2015*), http://cbe.org.eg/English/Economic + Research/Publications/.

③ 中国驻埃及使馆经商处：《2015 年 8 月中国对埃及出口增长 42%，进口增长 234%》，http://eg.mofcom.gov.cn/article/jmxw/201510/20151001133470.shtml。

续表

国家	排名	累积投资资金（亿美元）	与中国对埃及直接投资额比较（倍）	2014 年各国直接投资额（亿美元）
沙特	5	17.94	7.0	5.49
法国	6	15.91	6.2	1.49
荷兰	7	11.44	4.5	1.04
德国	8	11.19	4.4	1.51
卡塔尔	9	8.67	3.4	0.85
巴林	10	8.48	3.3	1.78
瑞士	11	7.15	2.8	1.10
西班牙	12	6.29	2.4	0.23
科威特	13	5.76	2.2	0.87
土耳其	14	2.97	1.2	0.40
日本	15	2.77	1.1	0.35
中国	16	2.56	1.0	0.53

资料来源：根据埃及中央银行公布数据整理，http://cbe.org.eg/CBE_Bulletin/2015/Bulletin_2015_7_July/48_32_Net_Foreign_Direct_Investment_In_Egypt_(FDI)_by_country.pdf。

另外，中国在埃的投资领域和投资主体整体上缺乏比较优势。欧美国家在资金和技术上占尽先机，处于绝对优势，长期以来主导着埃及的油气开发、汽车、通讯以及金融等行业领域，而中国在埃参与投资的领域虽然涵盖工业、建筑业、金融业、信息技术产业以及服务业。但是，中国企业直接投资项目的行业分布主要集中在低附加值的纺织业、建材业、机电产品、汽车及配件业等传统产业，并在服装、鞋类、袜类、汽车装配、摩托车装配等占据着大的市场份额。与英、美、德、日、比利时、瑞典甚至韩国相比，中国生产的高科技产品及获得大型机电设备的项目就比较少。另外，有统计表明，从投资主体上看，截至 2014 年 6 月，中国在埃及参与直接投资的公司及项目多达 1192 个。[①] 其中，不乏像泰达、中海运、山东电力、中萨钻井、安琪酵母、巨石玻璃纤维、中国港湾和吉利汽车等大型国企或私企，但是绝大多数中国在埃企业的投资主体是民营企业，而且投资

① 《埃及复苏之路漫漫，热盼中国企业投资》，http://world.people.com.cn/n/2015/0325/c1002-26745011.html。

规模小，也比较分散，市场的应变能力和抗风险能力不高，导致整体投资缺乏比较优势，回报率相对较低。而英、德、美、瑞典、比利时、日、韩、法和荷兰等国在埃企业数目明显低于中国在埃企业数，但其投资主体相对大而强，对埃及国家和社会产生重要影响，如埃及石油开采几乎被英国 BP 公司直接或间接垄断；韩国三星公司在埃投资竟能促使埃及政府成立专门委员会以解决相关问题等。综上，中埃及贸易失衡、中国对埃直接投资规模小、缺乏比较优势等问题，是“一带一路”与“振兴计划”进行有效对接中难以回避的问题，也是一个必须突破的难点。

最后，中东地区域外大国有可能对两国战略对接进程产生消极影响。世界大国曾提出过不同版本的战略计划，这些战略规划均是为实现本国在某个地区的利益而出台的，有的与“一带一路”区域部分交叠。从内容上来说，诸多战略计划中的设想及后来的实践经验大多可以移植到中东地区进行尝试，因而存在潜在的竞争压力或负面影响，如日本的“丝绸之路外交战略”、俄印的“南北走廊计划”、印度的“季节计划”、俄罗斯的欧亚经济联盟战略、欧盟的“新丝绸之路计划”以及美国的“新丝绸之路战略”，等等。在中埃两国战略对接过程中，美国仍可能是最大的干扰因素。有研究表明，美国总体上对中国“一带一路”倡议存在较大疑虑，认为该倡议为中美之间带来广泛的竞争，尤其威胁美国在欧亚大陆的利益和领导地位。[①] 而在中东地区，美国表现出同样的态度，尽管当前埃及塞西政府有些冷落美国，但事实上，美仍然试图修补同埃及的关系。国务卿克里曾于 2013 年 11 月、2014 年 6 月和 2015 年 8 月三次访问埃及。2014 年 6 月，美国宣布解冻对埃及 5.75 亿美元的军事援助。2015 年 3 月，美国又全面解除自 2013 年 10 月以来对埃及实施的行政禁令，允许向埃及交付 F－16 战斗机、“鱼叉”式导弹和 M1A1 坦克部件，并继续要求国会每年向埃及提供 13 亿美元的军事援助。此外，美国还一如既往地支持埃及卫生、边境安全和反恐等问题。2015 年 8 月，美国国务卿克里访埃期间，与埃方进行六年来的首次战略对话，就埃美重启伙伴关系、打击恐怖主义等协调政策。

① 马建英：《美国对中国“一带一路”倡议的认知与反应》，载《世界经济与政治》，2015 年第 10 期。

日本与埃及也是一对“非常牢固的友谊关系”。[①] 双方不仅经贸关系牢固，而且日本在埃推广官方发展援助项目（ODA）的时间长，投入大，且拥有先进而强大的技术支持。印度推出“季节计划”后，明确建立包括以东非、阿拉伯半岛等在内的、印度主导的印度洋秩序。上述中东域外大国的各种战略规划势必会对中国“海上丝绸之路”建设产生冲击和压力。

五、结语

埃及新政府提出的“振兴计划”与中国政府正在推进的“一带一路”倡议几乎同期进入落实阶段。中埃两国的高度政治互信、密切的经贸关系、相似的发展战略目标、拥有的经济合作实践经验等奠定了两国战略对接的基础。从两国推进战略对接的进程来看，经济领域将是未来双方发展战略最务实的对接点，而在此领域两国存在极强的互补性，从而为实现战略对接提供了操作可能性。虽然两国在战略对接进程中存在大国干扰和两国自身诸多不足等因素的制约，但是如果两国采取循序渐进的方式，选择多种可能的路径，注重对接的有效性，则既可为“一带一路”沿线国家树立典范，也可以实现真正的民心相通，进而为利益共同体和命运共同体建设奠定坚实的基础。

① 日本驻埃及大使馆：*Bilateral Relations*，http://www.mofa.go.jp/region/africa/egypt/data.html.

“一带一路”背景下中国与以色列的关系

上海外国语大学中东研究所助理研究员　**闵　捷**

【内容提要】

中以共建“一带一路”有着坚实的基础。自建交以来，科技合作、经贸往来、人文交流等构成了中以关系的重要内容。虽然以色列对中国提出的“一带一路”倡议仍处于认识阶段，但重视与中国的经济合作已成为以色列社会的共识。“一带一路”倡议提出以来，中以两国在政策沟通、设施联通、投资贸易合作、民心相通等领域均取得了显著的成果。中以共建“一带一路”，也可能会面临诸多挑战，但只要两国密切沟通，就会消除误解，从而促成中以间更为紧密的互利合作。

2013 年中国政府正式提出了“一带一路”倡议后，得到了以色列的积极认同和响应；当前中以共建“一带一路”已进入务实合作阶段。以色列与中国没有根本的利益冲突，双边交往在彼此国内均形成了共识。回顾“一带一路”背景下的中以关系，有助于克服“一带一路”建设中面临的风险，探索中以共建“一带一路”的前景。

一、当前中以合作的主要领域

（一）科技合作为中以关系注入了发展动力

自 1992 年中以建交以来，科技领域一直是两国发展双边关系的重点。1993 年，中国国家科委和以色列科学部就代表两国政府签署了《中华人民共和国政府和以色列国政府科技合作协定》。此后，中国科技部和以色列科技与空间部成立了科技合作联委会机制，并定期召开会议。1995年，中以共同签订了关于共同建立科学与战略研发基金的协议。1997年，双方正式成立中以农业联合委员会，两国之间开展了密切的农业技术合作交流。2000年，两国政府又签订了在工业技术研发领域的合作框架协议，从而为双方的产业研发奠定了重要基础。2007年，中国国家自然科学基金委与以色列科学基金会负责人实现了互访，签署了在基础研究领域合作的谅解备忘录，并建立了常态化的合作机制。2008年中国访以的科技团组为18个，2010年则达到34个。① 2010年，中以两国政府签署了《关于促进产业研究和开发的技术创新合作协定》，成为了中以产业创新合作的里程碑。2012年，国家自然科学基金委主任访以，启动了“国家自然科学基金委与以色列科学基金会合作研究计划”，两国计划在5年内各投入1亿元人民币，支持双方科学家开展联合研究活动，同年，中以技术创新联委会成立。在中以科技合作的带动下，2004年诺贝尔化学奖得主、以色列理工学院教授阿龙·切哈诺沃也于2013年当选为中国科学院外籍院士。

（二）经贸往来丰富了中以关系的内涵

贸易方面，1992年10月，中以两国签署了政府间贸易协定，双方互相给予对方最惠国待遇。1995年，中以贸易额增至3.06亿美元；② 2005年，以色列正式承认中国完全市场经济地位；2007年，双边贸易额跃升到53.06亿美元；2013年，中以双边贸易额达108.3亿美元，中国成为以色列在亚洲的第一大贸易伙伴。不仅如此，中以贸易还具有结构性优势。中国自主研发的汽车、手机、电脑等高附加值产品已成功进入以色列市场，以色列向中国出口的商品则以计算机、电子和光学产品居多。

在投资方面，1995年以色列在华投资额仅为0.4亿美元；至2001年底，以色列企业在华投资项目已有106个，协议金额达1.46亿美元③；2012年，第一批投资总额约15亿元的首个“中以国际科技合作产业园”

---

① 周国林：《中以科技合作成绩斐然》，载《科技日报》，2011年8月26日。

② 孙玉琴：《中国与以色列经贸关系的发展》，载《国际商务》，1997年第4期，第25页。

③ 徐宏良：《中以经贸回顾与展望》，载《上海商业职业技术学院学报》，2003年第3期，第21页。

落户广东；到2013年，以色列对华投资存量累计超过4亿美元。近年来，中国资本对以色列的投资也显著增加。2011年，中国化工集团收购了以色列马克西姆—阿甘公司60%的股权，总投资24亿美元，成为了中以两国最大的投资合作项目；2013年，复星集团出资2.2亿美元收购了以色列飞顿医疗激光公司95.2%的股权；同年光大集团设立私募股权基金投资以色列，主要投向水技术、电讯、科技、制造业、医疗设备等与中国需求密切相关的领域。

在劳务与工程承包方面，中以两国在1994年便展开了合作。2002年，中国在以劳务人员达2万多人。[①] 中国土木工程集团、中铁十二局、中铁隧道集团公司、中国港湾工程公司均长期在以色列承接工程项目。2009年时，中国公司贯通了以色列单洞最长的卡迈尔隧道，在以色列社会引起积极反响。

（三）人文交流促进了中以民间的友好认知

在教育方面，通过中国政府奖学金等不同渠道，以色列每年都有上百名大学生和研究人员来华学习和从事合作研究工作。截至2013年，以色列在华的各类留学人员中，自费生占90%以上，分布于汉语、经济、贸易、中医、法律等专业中。[②] 与此同时，以色列也很重视中国学生赴以交流学习。2012年，以色列政府决定每年向中国提供250个奖学金名额，其中包括100名本科生、50名硕士生和100名博士后。[③] 同年，为了庆祝中以建交20周年，以色列邀请了20余名中国大学生对以进行为期26天的访问，这些青年学生生活在以色列不同城市的居民家中，切身了解该国的社会文化。而在汉语国际教育中，建立于2007年的特拉维夫大学孔子学院起到了重要作用。在孔院的推动下，至2012年底，以色列已有13所高中、14所初中开设汉语课程；高校学习汉语的注册人数仅次于英语，汉语已跃居为第二外语。

---

① 张倩红主编：《以色列发展报告（2015）》，北京：社会科学文献出版社，2015年版，第184页。

② 潘雅：《中以扩大教育合作与交流，以色列来华留学人员大增》，载《世界教育信息》，2013年第10期，第80页。

③ 薛华领：《中以留学教育前景》，载《神州学人》，2012年第9期，第9页。

在文化方面，中以两国于1993年达成了第一个文化协定，至2011年双方已连续签署了六个执行计划。1994年，具有世界一流水平的以色列爱乐乐团访问北京、上海，受到中国民众的热烈欢迎。[①] 之后，中以的作家与艺术家代表团实现了定期互访，这对于双方文化在对方国家的传播起到了积极作用。2009年，为纪念新中国成立60周年的“感知中国·以色列行”大型文化活动在以色列举办，该活动在两周的时间里吸引了近10万以色列人参加。此外，以色列十分重视两国在第二次世界大战期间共同抵御法西斯侵略的历史，得到很好修缮和维护的上海犹太难民纪念馆因此成为培育中以民间友好认知的重要平台。

在友城交往方面，至2012年初，我国已与14个以方城市（区）结成友好城市，数量在中东地区位居第一。不仅如此，中以友城间也开展了内容丰富的民间交流。2008年，在中国友协副会长李小林访问以色列期间，时任以色列总统佩雷斯表示，友协作为中国最重要的对外民间友好机构，多年来为加强中以两国人民的了解，促进地方政府间交流等领域的合作作出了不懈努力，取得了很大的成绩。[②]

二、以色列对“一带一路”倡议的认知

“一带一路”提出后，逐渐得到了以色列社会各方的关注，以色列政府对于“一带一路”为该国带来的经济机遇充满期待。以色列驻华大使马腾认为，以色列看好中国政府的“一带一路”倡议，因为这一倡议可以帮助各个经济体、社会、人民和国家建立联系，以色列希望能够参与其中并发挥建设性作用。尽管中国和以色列在面积和地理条件上差别很大，但彼此关于家庭和传统、重视教育和勤劳的价值观是相同的。创新之外，旅游业也是马腾大使看好的两国合作的潜力领域。[③] 以色列驻华使馆经济商务

① 潘光：《中国—以色列关系的历史演进和现状分析》，载《社会科学》，2009年第12期，第161页。

② 田艺琼：《新中国对以色列的人文外交》，载《阿拉伯世界研究》，2012年第5期，第50页。

③ 杨舒：《以色列看好“一带一路”战略》，载《国际商报》，2015年3月3日。

事务参赞艾立仁则强调，"以色列公司从来都不想跟中国公司竞争，我们没有那个能力、规模和资金。以色列可以提供技术，中国提供资金和市场。"[①] 2014 年 11 月，以色列经济部长纳夫塔利·贝内特在访问中国时表示，中国的"一带一路"倡议为深化中以经贸合作带来了新机遇，"中国领导人具有长远眼光及洞见力，也为两国长远经贸合作提供诸多可能。我想不出比与中国合作更令人激动的事。"[②] 2015 年 5 月，以色列前总理巴拉克来华参加亚信会议，他认为，随着"一带一路"的落实，它会永远地改变亚洲、改变亚洲与世界的关系，亚投行则是一个重要的创意，在未来各国的基础设施建设方面，会是一个重要的源泉。[③] 7 月，该国前总统佩雷斯在接受媒体的采访中提出"一带一路"倡议也是一种"求同存异"的发展思路，虽然各国也有分歧，但这一倡议让各国有合作的机会，而中以国情类似，经济互补，双方可以充分开展科技合作。[④] 8 月，以色列农业与农村发展部部长乌里·阿里埃勒访华，在他看来，中以农业互有优势、互补性强，具有广阔的空间与潜力，并希望与中国加强在"一带一路"建设框架下的农业合作。10 月，以色列副总理兼内政部长西尔万·沙洛姆在 2015 年浦江创新论坛上发表的主旨演讲中称赞中国的"一带一路"倡议是"新时代重要的创意"。[⑤] 以色列运输部长卡茨也对中国的"一带一路"倡议给予高度评价。他认为"一带一路"倡议有助于改善区域基础设施，从而促进区域经济发展，以色列乐于和中国加强"一带一路"方面的合作，目前已经有中国公司在以色列参与铁路、公路、隧道和码头建设，以中基建合

---

① 黄歆：《以色列科技创新成果需要中国提供资金和市场》，载《中国经济导报》，2014 年 8 月 21 日。

② 黄献光：《以色列经济部长：中国丝路战略为中以合作带来新机遇》，人民网，2014 年 11 月 27 日，http://politics.people.com.cn/n/2014/1127/c70731-26107924.html。

③ 陈婧、张蕾：《"一带一路""亚投行"再成高频词》，载《中国青年报》，2015 年 05 月 27 日。

④ 《以色列前总统佩雷斯：我从毛泽东思想中获益匪浅》，人民网，2015 年 7 月 29 日，http://world.people.com.cn/n/2015/0729/c1002-27379660.html。

⑤ 慕丽洁：《以色列副总理西尔万·沙洛姆：将推进对华 10 年签证，中以有意开展自贸协定谈判》，载《21 世纪经济报道》，2015 年 10 月 28 日。

作正在不断加强。①

与政界相比，当前以色列学界对“一带一路”的关注相对较少，对于该倡议的学术研究还有待进一步深入。由以方建立的中以学术交流促进会通过在中以两国举办学术活动，对提升以色列学者对“一带一路”认知起到了推动作用，如2015年6月，该组织与中国民间组织国际交流促进会在特拉维夫共同举办关于“一带一路”主题的专题研讨会。以色列国家安全研究所作为以色列国内最重要的国际问题研究机构，对于“一带一路”倡议在以色列学界的初步传播做出了积极的回应。在该所前所长、高级研究员奥戴德·埃兰看来，以色列能够成为“一带一路”倡议中的重要贡献者，而参加中国提出的这一倡议将会给以色列打开目前尚在关闭之中的亚洲之门。② 该所出版的学术刊物《战略评估》2015年第3期上刊发了题为《中国与以色列：在同一条“一带一路”之上?》的论文，文章指出“一带一路”将会给以色列经济发展带来重大机遇，以色列有机会成为“一带一路”在地中海与印度洋之间的节点，亚投行会员国的身份也有助于该国与伊斯兰国家进行对话。③ 特拉维夫大学商学院教授加迪·阿利阿夫则从国际经贸角度进行了分析，他认为从长远看，“一带一路”倡议可以完善区域运输网络，在沿线国家培育市场，从而产生叠加效应，这种长期的正面效应是“一带一路”的意义所在。④ 由于讨论还不充分，以色列学界关于“一带一路”的认识仍存在误区。如赫兹利亚国际事务研究中心的一份研究报告就认为“一带一路”背后有其他目的，即通过在西亚地区投资基础设施，以获取中东石油并运回中国国内。⑤

在以色列国内对“一带一路”的讨论中，商业界最为活跃。2014年2

---

① 杨志望：《中以“一带一路”合作添硕果》，新华网，2015年05月29日，http://news.xinhuanet.com/fortune/2015-05/29/c_1115451333.htm。

② Oded Eran, “Chinese Financial Prowess in the Service of Political Ambitions,” *INSS Insight*, No. 694, May 5, 2015.

③ Galia Lavi, Jingjie He, and Oded Eran, “China and Israel: On the Same Belt and Road?” *Strategic Assessment*, 2015 (3), pp. 81-91.

④ 杨志望、范小林：《“一带一路”建设为全球经济带来巨大潜力》，载《新华每日电讯》，2015年11月17日。

⑤ 国务院发展研究中心国际合作局“一带一路”战略研究课题组：《国际社会对“一带一路”倡议的评价》，载《中国经济时报》，2015年7月14日。

月，该国举办了“以色列高科技企业在华的机遇和挑战”主题研讨活动，上百名以色列高科技业界人士参加了活动，以寻求在华发展机遇。2015年6月，“中国投资者—以色列技术”座谈会在以色列举行，中以商会会长米奇表示中国投资者投资以色列科技的大趋势已经出现，并将会以资金融通的方式开始合作。以色列著名企业家、以色列控股集团控股股东伊丹·奥佛尔在与中方的会谈中认为“一带一路”这一宏大战略给沿线国家与企业带来了共商、共建、共享的机遇。① 2015年12月，在以色列经济领域最高级别会议即以色列商务会议期间，举办了多个与中国有关的讨论会，其中一个讨论会的主题便是“中国‘一带一路’战略，以色列怎样融入大局”。参加此次讨论的一位以色列资本有限公司首席执行官表示，“一带一路”对中国和以色列之间的经济合作有着积极深远的影响，这项政策也基本上预示了两国之间贸易数额将继续增长。②

此外，尽管以色列精英阶层对“一带一路”已有了一定程度的了解，但其国内民众的认识仍然严重不足。其主流媒体如《耶路撒冷邮报》、《国土报》等关于中国的报道虽日益增多，但围绕“一带一路”主题的新闻与评论还存在较大欠缺。随着中以关系的发展、以及以色列学界讨论的深入，该国民众对“一带一路”倡议的认知也将会变得更为清晰。

三、“一带一路”背景下中国与以色列的合作升级

在“一带一路”的背景下，2014年以来，中以两国以政策沟通、设施联通、投资贸易合作、民心相通等为主要内容，逐步推进“一带一路”建设。

（一）政策沟通是中以共建“一带一路”的重要保障

2014年5月，国务院副总理刘延东访问以色列，并与以色列总理内塔

---

① 《李纪恒会见以色列企业家伊丹·奥佛尔》，载《云南日报》，2015年7月1日。

② 徐嘉：《以色列商务会议关注中国“一带一路”战略》，国际在线，2015年12月8日，http://gb.cri.cn/42071/2015/12/08/7551s5190811.htm。

尼亚胡共同签署了《中华人民共和国政府和以色列国政府关于成立中以创新合作联合委员会的备忘录》。根据备忘录要求，中以两国政府成立了副总理级别的“中以创新合作联合委员会”，联合委员会的主要工作包括了协调两国部门和地方政府间的研发与创新、教育、卫生与文化合作；确定两国以上领域合作重大方向和重点项目；探索新的合作模式，研究解决合作中出现的重大问题；回顾与评估两国以上合作，并制定三年行动计划等。6月，中国国家旅游局与以色列旅游部就加强两国旅游交流与合作的相关事宜进行了会谈。2015年1月，中以创新合作联合委员会第一次会议在北京举行。[①] 会议期间，以色列外长利伯曼和刘延东副总理签署了《中以创新合作三年行动计划》，该计划囊括了多项涉及两国教育、文化、科学、农业、卫生和学术领域的合作协议，具体包括：成立中以创新合作中心、成立中以“7+7”大学研究联合会、制定2015—2019文化合作行动计划、启动“中以常州创新园”建设等。6月，全国政协副主席王正伟访问以色列，与以副总理、副议长就双边关系、建设“一带一路”以及共同关心的问题进行了会谈。[②] 8月，全国人大常委会委员长张德江在纽约会见了出席第四届世界议长大会的以色列议长埃德尔斯坦。11月，国务院副总理汪洋访以，先后会见了以色列总统及总理，进一步落实了两国政府已有共识，以方也表示要完善政府合作机制，从推动两国的交流合作取得更大进展。12月，中国科技部与以色列科学技术与空间部就深入开展双边科技与创新合作交换了意见，在拓展中以科技合作领域等方面达成了共识。2014至2015年，中国农业部与以色列农业与农村发展部实现了互访，双方一致同意要加强在“一带一路”建设框架下的农业合作。

在中以两国政府的引领下，中国地方政府也与以方也进行了有效的政策沟通。2014年2月，浙江省委书记会见了以色列驻华大使，就进一步加强浙江与以色列在科技、医疗、农业、环保等领域的合作交换了意见。9月，以色列海法市长在与上海市长的会谈中表示，海法视上海为最重要的伙伴，将全力促进海法与上海在更多领域的交流合作。11月，以色列驻成

---

① 《刘延东主持中以创新合作联合委员会第一次会议》，载《人民日报》，2015年1月30日。

② 《王正伟率全国政协代表团访问哈萨克斯坦黎巴嫩以色列》，载《人民政协报》，2015年6月1日。

都领事馆开馆，加强了与中国西南地区的联系。同月，广东省长会见了以色列特拉维夫市长，双方均认为与对方具有很强的共性和互补性，并决定以科研、教育为重点进行务实合作。2015 年 5 月，浙江省长率团访问以色列，并出席"浙江—以色列"科技合作洽谈会。11 月，首届"中国云南—以色列创新合作论坛"在昆明举行，以方官员肯定了云南省在"一带一路"建设中具有重要的地位和作用，并期待云南能够成为以色列企业的重要投资地。[①] 11 月，江西省长访以，与以方就经贸和人文等领域进一步深化交流合作达成共识。12 月，吉林省长会见以色列驻华大使，力求建立有效合作机制，提升合作层次和水平。同月，香港特区政府公布了"香港与以色列研发合作计划"。合作计划由特区政府创新科技署及以色列经济部首席科学顾问办公室以色列产业研发中心根据双边框架联合实施，鼓励香港及以色列的机构合作进行产业研发。

（二）设施联通是中以"一带一路"建设的优先领域

2014 年 4 月，由中国土木工程集团承建、位于以色列北部地区的铁路单线隧道吉隆隧道项目全部贯通，该项目总长 6.75 公里，穿越了 185 个天然洞穴或卡斯特溶洞，其主洞取代了卡迈尔隧道成为以色列境内的单洞最长隧道，将有助于以北部地区的交通基础设施改善及经济发展。9 月，中国港湾工程公司和以色列港口发展与资产公司在以色列总理府签署了阿什杜德南港口建设项目承包协议。阿什杜德南港口项目合同金额近 10 亿美元，是中国企业在以色列承包大型工程项目之一。港口建成后，预计吞吐量为 100 万标准集装箱，将成为以色列南部最重要的港口。

2015 年 5 月，以色列港口开发和资产有限公司和上海国际港务集团签署协议，正式授予上港集团以色列海法新港码头 25 年的特许经营权。海法港位于以色列西部沿海北端海法湾南岸进口处，濒临地中海的东侧，是以色列的最大港口，根据协议，海法新港基础部分由以方负责完成，上港集团将负责海法新港码头的设施建设、机械设备配置和日常经营管理。上港集团将凭借其港口管理经验与技术、以及和诸多航运公司建立的长期良好合作关系，力求将海法新港打造成地中海的枢纽港。据以色列运输部估

① 左超、陈晓波：《谱写滇以友好交流合作新篇章》，载《云南日报》，2015 年 11 月 17 日。

计，海法新港2021年投入运营后，港口本身将提供数百个就业机会，与港口有关的间接就业机会达3000多个，将有力促进当地经济发展和就业。[①] 12月，以色列特拉维夫都会区公共运输有限公司宣布向中车长春轨道客车股份有限公司采购120列轻轨车辆，装备特拉维夫市第一条城市轨道交通线路。该项目线路全长约23公里，有23个站台，地下部分穿过市区最繁华商业中心地段。这是中国轨道交通装备企业在以色列面向全球的招标中首次胜出，此前进入以色列的铁路客车产品全部来自欧洲。[②]

此外，为缓解以色列住房紧张的状况，中国公司也参与承建了以色列全国范围内的住宅公寓楼项目。在“一带一路”建设的推动下，中以在设施联通领域取得了显著的成绩。2014年，中国对以色列完成承包工程营业额9535万美元，比2013年增长了93%。[③]

当前，以色列处于基础建设的快速发展阶段，正在建设新的机场、码头、铁路和公路，每年的投资额均有40多亿美元。其中，从红海港口埃拉特到地中海港口阿什杜德和海法的高速铁路工程最为瞩目，以色列政府有意推动该项目成为中以“一带一路”设施联通的标志性项目。

（三）投资贸易合作是中以“一带一路”建设的重点内容

2014年，中以双边贸易继续保持稳步增长，进出口总额108.8亿美元，同比增长0.5%，占以色列对外贸易总额的8.5%。其中以色列向中国出口总额为31.4亿美元，在以色列贸易出口国家中排名第四；中国向以色列出口总额为77.4亿美元，是以色列进口的第二大来源国。中以贸易结构持续优化，从以食品、钻石、化工等传统产品贸易，不断向高科技、新能源、生物技术、现代医药等方向发展转变，产品结构呈现多样化态势。[④] 2015年1—6月，在中国出口总值同比增长仅为0.9%的状况下，中国对以

① 冯志文：《中以“一带一路”合作添硕果》，载《科技日报》，2015年5月30日。

② 闫磊、越菊、兆军：《中国高端轻轨车将开进以色列》，载《科技日报》，2015年12月7日。

③ 根据中国国家统计局发布的《中国统计年鉴》（2013年、2014年）整理而得。

④ 驻以色列经商参处：《2014年中以双边贸易情况》，商务部网站，2015年5月26日，http://www.mofcom.gov.cn/article/tongjiziliao/fuwzn/swfalv/201505/20150500985318.shtml。

色列的出口额同比增长超过了17%。[①] 为进一步提升中以贸易便利化程度，2015年，中以两国决定开始进行自由贸易协定谈判。

除贸易合作外，中以在相互投资领域同样成绩显著。在生物技术方面，2014年12月，中国云天化集团与以色列化工集团达成协议，将建立覆盖磷产业上下游的合资企业以及研发中心，在磷产业形成全面战略合作伙伴关系，以色列化工将注资4.52亿美元，2015年10月，由中以两大集团合资成立的云南磷化集团海口磷业有限公司成立。农业方面，2014年6月，中国金正大集团与以色列利夫纳特集团签署了战略合作协议，11月，"金正大—利夫纳特农业科技研究中心"成立；2015年6月，双方合作建设的30万吨水溶肥项目在山东投产，有力地推动了水肥一体化技术在中国的普及；2015年5月，以色列现代农业科技园在无锡落户，该项目总投资1500万美金，占地面积300亩，建成后，该科技园将全貌展示以色列最先进的现代农业技术和管理模式，并通过示范园建设，在长三角地区推广、孵化以色列先进现代农业技术，带动整个地区的农业技术升级。新兴产业合作方面，2014年以来，位于广东的首个中以国际科技合作产业园已将水处理列为核心竞争力，旨在通过中以合作，集聚全球先进水处理技术、优秀水处理人才、高端水处理企业和优质水处理资本，形成集水处理产业链上下游为一体的新兴产业集群，从而将该园区打造成为中国乃至世界"水谷"；2015年5月，25家以色列企业在中以常州创新园落户，根据规划，中以常州创新园将立足创新驱动发展战略，落实"一带一路"倡议，全面加强与以色列在科技、人才、产业、信息、金融等领域的深入合作。

与此同时，在"一带一路"的背景下，中国对以色列的投资也得到了迅速增长，至2015年底，中国已成为仅次于美国对以色列投资最多的国家。[②] 2014年4月，中国三胞集团下属的广州金鹏集团公司与以色列娜塔利医疗公司签署并购协议，根据协议内容，广州金鹏公司将出资约7000万美元收购娜塔利医疗公司全部股份，娜塔利医疗公司是一家以养老服务、远程医疗和紧急医疗救护服务为主要业务的公司，在以色列国内养老服务

---

① 《2015年上半年我国进出口总值比去年同期降6.9%》，新华网，2015年7月13日，

② 郑青亭：《中国成以色列第二大投资国》，载《21世纪经济报道》，2016年1月6日。

市场拥有近60%的市场份额。同月，上海光明食品集团完成了对以色列特努瓦公司总计77.7%的股份的收购，折合人民币约134亿元[①]，这是以色列食品行业史上最大的一宗收购案，特努瓦公司成立至今已有超过85年的历史，是当前以色列最大的食品公司。6月，复星集团收购了以色列保险和金融服务公司菲尼克斯控股逾52.3%的股权，总作价超过28.6亿人民币，此次交易也是迄今为止以色列保险行业中最大的跨国投资交易之一。高科技方面，2015年1月，阿里巴巴集团对以色列高科技产业进行了首次投资，即注资以色列科技初创企业视觉码（Visualead），3月又将数千万美元投资于专注于网络安全投资的以色列风险投资基金即耶路撒冷创投（Jerusalem Venture Partners）；2015年4月，百度公司投资了以色列音乐教育技术公司塔那拉（Tonara）、5月又向互联网内容推荐公司塔波拉（Taboola）进行注资；联想集团、平安集团、小米科技等中国跨国公司也相继对以色列高科技产业进行投资。新能源方面，2015年4月，中盛新能源公司投资的50兆瓦大型地面太阳能光伏电站在以色列动工，加上2014年竣工的7.8兆瓦以及在建的40兆瓦项目，当前中盛公司在以色列累计的太阳能光伏电站业务规模已接近100兆瓦。

此外，中以两国企业也通过成立基金的方式，推动两国间的投资贸易合作。2015年6月，上海创智空间投资管理集团与以色列施拉特公司合作共建的中以创新投资基金成立，第一轮募集规模为1亿元人民币，用于投资中以高科技项目；11月，广州中以生物产业投资基金设立，该基金总规模约为6.06亿人民币，由以色列以琳创投公司管理，资金将用于引进以色列创新生物医药项目。

（四）民心相通是确保中以长期推进“一带一路”建设的社会根基

教育方面，2014年5月，北京大学负责建设的希伯来大学孔子学院揭牌，通过主办“孔子学院日”、“中国日”、北大艺术团演出等活动，该孔院的汉语教学工作在以色列社会逐渐扩展，2015年6月，希伯来大学孔子学院希伯来文网站建成上线。特拉维夫大学孔子学院由于建立时间早，在中以人文交流中具有更好的基础。2014年，特大孔院承担了国家汉办主干

---

① 王水平：《光明食品完成以色列食品行业史上最大收购案》，载《光明日报》，2015年4月5日。

教材《快乐汉语》希伯来语版的改编和翻译工作，现已顺利完成并投入使用。为了适应以色列迅速增长的汉语学习需求，同年起，该孔院与特大教育学院合作开办了以色列中小学汉语师资培训项目。在传播中国文化的同时，特大孔院也积极参与推动中以学术交流，并于2014年11月举办了“中以法学国际学术研讨会”。2014年5月，清华大学与以色列特拉维夫大学签署合作协议，创建并启动交叉创新中心，将联合开展创新性研究与教育，用创新的模式与方法应对当下地区和全球性重大挑战。2015年4月，华东师范大学和以色列海法大学合作共建的“上海－海法国际研究中心”成立。12月，广东以色列理工学院奠基，以色列科学家、中国科学院外籍院士阿龙·切哈诺沃但任院长，该学院是以色列理工学院与中国汕头大学共建的中外合作大学，也是以色列理工学院第一次在以色列以外，建立涵盖本科教育的学校，按计划，该学院最终将设置涵盖工学、理学和生命科学三个领域的10个专业，在校生规模超过5000人。[①] 此外，2015年起，中国国家留学基金委与以色列高等教育委员会每年都将共同资助60名中国学生赴以攻读硕士学位，200名中国在校本科生或研究生暑期赴以短期交流学习。

文化与媒体方面，2014年9月，侵华日军南京大屠杀遇难同胞纪念馆代表团参观访问了以色列大屠杀纪念馆，与以方就大屠杀历史进行了交流。2015年7月，《经济日报》社社长率团访问以色列。同月，由《人民日报》社国际部原主任率领的中国网络名人代表团访以。8月，上海犹太难民纪念馆新馆建成开放，在以方为此专门拍摄的《谢谢上海》宣传片中，不同阶层的以色列人民以不同方式表达了对上海接纳犹太难民的真诚感谢，该片发布后在中国引起巨大反响。9月，由中以联合创作的大型音乐剧《犹太人在上海》在中国举行首轮演出。10月，中国犹太文化研究联盟成立，其成员包括了北京大学、南京大学、山东大学、北京外国语大学、上海外国语大学、对外经济贸易大学、河南大学、四川外国语大学等7所高校。2016年1月，中国人民大学出版社以色列分社在特拉维夫大学成立，这是中国出版机构在以设立的首家分社。而由中以政府共同发起的以色列“欢乐春节”系列活动也在逐年完善，以2016年为例，该系列活

---

① 胡晓玲：《广东以色列理工学院启动：未来将引领创新助推改革》，载《21世纪经济报道》，2015年12月18日。

动于1月7日启动，持续近2个月，包括了音乐会、现代舞、武术和杂技巡演、中国音乐推介等30场活动，涵盖特拉维夫、海法、埃拉特等8个城市。

旅游方面，2013年以来，以色列旅游局每年都在中国举办巡演，全面介绍以色列旅游资源；2014年，以色列针对中国市场推出了其旅游形象大使；2015年，以方借助互联网，开设了关于以色列旅游的培训课程，以期让更多的中国旅游从业者了解以色列。据以色列国家旅游局的统计数据，2014年中国赴以色列旅游人数首次突破3万人，达3.41万，比2013年的2.5万增长了36.2%，比2012年的1.94万增长了76%。而在2015年1至10月间，访以的中国游客数量更是同比增加了91%，其中，2015年10月中国游客数量同比增长达到了116%。[①] 而2016年由北京至特拉维夫的直飞航线的开通（每周三班）则将会进一步推动中以之间的旅游交流。

在2015年3月发布的《推动共建丝绸之路经济带和21世纪海上丝绸之路的愿景与行动》中，资金融通也是“一带一路”的合作重点。2015年4月，以色列申请以创始会员国身份加入亚投行并获得通过，从而为中以两国在“一带一路”背景下进行金融合作初步确立了制度基础。

四、中以共建“一带一路”面临的挑战

（一）以色列对“一带一路”建设的落实仍显不足

自2014年以来，中以在“一带一路”建设的各领域取得了不小的成绩，以色列的一些高级官员和企业家对“一带一路”做出了积极的回应，但以色列至今仍没有出台相应的政府及议会决议，未能在国家长远政策上与中国的“一带一路”倡议做出明确的战略对接。尽管以色列将中国视为重要的伙伴国家，但其对中国依然缺乏了解，并始终将对美关系放置于外交政策的首要地位。2016年1月，以色列国家安全研究所主编并出版了

---

① 王水平：《以色列多管齐下吸引中国游客》，载《光明日报》，2015年12月23日。

《以色列战略调查2015—2016》[①] 一书，该书认为，当前以色列社会对中以两国在"一带一路"下进行更为密切合作仍有疑问。国家安全研究所高级研究员奥戴德·埃兰和兹维·摩根于书中指出，在经济层面，中国企业进入以色列市场相对容易，但以色列公司要进入中国市场则会遇到文化与经济上的障碍；在政治层面，包括不少政府官员在内的许多以色列人并不否认中以经济合作的成就，但对于中国向以色列的敌对国家出售武器、以及对联合国中的反以提案很少予以否决表示不满，他们怀疑中国在以色列的投资是否是其更大计划的组成部分，并认为中以关系的发展要在不脱离以美政治与军事关系的基础之上进行。[②] 不过，基于中以关系的已有基础，两国政府可以通过更为密切的政策沟通、以及推动两国民间、商界的交流进行化解，在经贸领域比较优势互补性较大的前提下，两国共建"一带一路"的可能性依然较大。

（二）中以"一带一路"建设面临地缘政治挑战

在中东地区，不管是阿拉伯国家还是伊朗与土耳其，其人口、国土、资源等发展要素都要超出以色列许多。其中，以沙特为代表的阿拉伯海湾国家是中国重要的能源进口国；随着国际制裁逐渐解除，拥有世界第四大石油蕴藏量、第二大天然气蕴藏量和近8000万人口的伊朗，将迎来巨大的发展机遇；埃及则是"一带一路"沿线支点国家。沙特、伊朗、埃及三国均与中国建立了全面战略伙伴关系。由于"一带一路"建设是开放和包容的，若以色列与地区其他国家的关系无法改善甚至恶化，就会有被"一带一路"边缘化的风险。伊朗核协议的签订，为伊朗核问题的和平解决提供了重要的指导性文件，国际社会对此大多持欢迎态度，但是以色列则明确表示不接受伊朗核协议，认为同伊朗签订核协议，意味着伊朗最终将获得核武器，并且打破地区平衡，威胁地区国家和全世界的安全。[③] 近年来巴

---

① Shlomo Brom and Anat Kurz, ed., *Strategic Survey for Israel 2015 – 2016*, Institute for National Security Studies, 2016.

② Oded Eran and Zvi Magen, "Israel and the Leading International Actors" in Shlomo Brom and Anat Kurz, ed., *Strategic Survey for Israel 2015 – 2016*, Institute for National Security Studies, 2016, pp. 31 – 38.

③ 王晋：《伊核协议后，以色列外交面临新抉择》，载《世界知识》，2015年第17期，第44页。

以和平进程陷入停滞甚至倒退，而逐渐从动荡走向稳定的阿拉伯国家将会重新将巴勒斯坦问题置于地区政治的核心地位，以色列的对巴政策无疑将引来阿拉伯国家的更多关切。巴以关系和以色列与土耳其的双边关系也是密切相关，2010 年两国关系因加沙救援船队冲突事件跌入冰点，尽管在 2015 年 12 月中下旬，土以两国达成了初步和解的协议，但由于土耳其现政府重视阿拉伯—伊斯兰国家的外交政策没有变化，以色列对巴政策依然会对两国关系产生较大影响。总体而言，以色列在当前的地区政治中处于较为孤立的状态，在中东地区“一带一路”的建设中面临着一定程度的地缘政治竞争。面对挑战，中国政府要想进一步推动中以围绕“一带一路”的合作，就必须在中东问题上持有正义与合理的立场，在着眼于地区整体利益的前提下深化中以关系。

专题报告一

中东地区形势的新发展

埃及形势的新发展及其评估

中国国际问题研究基金会高级研究员、
上海外国语大学顾问教授　**杨福昌**

【内容提要】

在经历了近5年的动荡后，埃及开始艰难地走上由乱而治之路。2013年7月塞西执政以来，完成了三步走的政治重建路线图：制定新宪法、选举总统、选举议会。与此同时，埃及基本实现了社会稳定，经济有了一定的发展。但解决旧有和新生的社会问题非一朝一夕之功，当局还面临不少困难，首先是反恐问题，这同整个地区形势密切关联。从国内讲，还是安定和经济两大问题，例如，如何解决穆斯林兄弟会的问题，以及青年问题、提高生活水平问题、经济持续发展问题等，这一切都需要埃及政府付出不懈努力方能逐步得到解决。

一、埃及政治重建的成就及其未来挑战

自2011年发生动荡五年来，埃及社会发生了很大变化，带来了不少问题。

首先，埃及的国家秩序被打乱，更主要的是人心被打乱。在轰轰烈烈的街头抗议、广场斗争之后，两位领导人被赶下台、过去被否定，埃及对此定位为“革命”、“阿拉伯之春”。但在具体问题上，不是所有人均持同样立场，一个事件的发生，一次人事的变更，都有人支持，有人反对。因此，埃及社会出现了被多种不同意见撕裂的局面。

其次，不同意见的碰撞导致安全形势严重恶化。埃及动荡开始时，人们多采取无序的游行集会，解放广场、复兴广场、阿达维亚清真寺前都是集会抗议活动的场所，场地虽小，其能量却足以推翻一个政权，后来则发展到暴力行动，爆炸、暗杀事件不断，甚至总检察长巴拉卡特也于2015年6月29日被暗杀。此外，“伊斯兰国”等恐怖势力进入埃及，进一步加剧了安全形势的恶化。2015年10月31日，俄客机在西奈半岛坠毁，致224人死亡，俄罗斯认定为“伊斯兰国”所为。

最后，因安全形势不好，埃及经济遭重创。投资减少，旅游业受挫，预算赤字超过GDP的10%，失业率居高不下，民生艰难，都是埃及经济困难的具体表现。

在这种困难形势下，塞西于2013年执政，2014年6月高票当选埃及总统。

如果对埃及动荡的5年进行分期，大致可划分为两个阶段：第一阶段为前两年半，即2011年1月至2013年7月，埃及乱象丛生，社会被“革命”的激情所笼罩，先是打倒了穆巴拉克，后又打倒穆尔西，进行了两次“革命”。第二阶段为后两年半，即2013年7月塞西上台执政以来，塞西政府基本稳住了形势，这是军队和穆斯林兄弟会（以下简称穆兄会）较量的又一次胜利，是埃及人民的选择，是形势的选择，因为谁也不愿埃及就此沉沦下去。有人说埃及又回到原点，因为又看到军人执政，又看到军方把穆兄会打败，但这只是表象，经过了这样一次大洗礼，各个层面的表现不会是过去的翻版，同时也说明了埃及社会的取舍。这一过程表明，世俗制是埃及人民的选择。2015年是埃及重要的一年，塞西说过，他要在两年内带领埃及走出瓶颈。

从政治方面讲，新政权的作为可以概括为以下几个方面：

第一，重新构建国家体制。穆尔西的总统职位于2013年7月被废黜后，埃及制定了分三步走的重建国家体制的路线图，即制定新宪法、选举总统、选举议会。2014年1月，埃及举行宪法公投，新宪法于1月18日以98%高票获通过；2014年6月3日，塞西以96.91%高票当选埃及总统；2015年11月，埃及完成了议会选举。至此，以立法机构的成立为终点，埃及初步完成了分三步走的政治重建任务，国家开始正常运作。

第二，实现社会安定。安定问题关系到人民生活、经济发展及对外形象，实现安定是新政权面临的首要任务。埃及人民厌倦了混乱无序的生活，是塞西当局实现社会安定的有利条件。在宣布全国处于紧急状态3个月后，埃及临时总统曼苏尔于2013年11月24日颁布“抗议法”，规定10人以上在公共场所的游行和集会活动必须在3天前向安全部门报批，否则为违法行为。此法一出，支持者有之，反对者有之，但还是起到了一定作用。总之，经过一年多的努力，埃及社会基本实现了稳定。但同时也要看到，埃及的游行示威减少了，但暴力活动却增加了，其原因在于反对势力以暴力活动宣泄不满和极端势力兴风作浪。

第三，打击恐怖主义。恐怖主义在中东地区不断肆虐，埃及也深受其害。埃及受恐怖主义之害有三个方向，即东部的西奈半岛北部地区，西部的埃及—利比亚边界地区，以及内地广大地区。在东部，恐怖分子通过地道进入西奈，堵了又挖，源源不断。西部地广人稀，很难防范恐怖分子进入。2015年2月15日，“伊斯兰国”在利比亚杀害了21名埃及基督教徒，埃及除派飞机轰炸报复外，撤回了3万多在利比亚谋生的埃及人，同时加强了边界管控。埃及内地地域广阔，形势动荡，特别是在埃及政府宣布穆兄会为恐怖主义组织后，需动用大量军警力量维持稳定。

面对恐怖活动不断加剧，塞西提出了要匡正伊斯兰教，其目的在于对恐怖主义采取标本兼治的政策。2015年1月15日，德国总理默克尔在德议会上发言，要求伊斯兰学者说明伊斯兰教的真实情况，回答为什么杀人凶手总是利用伊斯兰教为其罪行辩解。[①] 2015年3月，塞西在接受《华尔街日报》采访时表示：“伊斯兰教没有赋予穆斯林权力把他们的信仰强加给全世界，也没有说只有穆斯林才能进天堂，其他的人要下地狱，我们不是神，任何人都无权代表真主行事。”[②] 此外，塞西在接见美国国会代表团时还指出，他提出宗教革命问题是为了宗教好，而不是反宗教，是为了清除宗教原教旨主义中的错误思想，宣扬伊斯兰教真实的宽容思想。[③] 同年11月，埃及组织召开了世界穆斯林学者大会，会议由爱资哈尔大教长主持，出席会议的有来自苏丹、黎巴嫩、印尼、尼日利亚、阿联酋、突尼斯、美国的学者。塞西在会见与会者时要求他们宣扬伊斯兰教宽容、中

① ［埃及］《金字塔报》网站，2015年1月16日。

② ［埃及］《金字塔报》网站，2015年3月22日。

③ ［埃及］《金字塔报》网站，2015年3月8日。

正、温和的真实面貌，要匡正宗教语境。[①] 塞西的目的在于借助爱资哈尔在宗教界的威望，宣扬宗教的和平、温和思想，对内引导教众摒弃极端观念，对外宣扬伊斯兰教的正面形象。另一方面，“伊斯兰国”等势力则在极力推销宗教极端主义。在2015年11月13日发动巴黎恐怖袭击后，“伊斯兰国”发布视频，敦促无法前往叙利亚的穆斯林发动圣战，并称“你已经被要求在找到异教徒的任何地方与之战斗。”[②] 由此可见，包括埃及在内的国际社会反对宗教极端主义的斗争依然任重而道远。

第四，开展全方位外交，重塑埃及国际地位。2013年废黜穆尔西政权的“6·30革命”后，沙特、阿联酋、科威特、巴勒斯坦、约旦、阿曼等国家表示支持；卡塔尔、土耳其表示强烈反对；美欧等西方国家认为废黜穆尔西政权不符合民主，实则不满，但又不愿开罪埃及，其态度较为暧昧。按照1961年《外国援助法案》，美国政府不能向发动军事政变的国家提供援助。2013年7月26日，美国国务院发言人宣布，在判断埃及民选总统穆尔西下台是否属于军事政变的问题上，美国“弃权”。[③] 美国做出的反应就是象征性地延迟向埃及政府交付4架F－16战斗机。2013年8月1日，在接受《华盛顿邮报》采访时，塞西指责奥巴马政府无视埃及人民意志，并对美国的行动深表失望。[④]

为扭转外交上的不利局面，塞西当选总统后频繁出访，对外做了不少工作。除地区国家外，塞西三访俄罗斯，两访中国，还访问了欧亚非不少国家。目前，最重要的埃美关系尚未恢复到正常状态。2015年3月31日，奥巴马与同塞西通电话，告知他将解除自2013年10月以来实施的行政禁令，允许向埃及交付F－16战斗机，同时，他将继续要求国会每年向埃及提供13亿美元军事援助[⑤]。但是，埃及与美国关系远未恢复到埃及动荡前的水平。2014年6月，埃及前外长阿拉比针对埃美关系评价指出：“美国未来可能双方下注，既同新政府发生关系，也同穆兄会保持联系，友好程度要比过去低。埃美之间虽有民主人权等问题，关系还会发展的，未来西

① ［埃及］《金字塔报》网站，2015年11月22日。
② 《参考消息》，2015年11月15日，第1版。
③ 《美国对埃及政局态度摇摆不定》，中国新闻网，2013年8月6日。
④ 《塞西批评美国无视埃及民意》，新华网，2013年8月5日。
⑤ 《美国恢复对埃及军事援助》，新华网，2015年4月1日。

方可能更多谈论（当局和穆兄会）‘和解’问题。”[1] 2015 年 3 月 11 日，埃及爱资哈尔大教长接见美国驻埃及大使时表示：埃及人民反对美国在白宫接待埃激进势力的领导人，这是对抗埃及人民意愿的行为，埃及人民进行革命就是反对这些激进分子。[2]

埃及新政权虽做了不少工作，取得了许多成果，但仍面临不少问题呵挑战，最主要还是安全和稳定问题。安全问题主要是恐怖主义问题，在地区形势总体动荡及国际反恐未取得大进展的背景下，埃及仍会受到恐怖主义的威胁、袭击、破坏。穆兄会也会搞一些破坏活动，但规模不会很大，因为它尚未掌握武装手段。

稳定问题就是如何解决以下社会问题：

第一，如何安抚推翻两位领导人分别引起的社会不同阶层的不满。

穆巴拉克领导的民族民主党于 2011 年 4 月 16 日被解散，不少该党的有识之士和精英被排斥，不准参加政治活动，被置于社会的对立面。2014 年 7 月，开罗紧急事务法院做出撤销禁止被解散的民族民主党领导成员参加未来议会选举的判决。[3] 这一决定把这批人又拉回了社会，各政党纷纷请他们做自己党的候选人。如何解决穆兄会问题则更加棘手。在被定性为恐怖主义组织后，穆兄会频频组织游行示威，实施爆炸、暗杀活动。2015 年初，在纪念“1·25 革命”4 周年的游行活动中，穆兄会成员同警察发生冲突，根据埃及卫生部声明，全国各地共死亡 16 人。[4] 2015 年 6 月 29 日，埃及检察长遭暗杀，穆兄会所属的“人民抵抗运动”组织声称对此负责。[5] 穆兄会是一个有 80 多年历史的组织，长期同当局激烈对抗，成为影响埃及社会稳定的重要因素。塞西执政后，埃及政府对穆兄会进行严厉打压，但对于穆兄会这样一个社会基础深厚的政治组织来说，恐怕很难通过镇压消除其组织和社会影响。据《半岛电视台》2015 年 4 月 23 日报道，穆兄会已在境外成立管理机构，在国内各地改选了 60% 的地方组织，其中 90% 都是 30 岁以下的年青人。这一消息进一步被埃及学者哈立德所证实，

---

① ［埃及］《今日埃及人报》网站，2014 年 6 月 5 日。

② ［埃及］《金字塔报》网站，2015 年 3 月 12 日。

③ ［埃及］《金字塔报》网站，2014 年 7 月 15 日。

④ ［埃及］《金字塔报》网站，2015 年 1 月 26 日。

⑤ ［埃及］《金字塔报》网站，2015 年 6 月 30 日。

他认为，这次穆兄会在境外成立管委会，国内由青年人担重任，其目的是重返政治生活。[①] 因此，无论是埃及政府还是穆兄会本身，双方都面临如何处理与对方关系的问题，这也是影响埃及能否实现长治久安的重大问题。

第二，如何做好妥善安置青年人的工作。青年是埃及两次“革命”的先锋，但5年过去了，他们感到自己并未从“革命”中获得应有的报偿，胜利的“桃子”反被别人摘取，由此产生强烈不满情绪。“4月6日运动”是两次“革命”中十分活跃的青年组织，但因反对政府颁布的“抗议法”，该组织的领导人被判入狱。2014年4月28日，开罗紧急事务法院又宣布禁止“4月6日运动”从事一切活动。这一判决说明埃及世俗派内部存在严重分裂。此外，青年失业率居高不下，也是塞西政府面临的难题。

第三，如何通过加强执政效能缓解社会矛盾。社会问题解决起来不容易，因为其矛盾更多是错综复杂的人民内部的矛盾，解决难度很大，其中有的问题是两次“革命”的遗留问题；有的问题的原因在于对新政权期望过高，但很快又因不满新政权的执政业绩而陷入失望。例如，在2015年进行的议会选举中，原定2015年2月8日举行[②]，但因各方在选区划分等问题上存在分歧，直到10月和11月才分两阶段完成选举，但投票率依然很低。根据埃及最高选举委员会宣布的数据，第一阶段投票率为26%，两个阶段的投票率总计为28.3%，[③] 远低于2011年议会选举54%的投票率，这说明埃及民众的参政热情较之“革命”时期已大大减弱。埃及资深报人、《金字塔报》前主编海卡尔在第一阶段选举后针对投票率低发表评论称：“选民对他们的国家处于彷徨状态，没有一个人能说清未来是怎样的。我看了候选人名单，他们几乎都是过去的人，我最担心的面孔重返政坛。青年人不参选也是我最担心的。印度和中国的政治家都能管控他们的国家，埃及存在的问题首先是总统没有一个政党，使其无法与民众沟通，只有电台、媒体支持总统还远远不够，至少要有一个爱国阵线支持他。”[④] 海卡尔是纳赛尔时代的社会精英，历经当代埃及的历史变迁，他的分析无疑道出

① ［埃及］《金字塔报》网站，2015年4月26日。
② ［埃及］《金字塔报》网站，2015年1月30日。
③ ［埃及］《金字塔报》网站，2015年12月5日。
④ ［埃及］《金字塔报》网站，2015年10月14日。

了埃及政治重建过程中存在的复杂问题。

二、埃及经济缓慢复苏，但仍面临诸多困难

2015年，埃及经济增长4.2%，相对2014年仅为2.2%的增长率有较大的起色。按可变价即市场价计算，埃及国内生产总值（GDP）达到24000亿埃镑（以下简称“镑”，目前美元与埃镑汇率约为1：7.8。）。[①]

2015年埃及经济增长主要依靠投资拉动。塞西执政后主要抓了三个大项目：开凿与现运河平行的新苏伊士运河、建新行政首都、开垦150万费旦农田（1费旦约合1.038英亩）。新运河并非全程开凿，只开凿35公里新河道，拓宽37公里旧河道，完成后船舶可双向行驶。据估计，运河收入将由2014年的53亿美元增加到2023年的132亿美元。新运河建设项目酝酿已久，在穆尔西执政时，卡塔尔曾表示愿出资修建，但被埃方拒绝。塞西执政后，发行年利率为12%的债券，在8天内筹集到640亿镑资金。新运河将由国企和军企管理，[②] 以确保其经济效益和安全运行。关于新行政首都计划，据住房部长穆斯塔法介绍，其建设面积达6.5万费旦，需投入800亿美元，建成后可容纳600万人。[③] 开垦150万费旦农田出于形势所迫，9000万埃及人生活在4%的国土上，拥挤不堪，开垦新农田就是要解决粮食和生活问题。伊斯梅尔总理称，此计划完成后埃及耕地将增加20%，由800万费旦增加到950万费旦。[④]

在经济向好的形势下，埃及政府于2015年7月1日通过了2015－2016财年预算，新预算预期2016年经济增长5.5%[⑤]，国内生产总值达到28000亿镑。预算的具体情况是：支出为8645亿镑，收入为6222亿镑，赤字为2510亿镑。[⑥] 在支出项下，工资为2180亿镑，还债及利息2440亿镑，补

① ［埃及］《金字塔报》网站，2015年12月6日。

② ［埃及］《金字塔报》网站，2015年8月5日。

③ ［埃及］《金字塔报》网站，2015年3月14日。

④ ［埃及］《金字塔报》网站，2015年12月15日。

⑤ ［埃及］《金字塔报》网站，2015年12月6日。

⑥ ［埃及］《金字塔报》网站，2015年7月5日。

贴2310亿镑，同往年一样，这三项开支超过支出总额的3/4。在收入项下，仍以税收为主，达4220亿镑。赤字占GDP的8.9%，仍处于高位。

从预算支出看，政府把改善民生放在首位，经济发展放在次位。改善民生和经济发展是相辅相成、互为因果的关系，不能偏废，没有发展难谈生活提高，没有生活提高也难实现发展。近5年来，埃及政府除将最低工资由700镑提高到1200镑外，使不断增长的工资支出成为政府的沉重负担。在制定2015－2016财年的新预算时，马赫莱布总理提出要控制工资无限上涨，他说，2009－2010财年工资支出为850亿镑，而在2015－2016增加到2180亿镑，[①] 其增长速度远超过GDP的增长速度。2009－2010财年GDP仅为1980亿美元，2016年计划达到28000亿镑，远无工资增长快。此外，还有媒体列表说明了近几年预算中工资支出增长情况（参见下表），充分反映了支付不断增长的工资对埃及政府的压力。

2010年以来埃及政府预算中的工资支出情况[②]

财年	预算工资（亿镑）	财年	预算工资（亿镑）
2010—2011	962.71	2013—2014	1820.00
2011—2012	1228.18	2014—2015	2070.00
2012—2013	1429.56	2015—2016	2180.00

埃及经济面临的主要问题是缺资金，少技术。关于资金问题，埃及政府试图从国内和国外两个渠道解决。在国内，除税收等正常财政收入外，埃及政府主要以动员民众捐献和集资的方式筹集民间资金。2014年6月24日，塞西宣布他每月只领取半薪（21000镑），并将自己家产的一半捐献给国家。[③] 2014年7月1日，他又宣布成立“埃及万岁基金”，计划筹资1000亿镑，该基金的运行并不理想，至2015年1月仅筹到50—60亿镑，[④] 但新运河债券的发行却取得了较大的成功。在国外，埃及主要依靠海湾国家的援助，穆尔西政权被推翻后，沙特、科威特、阿联酋大力支持新政

① ［埃及］《金字塔报》网站，2015年7月2日。

② ［埃及］《金字塔报》网站，2015年8月18日。

③ ［埃及］《金字塔报》网站，2014年6月25日。

④ ［埃及］《金字塔报》网站，2015年1月17日。

权。据埃及投资部长阿什拉夫2015年3月在迪拜出席经济会议时透露，埃及在过去18个月内从沙特、科威特、阿联酋获得了230亿美元援助。[①] 在石油长期低价，海湾国家收入减少的情况下，在制定2015—2016财年预算时，埃及将国外赠款压缩至22亿镑，而2014—2015财年为257亿镑。[②] 此外，埃及政府计划以贷款及大力吸引外资、促进旅游等方式增加外汇收入。至2015年9月，政府的外债为461亿美元，内债为21164亿镑，[③] 债务总额约等于2014—2015财年的GDP总和。埃及每年还本付息需大量支出。埃及财政部长表示，在2015—2016财年预算中，债务要降低到占GDP的91%，两个财年后降到85%。[④]

经济发展缓慢，失业率仍使埃及经济不容乐观。根据财政部长哈尼发布的消息，截止到2015年年6月底，埃及的失业率为12.7%，失业人口约为350万人。失业造成的社会问题不容小觑，已引起政府重视。2015年3月，在沙姆沙伊赫召开的埃及经济会议上，塞西总统提出了埃及在未来五年内实现年增长率至少为6%，失业率降低至10%以下的发展目标。[⑤]

三、埃及有望实现由乱到治

综上所述，埃及已走上由乱到治的道路，尽管这一道路并不平坦，但估计不会有大的反复，因为社会安定和经济繁荣已成为饱受动荡折磨的埃及人民的共同愿望。塞西有军队背景，是一个强势总统。就其执政以来的情况看，他适应了形势的需要，上台后抓经济，搞大项目，原定三年的新运河开凿计划在他的要求下一年完成，两次退回政府提交的预算草案，要求降低赤字，都表现了军人雷厉风行、果敢坚决的特点，并获得了民众的支持。目前埃及社会存在的问题是长期积累的结果，非一朝一夕能够解决。塞西承诺埃及在两年内走出瓶颈，主要是指基本实现社会稳定，为谋

① ［卡塔尔］半岛电视台网站，2015年3月2日。

② ［埃及］《金字塔报》网站，2015年7年5日。

③ ［埃及］《金字塔报》网站，2015年12月9日。

④ ［埃及］《金字塔报》网站，2015年7月5日。

⑤ ［埃及］《金字塔报》网站，2015年3月4日。

求发展创造稳定的环境，而不是实现社会、经济问题的全面解决。穆兄会问题无疑是社会一个重要问题，80 多年的历史使它积累了人脉，有深厚的社会根基。目前，穆兄会与政府双方立场都很强硬，很难实现和解。如果穆兄会问题不能得到解决，它就会成为影响埃及社会的不稳定因素。

此外，青年人问题也是困扰埃及政府的难题。如何对待青年人，并不是对参与“革命”活动者给予回报的问题，而是如何使他们融入埃及社会和政治生活的问题。350 多万失业大军（主要是青年人）是另一个社会不稳定因素，久拖不决会产生更多的问题。在发展经济方面，埃及主要面临两个问题：首先，如何实现和保持发展，因为国家总不能依靠民间集资和外界援助，要有自己的生财之道。其次，如何以改革开放的思想，克服阻碍发展的保护主义，尊重经济规律，找到一条适合埃及发展的道路。

总之，埃及已经进入由乱到治的阶段，社会基本实现了稳定，经济也有了发展，但还面临不少问题和困难。经过 5 年的动荡，解决旧有和新生的问题都需要一定时间，但愿埃及能够转型成功，早日恢复其地区大国的地位。

中东地区格局的新变化

中国国际问题研究基金会战略研究中心主任、
上海外国语大学客座教授 **安惠侯**

【内容提要】

2015年中东地区格局的变化主要表现为以下4个方面：(1) 伊朗核问题全面协议最终达成，影响深远；(2) 俄罗斯空袭叙利亚境内"伊斯兰国"，美俄中东博弈加剧；(3) 美国中东外交更为被动；(4) 叙危机政治解决进程启动，实现解决仍须克服许多困难。总之，中东地区格局出现向好拐点，酝酿着新的变化。

2015年，叙利亚、伊拉克、也门、利比亚仍处于战乱之中，虽然都有些变化，但要走向稳定仍非易事。埃及和突尼斯虽然仍面临恐怖袭击、经济增长乏力等困难，但大规模的群体性骚乱基本平息，由乱转治的趋势继续发展。中东地区其他国家继续保持相对稳定和正常发展。总之，中东局势总体稳定，局部动乱、乱中有治的态势没有逆转，而且出现一系列向好迹象。

一、伊朗核问题全面协议最终达成

2013年6月，哈桑·鲁哈尼当选伊朗总统后，积极调整外交政策，频频向美国示好，并得到了美国的回应。同年9月23日，奥巴马在联大发表讲话，他在重申不容许伊朗研制核弹的同时表示："我们不谋求政权更迭，尊重伊朗人民和平利用核能的权利。"这表明对抗多年的美伊两国关系开始出现松动。11 月 24 日，有关 6 国与伊朗就伊朗核问题达成初步协议，并确定在 2014 年 7 月 20 日前达成最终协议，后又两次将达成最终协议的期限延至 2014 年 11 月 24 日和 2015 年 6 月 30 日。经过 13 年的较量和博弈，伊朗核问题全面协议终于在 2015 年 7 月 14 达成。这是因为美、伊两国都有此需要，国际社会也乐观其成。对美国来说，该协议使得伊朗至少在今后十年内不可能制造核武器，从而避免了美国因伊朗发展核武器而被迫对伊朗发动军事打击。此外，协议的达成也使得少有亮点的奥巴马外交取得一项重大成绩。对伊朗而言，协议将导致西方制裁的解除、伊朗与西方关系改善，有利于伊朗发展经济、改善民生、增强国力、巩固政权。对中东地区和世界而言，该协议意味着拔除了一场潜在战争的引信，总体上有利于和平、合作和发展。当然，伊朗协议的签署也引起了沙特、以色列等国家的不安，以色列极力反对该协议，沙特等海湾国家对此心怀疑虑。伊核协议的签订并不等于伊核问题已经得到全面解决，美伊关系全面改善仍尚待时日，美伊间的结构性矛盾仍然存在，双方的博弈还将继续，并对伊朗发展形成制衡。伊朗经济发展及国力增长速度还会受到其内部强硬派和温和派矛盾能否缓和、对外政策能否与时俱进的制约。

伊朗核问题最终协议的达成，固然主要是因为美伊双方互有需要并互有让步，与会的其它 5 个大国也发挥了必不可少的积极作用，这也是国际格局多极化发展的体现。中国更是做出了独特的贡献，并得到美伊双方的充分肯定。对于国际社会尤其是中东地区来说，伊核协议是政治解决国际热点问题的成功范例，有利于维护国际和地区安全。

二、俄罗斯空袭“伊斯兰国”，美俄中东博弈加剧

2015 年 8 月，俄罗斯提议成立联合国主导的国际反恐联盟，其成员包括伊拉克和叙利亚政府军、库尔德人武装以及有关地区国家，共同打击“伊斯兰国”，同时呼吁国际社会推动叙利亚危机政治解决[①]。在此背景下，俄开始在叙利亚进行军事部署，以色列和土耳其媒体率先对这一情况进行了报道。9 月 5 日，美国国务卿克里向俄外长表达了对俄加强在叙军事集

① 《俄罗斯力推“打击伊斯兰国联盟”》，载《环球时报》，2015 年 8 月 13 日。

结的担忧。同月8日，美国白宫发言人表示，俄有关行动会进一步恶化叙局势，导致更多无辜生命死亡，会令难民潮扩大，甚至存在与美国主导的打击“伊斯兰国”联盟发生冲突的风险。[①] 在美国的要求下，希腊和保加利亚禁止俄载有对叙援助物资的飞机飞越领空。9日，俄外交部发言人表示，俄从来不隐瞒与叙利亚的军事技术合作，俄在叙利亚的行动是在履行双方已签订的合同，并完全符合国际法。如果叙方为进一步打击恐怖组织向俄提出要求，俄将会考虑满足。同时，她承认确实有俄军事专家帮助叙军人掌握俄提供的武器和技术装备。俄飞机还取道伊朗领空继续向叙输送军事物资。[②] 11日，奥巴马总统表示，俄支持巴沙尔的战略是注定要失败的，正是由于巴沙尔残酷镇压反对派，并在逊尼派和什叶派之间制造冲突，才吸引了来自整个地区的圣战者。15日，普京强调指出，“伊斯兰国”的恐怖活动已经远远超出伊拉克和叙利亚，它们实施大规模杀戮，没有叙政府军的积极参与，就无法把恐怖主义从该国以及整个地区根除；美国不断向叙反对派提供武器使叙冲突不断，而这些武器又落到了恐怖分子手中。如果俄不支持叙，该国局势将比利比亚还要混乱，难民人数会更多。19日，美国国务卿克里在与英国外交大臣会晤后表示，如果俄军像宣传的那样，在叙利亚重点打击“伊斯兰国”而非支持巴沙尔当局，奥巴马政府表示欢迎。这一态度表明，美国对俄罗斯的态度有所软化。

俄罗斯在叙利亚打击“伊斯兰国”的行动是经过周密准备后做出的选择。在2015年7至8月，俄与伊朗举行了一系列谈判，并达成了以下共识：尽一切必要努力维护巴沙尔政权，以阻止“伊斯兰国”等极端势力向俄、伊及其传统势力范围蔓延。9月26日，俄方宣布，俄罗斯、叙利亚、伊朗和伊拉克四国在巴格达建立旨在协调打击“伊斯兰国”的情报中心。[③] 俄方还事先与以色列进行商谈，承诺保证尊重以色列的安全利益，双方将组建混委会以保持协调。在做好一切准备后，在叙政府军的配合下，俄空军于9月30日对叙境内的“伊斯兰国”目标实施空袭。俄在行动一个小时之前通报了美方。

俄罗斯发动空袭原因如下：（1）在“伊斯兰国”和其它反对派武装的

---

① 《美担心俄军事介入叙利亚》，《环球时报》，2015年9月10日。

② 《美担心俄军事介入叙利亚》，《环球时报》，2015年9月10日。

③ 《俄与中东国家另建打击IS联盟》，《参考消息》，2015年9月28日。

冲击下，巴沙尔政府控制的地盘日益缩小，仅占国土的25%左右，在战场上的主动权也逐步消失。叙利亚塔尔图斯港是俄在地中海地区的唯一军事基地，俄不能听任巴沙尔政府垮台，损害俄在叙利益。（2）普京称有4000俄罗斯人加入了“伊斯兰国”，俄不能坐视“伊斯兰国”壮大，威胁俄高加索地区，以及中亚地区的安全。[1]（3）美国和西方因乌克兰危机对俄制裁、打压、孤立，俄有必要在中东地区显示其影响和能量，倒逼美西方与俄恢复交往，打破俄罗斯的外交孤立。（4）因石油价格大幅下滑，以及美西方的制裁，俄罗斯经济困难并累及民生。俄有意通过政治和军事上的成功，来维护国内的凝聚力，加强民众对政府的支持。的确，在俄对“伊斯兰国”发动空袭并取得成效后，普京在国内的支持率大幅上升，超过88%。

俄罗斯很好地利用了国际和地区形势变化提供的机遇。首先，2015年9月是美国主导的反恐联盟空袭“伊斯兰国”一周年。一年来，美国空袭“伊斯兰国”的成效非常有限。“伊斯兰国”的势力不仅没有受到遏制，反而继续扩张。[2]国际社会对此纷纷予以批评和质疑，批评美国并不真心打击“伊斯兰国”，而是让它与巴沙尔政府缠斗，使之两败俱伤。其次，欧洲遭遇二战结束以来最大的难民潮冲击，难民多数来自叙利亚。[3]欧洲舆论纷纷指责美国的中东政策是导致中东难民潮的根源，但却让欧洲国家承担后果，同时强烈要求尽快政治解决叙危机，从源头上遏制难民潮。

俄罗斯强调它是应叙合法政府的要求出兵，旨在打击“伊斯兰国”等恐怖势力，不会在地面参战，空袭将有时限；俄方还多次表示愿与美国以及所有反恐势力合作共同打击“伊斯兰国”，进而使俄罗斯占据了道义和法理的制高点。事实表明，俄打击“伊斯兰国”不到一个月取得了超过美主导的联盟一年空袭的成效，不仅使美颜面丢失，还使美国并非真心打击“伊斯兰国”的虚伪性暴露无疑。俄军事行动不仅打击了“伊斯兰国”的嚣张气焰，增强了巴沙尔政权的实力，避免了叙利亚的“利比亚化”，推动了叙利亚问题政治解决进程，而且倒逼美国加大打击“伊斯兰国”力度，使中东反恐斗争由美独家主导转变为美、俄双轨主导，扩大了俄罗斯

---

① 《叙利亚局势恶化风险加剧》，载《浙江日报》，2015年9月14日。

② 《美国打击“伊斯兰国”收效甚微》，载《人民日报》，2015年8月11日。

③ 《难民潮将催生中东新变化?》，载《解放日报》，2015年9月15日。

在中东的影响，推动了中东地区国家的外交多元化，冲击了美国在中东的主导地位，削弱了美在地区的影响力。

但是，出人意料的是，土耳其于2015年11月24日击落了一架俄战机，成为俄罗斯在叙利亚发动军事行动以来遭遇的最大挑战。土方宣称俄战机进入土领空，俄方予以否认。俄要求土道歉、赔偿无果后，对土实行经济制裁，同时增强了在叙利亚的军事部署；俄还揭露土官方参与“伊斯兰国”走私石油，从中牟利。有评论认为，土击落俄战机是因为俄空袭土支持的土库曼旅；也有评论指出，土击落俄战机是美国授意，美国试图以此干扰俄打击“伊斯兰国”，并使法国等欧洲国家主张与俄联手打击恐怖势力的计划落空。

三、美国中东外交更趋被动

2011年，美国决定全球战略重心向亚太转移，对中东投入减少，实行战略收缩，但因中东地区的重要性，美又不愿放弃对中东事务的主导权。为此，美调整其中东政策，其突出特点主要有二：首先，尽量避免直接军事介入地区冲突；其次，积极发挥所谓“巧实力”的作用，利用矛盾，玩弄平衡，实施“可控性混乱”的策略，以维持美国在中东地区的主导地位。美国在伊朗为首的什叶派国家和以沙特为首的逊尼派国家间玩弄平衡，使双方相互制衡；静观“伊斯兰国”与巴沙尔政权缠斗，并牵制什叶派掌控的伊拉克政府，令其两败俱伤。美国的政策调整尽管减少了爆发新的战乱的可能性，但却增加了原有战乱解决的难度；同时使一批过去主要依靠美国保护的国家转向外交多元化，积极发展与其它大国的关系，推行面向新兴国家的“向东看”战略。

面对俄空袭“伊斯兰国”，美国既担心俄罗斯破坏其利用极端势力拖垮巴沙尔政权的策略实施又害怕俄罗斯影响扩大，冲击美国在中东地区的主导地位。由于俄出兵是应叙合法政府的要求，旨在打击恐怖势力，加之奥巴马在中东实施收缩政策，致使美既无理由，也无力量公然采取行动阻止俄在叙打击“伊斯兰国”。当然，美国也不能任由俄罗斯为所欲为，并采取了如下应对举措。

第一，在舆论上鲜明表示反对。美国指责俄借反恐之名，行维护巴沙尔统治之实，全面否定俄军事行动。2015 年 10 月 2 日，奥巴马指责普京正在“捍卫一个正在走向崩溃的专制主义盟友”，“普京试图在俄罗斯经济陷入困境时在国内提高自己的支持率”。美国高官还指出，俄在叙的军事行动使俄“陷入泥潭”，“这个泥潭将越来越大、越来越深”，俄罗斯“在经济、政治和安全利益方面的成本将日益沉重”。[①]

第二，拒绝与俄进行反恐合作。俄罗斯曾多次表示愿意加强俄美在中东的反恐合作，但美国却多次予以拒绝。2015 年 10 月 15 日，普京曾建议向美派出由总理率领的代表团与美磋商合作打击“伊斯兰国”，但遭到美国断然拒绝。[②] 在俄美战机在叙领空近距离相遇后，美国才与俄就两国战机相遇如何避免碰撞举行会谈，并达成一项备忘录。

第三，调整反恐政策。2015 年初，美国制定了培训叙“温和反对派”武装的计划，为此拨款 5 亿美元。据悉，美国共培训了约 200 人，最终向叙利亚派遣 60 余人，其中一部分被击毙或俘虏，一部分反水或开小差，仅剩 5、6 人。2015 年 10 月 9 日，美承认这一计划失败，今后将转而向经过挑选的地方武装提供武器。[③] 同月 13 日，美国国防部宣布向叙反对派空投 50 吨武器，支持其攻打“伊斯兰国”；27 日，美国国防部长卡特宣布调整打击“伊斯兰国”的战略，其内容主要包括三个方面：一是加大对叙境内“伊斯兰国”基地拉卡的袭击力度；二是帮助伊拉克部队夺回被“伊斯兰国”占领的具有军事和战略意义的安巴尔省首府拉马迪；三是考虑派出地面部队去叙利亚和伊拉克直接作战。2015 年 10 月 30 日，奥巴马批准向叙利亚派遣少于 50 人的特种部队，以加强打击“伊斯兰国”的力量。特种部队的任务是“协调地面部队和反恐联盟部队间的行动”，合作对象是“叙利亚民主力量”联军。这支联军组建于 2015 年 10 月，其成员包括美国支持的“人民保护部队”等库尔德人武装和多支阿拉伯部族武装。国务卿克里针对这一计划强调，美国特种部队并非派去与巴沙尔政权作战，只是协助摧毁“伊斯兰国”组织；国防部长卡特也表示，如果初步行动成功，未来可能向叙派出更多特种部队。俄罗斯和叙利亚都强烈反对美国向叙利亚派出特种部队。俄外长指出，美国的行动是单方面做出决定，没有

① 《西方对俄在叙“亮肌肉”很不满》，载《参考消息》，2015 年 10 月 4 日。

② 《美国拒绝俄总理代表团》，载《环球时报》，2015 年 10 月 16 日。

③ 《奥巴马承认在叙利亚战略失败》，载《参考消息》，2015 年 10 月 11 日。

征求叙政府意见；叙利亚议员谢哈德指责美国的行动是“侵略行为”。[①]

第四，极力主导政治解决叙利亚危机的进程。2015 年 10 月 23 日，在美国的倡议下，美、俄、沙特、土耳其在维也纳举行有关叙利亚问题的四方会谈。与会国虽在巴沙尔去留问题上仍存在分歧，但同意立即启动政治解决叙问题进程。[②]

四、叙利亚危机政治解决进程启动

叙利亚危机持续近 5 年，造成 25 万人死亡，400 万难民逃往邻国和欧洲，对欧洲形成二战以来最严重的难民潮冲击，还有近 800 万平民在国内流离失所。叙利亚和伊拉克乱局为恐怖极端势力的发展提供了有利条件。“伊斯兰国”不仅在叙、伊攻城略地，滥杀无辜，还向邻国乃至欧、亚、非等地区外溢。打击“伊斯兰国”等恐怖极端势力成为国际社会共识，越来越多的人认识到，反恐必须标本兼治，政治解决叙利亚危机成为当务之急。

2015 年 10 月 30 日，叙利亚问题有关国家外长扩大会议在维也纳举行。出席会议的有安理会五大常任理事国、土耳其、意大利、黎巴嫩、伊朗、约旦、沙特、伊拉克、埃及、德国、卡塔尔、阿联酋、阿曼等 17 国以及联合国和欧盟代表，会议通过了一项行动计划，主要内容包括：（1）维护叙利亚领土完整和世俗性质；（2）维护国家机构；（3）不分种族和宗教，所有叙利亚人的权利应得到保护；（4）保证人道主义援助进入；（5）打败“伊斯兰国”和其它恐怖组织；（6）根据《日内瓦公报》和联合国安理会 2118 号决议，通过联合国监督的选举建立管理机构，散居世界各地的叙利亚人有权参加选举；（7）保证由叙利亚人主导政治进程；（8）在全国实施停火。美、俄外长和联合国秘书长叙利亚问题特使德米斯图拉会后举行联合记者会，美、俄均表示，在叙利亚总统巴沙尔未来去留问题上仍然存在分歧，但这一分歧不应阻碍寻求叙利亚问题政治解决方案。[③]

---

① 《奥巴马授权向叙派遣特种部队》，载《北京日报，2015 年 11 月 1 日。

② 《新一轮维也纳会谈聚焦叙利亚》，载《中国青年报》，2015 年 10 月 31 日。

③ 《叙利亚和平微现曙光?》，载《解放日报》，2015 年 11 月 1 日。

叙利亚问题维也纳会议有两点令人关注的变化。首先，美国及其盟友不再坚持巴沙尔下台是政治解决叙问题的前提条件。克里在2015年9月19日就曾表示，美国可以接受一个和平解决叙利亚问题的方案，而巴沙尔在过渡期可以不下台，巴沙尔下台的日期和时间可以商量。其次，美国同意邀请伊朗与会。叙利亚危机爆发以来，美始终拒绝伊朗参与相关问题谈判，并指责伊朗支持巴沙尔政权。但在此次维也纳会议召开前，美国的态度出现明显变化。美国国务院发言人于10月27日表示："我们很高兴邀请伊朗参加叙利亚问题谈判"，"推动叙利亚政治过渡，必须与伊朗交换意见"。①

2015年11月14日，第二次叙利亚问题外长会议在维也纳召开，会议就叙利亚问题政治进程时间表达成了共识，其内容包括：2015年12月由德米斯图拉提出一份参加政治进程的叙反对派名单，叙政府与反对派在6个月内通过谈判组建过渡政府，18个月内制定新宪法并在联合国监督下举行大选。②

尽管叙利亚问题政治解决进程已经启动，但要实现各方都认可的政治解决尚须克服许多的困难。

第一，如何界定恐怖极端势力和美国心目中的"温和反对派"。叙利亚政府认为，所有要以武力推翻政府的势力均为恐怖势力，强调叙政府进行的军事行动为反恐战争，而不是什么内战。因此，叙利亚不承认美国和西方所谓"温和反对派"的存在。叙利亚动乱之初，流亡国外的叙利亚反对派先是于2011年12月在土耳其安卡拉成立组成了"叙利亚全国联盟"，后来又于2012年11月在卡塔尔首都多哈成立了"叙利亚反对派和革命力量全国联盟"（简称"全国联盟"），在国内则有一些从政府军中分裂出来的逊尼派官兵组成了"叙利亚自由军"，它们均得到西方及部分地区国家的支持。"全国联盟"在国内影响不大，而"自由军"力量有限。在叙利亚国内，还有一些要求变革，但不追求推翻政府，并为政府所承认的反对派组织，它们不为美西方及部分地区国家认可。当前，叙叙利亚的反政府武装十分庞杂，除"伊斯兰国"、"基地"组织武装"支持阵线"是公认

① 《美国再次调整对叙利亚问题立场》，载《人民日报》，2015年10月29日。

② 《叙利亚问题外长会就叙政治进程时间表达成共识》，载《北京日报》，2015年11月16日。

的恐怖极端势力外，还有库尔德人武装力量、部落武装力量、叙利亚穆斯林兄弟会控制的武装力量、土耳其支持的“土库曼旅”、沙特支持的“伊斯兰军”等，它们群龙无首，各自为战，既要推翻巴沙尔政权，又相互争夺地盘和影响。因此，如何将分散的反对派组织起来，产生具有代表性的统一的反对派实属不易。

第二，叙利亚国内各方分歧严重，有关大国以及地区国家主张各异，组建过渡政府不易。反对派群龙无首，难以形成统一的力量，恐难主导叙利亚过渡政府。现实的可能是由现政府主导。第一次维也纳外长会议已经确定维护国家机构，由政府主导也顺理成章。但这样就等于要求西方和部分地区国家支持的反对派不仅要放弃推翻现政府，还要加入由现政府主导的过渡政府。西方、部分地区国家以及反对派显然不会轻易做出实质性的让步。因此，叙利亚国内外各派力量势必围绕过渡政府的产生展开复杂博弈。

第三，“伊斯兰国”和“支持阵线”占据叙利亚大片国土，如果不能将它们歼灭，或者至少给予毁灭性的打击，政治解决就难以完全实现。美、俄都明白，空袭不可能实现这一目标，必须发动强有力的地面攻击。在美俄都不断重申不发动地面攻击的背景下，只有依靠叙利亚和伊拉克政府军、库尔德人武装、伊拉克什叶派民兵和逊尼派民兵等本土势力，还可借重黎巴嫩真主党武装、伊朗革命卫队、土耳其部队等邻国力量，或许还可要求部分阿拉伯国家如约旦、埃及、海湾国家出兵。如此庞杂的力量要形成合力，不仅需要美俄真诚合作，还需要沙特、土耳其等地区大国积极配合。但由于各派力量之间矛盾复杂，利益诉求各异，它们很难形成共同打击“伊斯兰国”的统一战线。

第四，巴沙尔去留问题。美国虽然表示巴沙尔可在过渡期间继续担任总统，但最终目标还是要迫使巴沙尔下台；沙特、土耳其等部分地区国家，以及叙利亚反对派武装仍坚持要求巴沙尔下台。俄罗斯和伊朗则坚持由叙利亚人民自主决定巴沙尔的去留。如果叙利亚阿拉维派势力能整体保存并继续拥有执政地位，就可以维护俄罗斯以及伊朗在叙利亚的利益，在此前提下俄罗斯和伊朗有可能接受巴沙尔下台。

综上所述，能否实现叙利亚危机的政治解决，能否打垮“伊斯兰国”在很大程度上取决于美国能否正视现实，并做出必要的妥协。叙利亚危机拖延近 5 年，危机衍生的难民潮和恐怖主义泛滥严重威胁世界的安全和稳定。因此，打垮“伊斯兰国”，政治解决叙利亚危机，是国际社会的共同期盼。2015年12月17日，安理会通过旨在切断“伊斯兰国”等极端组织资金来源的决议；[①] 同月18日，安理会又一致通过政治解决叙利亚问题的决议，决议重申安理会认可2012年《日内瓦公报》及2015年11月叙利亚问题第二次外长会议达成的共识，强调叙利亚人民将决定叙利亚的未来，力争在2016年1月初开始会谈，以实现危机的持久政治解决；安理会再次呼吁各国按照相关安理会决议，预防和打击极端组织“伊斯兰国”、“支持阵线”及与“基地”组织相关的个人及团体等实施的恐怖主义活动，促请各国铲除其在叙利亚大片地区建立的安全庇护所。[②]

在第二次维也纳会议上，中国代表强调，解决叙利亚危机应该在反恐、缓解人道局势、政治对话三个轨道上协调推进，政治解决可分“四步走”：第一，有关各方立即停火止暴，并承诺打击恐怖主义；第二，在联合国主持下，叙各方开展全面、包容和平等的对话协调，在日内瓦公报基础上尽快出台政治过渡具体安排；第三，加强国际保障，由联合国发挥斡旋的主渠道作用；第四，启动战后重建进程，让叙利亚各方各派看到和平的红利。[③] 中方的意见合情合理，极富建设性。

① 《安理会决议斩断IS财源》，载《环球时报》，2015年12月19日。

② 《安理会通过政治解决叙利亚问题决议》，http://news.xinhuanet.com/2015-12/19/c_128546794.htm。

③ 《中方就政治解决叙利亚问题提出“四步走”框架思路》，http://news.xinhuanet.com/world/2015-10/31/c_128378072.htm。

伊核全面协议的影响评估

宁夏大学中国阿拉伯研究院院长、研究员　**李绍先**

【内容提要】

2015 年 7 月 14 日，伊核全面协议签署，长达 12 年的伊核谈判“终成正果”。伊核全面协议的达成是伊朗和美国双方政策相向而行的产物，其中最重要、最实质性的变量因素是美国改变了对伊朗的政策。作为联合国常任理事国之一，中国一直积极参与伊核问题的政治解决，在伊核谈判中发挥了独特作用。伊朗得以保留一定的民用核能力，与伊核相关的国际制裁有望被取消，伊朗从中收获颇丰。对美国而言，则有利于其在中东脱困，以总体服务于全球战略重心东移亚太。与此同时，中东地缘政治格局发生了重大变化，伊朗地区大国地位得到巩固且可望进一步提升。在“后伊核协议时代”，中国与伊朗关系面临新的发展机遇，中资企业要淡定地应对跨国公司在伊朗市场展开的激烈竞争。

伊朗与伊核问题六国（联合国安理会常任理事国美国、俄罗斯、中国、法国、英国加上德国）就伊朗核问题达成历史性协议——《全面联合行动计划》（Joint Comprehensive Plan of Action，JCPOA）。这意味着笼罩在伊朗上空十几年之久的核武阴云终于开始烟消云散。在这场旷日持久的大国博弈中，究竟是何种力量使久拖不决的伊核谈判最终尘埃落定？“后伊核协议时代”的伊朗与中东乃至大国关系又会何去何从？

一、伊朗核危机与伊核谈判的发展历程

早在 20 世纪 50 年代，巴列维时期的伊朗就已经涉足核领域，当时美

国向伊朗提供了第一座小型的研究用核反应堆。但随着伊朗伊斯兰革命和两伊战争的爆发，伊朗核计划停顿了下来。进入20世纪90年代，伊朗政府将恢复和发展核能源列入议事日程，1992年和1995年伊朗先后与俄罗斯签署《和平利用核能协议》和《共建布什尔核电站合作协议》，标志着伊朗核计划进入新的发展阶段。这种状况引发了美国对伊朗发展核武器的担忧，并通过国际原子能机构不断向伊朗施压。但事实上，伊朗核问题上升到核危机定性，则始自2002年，当时，西方媒体曝光伊朗在其境内发现了铀矿并开始尝试自主浓缩铀。2003年伊拉克战争爆发后，伊核问题谈判展开。此后，伊朗核危机进程大致可分为以下几个阶段：

第一个阶段是2003—2004年，伊朗秘密核设施曝光，在巨大的国际压力下，伊朗签署了《不扩散核武器条约》附加议定书。2002年8月，伊朗反政府组织——“伊朗全国抵抗委员会”向媒体披露，伊朗在纳坦兹和阿拉克正在建设两处秘密核设施。2003年2月至8月，伊朗接受了国际原子能机构的5次检查，国际原子能机构证实这两座核设施有浓缩铀的痕迹且伊朗已具有生产浓缩铀的能力。同年9月，国际原子能机构理事会会议通过了要求伊朗“全面、无条件地”与之合作的决议，并向伊朗发出尽快签署《不扩散核武器条约》附加议定书的最后通牒。在美国和国际社会以实施制裁和武力解决议案的压力之下，伊朗的态度开始软化，并表现出积极合作的态度。2003年10月21日，在法国、德国、英国三国外长访问德黑兰期间，伊朗做出暂停铀浓缩活动的承诺。同年12月18日，伊朗驻国际原子能机构代表阿里·阿克巴尔·萨利希（Ali Akbar Salehi）代表该国政府签署了《不扩散核武器条约》附加议定书。由此，伊朗核问题风波暂且平息，该国铀浓缩活动实际上处于暂停状态。

第二个阶段是2005—2008年，伊朗重启并加大铀浓缩活动力度，联合国通过了对伊朗实施经济制裁的决议。2005年8月8日，伊朗新任总统马哈茂德·艾哈迈迪－内贾德以伊朗暂停核活动并未得到应有的善意回报为由，宣布在伊斯法罕重启铀浓缩活动。欧洲各大国遂中断与伊朗的谈判，伊朗核问题亦由此从国际原子能机构转移到联合国安理会框架下处理。①伊朗于2006年4月11日宣布该国已成功提炼出浓度为3.5%的浓缩铀，在

① 赵建明：《鲁哈尼当选对伊朗核问题的影响》，载《西亚非洲》，2013年第6期，第84页。

2007 年则宣称该国已拥有 3 000 台离心机。对于伊朗核进程的快速推进，美国在 2006 年、2007 年和 2008 年连续三年推动联合国安理会通过了制裁伊朗的决议，制裁主要涉及油气领域。至此，伊朗核问题升温，伊朗与国际社会就此问题呈现恶性互动态势，伊核谈判陷入僵局。

第三个阶段是 2009—2012 年，伊朗浓缩铀浓度达到 20% 临界点，欧美加大对伊朗能源和金融领域等非核领域的制裁力度。2009 年 9 月 25 日，美国、法国、英国等国披露伊朗在福尔多又秘密建设了一座铀浓缩工厂。2010 年 2 月 9 日，萨利希宣称，伊朗已在纳坦兹生产浓度为 20% 的浓缩铀。这意味着从理论上说伊朗在技术上已突破制造核武器的关键步骤。对于伊朗内贾德政府强硬推进核计划的做法，以色列威胁对伊朗发动“先发制人”的攻击，联合国安理会于 2010 年第四次通过了制裁伊朗的协议，制裁领域扩大到武器禁运等非核领域。此外，美欧还出台了针对伊朗的单边制裁法案，如 2011 年 12 月，美国公布了《2012 年财政年度国防授权法案》，其中附加了对伊朗中央银行及相关银行的金融制裁条款；2012 年 1 月，欧盟决定冻结储蓄在伊朗中央银行里的资金，并从 7 月 1 日起实施石油禁运；2012 年 7 月，美国再次推出将对伊朗的制裁范围从金融扩大到贸易、能源和人员等多领域的新制裁措施。在此阶段，伊核谈判时断时续，但未取得任何实质性进展。

第四个阶段是 2013—2014 年，伊朗与美国政府就核问题展开建设性互动，美、伊就伊核问题达成初步协议。2013 年 6 月，前伊朗核谈判代表哈桑·鲁哈尼当选伊朗总统，并在推动伊核谈判问题上发出积极信号。同年，9 月 27 日，鲁哈尼和奥巴马进行了电话交谈，这是标志性事件，是美、伊两国领导人自 1979 年伊朗伊斯兰革命以来的首次通话。2013 年 11 月 24 日，伊朗与伊核问题六国在日内瓦达成伊核问题阶段性协议，规定伊朗将不再提炼纯度高于 5% 的浓缩铀，国际社会则部分解除对伊朗的制裁。2014 年 2 月 18 日，各方为达成最终协议展开谈判，在经过两次延期后，终于达成初步协议。此后，伊朗宣布改造阿拉克核反应堆，限制钚的生产。伊核谈判进入突破性转机阶段。

第五个阶段发生在 2015 年，伊核谈判各方由签署框架性协议最终走向签署历史性的全面协议。2015 年 4 月 2 日，经过艰难的谈判，伊朗与伊核问题六国达成了核谈判的框架性协议。该框架协议为伊核谈判达成最终解决方案铺平了道路。同年，7 月 14 日，引人注目的伊核谈判取得重大成果，伊朗与伊核问题六国达成伊核问题全面协议。其主要内容有：伊朗放弃生产钚和建造更多的重水反应堆，放弃对核燃料的加工，拆除阿拉克核反应堆，减少2/3用于铀浓缩的离心机，关闭3处核设施中最大的福尔多核设施和停止铀浓缩活动，并接受最严格的核查。美、欧在确认伊朗执行以上条款并获国际原子能机构核实后，相应解除因伊核问题而实施的针对金融行业、能源行业和交通行业的制裁。

当以化解伊核危机为前提条件的伊核谈判落下帷幕之后，需要我们反思的是：伊核谈判的缘由是否存在？也就是说，伊朗有核武器吗？就目前而言，伊朗经历多次国际原子能机构的检查，迄今尚无任何可信证据表明伊朗在发展核武器，或存在研发核武器的计划。伊朗作为《不扩散核武器条约》的缔约国，也一直强调和平利用核能、进行铀浓缩及拥有核燃料是其应有的权利，伊朗绝不发展核武器等。事实上，世界上已有多国和平利用核能的实例，连阿联酋这样的小国也在搞核反应堆，那么世界上为什么就没有“阿核问题”，而一定是伊核问题呢？全世界都知道伊朗没有核武器，伊核问题本身是由美国制造出来的。美国认为伊朗和平利用核能是借口，伊朗旨在通过不断提高核研发能力，最终实现制造核武器。美伊为敌已30多年，2002年美国总统小布什更宣称伊朗是“邪恶轴心”，既研发大规模杀伤性武器（核武器），还输出恐怖主义。因此，在美国看来，伊朗政权是万恶的，必须被更迭。事实上，伊朗非常清楚研发和制造核武器是国家安全遭受灭顶之灾的红线。以目前的国际现实来看，一国发展核武器，其实无密可保。倘若国际社会能找到伊朗哪怕一点点发展核武器的证据，伊朗随时会招来美国、以色列的军事打击，伊朗当然不愿意也无法承受国家遭受军事打击的后果。事实也证明，伊朗这十多年来，核技术、核能力不断地提高，但是从来也不去触碰这个红线。综上所述，伊朗核问题本身就是个伪命题，是美国实现其更迭伊朗政权、维系其在中东主导地位的抓手。

二、伊核全面协议得以签署的原因

伊核问题存在长达12年之久，伊核谈判也经历了长期艰难曲折的过程。那么，伊核全面协议为什么能在2015年7月14日达成？其原因何在？

（一）美国改变政策是签署伊核全面协议的关键所在

美国从 2003 年开始在对伊核谈判中始终坚守取消伊朗自主核研发的目标，特别是伊朗自主浓缩铀的权利，但这是伊朗所不可能接受的，所以说伊核全面协议的达成主要是美国政策和政策目标发生变化的结果。美国政策变化主要是基于以下两方面的原因：

第一，美国对伊朗的认识发生了重要变化。自 1979 年伊朗伊斯兰共和国成立以来，美国历届政府（无论是民主党还是共和党）均实行旨在更迭伊朗政权的政策。在小布什执政时期，美国政府更是明确地把伊朗定位为“邪恶轴心”国家，并采取遏制、制裁和武力威胁的形式，以期实现更迭伊朗政权的目标。当时，美国国会专门通过财政拨款支持伊朗境内的反政府力量，谋求从内部动摇伊朗伊斯兰政权的基础。伊核问题自然而然就成为美国实现更迭伊朗“邪恶”政权的重要抓手。小布什政府公开表示，为制止伊朗发展核武器，美国不排除使用任何手段，包括对伊朗实施军事打击。

30 多年的制裁和打压严重制约了伊朗国计民生的发展，但也使伊朗形成了“抵抗经济”，“国家虽活不好但也死不了”，其政权顽强地生存了下来。这引起美国国内政界和学界人士的反思，一些资深专家提出，“美国执行了 30 多年的对伊朗政策实际上建立在一个错误的认知基础之上，即伊朗伊斯兰政权是不会长久的，它将要被更迭”。始自 2010 年底的阿拉伯大变局推动美国重新认识伊朗政权。在过去的几年间，整个阿拉伯世界陷入了混乱，利比亚、埃及、也门、叙利亚、突尼斯等多国陷入程度不同的政治危机，伊朗等少数国家反而成为这个地区稳定和安全的绿洲。实际上，这样一种态势促使美国政界意识到：推翻伊朗伊斯兰政权是不现实的。因此，奥巴马在第二任以后，越来越意识到美国对伊朗的政策必须改变，美国需要与伊朗进行接触和对话。

第二，美国在中东力不从心，开始政策调整，进行战略性收缩。克林顿时期，美国政府在中东“东遏两伊、西促和谈”，一家主导中东事务。小布什时期，美国转而采取单边主义、先发制人、更迭政权的做法，在中东大规模推广民主。本来，中东地区地缘政治是十分独特和脆弱的：地区四大地缘政治力量——阿拉伯国家、波斯人的伊朗、突厥人的土耳其和以犹太人为主的以色列之间力量的均衡是地区稳定的必要条件。但 2001 年

“9·11”事件后小布什发动的两场战争（阿富汗战争和伊拉克战争）打破了自1991年海湾战争结束后中东地区形成的力量均衡。伴随着阿富汗和伊拉克政府的改朝换代，两国国力严重受损，来自伊朗东边（阿富汗塔利班政权）和西边（伊拉克萨达姆政权）的制衡力量不复存在，伊朗在中东的影响力坐大。为应对伊朗影响力的上升，美国不得不在伊拉克投入15万兵力的同时，不断地对伊朗进行军事威胁，海湾上空数度出现战云密布、剑拔弩张的紧张局面。

但自2009年奥巴马总统上台后，美国自身和整个世界形势都发生了重大变化。2001年，中国的国内生产总值大约相当于美国的1/8，而到2010年中国的国内生产总值在世界已排位第二。随着中国、印度等新兴经济体的崛起，加上美国等西方国家受到2008年全球金融危机的打击，世界经济重心加速由大西洋向太平洋转移。在美国的实力相对衰落并试图把更多的力量转移到亚洲太平洋的背景下，美国在中东越来越力不从心，特别是对伊朗的敌对政策越来越难以为继。

正是基于上述原因，奥巴马改变了小布什当政时期对伊朗的强硬姿态，多次向伊朗等伊斯兰国家发出“缓和”信号，开展“核对话”。例如，奥巴马在他的就职演说中曾提出，“如果你们愿意松开握紧的拳头，美国将向你们伸出双手”，以此向包括伊朗在内的伊斯兰世界释放实现和解的愿望。2009年6月，奥巴马在埃及开罗大学演讲时多次强调，美国和全世界穆斯林“基于共同利益和相互尊重”，双方“不是排斥和竞争的”，并将“伊斯兰极端主义”与伊斯兰国家严格区分开来；对于伊核问题，奥巴马承认两国的历史宿怨，并呼吁伊朗能够“向前看”，同时还承认伊朗有和平利用核能的权利。

因此，此次伊核谈判达成全面协议实际上是美国调整对伊朗政策的结果。该协议建立在奥巴马的“两个承认”基础之上：一是承认伊朗和平拥有核能的权利，美国过去历任总统没有公开表述过伊朗拥有和平利用核能的权利；二是承诺美国不谋求推翻伊朗政权，这也是历届美国政府从未有过的。

（二）伊朗谋求解决伊核问题的态度是一贯的，但鲁哈尼的上台为此提供了契机

伊朗作为伊核谈判的当事一方，虽然在谈判中大多时候处于被动的地

位（美国的态度在很大程度上主导着谈判的走向），但在过去的 12 年中，伊朗政府希望从根本上解决伊核问题的态度是一贯的。

第一，伊朗政府一直持有解决伊核问题的政治意愿。由伊核问题引发的西方国家对伊朗的制裁，多年来层层加码，对伊朗的政治、经济、外交均产生了极大的消极影响，并不符合伊朗谋求成为地区大国的抱负，因而伊朗历届政府都在努力寻求打破国际封锁、摆脱外交孤立状态，通过谈判解决伊核问题。从 2002 年至今，伊朗经历了 3 届政府。在哈塔米当政时期，伊朗通过与英、法、德三国签署《德黑兰声明》（2003 年）和《巴黎协定》（2004 年），以及接受国际原子能机构多次核查等积极态度，寻求伊核问题的解决。但哈塔米政府单方面妥协的做法，未收到预期效果。内贾德当政后，他虽采取强硬的核政策，但伊朗同安理会五国和德国的核谈判仍在进行，只不过谈判的节奏不是那么密集，而且谈判双方各说各话。2010 年 5 月，内贾德还同意巴西总统卢拉提出的签署有关处置核燃料的协议，但该协议遭到美国的拒绝。鲁哈尼上台后，提出以修复与西方国家的关系以缓解制裁作为伊朗新政府的外交目标之一，并得到美国的积极回应，伊核谈判得以进入实质性阶段。

第二，伊朗经济陷入滞胀危局，国内政局出现变化。伊核问题的悬而未决使伊朗经济持续性遭到打击，尤其是 2010 年的联合国安理会决议和 2012 年美国对伊朗的金融制裁，严重打击了伊朗的石油出口。这实际上切断了伊朗的主要收入来源，使伊朗真正被国际社会所孤立。2012 年，伊朗每天的石油出口量减少了 2/3，经济濒临绝境，2012 年和 2013 年伊朗经济增速分别为 -6.6% 和 -1.9%；同期，伊朗通货膨胀率分别为 26.0% 和 39.3%；失业率则为 12.2% 和 10.4%。[①] 与此同时，国内食品药品短缺，各种轻、重工业品供应匮乏，价格暴涨。因此，在 2013 年大选中，伊朗国内政治基本上凝聚出一个共识，即伊朗需要打破外界的封锁，突破被国际社会孤立的状态，从根本上解决伊朗经济濒于崩溃的问题。于是，现实的经济困境作用于政治，伊朗民众在 2013 年参与大选的 6 名候选人中选择了最温和务实的鲁哈尼。

第三，鲁哈尼温和而建设性的互动外交为伊核谈判实现“破冰”乃至达成历史性协议提供了机遇。鲁哈尼奉行改革派的外交理念，希望与国际

① EIU, *Country Report*: *Iran*, August 2015, p. 10.

社会建立有效的建设性互动关系。在伊核问题上，善于与西方打交道的伊朗资深外交家扎里夫担任谈判首席代表，并履行推进伊核谈判的职能。这样，经历了2013年伊核问题的日内瓦会谈与阿曼马斯喀特会谈、2014年的维也纳会谈以及2015年的洛桑会谈与维也纳会谈，伊核谈判终于走向“终点”。可以说，在鲁哈尼上台之前，美、伊两国的伊核政策、谈判政策是相悖而行的，是针锋相对的；而鲁哈尼政府上台后，美国政府抓住机遇，与之积极互动，美、伊的政策开始相向而行，最终协议的达成就是双方政策相向而行的结果。

应该指出的是，作为联合国常任理事国之一，中国自2003年伊核问题演变为伊核危机以来，一直积极参与推动伊核问题的政治解决。与伊核问题其他有关国家相比，中方秉持和平解决方向、公正客观立场，始终积极斡旋，起到了“穿针引线”的独特作用。由于美、伊双方长期的历史积怨和疑虑较深，双方在伊核谈判初期往往言路不畅，而中国既与美国保持密切沟通，又同伊朗保持良好关系，可以作为第三方传达双方各自的观点。不仅如此，伊核谈判处于胶着甚至面临破裂危险的时候，中国常常会提出建设性意见，弥合双方分歧，起到“四两拨千斤”的作用。例如，在2015年4月洛桑会谈中，美、伊双方就解除制裁时间问题互不相让，伊朗方面坚持全面、立即解除制裁方案，而美国则决不设立解除制裁的时间表。对此，中国提出分步对等的方案，即在合理的时间框架内首先达成一揽子协议，然后分步加以实施。正是中国积极斡旋、寻求各方都能接受解决方案的做法，得到美、伊及国际社会的认可与赞赏。在伊朗全面协议达成之后，美国总统奥巴马致电习近平主席，感谢中国对于伊核谈判的推动。伊朗外长、伊核谈判首席代表扎里夫也明确表达对中方的谢意。

综上所述，伊核全面协议的达成是伊朗和美国双方政策相向而行的产物，其中最重要、最实质性的变量因素是美国改变了对伊朗的政策。中国在伊核谈判中的独特作用既不需被夸大，也不应被忽视。

三、伊核全面协议的意义与影响

从2002年8月伊朗秘密核设施被披露至2015年7月伊核谈判走向终点，这场持续12年之久的重大国际争端最终通过外交手段得到政治解决。

这一结局无论对于伊核问题的有关各方，还是当事国伊朗所处的中东地区，乃至国际社会均产生了重大影响。

（一）伊朗和美国各有所获

第一，伊朗是最大的赢家。这主要体现在以下几方面：其一，长期以来，伊核问题已经成为一个关乎伊朗民族自豪感和民族尊严的问题。伊朗通过自身十多年的不懈努力，最终达成的伊核全面协议在很大程度上维护了其极其看重的国家尊严。其二，伊朗保持了自己和平利用核能的权利。伊朗外长扎里夫表示，谈判第一个目标就是保留其核技术和核能力。从协议内容看，伊朗设定的红线没有被跨越，伊朗和平利用核能的权利得到了全世界的承认，这是伊朗这么多年来求之不得的事情。其三，伊朗的经济制裁将被解除，其经济活力随之得到释放。自 2006 年以来，联合国安理会通过了若干决议，美国、欧盟国家也通过了一系列针对伊朗的制裁条款，这些制裁令伊朗经济陷入困境。而 2015 年伊核全面协议明确指出，只要伊朗履行其承诺并且通过国际原子能机构的核实，欧洲、美国以及联合国针对伊朗金融、能源以及交通等行业实施的制裁就会被取消。这对于伊朗来说意义非凡，尤其是有利于该国经济命脉石油产业的发展。据估计，一旦美国和联合国解除对银行转账的禁令，伊朗将获得之前遭到冻结的价值 1000 多亿美元的海外资产，而且，伊朗可以期待每年不少于 200 亿美元的额外石油收入。[①] 其四，伊朗内政外交可能出现良性循环。事实上，30 多年来，伊朗内政外交一直处于恶性循环之中。由于伊朗内政极端保守，促使其对外交往强硬僵化，而强硬的对外政策带来的消极结果又进一步推动其内政的僵化。伊核全面协议的签署给伊朗内政外交向良性循环变化提供了条件，鲁哈尼总统面临的执政环境大为改善。其五，伊朗外交孤立状态有望被打破。伊朗一直怀有“大国”情结，但伊斯兰革命后 30 多年来一直没有得到很好发展，主要受到两个因素的制约：一是内政难以理顺，二是外部遭孤立和封锁。伴随着国际制裁的取消，伊朗有望逐步融入国际社会，终结长达 36 年的外交孤立状态，国际资本会涌入伊朗市场，在一定程度上满足国家现代化的需求。与此同时，摆脱外交羁绊的伊朗政府，会将

① 《外媒：联合国安理会一致通过伊朗核协议》，http://news.xinhuanet.com/world/2015－07/21/c_128041749.htm。

更多精力用于国内治理和经济建设。

学界有人提出，伊核全面协议的达成主要是由于伊朗做出了重大的妥协。实际上，伊朗只是承诺不谋求发展核武器，而这本来也并不存在。这些年伊朗一而再再而三地重申，伊朗坚持和平利用核能，伊朗永远不谋求发展核武器。

第二，美国降低了从中东抽身的难度，总体符合其“再平衡”的全球战略。美国总统奥巴马从伊核全面协议中得足了“面子”：美国用外交手段解决了伊朗核问题这样棘手的大难题，维护了世界核不扩散体系，可被视为奥巴马政府的重大外交成果载入史册。从更深层看，该协议为美国政府从中东战略收缩、实施全球战略重心东移提供了新契机。“9·11”事件以来，美国深度卷入中东事务，发动了阿富汗战争和伊拉克战争，并为维系战后中东地缘政治的平衡长期投入重兵。事实上，两场战争的结果并不如美国之意。今日的阿富汗政治和安全形势堪忧，塔利班的活动依然强劲。而伊拉克战争不仅给伊拉克人民带来了灾难，也使地区地缘政治格局严重失衡，美国深陷其中难以自拔。值得指出的是，伊拉克战争和今天“伊斯兰国”的出现密不可分：伊拉克战争后，该国原有政治格局被颠覆，内部政治严重失序，为“伊斯兰国”的出现和崛起提供了条件。加之2010年底爆发阿拉伯大变局，叙利亚政治动荡演变为内战，由伊拉克战争引发的中东伊斯兰逊尼派和什叶派的斗争更加激烈。在此背景下，伊核问题的长期存在和不时激化，随时有可能把美国拖进冲突和战争的泥潭，而这是现在或者至少三五年内美国所不愿意看到的，也是无法承受的。由此，伊核问题的破解，与美国从阿富汗和伊拉克撤军效果有共通之处，即加快美国全球战略东移的步伐，有利于美国在中东脱困减负。

第三，伊美关系改善出现契机。美国和伊朗的敌对关系已经存在了36年。伊核全面协议签署之后，伊朗总统鲁哈尼称这是重建与西方信任的“起点”，美国总统奥巴马也表示应该“抓住这个机遇”。显然，伊核全面协议为美、伊改善双边关系提供了良好的契机。但是应当指出的是，伊核全面协议的达成并不意味着美伊关系能够必然、迅速或全面改善，美伊关系的改善仍将是一个长期、曲折的过程。因为美国和伊朗之间存在两个结构性矛盾：一是在意识形态层面，美国绝对不会接受一个政教合一的伊朗伊斯兰政权；二是在地缘政治层面，伊朗立志成为该地区首屈一指的大国，而美国绝不会任其发展壮大（下文详述）。因此，美、伊双方在签署伊核协议之后还将有一个互动和斗争的过程。美国和伊朗双方关系走得近或远，关系改善的速度快或慢，还将取决于双方的互动。这一过程要想顺利，就美国而言，它需要忍耐和接受伊朗在中东逐渐坐大的事实；而就伊朗来说，则需要在地区问题上相对收敛，不挑战美国在中东的核心关切（即美国要维系中东地区均势，不允许任何一个国家主导中东地区事务；美国掌控中东石油资源；保护以色列的安全；打击恐怖主义）。

（二）中东地缘政治格局有望发生变化

过去的十几年，中东地缘政治格局几度受到冲击，地区国家力量随之消长变化。早在2003年伊拉克战争之后，伊朗的地区对手伊拉克严重受损，此消彼长，伊朗在地区政治格局变动中的地位相对上升。但是，由于美国在中东的强力压制，伊朗坐大的国际空间被压缩。随着伊核全面协议的达成，重压在伊朗身上的核问题这座“大山”被移走，加之美国对中东事务保持一定距离、避免深度卷入的做法，使伊朗终于收获了伊拉克战争后在中东坐大的“红利”。今天的伊朗，在伊拉克发挥着独特的作用，在叙利亚事务上有重要的发言权，对黎巴嫩、也门、巴林等均有一定的影响力。我们可以预期，未来相对较长时期内，伊朗将是中东地区最重要的地缘政治力量，也是该地区事务中影响力最大的地区国家。

从伊朗自身条件看，伊朗是一个“天然的大国胚子”，自古以来伊朗人也一直以地区强国自居。伊朗北临里海，南靠海湾和阿拉伯海，地理位置非常重要。该国幅员163.6万平方公里，人口规模适中（2014年为7850万人），[①] 自然资源丰富，是世界上重要的油气资源产出地。据英国石油公司统计，截至2014年底，伊朗石油储量1，578亿桶，占世界已探明石油总储量的9.3%，位居世界第四位（仅次于沙特阿拉伯、委内瑞拉和加拿大）；同期，伊朗天然气储量为34万亿立方米，占世界已探明天然气总储量的18.2%，位居世界首位。[②] 此外，伊朗还有得天独厚的水资源，以及

① EIU, *Country Report*: *Iran*, August 2015, p. 10.

② 英国石油公司：《2015年国际能源统计年鉴》（中文版），2015年6月，参见英国石油公司中文版网页：http://www.bp.com/content/dam/bp-country/zh_cn/Publications/2015SR/Statistical%20Review%20of%20World%20Energy%202015%20CN%20Final%2020150617.pdf。

其他矿产资源。基于此，在20世纪六七十年代，伊朗也经历过经济快速发展的历史时期，1979年伊斯兰革命后30余年来经济发展停滞不前，很大程度上与该国内外发展环境密切相关。可以预期，当约束伊朗崛起的外部封锁被打破后，一旦内政能大致理顺，这个有巨大发展潜力的国家很快会步入崛起之途。

中东传统大国埃及因经历“1·25”革命的冲击，以及穆尔西、塞西政权的先后执政，国内面临诸多难题，3—5年内主要聚焦内政问题，无暇顾及地区事务。当下的塞西政府可以控制政局，但现政府把埃及革命中的主要力量都推到了对立面，国内政治关系紧张，恐怖袭击事件频发，国家经济发展问题成堆，积重难返，严重的失业状况很难得到根本解决。此外，以美国为首的西方国家并不看好埃及的塞西，迄今为止，西方国家对埃及承诺得却很多，实际投入得很少。当前，塞西因政治的需要，匆匆忙忙提出了一些“庞大的工程项目”，更多考虑的是维护自己的形象和高支持率，对实际的经济发展和民生改善实质意义有限。

盘踞在阿拉伯半岛的海湾大国沙特，在埃及近年深陷政治动荡、阿拉伯国家群龙无首的情势下，对地区事务的关注度上升，在也门危机、巴林政局动荡事件中都可看到沙特的动作。此外，沙特拥有丰富的石油美元，国家财力雄厚。因此，沙特是未来几年中东地区特别是阿拉伯世界不可忽视的重要力量。但有两个情况值得注意：一是沙特虽然经济富足，但它的军事实力十分有限。尽管沙特在过去十年中将军费支出增加了一倍多，但相对伊朗其军事能力仍相形见绌。二是沙特政府的政治信心有限。虽然沙特在地区事务中处处表现出与伊朗“争锋”的态势，但从现实出发，沙特并无与伊朗争夺地区主导权的野心，它更看重的是伊朗能否尊重其在海湾地区和也门的影响力。

中东地区另一大国土耳其，曾以历史上的奥斯曼帝国为荣耀，现在仍怀揣“土耳其”梦，并致力于在2023年建国100周年之际实现民族复兴。如果用国内生产总值来衡量，2014年该国经济总量达7995亿美元，[1] 可谓中东第一经济大国。而且，土耳其还是北约成员国，武器装备先进，军事力量强大。但由于土耳其属突厥国家，无论其引以为傲的“土耳其模式”怎样使该国实现政局相对稳定，并成为新兴经济体国家和二十国集团成

---

① EIU，*Country Report*：*Turkey*，August 2015，p. 12.

员，但其始终得不到中东地区阿拉伯国家的认同。此外，土耳其也不像伊朗那样在中东有伊斯兰什叶派力量作为施展自身力量的抓手。土耳其外交在国际和中东地区实际上处于颇为尴尬的处境，向西加入不了欧盟，向东又不为周围的阿拉伯国家所接受。更为重要的是，土耳其在阿拉伯大变局发生后，鲁莽地介入叙利亚乱局，导致其地区外交陷入严重被动。此外，库尔德跨境民族问题的复杂性，难民激增和“伊斯兰国”恐怖袭击的困扰，也是土耳其必须面对的难题。所以，即便土耳其在地区政治角逐中有相当实力，它在中东地区中的分量也不宜被看得过大。

因此，“后伊核协议时代”的中东地缘政治有望发生变化。从中东地区大国的发展现状来看，伊朗的优势地位无疑是明显的。但是，伊朗也绝不会成为地区主宰国家，这是因为在“后伊核协议时代”美国在中东的利益将更多地通过地区力量的均衡来实现，一方面美国会更多地支持和扶持土耳其、沙特、以色列等中东盟国与伊朗相互制衡，另一方面美国也会推动其地区盟国与伊朗在地区事务上相互妥协以期求得平衡。在伊核协议签署后的 2015 年 7 月 19 日，美国国防部长阿什顿 · 卡特就访问了以色列，承诺给以色列“F－35”最先进的战机，以期减轻其对伊核全面协议的担忧。美国同时还加大了扶植沙特、约旦等中东盟国的力度。

（三）国际社会获得直接和间接的积极效应

伊核全面协议签署之后，国际社会总体抱持乐见其成态度。

第一，伊核问题通过和平谈判方式得以解决，驱除了中东地区潜在的战争阴影。纵观伊核问题发展的历史脉络，我们不难看出在部分时段频繁出现美国对伊朗动武的紧张局势，海湾地区因伊核问题数次战争乌云密布。许多西方媒体都披露过，美国曾做过进攻伊朗的沙盘推演，以色列也曾数次扬言要以武力摧毁伊朗的核设施。因此，伊核问题全面协议的达成，使有可能拔掉引发中东地区局部战争的“导火索”变成了可能。没有美国的参与，以色列对伊朗动武的可能性也大大下降。

第二，核不扩散体系得以维系。根据联合国《不扩散核武器条约》的相关规定，只有中国、美国、俄罗斯、英国和法国 5 个常任理事国才能合法拥有核武器。实际上，世界上很多国家都对拥核跃跃欲试，国际核不扩散体制千疮百孔。20 世纪 70 年代，印度进行了核试验，但直到 1988 年才公开引爆核武，宣称自己拥有核威慑力。同样，巴基斯坦和朝鲜都如法炮制，进行过核武引爆试验。此外，以色列和日本也被认为是拥核的国家。阿尔及利亚、阿根廷、巴西、南非等国均被曝光有过核武器开发计划。因此，伊核全面协议的签署意义重大，可以被视为维护国际核不扩散体系的成功案例。

第三，伊朗资源市场开发潜力将获得释放，并会吸引欧美等跨国公司到伊朗寻找商机。在与伊朗关系陷入僵局之前，欧洲国家一直都是伊朗的主要贸易伙伴。对于参与谈判的法国人、英国人、德国人和俄罗斯人而言，与伊朗恢复和发展经贸关系是其利益和兴趣所在。德国在1979年伊斯兰革命前后就一直是伊朗的传统经济伙伴。伊核全面协议达成后的2015年7月21日，德国经济事务与能源部长加布里尔（Sigmar Gabriel）访问伊朗，在新闻发布会上明确提出“德国公司希望与伊朗建立持续的、持久的经济关系”。陪同加布里尔访问伊朗的还有德国的工业巨头及数十个企业的管理层人员，如林德、西门子、奔驰、巴斯夫、大众、德国国际合作公司等，他们与伊朗相关方面讨论了核协议达成后双方经济合作的广阔前景和可能的具体合作项目。俄罗斯政府也看好伊朗重回国际市场后带来的商机。除了伊朗每年从俄罗斯进口500—700万吨粮食以外，在重型机器制造、铁路运输、航空、电子传输、船舶制造等领域，俄、伊双方都有广阔的合作空间。当然，伊朗与外部世界经济合作的恢复和发展将是一个渐进的过程。

四、“后伊核协议时代”的中国与伊朗关系

中国与伊朗一直保持着良好的关系，多年来双边贸易额稳步增加。2002年中国与伊朗双边贸易额仅为37亿美元，2014年则增加到518.5亿美元，其中中方对伊朗出口额为243.44亿美元，自伊朗进口275.06亿美元。[①] 但由于受制于联合国安理会的经济制裁和美国施加的金融制裁，中国与伊朗的经济合作也受到很大束缚。例如，中国在伊朗实施油气开发项目时，由于双方签订的合作协议明确规定所需设备须采用欧盟标准且从欧

① 《中国伊朗经贸合作简况》，http://yzs.mofcom.gov.cn/article/t/201506/20150601003140.shtml。

洲国家采购，常常使这些合作协议无法落实。再如，西方国家对伊朗实施的金融制裁，使中资企业由于无法顺利实现资金往来而严重影响业务的开展。伊核全面协议签署后，随着制裁逐渐被解除，伊朗市场将被打开，中国与伊朗的贸易、投资尤其是油气开发领域的商机将大为增加。中国正在实施“一带一路”战略构想，建设途经中亚、中东延伸至欧洲的能源、基础设施等通道，伊朗将是必经之地和重要节点国家。

当然，伊核全面协议的签署和对伊朗制裁的解除也意味着中伊经贸合作将面临激烈的国际竞争。在伊朗受到外部制裁期间，西方公司放弃在油气开发、金融、汽车制造等领域的合作项目，客观上为中国企业进入伊朗市场并发展壮大创造了条件。例如，伊朗油气开发外资企业仅有来自中国的中石油、中石化、中海油三大油企，德黑兰地铁、德黑兰到马什哈德铁路等工程承包项目亦由中资企业来实施。但在“后伊核协议时代”，由中资企业在伊朗享用“独食”的时代已然过去，这就需要中资企业做好准备，迎接与世界各跨国公司在伊朗的激烈竞争。事实上，各国企业抢占伊朗市场先机的行动已经开始，欧美企业跃跃欲试，意欲重返伊朗市场。据《伊朗日报》2015 年 8 月 5 日载文称，现有多国政要和各类经济代表团接踵访问伊朗，探讨与伊朗的合作渠道和合作领域。① 因此，中企面对逐鹿伊朗市场的世界各大跨国公司，应尽早调整心态，扬长避短，充分发挥自身优势，争取在开放的伊朗市场中取得更大的成绩。

---

① 《各国企业争相抢占伊朗市场先机》，http://ir. mofcom. gov. cn/article/jmxw/201508/20150801076469. shtml。

新一轮中东动荡期形势评估

中国现代国际关系研究院副研究员　**田文林**

【内容提要】

中东剧变数年来，地区旧格局被彻底打破，并出现系统性崩溃迹象。目前，民主转型基本失败，国家治理模式探索前景黯淡；地区博弈宗教化色彩加重，“地缘争夺＋教派冲突”特征明显；“伊斯兰国”异军突起，地区秩序根基动摇；美国既定战略部署打乱，中东政策进退失据。在可见的未来，中东难以建立起新秩序，动荡持续将成为中东“新常态”。

一、中东国家治理模式探索任重道远

中东剧变以来，阿拉伯国家国内政治变化剧烈。中东剧变前，中东国家主要靠强人政治维护稳定与发展，但内部矛盾长期积累，加上西方渗透和推动，最终使突尼斯、埃及等国威权政体相继垮台，并相继启动“民主化”进程。然而，民主转型未能拯救中东。

从政治角度看，政治制度究竟需要“集权”抑或“分权”，主要取决于国家发展阶段和面临的主要任务。发展中国家因面临任务众多，一般以集权政体居多。阿拉伯国家面临的问题比其他国家更复杂艰巨，因此更需要确保集权和强政府。由此不难理解，为何中东强人政治和集权政体长期盛行。2011 年中东强人政权纷纷倒台，真正的弊端并非“集权”本身，而是当权者背离人民，使公权力变成权贵捞取好处的方便工具。因此，解决该问题，应该是在夺取政权后，用“革命者的专政”代替“反革命者的专政”，而不是从“集权”转向“分权”。打个比喻，刀子锋利本身是优点而并非缺点，关键是“刀把子”握在谁手，正确做法是抢夺“刀把子”，而不是将刀变钝。但强调分权制衡、多党竞争、个人权利的民主政治，恰恰是以牺牲效率为代价。换言之，中东民主转型实际上就是个牺牲集权、将“菜刀磨钝”的过程。

阿拉伯国家民主转型失败导致的必然结果，就是政局动荡和安全形势恶化。中东剧变前，阿拉伯国家当权者牢牢掌控军队、警察等强力部门，有能力为民众提供安全稳定等“公共产品”。随着威权政权垮台以及民主化启动，相关国家不同程度地出现政党内耗、权力空转、安全形势恶化等种种新问题。埃及在短短四年里已经历两轮政府更替，尤其是2013年7月军方将穆尔西政府赶下台并强力镇压穆斯林兄弟会，导致教俗矛盾空前激化，极端分子以西奈半岛为基地，频繁针对军警发动袭击。利比亚在卡扎菲倒台后涌现出了1700多支民兵武装，这些力量相互掣肘和征战，导致政治过渡曲折艰难，致使一个国家出现“两个议会、两个总理”，制宪、总统选举等议程再次搁置。经过长达一年多的分裂局面，2015年12月17日，利比亚对立双方最终签署《利比亚政治协议》，同意共同组建民族团结政府。但目前利比亚面临恐怖主义肆虐、经济发展停滞等难题，如何顺利落实协议内容，仍充满艰难险阻。2012年2月也门在哈迪政府上台后，始终未摆脱恐怖主义蔓延、经济崩溃、分离主义等问题。2014年9月北部胡塞武装占领首都萨那，并一路南下，最终在2015年3月引发沙特为首的阿拉伯联军的军事干涉，使也门出现更大范围的人道主义灾难，并呈现出新的南北割据态势。叙利亚政局动荡演变为全面内战，并持续至今，已造成25万人丧生，1200万人沦为难民，并成为“伊斯兰国”等极端恐怖势力活动的大本营。突尼斯转型情况相对较好，但也深陷各种政治势力博弈的复杂局面，其间两位反对党领袖被暗杀，临时政府3次更迭。

从经济角度看，当初阿拉伯民众起身造反，谋求改善经济状况是重要动因。但导致“阿拉伯综合症”的根源是许多结构性问题，因此这些国家要想摆脱困境，需要对现行阶级结构和政治经济路线进行全面变革。但民主转型与生产关系变革实际是“鱼与熊掌不可兼得”：如果要真正改善民生，实现经济和社会地位平等，就需要强行打破现行阶级特权，变革不合理的社会生产关系，而完成这些任务又需要强人统治和高度集权；而要实行宪政民主，前提就是默认现行政治经济秩序的合理性和合法性，不对现行经济和阶级结构进行根本性变革。换言之，所谓民主转型非但无法解决阿拉伯国家面临的结构性问题，反而妨碍了真正变革的发生，由此决定了中东民主转型注定“只开花，不结果”。

从实践看，缺乏治本之举，加上政局不稳，使相关国家经济状况非但未好转，反而更加雪上加霜。自 2011 年发生政治动荡以来，埃及经济形势恶化，经济增速一度降至 2%，外汇储备急剧减少，外资大量流失，旅游业遭受重创，失业率目前已高达 13%，埃及经济基础整体仍然十分薄弱。利比亚由非洲最富裕国家变成“半失败国家”，在石油出口收入急剧下降的影响下，利比亚公共财政收入摇摇欲坠，经济和金融到了崩溃的边缘。与此同时，利比亚石油产量下降到 40 万桶/日，仅仅相当于 2011 年前石油日产量的 1/4。突尼斯原本是“非洲经济优等生”，但政治剧变后经济持续下滑，2012—2015 年每年经济增长率都维持在 2.5% 左右的低增长状态，与之并存的是高通胀和高物价，青年失业率高达 15% 以上。民生艰难、高失业率致使大量突尼斯青年加入恐怖分子大军。据不完全统计，目前在叙利亚作战的突尼斯人大约有 3000 名，在利比亚接受“伊斯兰国”培训的突尼斯人数以万计，突尼斯几乎成为“伊斯兰国”等极端组织的“兵源地”。其中，已经有数百人回到了突尼斯，成为威胁突尼斯安全的“隐形炸药”。[①] 叙利亚经济更是元气大伤。据统计，经济恢复到 2010 年的水平至少需要 30 年时间。[②] 总之，民主转型并未给中东国家带来繁荣稳定，反而引发严重政治衰朽和经济恶化，出现了更多的“失败国家”或“半失败国家”，其治理模式探索陷入迷茫。

迄今为止，阿拉伯世界已经试验了不同发展道路（资本主义、社会主义和伊斯兰主义），尝试过各种政治制度（威权政体、君主政体、议会民主制），但仍未找到成功的发展模式。2011 年中东剧变和随后启动的民主转型，意味着阿拉伯国家已将“民主化”视为实现民族复兴的最大希望。然而，随着“阿拉伯之春”变成“阿拉伯之冬”，阿拉伯世界治理模式探索的“希望之灯”再次熄灭。在此背景下，阿拉伯国家被迫重新探索治理模式。

---

① 王金岩：《突尼斯的和平缘何屡受“伊斯兰国”的挑战》，载《当代世界》，2015 年第 11 期。

② Ramy Srour, “30 - year war for the Syrian economy,” *Asia Times Online*, November 8, 2013.

从目前看，中东转型国家出现两种新趋势。一种是重回“强人政治”倾向。最早爆发“阿拉伯之春”的突尼斯，民众开始怀念本·阿里时代，2014 年 10 月 23 日制宪会议选举中，曾在本·阿里时代担任外长及议长的埃塞卜西尽管年届 88 岁，仍在 12 月 22 日大选中当选总统。埃及在 2014 年 6 月举行第二次总统选举，前国防部长塞西高票当选，埃及回归军人政治。目前，埃及经济逐渐回升，国际信用评级机构上调了埃及的主权信用评级。第二种是政治极端化趋势。这种模式以利比亚、叙利亚等为代表，这些国家威权政体垮台或削弱后，国家陷入一盘散沙或全面内战。各种极端宗教势力应运而起，异军突起的“伊斯兰国”更是试图颠覆现行秩序，建立“哈里发国”。《纽约时报》专栏作家弗里德曼不无讽刺地将阿拉伯世界的政治走势概括为“ISIS 模式”和“SISI 模式”（以埃及总统塞西的名字命名），前者试图重建极端神权政治，后者则是重返军人统治。

此外，在那些暂时躲过中东“政权更替潮”国家，也不同程度面临低增长、高失业、政体脆弱等问题，尤其是继承问题日趋凸显。沙特国王阿卜杜拉 2015 年 1 月以 90 高龄谢世，继任者萨勒曼也已 79 岁；阿曼苏丹卡布斯现年 73 岁且无任何子嗣；四度蝉联总统的阿尔及利亚总统布特弗利卡已 77 岁；苏丹总统巴希尔也已 70 岁。这些国家均面临继承危机，未来政局走向充满变数。

总之，中东国家始终没有处理好三大问题：一是秩序与发展的问题；二是少数与多数的问题；三是世俗与宗教的问题。这些国家要想找到一种能够有效解决上述问题的国家治理模式，显然任重道远。

二、“地缘争夺 + 教派冲突”的“新冷战”态势

中东剧变前，中东地区群雄并立，并大体分为温和与激进两大阵营（实际是亲美与反美阵营）。2011 年中东剧变后，中东权力格局重新洗牌，温和阵营中的突尼斯、埃及、也门等相继政权更替并陷入困顿，短期无暇顾及地区事务。相较而言，沙特等海湾国家凭借“钞票换平安”，成功躲过“政权更替潮”，取代埃及成为阿拉伯世界“领头羊”。在激进阵营中，利比亚卡扎菲政权被内外势力联手推翻，并陷入一盘散沙；叙利亚爆发全面内战，巴沙尔政权不可能重新恢复对全国的统治。相较而言，只有伊朗

政体稳固，综合国力较强，加上伊朗在地区热点问题中作用突出，与美国等西方国家的关系也趋于缓解，其地区影响力日趋提升。中东地区博弈日渐成为沙特与伊朗间的较量。有学者指出，“理解中东地区政治的最好框架，就是伊朗和沙特发挥主导作用的冷战态势。”[①]

这种“新冷战”表现在各个领域：一是地缘政治争夺。沙特与伊朗将实力相对弱小的地区国家作为博弈战场和战略棋子，在巴林、伊拉克、黎巴嫩、叙利亚、也门等国展开代理人战争。[②] 二是油价战。沙特凭借拥有7500亿美元外汇，以及第一大产油国地位，2014年6月以来主动发起价格战，国际油价狂跌一半。沙特发动价格战，主要目的是保持市场份额，但削弱伊朗也是动因之一。[③] 伊朗此前遭受西方严厉制裁，石油收入从2011年的1150亿美元降至2013年的620亿美元，经济在2012年和2013年连续负增长，现在油价“跌跌不休”，使伊朗经济雪上加霜。三是安全领域，2014年12月9日，以沙特为首的海湾国家宣布将成立共同海军部队，其目的之一就是应对“伊斯兰国”和伊朗的威胁。2015年12月14日，沙特宣布成立有34个伊斯兰国家参加的反恐联盟，将伊朗、伊拉克、叙利亚等国排除在外，显然有针对伊朗为首的什叶派阵营的意味。四是外交战。2016年1月2日，沙特公开处决47名嫌犯，其中包括著名什叶派领导人尼米尔。此举引发伊朗强烈反弹，最高领袖哈梅内伊公开扬言要进行“神圣报复”，部分伊朗民众冲击并焚烧沙特驻伊使馆。沙特也旋即决定与伊朗断交，在其带动下，巴林、苏丹、吉布提等先后与伊朗断交，阿联酋则降低与伊朗外交关系，科威特、卡塔尔则召回驻伊大使。双方外交关系跌至冰点。五是媒体战。伊朗媒体频频指责沙特。2014年9月6日，一家伊朗报纸发文谴责沙特家族借伊斯兰之名获得统治合法性，称沙特王室是穆斯林的敌人，并濒临崩溃。哈梅内伊在革命卫队的代表阿里·萨义德则指责沙特资助“伊斯兰国”，在伊斯兰世界制造冲突，目的是毁灭伊斯兰世

① F. Gregory Gause, III, “Beyond Sectarianism: The New Middle East Cold War”, The Brookings Institution, 2014, p. 1.

② Ali Hashemm, “Saudis, Iranians benefit from Houthi attack on Sanaa,” *Al – Monitor*, September 24, 2014.

③ Michael Snyder, “Who Is Behind the Oil War and How Low Will the Price of Crude Go in 2015?” *Global Research*, January 2, 2015.

界。沙特也频频指责伊朗。2014 年 10 月 20 日，沙特外交大臣费萨尔公开称，在中东地区，“伊朗是问题的一部分，而不是解决问题的一部分”。[①]此外，据维基解密称，沙特高官曾向美国建议军事打击伊朗，并曾派特使与俄谈判，以采购俄石油换取俄中止对巴沙尔政权和伊朗支持。

需要指出的是，沙特与伊朗的内政外交均有较重的宗教色彩：沙特长期与瓦哈比教派结盟，沙特国王也以“两大圣地监护者”和伊斯兰世界领袖自居；伊朗是最大什叶派国家，1979 年革命后实行“教法学家统治”，并对外“输出伊斯兰革命”。由此使双方博弈兼有“地缘政治 + 教派冲突”双重性质。总体来看，伊朗与沙特间的“新冷战”导致地区形势更趋动荡。

一方面，地区国家教派矛盾升温。中东多数国家都是逊尼派与什叶派混居，在过去很长的历史中教派矛盾并不突出，至少不是主要矛盾。但是，随着中东形势日趋失控，中东各国部族、教派等原生性矛盾普遍升温，而沙特与伊朗争夺地区主导权，更使上述矛盾日趋严重。在伊拉克，掌权的什叶派领导人大多与伊朗关系密切；沙特则竭力扶植伊拉克的逊尼派势力。“伊斯兰国”兴起后，伊朗主动派遣精锐部队入境助阵伊拉克政府军，黎巴嫩真主党也宣称将在伊拉克对“伊斯兰国”发动军事打击。“伊斯兰国”反过来也公开对真主党宣战。[②] 叙利亚更是成为两大教派矛盾激化的“交汇点”和“辐射源”：巴沙尔政权得到伊朗等什叶派力量力挺；叙反对派则得到沙特、土耳其等逊尼派国家支持。即使面临“伊斯兰国”威胁，沙特和土耳其等国仍将“巴沙尔下台”作为优先目标。[③] 在黎巴嫩，围绕“支持还是反对巴沙尔”，黎巴嫩国内教派矛盾激化。真主党派兵帮助巴沙尔政权，其他教派则视其为伊朗代理人。黎巴嫩北部城市的黎波里支持和反对叙利亚政府的派别频频发生冲突，造成大量人员伤亡和财产损失。在也门，伊朗支持北部有什叶派背景的胡塞武装，沙特则支持南部逊尼派势力，使该国形成胡塞武装对阵逊尼派部落武装及“基地”组织的复

① “Saudi obfuscation: Who is the problem and who is the solution?” *TehranTimes*, Volume 12110.

② Matthew Levitt, “As Various Actors Circle Iraq, ISIS Faces Foreign Foes,” *Syria Deeply*, July 1, 2014.

③ “It's time to get rid of Assad,” *Arab News*, September 26, 2014.

杂局面。这种以教派冲突为底色的地区矛盾，比单纯的国家利益争夺更难化解。

另一方面，以色列成为“鹬蚌相争”的最大受益者。以色列长期生活在阿拉伯世界的包围中，因此最希望阿拉伯伊斯兰世界陷入内讧，使其无暇或无力对其围堵。中东剧变数年来，中东温和与激进阵营内斗加剧，使相关国家地缘版图碎片化趋势日益明显。相形之下，以色列地缘环境日趋改善。正是在这种新背景下，以色列在中东行事方式也因掣肘减少而日趋肆无忌惮。2014 年 7 月 8 日，以色列借口几名以色列少年被害，对加沙发动为期 50 天的“护刃行动”，造成巴方 2145 人死亡，6 万民宅被毁，超 10 万人无家可归，经济损失超过 44 亿美元，加沙重建费用 4 倍于加沙的 GDP 总值。[①] 以色列还采取了关闭阿克萨清真寺、拆毁恐怖分子嫌疑人住所、数次批准新建犹太人定居点、枪杀巴勒斯坦政府部长等行动。2011 年以来，以色列还数度对叙利亚境内的军事和民用设施发动空袭，完全无视叙国家主权。欧盟外交高级代表莫格里尼就表示，以军过度使用武力“令人担忧”。

三、“伊斯兰国”冲击中东地区体系

中东剧变以来，中东出现政治保守化和极端化趋势：2011 年中东剧变导致穆巴拉克、卡扎菲、巴沙尔等世俗民族主义政权垮台或削弱；在接下来的民主转型中，“穆斯林兄弟会”、“光明党”、“复兴党”等温和伊斯兰运动风光一时；随着中东乱局进入深水区，温和伊斯兰势力黯淡退场，主张恐怖暴力的极端宗教势力后来居上，其中代表性力量就是 2014 年 6 月异军突起的“伊斯兰国”。

相对于其他极端恐怖组织，“伊斯兰国”具有四个新特征：一是政治野心更大。“伊斯兰国”早在 2006 年成立“伊拉克伊斯兰国”（IS 前身）时，就定下在伊拉克和叙利亚建立跨境逊尼派国家的设想。目前，该组织控制了近 20 万平方公里土地，并公开宣布建国。二是政策更极端。该组织

---

① Richard Becker, “Terror carried out by a Terrorist State. Why Israel Wanted a Cease-fire Now?” *Global Research*, August 6, 2014.

主张严格恪守伊斯兰法，禁酒，禁止音乐，禁止看世界杯。在占领区严禁酒吧、音乐等娱乐活动，下令对数百万适龄女性割礼，对通奸罪施以石刑，并屡屡用绑架勒索、斩首、杀戮、活埋等血腥方式对付“异教徒”和俘虏。该组织的极端做法，甚至连“基地”组织都无法容忍，“基地”领导人扎瓦赫里竟指责“伊斯兰国”是“极端恐怖主义组织”。三是财源更充足。“伊斯兰国”通过收取保护费、走私、绑架、抢银行、海湾捐助等方式，总资产近20亿美元，[①] 成为“世界上最有钱的恐怖组织”。据估计，该组织每月有5000万美元石油收入。[②] 还有报道称，“伊斯兰国”每月总收入为1亿美元。[③] 四是战斗力更强。“伊斯兰国”创立初期，只会安放路边炸弹，无力与美军或伊军正面相抗。但经过叙内战熏陶，该组织总人数已达2万—3.1万，并能够娴熟运用各种轻重武器，实施地面协同作战。加之深受极端宗教影响，该组织作战意志坚决，是“最难缠的恐怖分子”。

“伊斯兰国”虽不能真正成事、彻底改变中东秩序，但也不会被轻易剿灭。在相当长时期内，“伊斯兰国”将成为影响中东政治走势的重要因素。[④] 该组织的搅局将动摇本就脆弱动荡的中东秩序根基。

（一）主权国家体系面临重大挑战

中东地区秩序的基础十分脆弱。一战后，英、法依据1916年英法秘密达成的《赛克斯－皮科特协定》，将阿拉伯世界分成若干“委任统治国”。这种由外部大国强加的主权国家秩序具有先天不足的特征，导致试图颠覆和重组地区秩序的诉求始终不绝。2011年中东剧变后，叙利亚、利比亚等国相继陷入乱局，加上此前伊拉克政局动荡，中东主权国家体系遭到明显削弱，教派、部落势力则日趋抬头。2014年6月异军突起的“伊斯兰国”，对中东现行秩序形成了前所未有的巨大冲击。该组织宣称，它们的目标之

---

① “Islamic State battles for Syria's oil wealth,” *Iranian Diplomacy*, July 30, 2014.

② Yochi Dreazen, “ISIS Uses Mafia Tactics to Fund Its Own Operations Without Help From Persian Gulf Donors,” *ForeignPolicycom*, June 16, 2014.

③ “Islamic State battles for Syria's oil wealth,” *Iranian Diplomacy*, July 30, 2014.

④ Brian Katulis, Hardin Lang, and Vikram Singh, “On the Brink: Managing the ISIS Threat in Iraq,” Center for American Progress, June 17, 2014.

一就是摧毁《赛克斯－皮科特协定》划定的边境和国家，[①] 并扬言在五年内占领整个中东，非洲东部、中部和北部，欧洲的伊比利亚半岛，黑海东部、南部和西部，亚洲中部和西部（包括印度大部甚至是中国西部地区），建立一个“哈里发帝国”。这一政治野心得到巴基斯坦、阿富汗、印度、马尔代夫、新加坡、印尼、菲律宾、马来西亚等国不少极端组织的支持。[②] 这种狂妄的想法不可能实现，但“伊斯兰国”打破叙伊两国边境并自行“建国”，力主重划中东版图，使已维系近百年的中东主权国家体系的根基发生动摇。

首先，伊拉克一分为三的可能性增大。伊拉克是当年英国殖民者制造的“人造国家”，是由奥斯曼帝国三个行省（巴士拉、巴格达、摩苏尔）拼凑而成，人口相应由阿拉伯什叶派、阿拉伯逊尼派和库尔德逊尼派构成。2003 年萨达姆政权被推翻后，三大族群的矛盾日趋由隐性转向显性。马利基自 2006 年上台执政 8 年，推行宗派主义政策，进一步加大了教派分歧。当前兴起的“伊斯兰国”，与什叶派和库尔德人势不两立。为了彻底搅乱伊拉克，“伊斯兰国”刻意煽动伊拉克教派仇恨，并在占领区内摧毁什叶派清真寺和圣迹，使伊拉克教派矛盾更趋恶化。目前，什叶派、基督徒和其他少数教派纷纷从“伊斯兰国”占领区逃离，其他地区的逊尼派居民也遭什叶派驱逐，伊拉克出现了类似种族清洗的迹象。[③] 目前，北部库尔德地区使用库尔德斯坦旗帜，南部城市巴士拉也设计出自己的旗帜。由于伊拉克政府短期内无力消灭“伊斯兰国”，由此使伊拉克无望恢复统一，很可能沿着自然和历史界限形成三足鼎立的分裂局面。[④]

其次，叙利亚同样存在分裂的可能。叙利亚民族和教派林立，结构比伊拉克还要复杂。从民族构成上看，包括阿拉伯人、库尔德人、亚美尼亚人、土库曼人和吉尔吉斯人；从宗教信仰上看，85% 居民信奉伊斯兰教，

---

① As－Safir（Lebanon），“ISIS's political Islam the latest Arab tragedy，” *Al－Monitor*，June 29，2014.

② Tufail Ahmad，“Growing Support For The Islamic State（IS）From South Asia To The Far East，” *MEMRI*，September 10，2014.

③ Abigail Hauslohner，“With the rise of Islamic State，Iraq is splintering along religious and ethnic lines，” *The Washington Post*，September 30，2014.

④ Leslie H. Gelb，“Best hope for Iraq is a loose confederation，” *New York Times*，October 17，2014.

其中逊尼派占60%，阿拉维派占12%，逊尼派库尔德人占10%，德鲁兹派占5%，还有13%信奉基督教。叙利亚陷入全面内战后，巴沙尔政府日趋失去对全国的掌控，仅占据大马士革和拉塔基亚等什叶派聚居区，东北部库尔德人早已高度自治，各种逊尼派反政府武装（包括“伊斯兰国”）占领其他地方。当前“伊斯兰国”将叙利亚作为扩张重点，不仅打通了叙伊两国边境，并在不断扩张领土，再加上西方和部分地区国家仍顽固地坚持推翻巴沙尔政权的政策，因此巴沙尔政府很难恢复过去的统治，叙地缘版图碎片化已成定局。

此外，中东其他国家的分离势力也蠢蠢欲动。如也门南部重新出现南北分离呼声；[①] 利比亚的黎波里塔尼亚、昔兰尼加和费赞三部分旧怨复燃，分离倾向增强。这其中，最值得关注的，就是库尔德人问题日渐凸显。库尔德人是中东人口最多的四大民族之一（其他三个民族是阿拉伯人、波斯人、土耳其人），但至今没有建立自己的国家。因此，库尔德人一直延绵不绝地谋求独立运动。2011 年中东剧变，特别是“伊斯兰国”的兴起，为库尔德谋求独立提供了难得契机。[②] 伊拉克库尔德地方政府早已高度自治，并向 38 个国家派驻各种层级的“外交代表”；当地出售的“库尔德斯坦”地图，版图涵盖伊拉克、土耳其、伊朗、叙利亚等多个国家。2014 年 6 月“伊斯兰国”兴起后，库尔德地方武装乘乱占领石油重镇基尔库克，地盘一夜间扩大40%。同时，为遏制“伊斯兰国”扩张势头，伊朗和部分西方国家向库尔德地方武装提供武器，土耳其也开始培训库尔德“自由战士”，这些举措客观上增强了伊拉克库尔德武装的实力。在叙利亚，随着“伊斯兰国”的兴起，促使叙利亚库尔德人与伊拉克库尔德人联手反击，武装力量日趋壮大。

（二）地区恐怖主义势力连点成片，反恐成为中东新难题

中东地区恐怖活动一直十分猖獗。中东剧变后，中东国家转型不畅，地区安全真空增大，为恐怖活动的滋生蔓延提供了丰厚的土壤。“基地”等恐怖组织乘机扩大活动范围，并着重在“三不管地带”（如利比亚东部、

---

① Ramzy Baroud, “South vs. North: Yemen Teeters Between Hope and Division,” *Foreign Policy Journal*, October 16, 2013.

② Chase Winter, “The Birth of Kurdistan? Not So Fast,” *The National Interest*, June 16, 2014.

马里北部、埃及西奈半岛及叙利亚部分地区）建立活动据点，使此前一度收敛的恐怖主义重新壮大。当前兴起的“伊斯兰国”以叙利亚和伊拉克为主要活动基地，由此将整个西亚北非的极端势力连点成面：自东向西，出现了阿富汗塔利班、巴基斯坦塔利班、也门的“基地”组织阿拉伯半岛分支、黎凡特地区的“伊斯兰国”、叙利亚的“支持阵线”、北非“基地”组织伊斯兰马格里布分支、利比亚“伊斯兰战斗团”、尼日利亚“博科圣地”和索马里“伊斯兰青年党”等恐怖极端组织。据英国广播公司调查，2014 年 11 月，全球有 5000 多人死于“圣战者”之手，其中“伊斯兰国”就造成 2000 多人死亡。“伊斯兰国”肆虐的重灾区伊拉克 2014 年共有 15538 人丧生，比 2013 年的 6522 人增加了一倍多。另据联合国驻伊特派团统计，2014 年伊拉克有 12282 人死于暴力，其中约 8500 人死于 6 月“伊斯兰国”占领摩苏尔之后。

“伊斯兰国”野心大，实力强，并已取代“基地”组织成为中东极端恐怖组织的“领头羊”和“策源地”。目前，埃及、突尼斯、利比亚、也门、沙特等国均有“伊斯兰国”支持者。埃及“耶路撒冷支持者”等组织也先后宣布效忠“伊斯兰国”。“阿尔及利亚哈里发战士”、车臣反叛武装“迁徙者支持军”、尼日利亚“博科圣地”、巴基斯坦塔利班等组织也宣布效忠“伊斯兰国”，印尼“伊斯兰祈祷团”、菲律宾阿布萨亚夫武装、乌兹别克斯坦伊斯兰运动等暴恐组织也表示支持“伊斯兰国”。受此影响，法国、加拿大、澳大利亚等西方国家频频出现“独狼式”恐怖袭击事件。法国已经成为恐怖袭击的重灾区。2015 年 1 月 7—9 日三天，巴黎连续发生三起枪击杀人和劫持人质杀人的连环血案，造成 17 名无辜民众死于非命。11 月 13 日，首都巴黎发生系列恐怖袭击事件，造成两百多人伤亡。这些恐袭事件均与“伊斯兰国”有着千丝万缕的联系。

“伊斯兰国”等极端组织兴起后，恐怖与反恐的矛盾又成为中东的新难题。“伊斯兰国”现阶段的目标是巩固在伊叙的统治，但下阶段的目标就是征服相邻的穆斯林国家，其目标顺序首先是沙特，然后是伊朗，最后是罗马。[①] 这意味着沙特等海湾国家将面临直接威胁。在此背景下，沙特

---

① Y. Carmon, Y. Yehoshua, and A. Leone, “Understanding Abu Bakr Al - Baghdadi And The Phenomenon Of The Islamic Caliphate State”, The Middle East Media Research Institute, *Inquiry & Analysis Series Report*, No. 1117, September 14, 2014.

等海湾国家被迫调整政策，被迫将反恐列为优先任务，并采取了一系列措施。沙特、卡塔尔、阿联酋、巴林、约旦等5个君主国直接参与美国打击“伊斯兰国”的空袭行动；土耳其也改变低调政策，强调要加大对“伊斯兰国”的打击力度。

四、美国中东战略进退失据

美国是影响中东政治的最大域外力量。美国外交政策走向变化，直接影响中东格局发展态势。2009年奥巴马上台以来，美国外交政策呈现两大彼此相关的方向性调整。一方面，加紧在中东战略收缩。美国在中东十年反恐，结果陷入战争泥潭，软硬实力严重受损，迫使奥巴马政府反思中东政策，减少在中东战略投入。五年前，美国在海湾地区的总兵力为2.3万人，现在只剩不到5000人。[①] 另一方面，实行战略东移和亚太再平衡。近十年来，中国等新兴大国借机加速崛起，美国日趋将中国视为最大的竞争对手。正是基于这种考虑，美国转而对中国处处设防，并计划将60%的军力部署在亚太地区。

然而，美国在中东战略收缩是在中东局势仍是“夹生饭”背景下进行的。美国在中东减少投入，使中东权力失衡更趋加剧，地区热点不断激化升温。2014年6月兴起的“伊斯兰国”屡屡斩首包括美国记者在内的西方记者，显示了对西方的强烈敌意。9月22日，“伊斯兰国”呼吁其成员和支持者，用任何方式或手段杀死美国人、欧洲人和支持美国反“伊斯兰国”联盟的国家公民。美国联邦调查局局长科米9月26日表示，“伊斯兰国”肯定将会设法袭击美国。民调显示，76%的美国民众支持空袭“伊斯兰国”，45%的民众支持出动地面部队；如美国使馆遭袭，支持派地面部队的比例达72%。[②]

在巨大的内外压力下，奥巴马政府不得不放慢从中东战略收缩的步

① Joshua Rovner and Caitlin Talmadge, “Less is More: The Future of the U. S. Military in the Persian Gulf,” *The Washington Quarterly*, November 01, 2014.

② Brian M Downing, “Obama, Iraq, and the Gulf region,” *Asia Times Online*, November 19, 2014.

伐，并加大在中东的反恐投入。2014 年 8 月以来，美国组建了 60 多个国家参与的反恐联盟，先后对伊拉克、叙利亚境内的“伊斯兰国”目标进行了持续空袭。在 9 月 24 日联大演讲中，奥巴马坦承低估了“伊斯兰国”的实力和威胁，并明确将“伊斯兰国”界定为“最危险的敌人”。① 国务卿克里、国防部长哈格尔、白宫事务主管丹尼尔等美国高官相继表示，美国的目标是使“伊斯兰国”丧失发动恐怖袭击能力，不再对美国和中东构成威胁。目前驻伊军事人员已达到 3100 人。美国和西方盟国对“伊斯兰国”进行了持续空袭，但并没有遏制住“伊斯兰国”扩张的势头。例如，2014 年 6 月“伊斯兰国”只有约 3 万人，到 2015 年已经增至 5 万人。奥巴马总统也无奈地表示，空袭消灭极端分子的速度赶不上极端分子招募人员的速度。

当前，美国在中东政策进退失据，面临若干结构性矛盾。

首先，硬实力不足与四面出击的困境。奥巴马政府矢志战略东移，表明其已将中国视为最大的竞争对手；2014 年美俄因乌克兰危机矛盾激化，美国又将俄罗斯列为主要打压对手；“伊斯兰国”在中东异军突起后，美国被迫加大中东反恐力度。在 2014 年 9 月的联大发言中，奥巴马将埃博拉、俄罗斯和“伊斯兰国”并列为“当今世界三大威胁”。美国面临的对手越来越多，但美国应对挑战的实力和手段却日趋捉襟见肘。目前，美国陆军人数已从此前的 57 万减少到 50.5 万，2015 年底还要减少到 49 万。如果国会不取消计划于 2016 年进行的自动预算缩减，美陆军人数有可能减少到 42 万。② 在目标与能力严重不对称的背景下，美国不可能四面出击，同时应对多个战略对手。这使美国战略抉择难度加大。

其次，不愿在中东加大反恐投入，但又试图掌控中东局势的矛盾。数年来，奥巴马一直谋求从中东脱身。因此，重返中东反恐与奥巴马此前的外交政策方向背道而驰，由此决定了奥巴马对打击“伊斯兰国”始终心存抵触。在“伊斯兰国”极端势力凸显后的两个多月内，奥巴马面对马利基

---

① “Obama pledges to dismantle Islamic State in U. N. speech,” http://www.sfgate.com/world/article/Obama - pledges - to - dismantle - Islamic - State - in - U - N - 5778516.php.

② 凯特·布兰宁：《空中—沙漠战》，载［美国］《外交政策》网站，2014 年 11 月 14 日。

政府的求援，迟迟未施援手，即便于2014年8月8日开始空袭“伊斯兰国”后，仍一再强调军事行动“有限”，并一再拒绝派遣地面部队参战。①美国要想击败“伊斯兰国”，需要包括外交、情报、经济、政治乃至意识形态在内的综合战略，并需要费时很多年才能见效。② 美国战争研究所的学者就认为，如果对“伊斯兰国”使用“摧毁”一词，就意味着美国是在谋求综合性胜利，但目前美国的军事行动远远不足。③ 因此，美国半心半意的反恐战略，很难击败“伊斯兰国”。

第三，清剿“伊斯兰国”与遏制激进阵营何者优先的矛盾。美国在中东反恐主要依靠西方和地区盟友，但这些反恐盟友各怀心思，“出工不出力”。伊拉克安全部队饱受教派矛盾、贪污腐败、装备给养短缺等困扰，战斗力很弱；约旦和沙特等海湾国家也未能对“伊斯兰国”进行有效打击；埃及国内问题成堆，拒绝派兵参战；土耳其承诺派遣地面部队，但绝不肯深入叙伊腹地反恐；叙利亚“温和反对派”、库尔德“自由战士”及什叶派民兵等地方武装各有盘算，都想利用美国空袭实现自己的政治目标。④ 总之，地区反恐力量难以形成合力，无法对“伊斯兰国”构成实质威胁。⑤ 叙利亚和伊朗反“伊斯兰国”意愿最强、军力也相对强大，但美国却将其排除在反恐联盟之外。2014年9月，美国还通过新法案，拨款5亿美元，用于武装和训练叙“温和反对派”，但却收效甚微。此外，美国还希望“伊斯兰国”和巴沙尔政权相互消耗，这种夹带私货的反恐战略，难以有效清剿“伊斯兰国”。⑥

---

① John Johnson, “Obama: I Repeat, No ‘Ground War in Iraq’,” http://www.newser.com/story/196035/obama - i - repeat - no - ground - war - in - iraq.html.

② Jon B. Alterman, “Rethinking Strategy toward the Islamic State,” Center for Strategic and International Studies, September 17, 2014.

③ Shane Harris, “Obama's Mission Impossible,” *ForeignPolicy com*, September 9, 2014.

④ Frederic Wehrey, “Five Hidden Risks of U.S. Action against the Islamic State,” Carnegie Endowment for International Peace, September 11, 2014.

⑤ Hassan Hassan, “Confronting the Islamic State,” Carnegie Endowment for International Peace, September 11, 2014.

⑥ Patrick Cockburn, “Why Washington's war on terror failed,” *Asia Times*, August 22, 2014.

第四，如何突破“反恐投入越多、留下烂摊子越大”困局。当年美国倾其国力在中东反恐，但效果适得其反，极端恐怖势力反而更趋壮大。这充分表明，在反恐问题上，“高投入不等于高效益”，甚至可能越反越恐。因此美国决策者十分担心，如果美国在反“伊斯兰国”行动中投入过大，“用力过猛”，会再次陷入中东泥潭。有美国学者认为，当年“基地”组织发动“9·11”袭击，目的就是刺激美国过度反应，深陷伊斯兰世界。但是，仅靠当前的“轻脚印”反恐战略（包括无人机反恐，动用特种部队进行精确打击等等），很难对“伊斯兰国”这种“升级版”的极端组织构成致命打击。目前，美国反恐战略的唯一内容就是军事打击，这即便削弱了“伊斯兰国”，也会增强“基地”组织、“支持阵线”（Al－Nusra Front）和“呼罗珊”等极端组织的实力。[1] 到底何种反恐策略有效，该如何把握火候，美国恐怕至今心中无底。

① Ross Harrison，“Defeating the Islamic State Militarily Is Only Half the Battle，” *Middle East Journal*，October 3，2014.

土耳其 G20 安塔利亚峰会评估

上海外国语大学中东研究所助理研究员　**邹志强**

【内容提要】

2014 年 12 月 1 日，土耳其正式接任 G20 轮值主席国后，立即公布了 2015 年 11 月 G20 安塔利亚峰会的优先议程，并在接下来的一年时间里通过召开会议和广泛沟通进行了精心筹备。这是 G20 峰会首次在中东伊斯兰国家举办，成为 2015 年中东地区的重大国际事件之一。土耳其积极利用 2015 年 G20 峰会主席国身份，向世界展示了其大国抱负与全球雄心。因此，土耳其在 G20 中的角色、认知、政策及其在 2015 年安塔利亚峰会中的表现与影响，都受到了国际社会的广泛关注。

一、土耳其与 G20 的互动关系

在自身经济实力增强与全球抱负膨胀的基础上，近年来土耳其以 G20 为新的舞台参与全球经济治理，争当西方与伊斯兰世界、欧洲与中东中亚地区的沟通桥梁，扩大与新兴大国的协调合作，增加对发展中国家的援助，努力拓展大周边外交，成为 G20 中日益活跃和引人注目的新角色。

第一，土耳其在全球经济中的地位不断提高，增强了 G20 的合法性、代表性与治理效力，提升了 G20 作为全球经济治理主要机制的权力地位。

具有独一无二地缘战略地位的土耳其是东西方文化、宗教、政治与经济枢纽，[①] 被视为唯一同时拥有东西方文化与历史的国家，是一个拥有多重身份与重要影响力的地区大国。由于兼具伊斯兰文化与西方文化的特质，拥有中东伊斯兰国家中最为成熟的民主政体，土耳其成为东西方文明沟通的天然桥梁。在过去十余年里，土耳其“作为经济大国的崛起”，[②] 促使其实行积极的外交政策，广泛参与国际事务，使之作为新兴大国的重要代表在地区与全球经济中的重要性日益提升。2002 年正发党执政后，土耳其经济实现了持续高速增长的“奇迹”，经济增速保持中高水准甚至一度超过 8%，成为欧洲与中东地区经济增长最快、赶超势头最强劲的国家。[③] 土耳其的 GDP 从 2002 年的 2305 亿美元上升到 2014 年的 8001 亿美元；人均 GDP 从 3492 美元飙升至 10404 美元。[④] 土耳其政府计划到 2023 年建国 100 周年时进入世界十强，经济总量达 2 万亿美元，人均收入 25000 美元，成为具有全球影响力的国家。土耳其也成为全球公认的新兴大国，多次被列入“迷雾四国”（MIST）、“灵猫六国”（CIVETS）、“金钻十一国”（Next－11）、“展望五国”（VISTA）、“薄荷四国”（MINT）等名目繁多的新兴国家名单之中，被认为是全球十大新兴市场之一，以经济成就为重要内容的“土耳其模式”也成为其国际名片。土耳其跻身于 G20 成员国，进一步确立了土耳其的经济大国身份。近年来，国际上也一直有人在探讨土耳其加入“金砖国家”的可能性。[⑤]

土耳其还拥有独特的地缘经济优势，是中东、中亚、里海国家以及俄罗斯、欧盟的重要经济伙伴，最有可能成为推动巴尔干、里海、中亚与中东地区经济增长的发动机。[⑥] 土耳其与欧盟签有关税同盟协定，与数十个

---

① Siret Hursoy，“Changing Dimensions of Turkey's Foreign Policy,” *International Studies*，48，2（2011），p. 140.

② Svante E. Cornell，“What Drives Turkish Foreign Policy?” *Middle East Quarterly*，Winter 2012，p. 13.

③ 丁工：《土耳其崛起的根源及对未来走势的影响》，载《世界经济与政治论坛》，2013 年第 1 期，第 59 页。

④ 土耳其国家统计局（TurkStat），http://www.turkstat.gov.tr。

⑤ Gokhan Bacik，“Turkey and the BRICS：Can Turkey Join the BRICS?” *Turkish Studies*，2013，Vol. 14，No. 4，pp. 758－773.

⑥ Yilmaz Argüden，“An Overview of the Turkish Economy：Outlook and Current Perspectives,” *Middle East Policy Briefs*，No. 4，Dec. 2007. p. 8.

国家签有自由贸易协定，是多个区域合作与贸易优惠安排的成员，成为世界投资与贸易往来的汇聚地。土耳其还是北约与经合组织成员国，与西方之间建立的制度性联系，为土耳其在地区与全球经济中发挥沟通桥梁作用奠定了良好基础。

第二，土耳其为应对全球金融危机作出了积极贡献，与其他新兴大国一道共同推进了全球经济治理机制的变革与 G20 机制化进程。

土耳其作为全球经济治理机制变革的受益者，对参与全球经济治理及 G20 活动始终抱有积极态度。2008 年金融危机以后，通过自身经济快速强劲复苏和对全球经济治理的积极参与，土耳其与其他新兴大国共同应对全球金融危机，促进全球经济复苏，推动了全球经济治理机制的发展变革和 G20 的地位上升与机制化。土耳其经济也受到全球金融危机的较大冲击，甚至出现了负增长。但土耳其于 2009 年末很快走出衰退后，2010 年和 2011 年经济增长率分别达到 9.2% 和 8.5%，成为世界上率先摆脱危机的主要经济体之一。

2008 年以来，土耳其参与了历次 G20 峰会，力促峰会在防止世界经济衰退、加强金融监管、改革国际货币体系等方面达成一致协议，为应对全球经济危机、扩大新兴国家的发言权发挥了积极作用。在 2010 年 6 月的多伦多峰会上，土方重点关注提高发展中国家的代表性和发言权，加强各国之间财政政策沟通和协调、推进国际金融体系改革等，多伦多峰会公报还特别感谢土耳其决定举办第四届联合国最不发达国家会议。在 2012 年的洛斯卡洛斯峰会上，埃尔多安承诺向 IMF 提供 50 亿美元以协助应对愈演愈烈的欧元区危机，并号召 G20 各国共同制定“可持续与均衡增长”路线图，强调各国应采取更为积极主动的措施开展结构性改革以缓解危机。凭借当时土耳其经济在应对金融危机中的优越表现，即 2011 年 8.5% 的经济增长率与 3760 亿美元的外贸总额，埃尔多安自豪地称土耳其为“稳定岛”(Island of Stability)。①

土耳其还多次公开呼吁 IMF 与世界银行增加发展中国家的份额与投票权。2010 年 10 月，土耳其主管经济事务的副总理阿里·巴巴詹指出，IMF 目前的份额分配有失公允，严重影响了组织信誉和活力，呼吁尽快增加发

① “PM Erdoğan pledges $5 billion for IMF fund at G－20 summit”, *Today's Zaman*, 19 June 2012.

展中国家所占的份额。[①] 根据近年来 IMF 与世界银行通过的改革决议，土耳其在 IMF 与世界银行中的份额与投票权得以提升，但由于改革还未完全落实，比例依然偏低。土耳其在 IMF 实际拥有的份额与投票权占比均为 0.61%；2010 年的改革落实之后，其在 IMF 中的份额占比将提高至 0.98%，投票权占比提高至 0.95%，全球排名从 31 位上升为 20 位，接近其在全球经济中的比重。[②]

第三，G20 提升了土耳其的全球经济地位，为土耳其参与全球经济治理、发挥地区大国作用提供了重要平台。

G20 打破了西方发达国家对全球经济治理的垄断，虽然西方国家仍具有主导地位，但发展中大国已经是世界经济中不可或缺的力量。[③] 随着自身经济实力的增强与经济诉求的扩展，土耳其已经成为全球经济中的主要“棋手”之一，与其他国家与区域集团之间的合作与竞争不断增多，对国际经济协调的需求日益突出。土耳其积极参与推动了 G20 的机制化建设和全球经济治理机制的变革与转型，其在全球经济治理中的地位已受到西方国家与新兴国家群体的重视。也正是依托 G20 机制，土耳其与其他新兴成员参与全球经济治理的地位得以制度化，提升了土耳其的国际地位与影响力，使之从一个地区经济大国上升为潜在的全球经济大国，拥有了一定的治理话语权。G20 也是土耳其参与全球经济治理，发挥经济大国作用的主要平台。

当然，土耳其经济也存在很多深层次的问题与挑战，使其在全球经济治理中的作用发挥受到明显制约。土耳其的经济实力与真正的世界大国还有差距，经济及综合实力增长前景具有不确定性，经济还没有走上稳定持续增长的轨道，具有显著的脆弱性特征。例如，2012、2013 和 2014 年土耳其经济增速从之前的高增长骤降为 2.2%、4%、2.9%。土耳其经常账户赤字长期居高不下，经济对国际资本的高依赖带来的脆弱性风险十分突出，近两年经历了货币贬值、资本外逃引发的金融动荡。虽然国内外很多

---

① 《土耳其国务部长呼吁国际货币基金组织修改份额》，中国经济网，http://news.china.com.cn/rollnews/2010-10/12/content_4692862.htm。

② IMF Governance，http://www.imf.org/external/about/govern.htm.

③ 朱杰进：《二十国集团的定位与机制建设》，载《阿拉伯世界研究》，2012 年第 3 期，第 31 页。

研究成果认为土耳其实现了经济发展的奇迹，正在经历持续而根本性的崛起；但也有学者认为土耳其经济发展不容乐观，GDP 实际增长率要比名义增长率低得多，而主要依赖外部资源的增长方式从长期来看也不可持续。①

二、土耳其对 G20 的认知与政策特点

近年来，土耳其积极参与 G20 框架下的全球经济协调及机制化建设。根据自身的利益诉求与外交战略，土耳其对 G20 的认知与政策主要有三个方面的特点。

第一，从战略认知来看，土耳其将 G20 视为参与全球经济治理、展现大国抱负和提升国际地位的重要平台，支持推进全球经济治理改革，维护 G20 在全球经济治理中的核心地位。

从自身对外政策与利益需求出发，土耳其希望通过 G20 机制化建设与改革维护本国经济利益和提升国际经济地位，因此对 G20 抱积极态度与较高期待。土耳其高度重视追求大国地位，注重维护自身在国际格局中的地位。土耳其前外长、现任总理达武特奥卢提出了“战略深度”（Strategic Depth）思想，强调土耳其是拥有历史深度、地缘战略深度和多重身份认同的中心国家，在多个地区均具有影响力，力图借助国际体系的重组和转型，确立其在欧洲、中亚和中东的关键性国家和全球中心强国的地位。② 在达武特奥卢看来，土耳其在国际体系中的地位将从“侧翼国家”转变为“中心国家”，并最终成为“全球行为体”。③ 参与 G20 的创建为土耳其提供了重要的外部机遇，土耳其视 G20 为参与全球经济事务的重要平台，以及提高自身国际地位的重要载体，力求突出其世界大国地位与影响力，并在全球经济治理中获得相应的发言权。

---

① Turan Subaşat, “The Political Economy of Turkey's Economic Miracle,” *Journal of Balkan and Near Eastern Studies*, 2014, Vol. 16, No. 2, p. 138.

② Alexander Murinson, “The Strategic Depth Doctrine of Turkish Foreign Policy,” *Middle Eastern Studies*, Vol. 42, No. 6, November 2006, pp. 951 – 953.

③ Faruk Yalvac, “Strategic Depth or Hegemonic Depth? A Critical Realist Analysis of Turkey's Position in the World System,” *International Relations*, 2012, 26 (2), p. 168.

对 G20 的参与达到了土耳其的基本认知与预期，并使其在参与全球经济治理进程中获得了更大的发言权。担任 2015 年 G20 轮值主席国使土耳其获得了展现自身经济成就和领导力的绝佳机会，而 G20 中的中等强国集团（MIKTA）的形成也将加强和提升土耳其的地位。① 2015 年峰会使土耳其有机会站在全球经济治理舞台的中心，并被安卡拉视为展现土耳其经济与政治大国地位的重大机遇。② 土耳其希望借助担任 G20 轮值主席国的机会进一步塑造其全球经济大国的形象，提升外界对其外交政策的支持。2014 年 12 月 1 日，在刚接任 G20 轮值主席国后发布的官方文件中，土耳其开宗明义地阐明了 G20 在危机时期以及后危机时代的重要性，“G20 在危机时期清楚地呈现了其作为全球危机解决论坛的能力。……在后危机时代，G20 依然高度重要和具有重要意义。”③ 土耳其副总理巴巴詹表示，主办 G20 峰会既为土耳其提供了巨大的机遇，也赋予了更大的责任。

第二，从议程领域来看，由于土耳其经济始终存在严重的贸易逆差、易受国际金融市场影响等脆弱性风险，土耳其所关注和能够发挥作用的议题具有特殊性。

土耳其前任 G20 协调人曾表示，土耳其在绿色增长、发展问题、IMF 治理改革、物价稳定以及其他议题领域均有自己的观点。但从近年来参与 G20 峰会的历史来看，土耳其主要关注遏制金融危机蔓延、全球经济复苏与稳定、反对贸易与投资保护主义、改革国际金融监管与金融机构等议题，特别重视应对欧债危机、美国量化宽松政策、维护国际金融市场稳定等问题，但也有扩展议题领域的倾向。土耳其面临着持续的贸易逆差、高额外债等问题，对欧盟、美国经济金融市场十分敏感。长期以来，经常账户赤字及由此带来的政策困境是土耳其经济面临的主要挑战之一。④ 在 2011—2014 年，土耳其贸易逆差分别达到 1059 亿美元、840 亿美元、998

① “Commentary sees Turkey’s stance at G20 as trial run for rotating presidency,” *BBC Monitoring European*, 17 November 2014.

② “Turkey assumes G20 presidency, pledges to fight inequality,” *Hurriyet Newspaper*, December 1, 2014.

③ “Turkish G20 Presidency priorities for 2015,” December 1, 2014, http://www. G20. org.

④ N. Nergiz Dincerb & Pinar Yasar, “Identification of Current Account Deficit: The Case of Turkey,” *The International Trade Journal*, 2014, pp. 1 – 25.

亿美元和 842 亿美元，分别占到当年对外贸易总额的 28%、22%、25% 和 21%。① 土耳其经济因存在较高的资本借贷与经常账户赤字而具有脆弱性，近年来其依赖出口与外部融资的经济增长模式受到了全球金融危机的强烈冲击。② 国际金融监管与机构改革既事关国际经济环境特别是国际金融市场对土耳其的传导效应，也关系到土耳其能否借此提升自身的国际金融地位。2012 年以来，国际金融危机的后续影响超出了土耳其政府的预期，外资流入下降、资本外逃与本币贬值导致的金融市场动荡，给土耳其经济带来了重大挑战。由于与欧盟之间经济关系紧密，土耳其对于欧盟经济政策及风险十分敏感，对近邻希腊的债务危机高度关注。例如，2013 年初，巴巴詹曾在达沃斯论坛上对欧盟计划征收金融交易税表示强烈反对，称之为一种“新民粹主义”。③ 2014 年 12 月，在接任主席国后举办的首场 G20 财长与央行行长会议上，巴巴詹再次强调了落实 IMF 份额改革的重要性。④ 上述关注包含了土耳其的主要利益诉求，反映了土耳其在全球经济体系中的主要利益所在。

第三，从政策倾向来看，国家身份与外交政策定位使土耳其的 G20 政策具有复杂性与模糊性的特点，既表现出新兴国家的利益诉求特征，又面临与发达国家保持政策一致性的外在约束。

土耳其秉持合作政策，积极配合国际社会开展经济协调与治理，是现有全球经济治理机制的参与者与改革者，同时也表现出政策跟随者的身份特征。这种政策参与方式既是其多元化身份与经济特点所致，也与其温和亲西方的外交政策特点及其在经贸、金融方面与西方的联系密切相关。一方面，土耳其在利益诉求上与新兴国家群体具有一致性，推动全球经济治理结构变革与国际金融机构改革符合土耳其的利益，因此对参与全球经济治理持积极态度，希望进一步改革现有治理机制，扩大本国的话语权。在具体议题领域也是如此，如土耳其希望加强 IMF 投票权与份额改革，呼吁

---

① 土耳其国家统计局（TurkStat），http://www.turkstat.gov.tr/Start.do.

② Zülküf Aydın, “Global crisis, Turkey and the regulation of economic crisis,” *Capital & Class*, 2013, 37 (1), pp. 95 – 96.

③ “Babacan calls EU finance tax ‘populism’, says Turkey is out,” *Today's Zaman*, 24 January 2013.

④ “Deputy Prime Minister Ali Babacan's Speech at the G20 Finance and Central Bank Deputies Meeting,” 11 December 2014. http://G20.org.

美联储审慎退出量化宽松政策，考虑对新兴国家金融市场的冲击等。另一方面，安全、经济与外交上与美欧国家之间的密切联系使土耳其十分注重与西方国家保持政策一致，土耳其 G20 成员国地位的获得在一定程度上也是以美国为首的西方大国选择的结果。土耳其的崛起并没有从根本上对西方构成挑战，主要原因在于土耳其为西方的长期盟友，其西方化、欧洲化进程使土耳其的国家身份融入了许多西方因素。[①] 土耳其与西方国家特别是美国的特殊关系，既增强了土耳其在全球经济治理中的制度化、网络化依托，同时也使其在对外政策上具有依附性特点，而安全上的北约成员与西方盟友身份使土耳其缺乏自主性，经济上的经合组织成员与准欧盟成员身份也使西方经济对土耳其本国经济的传导效应十分明显，这一切都从制度、话语与政策层面制约了土耳其在 G20 及全球经济治理进程中的作用。

近年来，土耳其追求更加平衡的外交政策，特别是“东向”政策明显，由此引发了欧美高度关注和担忧。但总体上来看，虽然土耳其寻求在现存全球秩序中进行权力再分配，但作为一个与西方保持密切联系的新兴大国，土耳其对国际体系的修正主义要求相对于“金砖国家”要温和得多。[②] 此外，土耳其经济实力有限，在 G20 及其他全球经济治理机制中并不占有核心地位，更缺少全球经济治理的话语权与议程设置能力，还远远不是全球经济治理规则与制度的“制定者与塑造者”，其参与全球经济治理的效果也不如其他有关新兴大国成员显著。

三、土耳其对 G20 安塔利亚峰会的议程设置努力

作为一个非正式国际机制，G20 没有常设秘书处，峰会议程主要由主办国（轮值主席国）通过协调确定，进而使会议主办国在议程设置上享有优先权。2015 年 G20 轮值主席国的身份使土耳其在议程设置与塑造方面获得前所未有的影响力，在接任主席国以后发布的官方文件，以及随后主办

① Tarık Oğuzlu, “Making Sense of Turkey’s Rising Power Status: What Does Turkey’s Approach within NATO Tell Us?” *Turkish Studies*, 2013, Vol. 14, No. 4, p. 774.

② Tarık Oğuzlu & Emel Parlar Dal, “Decoding Turkey’s Rise: An Introduction,” *Turkish Studies*, 2013, Vol. 14, No. 4, p. 633.

的 G20 财长与央行副行长会议和协调人会议等各层次筹备会议中，土耳其清楚地表达了其优先关注的领域，提出了雄心勃勃的目标愿景。为成功举办 2015 年 G20 峰会，土耳其积极寻求 G20 成员国对其所设议程和倡议的支持，特别是与“三驾马车”机制[①]中的澳大利亚与中国合作，开展了广泛的沟通协调，积极进行议程设置，以确保峰会的成功与议程的连续性，并力争体现土耳其自身的偏好与特色。

一方面，G20 机制的特点与土耳其有限的议程塑造能力决定了 2015 年安塔利亚峰会议题的连续性，促进全球经济增长与落实各国承诺是此届峰会的中心议题。

从 2014 年 12 月 1 日土耳其发布的优先议程来看，经济增长依然是不变的主题，推动 G20 更具包容性是土耳其担任主席国期间的中心目标与承诺。2015 年安塔利亚峰会基本延续了往届峰会特别是布里斯班峰会的主要议程，但土耳其在具体的实施手段与方式上努力提出了新倡议。土耳其认为，近几年 G20 成员国针对“强劲、可持续、均衡增长”框架的承诺已经足够多，但关键是要切实采取行动，并把 2015 年确定为 G20 通过集体行动努力实现“包容性、强劲增长”目标之年。的确，虽然 G20 达成了诸多共识，各国做出的改革承诺超过 1000 项，但执行与落实却远远不够。有土耳其媒体说，G20 过去五年中发布的“包含美好愿望的大量声明没有一项得到实现”，“当前对有效全球经济治理的需求比以往更加紧迫”。[②] 2014 年 12 月中旬，土耳其 G20 协调人艾谢·斯尼里奥卢在 G20 协调人会议上表示，“是时候将语言变为行动了”。[③] 土耳其的这一指导思想契合了 G20 峰会的增长主题，符合当前 G20 与全球经济治理的发展需要。

基于上述认识，土耳其提出了“3I”作为实现增长目标的关键词和支柱，即包容性（Inclusiveness）、执行（Implementation）与投资（Investment）。在上述总体增长目标之下，土耳其设置了三方面的优先关注领域和十一项重点议题，首先是加强经济复苏与提升增长潜力，包括宏观政策

① “三驾马车”是 G20 机制中上届主席国、本届主席国和下届主席国之间紧密衔接的习惯叫法，并在 2011 年 11 月 G20 戛纳峰会公报中得以规范。

② “G－20：From Pittsburg to Petersburg,” *Today's Zaman*, September 8, 2013.

③ “Turkey's G20 Sherpa Ambassador Ayşe Sinirlioğlu addressed B20's Inaugural Event Dinner,” December 15, 2014. http://G20.org.

合作、投资、就业、贸易等；其次是增强经济抗风险能力，包括金融监管、国际金融结构、国际税收体系与反腐败等；第三是提升可持续性，包括发展、能源、气候变化融资等。[①]

土耳其还主张对 G20 成员国的承诺加强监督。巴巴詹在参加布里斯班峰会前表示，推动 G20 成员国履行改革承诺以促进全球经济增长，将是土耳其担任轮值主席国期间的优先目标之一。土耳其担任轮值主席国期间将启动澳大利亚布里斯班峰会设定的这一目标，国际货币基金组织和经合组织将进行技术方面的研究。“我们的口号是：‘履行承诺，否则就请解释’”(Keep your word, or explain)。[②] 巴巴詹还表示，土耳其将设立监督 G20 成员国承诺的新机制，计划以透明的方式在线公开各成员国的承诺和实施情况，以有利于国际监督。[③] 此外，土耳其还主张推动结构性改革、基础设施投资、鼓励中小企业的发展、提升就业，并更多地反映低收入国家的声音、采取措施解决全球贫穷、不平等问题，希望发起 G20 与低收入国家的对话、世界中小企业论坛、全球能源机构、女性峰会 W20 等机制，都体现了其对包容性增长的重视。在 G20 布里斯班峰会上，达武特奥卢表示，贸易与基础设施将在 2015 年受到土耳其 G20 峰会的高度关注。土耳其希望通过具体而宏大的投资战略，推动全球基础设施建设，明确并拓展融资渠道，缩小成员国之间的投资差距。[④]

另一方面，鉴于本国的经济特点及其政策倾向，土耳其十分关切推动 G20 讨论低收入国家发展、能源、国际金融稳定以及中东地缘政治与恐怖主义等问题，力争将本国的政策偏好与相关主张纳入安塔利亚峰会议程。

首先，致力于建立 G20 与最不发达国家的联系机制，凸显包容性增长的优先性。土耳其通过召开与最不发达国家的对话会议等形式表达了对发展问题的关注，这也成为土耳其担任轮值主席国的重要成就和亮点之一。2012 年时任土耳其 G20 协调人的迈哈迈特·古柱克就曾表示，发展问题将

---

① “Turkish G20 Presidency priorities for 2015,” December 1, 2014. http://G20. org.

② 《土耳其寻求在担任二十国集团轮值主席国时提高其国际影响力》，路透中文网，http://cn. reuters. com/article/cnBndNews/idCNL3S0T42F920141114。

③ “Deputy premier says Turkey to monitor commitments of G20 countries,” *BBC Monitoring European*, 13 December 2014.

④ “Deputy Prime Minister Ali Babacan’s Speech at the G20 Finance and Central Bank Deputies Meeting,” 11 December 2014. http://G20. org.

是土耳其担任 2015 年主席国期间最为重视的议题之一，并主张在 G20 外围活动框架内举办一次最不发达国家的平行会议，“土耳其希望在 G20 机制内建立与最不发达国家的协同机制”。[①] 在布里斯班峰会前，巴巴詹曾数次表示，土耳其希望构建低收入国家与 G20 之间的桥梁，增强二者之间的互动。在布里斯班峰会上，达武特奥卢表示，在担任主席国期间，土耳其将更为关注低收入国家，进而使 G20 更具包容性。[②] 土耳其的官方文件也指出，在议程设置方面将重点关注建立 G20 与世界其他国家特别是低收入发展中国家的联系机制，加强 G20 与低收入发展中国家之间的互动是土耳其关注的优先议题。[③]

其次，将能源问题列为优先议题，充分反映了土耳其自身的经济发展需要。土耳其对能源进口依赖度很高，而且一直希望依托自身的区位优势打造欧亚能源枢纽，提升土耳其在世界经济中的地位。虽然土耳其油气资源贫乏，但却位于拥有世界已知油气资源量 3/4 的中东、里海、中亚和俄罗斯地区的结合部,[④] “处于世界能源贸易的十字路口”。[⑤] 因此，土耳其积极推行能源走廊计划，建成了多条跨国油气管线。来自中亚、里海、中东、俄罗斯的油气管道纷纷经土耳其通往欧洲，过境油气运输量飞跃增长，使其成为欧亚油气资源的运输枢纽和保障地区能源安全的关键国家。土耳其也是当前全球低油价的最大受益者之一。2014 年 11 月 22 日，在伊斯坦布尔召开的大西洋理事会能源与经济峰会上，达武特奥卢表示，“能源将是土耳其担任主席国期间的最重要议题之一。”[⑥] 2015 年 10 月，土耳其举办了史上首届 G20 能源部长会议，充分反映了土耳其对能源这一优先

① “Turkey's G – 20 sherpa calls for monitoring of group commitments,” *Today's Zaman*, June 5, 2012.

② “Incoming G20 leader Turkey says group must be more inclusive,” *Today's Zaman*, 14 November 2014.

③ “Turkish G20 Presidency priorities for 2015,” December 1, 2014. http://G20. org.

④ Emil Souleimanov and Josef Kraus, “Turkey: An Important East – West Energy Hub,” *Middle East Policy*, Summer 2012, Vol. XIX, No. 2.

⑤ Tuncay Babali, “Turkey at the Energy Crossroads: Turkey, Present and Past,” *Middle East Quarterly*, Spring 2009, p. 25.

⑥ “Energy to top Turkey's G20 presidency agenda – premier,” *BBC Monitoring European*, 24 November 2014.

关注领域的高度重视。

最后，土耳其致力于推动 G20 讨论中东地缘政治、恐怖主义等有关议题。2015 年安塔利亚峰会是 G20 峰会首次在伊斯兰国家和中东国家举办的峰会，土耳其希望通过主办 G20 峰会增强在中东和伊斯兰世界的地位。有土耳其学者指出，在 2015 年设定的“3I”关键词之外还有“沉默的第四个 I”，即身份（Identity），意指伊斯兰世界在全球经济中的身份。① 近年来土耳其深受中东乱局困扰，特别是在叙利亚危机与难民问题上承受巨大压力，一直希望国际社会对叙利亚问题进行直接干预。在 2013 年圣彼得堡峰会上，埃尔多安原本对讨论叙利亚危机甚至就军事干预叙利亚达成共识满怀信心，但结果却令其十分失望，甚至为此直接批评轮值主席国俄罗斯总统普京。② 在 2014 年布里斯班峰会上，对非经济议题的关注集中于乌克兰危机，土耳其对峰会没能充分关注讨论中东难民问题十分不满。③ 在布里斯班峰会上，达武特奥卢表示，土耳其将推动 G20 议题超越经济合作领域，促使 G20 领导人讨论地缘政治与恐怖主义问题，包括在土耳其的叙利亚难民问题，“如果 G20 议程仅局限于金融议题，它将无法发挥作用，也无法获得国际合法性。”④

四、G20 安塔利亚峰会的主要成果及影响

2015 年 11 月 15—16 日，G20 峰会如期于土耳其南部海滨城市安塔利亚召开，“共同行动以实现包容和稳健增长”为此次会议主题，各国领导人就世界经济形势、包容性增长、国际金融货币体系改革、贸易、能源、

① “First Muslim - majority country to chair the G20,” *Hurriyet Newspaper*, 24 January 2015.

② “Erdoğan slams Putin over Syria ahead of G - 20 talks,” *Today's Zaman*, September 4, 2013. Turkey presses for Syria action at G - 20 summit, *Today's Zaman*, September 8, 2013.

③ “Turkey unhappy over insufficient G20 talks on refugees,” *The Journal of Turkish-Weekly*, 16 November 2014.

④ “Incoming G20 leader Turkey says group must be more inclusive,” *Today's Zaman*, 14 November 2014.

发展、反腐败等议题进行了广泛讨论，发表了《G20 安塔利亚峰会公报》。鉴于 11 月 13 日巴黎发生严重恐怖袭击，峰会还单独发表了《关于反恐问题的声明》，表达了联合反对恐怖主义的决心。

第一，G20 安塔利亚峰会的成果主要集中在贯彻落实已有共识、挖掘增长动力、加大投资力度、加强能源与气候治理、支持低收入国家发展等方面，体现了土耳其为峰会设定的包容性增长、投资与执行三大主题。

在当前复杂严峻的世界经济形势下，峰会《公报》从加强经济复苏和提升潜力、增强抗风险能力、支持可持续性三方面着手为世界经济的稳步增长开具药方，表示有决心确保实现强劲和包容性增长，在落实已有承诺、投资、发展等议题上取得了积极成果。土耳其总统埃尔多安表示："我们成立全面、强有力的监督机制，以监测承诺的实施办法，对 2018 年实现整体 GDP 额外增长 2% 的目标进行有效监督。各国领导人一致同意，将调整后的增长战略、落实计划以及首次将问责写入安塔利亚行动计划中。"[①] 在安塔利亚峰会上，各国领导人承诺将加强同低收入发展中国家的对话，强化金融机构抗风险能力，推动在全球范围内实现公平、现代化的国际税收体系。

安塔利亚峰会就可持续发展、能源合作、气候变化、反腐合作等议题达成了许多共识。在促进投资方面，峰会《公报》强调增加私人部门参与，改善投资环境，并为中小企业提供支持。埃尔多安表示："通过实施投资战略，到 2018 年底全球投资金额将增加 4.4 万亿美元。"在能源合作方面，公报高度关注《G20 能源合作原则》，对 2015 年 10 月召开的首届 G20 能源部长会议表示欢迎，对会议达成的成果与行动建议特别是《G20 能源可及性行动计划》表示支持，对撒哈拉以南非洲电力可及性表达了重点关注。在气候变化方面，《公报》重申《利马气候行动倡议》设定的目标，确认《联合国气候变化框架公约》在气候变化谈判中的基础地位，致力于推动巴黎气候大会达成富有雄心的协议。在国际反腐合作方面，《公报》宣布继续有效落实《2015—2016 年 G20 反腐败行动计划》，促进国际社会形成对腐败问题的零容忍环境，并为此核准了《G20 私营部门廉洁透明高级别原则》《G20 反腐败公开数据原则》和《G20 推动公共采购廉洁

① 《G20 安塔利亚峰会呼吁各国加强协作打击恐怖主义》，环球网，http://world.huanqiu.com/hot/2015-11/7994962.html。

原则》等。峰会还将女性、青年人和中小企业发展作为包容性增长的重要组成部分。

总体来看，G20 安塔利亚峰会的具体成果主要还是重申以往达成的共识与计划，重点放在推动已有承诺的落实，新的重大成果较为有限，对于全球经济治理机制的整合与改革、新兴国家的发言权、全球市场的突出矛盾等关键问题，峰会并未达成全面共识。例如，峰会公报再次对 2010 年 IMF 份额和治理改革共识始终未能落实表示失望，敦促美国尽快批准改革方案，这也说明了此次峰会依然对全球经济治理改革的核心议题无能为力。

第二，反恐等非经济议题成为 G20 安塔利亚峰会的特别关注。

在安塔利亚峰会召开前夕，法国巴黎恐怖袭击事件将反恐议题推向世界舆论的焦点，推动反恐议题占据了此次 G20 峰会的突出位置，使反恐、难民等非经济议题受到前所未有的关注。作为主席国的土耳其一直试图将难民、反恐等相关议题纳入 G20 安塔利亚峰会，而面对难民危机冲击的欧洲国家也急切地希望全球能够共同应对，巴黎恐怖袭击事件的发生更使此议题受到各国高度重视，也为土耳其将这一自身偏好的议程纳入 G20 峰会重点讨论提供了绝佳契机。

在上述背景下，巴黎恐怖袭击、叙利亚战争、难民危机成为 G20 安塔利亚峰会的主要议题。① 埃尔多安在讲话中特别强调了反恐与难民问题，警告恐怖主义对全球的威胁不断扩大，同时强调欧洲不应因巴黎恐怖袭击而收紧难民政策。② 为此，G20 安塔利亚峰会单独发表了《关于反恐问题的声明》，这成为峰会最引人注目的成果之一。各国承诺加强情报共享，截断恐怖分子的跨国流动和资金来源渠道，强调打击恐怖主义将继续是各国的重要优先事项。对于难民问题，各方强调将加强合作，为安置难民提供支持，以缓解人道主义危机，同时强调需要解决造成难民问题的根源，寻求长期和根本性的解决方案。埃尔多安表示："作为世界经济和人口大国的 G20 国家，应表现出打击恐怖主义的强硬立场。在恐怖主义和难民之间建立联系是逃避责任，不应该混淆二者。我们需要团结一致应对人道主

---

① "In the Shadows of Paris: the Antalya G20," *Today's Zaman*, 16 November 2015.

② "As It Happened: Instant updates from the G20 Summit in Antalya," *Hurriyet Newspaper*, 15 November 2015.

义危机。”[①] 这既体现了G20在应对全球性挑战方面的灵活性，也再次反映出G20峰会议程易于受到全球突发事件的影响。值得注意的是，反恐议程并没有直接列入G20峰会公报，而是选择单独发表峰会声明的形式，但难民问题却直接列入了G20峰会公报，这也说明了两项议程与G20峰会主题的不同关联度。

G20安塔利亚峰会对反恐与难民问题的关注，既反映了当前国际安全与地缘政治议题的凸显，也体现了非经济议题对于此次峰会的干扰，并可能对今后的G20与全球经济治理进程带来重大影响。G20作为全球经济治理的重要平台，作用机理在于全球重要经济体形成共识，进而采取集体行动来应对全球经济问题。因此，G20应聚焦于全球经济问题，不应让政治安全议题冲淡G20的核心目标与功能定位。反恐与难民危机等问题涉及复杂的利益冲突与力量博弈，地区国家以及世界大国之间存在明显的目标与政策分歧，不仅难以凝聚起共识，反而有可能增加分歧和对抗，不利于各国合作实现全球经济增长的核心目标，也有可能削弱G20的全球地位与治理效力，不符合G20的长远发展目标。因此，非经济议题对G20的影响值得进一步关注。

第三，虽然自身的经济困难与外交困局限制了土耳其的治理能力与成效，但此次峰会仍然提升了其大国地位与国际影响力，其关注的相关议程均得到不同程度的体现。

首先，G20安塔利亚峰会提升了土耳其的大国地位与国际影响力，其关心的落实已有承诺、关注不发达国家以及反恐、难民等相关议程均得到不同程度的实现。

21世纪以来，土耳其的经济崛起极大地提升了其国际抱负，同时依托自身优势实现了“地区层面的强势崛起”，[②] 土耳其对全球与地区事务的参与热情也不断高涨。土耳其不仅有成为世界经济强国的抱负，而且希望成为中东和伊斯兰世界的政治领袖。其主办G20峰会的主要目标就是希望借

① 《G20安塔利亚峰会呼吁各国加强协作打击恐怖主义》，环球网，http://world.huanqiu.com/hot/2015-11/7994962.html。

② 丁工：《土耳其强势崛起对中东地缘政治的影响》，载《西亚非洲》，2013年第3期，第93页。

此提升大国地位，向世界展示繁荣、发展、稳定的国家形象。[①] 土耳其作为伊斯兰国家和中东国家首次主办 G20 峰会，无疑扩大了其全球影响力，也显著提升了土耳其在国际多边机制中的议程设置能力。

在 2011 年戛纳峰会上，土耳其就被确定为 2015 年 G20 轮值主席国。成功举办 G20 安塔利亚峰会，进一步提升了土耳其在全球金融、能源、投资、发展等问题上的议程塑造能力，也提升了其在中东地区、中等强国以及低收入国家等群体中的国际影响力，包括土耳其身在其中的“中等国家集团”。从会议议程与成果来看，G20 安塔利亚峰会打上了鲜明的土耳其印记，彰显了土耳其的国际影响，提升了其国际地位。此次峰会议题广泛，特别是土耳其推动全球能源治理与发展问题的诸多努力，都受到了世界各国的肯定。首次召开 G20 能源部长会议并有望走向机制化，为巴黎气候大会达成最终协议奠定了基础，对最不发达国家的格外关注，都受到了各方广泛赞誉。在接受土耳其周刊采访时，土耳其 G20 协调人艾谢·斯尼里奥卢表示，安塔利亚峰会聚焦于包容性、执行与投资符合当今全球治理的需要，土耳其对此作出了自己的独特贡献。[②]

此外，安塔利亚峰会还根据土耳其的要求加入了全球政治议题，包括反恐合作、难民问题等。借巴黎恐怖袭击事件的机会，土耳其提出的政治议题得到各国的积极响应，前所未有地单独通过了《关于反恐问题的声明》，体现了土耳其的主要关切。本届峰会成果基本达到了土耳其的预期，提升了其大国地位与影响力。

其次，在 G20 内部分歧严重与全球经济治理改革举步维艰的背景下，土耳其自身的经济困难与外交困局限制了其治理能力与成效。

当前全球经济形势动荡与分化并存，发达国家与新兴国家内部分化与政策差异日益明显，世界各国优先关注议题的差异更加显著。这既给陷入低速增长的土耳其经济带来更大压力，也无疑增大了土耳其作为主席国协调 G20 成员国达成共识的难度。此外，土耳其国内的经济困难及其中东外

① 孙德刚：《从 G20 峰会看土耳其的大国抱负》，载《新民晚报》，2015 年 11 月 20 日。

② “Turkey’s G20 Sherpa：Our Focus on Inclusiveness，Implementation and Investment Satisfied a Pressing Need of Global Governance，” *Middle East North Africa Financial Network*，19 November 2015.

交困境也削弱了其国际影响力，特别是疲弱的经济为土耳其主办 G20 峰会投下了阴影。美联储退出量化宽松、欧盟脆弱的经济复苏态势、中东邻国叙利亚与伊拉克的混乱局势等因素，都对土耳其经济造成了强烈冲击。近年来，土耳其的“零问题”外交和“战略深度”外交都遭遇严重挫折，周边冲突严重干扰土耳其强国梦想的实现。在当前严峻的反恐形势和动荡的地区格局中，进退失据的土耳其的外交政策也陷入尴尬和两难之中。

在“伊斯兰国”问题上，土耳其的暧昧政策一直饱受国际社会的批评。在长期踯躅不前和徘徊犹豫之后，土耳其最终选择同西方大国一道对“伊斯兰国”发动空袭，导致“伊斯兰国”对土耳其的报复性袭击不断发生，不断恶化的安全环境严重影响了土耳其的投资环境，更使处于复苏阶段的土耳其经济雪上加霜。

叙利亚问题同样是土耳其面临的难题。在安塔利亚峰会上，埃尔多安多次提及叙利亚问题，包括要设立“安全区”或“禁飞区”、反对巴沙尔参加未来的政治过渡等，但却无法从峰会上获得任何清晰的支持，因为当前世界大国的首要目标不是巴沙尔政权，而是“伊斯兰国”。[①] 美国总统奥巴马直接指出，叙利亚不需要安全区。此外，土耳其国内大选、修宪及其背后的世俗与宗教势力的纷争，库尔德问题的急剧变化等，也严重影响着土耳其的对外政策与国际形象。

2015 年 12 月 1 日，中国正式接替土耳其担任 G20 主席国，开始了 2016 年杭州峰会的筹办进程，也为中土两国加强合作提供了难得的机遇。由于 G20 峰会议题与目标连续性的要求，安塔利亚峰会的有关议程势必将延续至 G20 杭州峰会，土耳其筹办 G20 安塔利亚峰会的有益经验也值得中国借鉴。

---

① “Impressions from the G20,” *Today's Zaman*, 17 November, 2015.

俄罗斯中东政策的演变及其评析*

上海外国语大学中亚研究中心副教授、
华东师范大学俄罗斯研究中心特约研究员 **毕洪业**

上海外国语大学国际关系与公共
事务学院2014级硕士研究生 **萨 莎**

【内容提要】

21世纪以来，普京治下的俄罗斯加大了对中东事务的介入力度，其中既有经济利益考量，更有从战略上确立和提升俄罗斯作为世界一极的大国地位和影响力的需要，还可以对美国形成牵制以减轻来自欧洲方向的战略压力。后金融危机时代，随着国际形势的变化和自身国际地位的加强，俄罗斯在伊朗核问题、巴以冲突、叙利亚内战等中东热点问题上频频"出招"，赢得了相关各方的认可和积极评价。面对美欧围绕乌克兰危机对俄罗斯展开的制裁和打压，中东依然被普京作为突围的重点方向，相应的外交和军事行动取得了初步成功。

冷战结束后，俄罗斯在中东的影响力一度严重下降。但在进入21世纪以来，为加快恢复世界大国地位和影响力，普京治下的俄罗斯明显加大了对中东事务的介入力度，甚至不惜冒险军事介入叙利亚危机。俄罗斯的中东政策，既有发展与中东地区经贸合作的经济利益考量，也有改善周边战略环境，确立和巩固其大国地位的需要。

---

* 本文为国家社科基金项目"乌克兰危机冲击下的俄罗斯与欧洲关系及中国的应对"（批准号：15BGJ052）的阶段性成果。

一、俄罗斯中东政策的调整

在苏联解体后的转型之初，俄罗斯在外交领域延续了苏联在戈尔巴乔夫后期所推行的全面收缩政策，把西方作为外交重点，希望借此加快完成国内经济转轨，以迅速摆脱困境。在这种背景下，俄罗斯的中东政策只是笼统地强调要保障国家安全，防止中东政治和军事冲突对不稳定的高加索和中亚局势造成冲击，以及利用该地区的潜力复兴经济。[①] 随着独联体南部安全环境恶化，特别是北约东扩计划的出台，俄罗斯加快了对外政策的调整进程。在1993年开始的对外政策调整中，俄罗斯主要仍从确保独联体南部侧翼安全和利用中东地区潜力来促进经济复苏的角度来看待发展与中东国家的关系。[②] 由于种种原因，俄罗斯无暇顾及中东地区事务，多年来所建立起来的传统联系急剧下降，其在中东地区政治和经济上的影响力几乎丧失殆尽。与此同时，美国则利用海湾战争和俄罗斯的外交收缩确立了在中东的主导地位。因此，俄罗斯在中东问题上只能被动应付，沦为美国的配角。作为马德里中东和会的两主席之一，俄罗斯与美国在莫斯科共同主持了首次中东问题多边谈判（1992年1月），并参加了1993年9月的巴以协议签字仪式，但这些都主要是在美国的推动和邀请下才实现的。

20世纪90年代中后期，时任外长及总理的普里马科夫积极推动全方位、多极平衡外交，其外交重点排序为美国、欧洲、中国、日本、印度、中东、亚太、拉美和非洲。在实力急剧衰落的情况下，俄罗斯试图通过多极化来制衡美国的“单极”世界，以确保国家的安全和领土完整，加强作为多极世界一极的国际地位和影响力。为此，在任外长期间（1996年1月—1998年9月），普里马科夫几乎遍访全球，仅在最初半年里就与近40个国家的外长进行了会晤。随着对外政策的全面调整，俄罗斯开始重返中东。

在20世纪90年代中后期，俄罗斯的中东政策除强调保障独联体南部

① Sergei Filatov, ‘Politics in a Subtle Business but One Would Like Clarity’, Pravda, in The Current Digest of the Post－Soviet Press, vol XLIV, no. 46, 1992, p. 18.

② Концепция внешней политики Российской Федерации // Дипломатический вестник. специальное издание, январь1993г.

安全外，还希望通过参与巴以和平进程和其他中东热点问题恢复俄罗斯的影响和世界大国威望。作为学者型的外长，普里马科夫不仅对中东问题有着深入的研究，而且还曾作为驻外记者有在中东工作的经历。普里马科夫曾多次访问中东，仅1996年就两次赴中东，访问了以色列、叙利亚、黎巴嫩、埃及、巴勒斯坦和约旦等国，积极斡旋中东和平，同时表达了同阿拉伯国家加强双边关系的愿望，以图恢复俄罗斯在中东的传统影响。1997年10月，为寻求调解阿以冲突的方式，普里马科夫再次访问叙利亚和埃及，并就伊拉克局势交换了意见。尽管如此，由于实力上的限制，俄罗斯的努力并没有收到实质效果。在1996年4月22日的耶路撒冷会晤中，当时的以色列总理佩雷斯曾直接了当地对普里马科夫说："我们只需要一个中间人，那就是美国。"[①] 尽管巴勒斯坦领导人多次强调俄罗斯在中东和平进程中的作用，但对于90年代中期巴以代表在奥斯陆几次秘密会谈的情况，巴勒斯坦均没有向俄方通报。

在伊拉克问题上，俄罗斯除支持安理会通过的"石油换食品计划"外，还主张逐步取消制裁。在销毁伊拉克大规模杀伤性武器问题上，尽管俄罗斯联合其他国家尽力调解，努力恢复联合国特委会在伊核查工作，但却未能阻止美英绕过安理会于1998年底对伊拉克实施空中打击。在伊朗问题上俄罗斯也承受着来自美国的沉重压力。美国一直指责俄罗斯协助德黑兰制造射程达到2000公里的地对地导弹。

经济实力的严重下降也制约了俄罗斯的中东外交。苏联与中东国家的传统关系建立在大规模援助的基础上，独立后俄罗斯则无力维持这种关系，而中东国家（伊朗、伊拉克、叙利亚、利比亚等国）欠苏联的债务也大多难以收回。俄罗斯唯一的优势是武器出口，进而使军事贸易也成为双边经贸往来的核心内容。在这方面，俄罗斯与伊朗和叙利亚都有着一定数量的武器交易。[②]

---

① 转引自［俄］叶夫根尼·普里马科夫：《大政治年代》，北京：东方出版社，2001年版，第331页。

② 截至1996年，伊朗从俄罗斯购得战机43架（30架米格－29战斗机和13架苏－24轰炸机）、T－72坦克300辆，还有两艘潜艇和若干套防空系统。按照苏联时期达成的合同，俄罗斯向叙利亚提供了包括T－72坦克、米格－29战斗机、地对空导弹和运载武器装备的军用卡车等武器和装备，到90年代中期，俄罗斯提供的武器占到了叙利亚获得武器的约90%。

普京在世纪之交临危受命入主克里姆林宫，俄罗斯的历史步入了普京时代。加快经济复苏，恢复俄罗斯的世界大国地位和影响力，成为普京所追求的首要目标，而中东在俄罗斯外交中的地位也得到迅速提升。普京执政后，俄罗斯的中东政策既有经济利益考量，也有对美国形成牵制以减轻来自欧洲方向压力的安全需求，同时更有恢复俄罗斯大国地位的战略诉求。2000 年 6 月 28 日，普京批准了新的《俄罗斯联邦外交政策构想》，提出俄罗斯将“利用和平进程发起国的地位”，“奉行积极参与的政策，以实现中东地区危机后的局势正常化。”①

“9·11” 事件后，普京借反恐缓和了因科索沃战争而恶化的俄美关系，对美国单方面退出反导条约也没有做出强烈反应。但好景不长，北约继续东扩，美国尖锐批评普京的政治改革，并在独联体国家推动“颜色革命”，致使俄美关系重新趋冷，俄罗斯也转而开始抨击和牵制美国的单边主义行动。坚决反对美国发动对伊拉克战争，成为俄罗斯反对美国单极霸权的集中表现。由于俄罗斯明确声明要在安理会投否决票，迫使美英只能绕开安理会单独发动战争。随着国际油价持续走高拉动经济快速回升，普京提升俄罗斯国际影响力的步伐也随之加快。

在中东热点问题上，俄罗斯积极介入巴以冲突的调解，同时不顾美国和以色列的反对坚持要向叙利亚和伊朗出售防空武器，并继续参与伊朗首座核电站（布什尔核电站）建设。2005 年 1 月底至 2 月初，巴勒斯坦民族权力机构主席阿巴斯访问莫斯科。阿巴斯希望俄罗斯能够帮助说服以色列完全放弃使用武力，落实中东和平“路线图”计划。刚刚当选的阿巴斯首次出访就把俄罗斯作为重要一站，表明俄在中东和平进程中地位的提升。2005 年 4 月底，普京先后访问了埃及、以色列和巴勒斯坦，这是苏联和俄罗斯的国家元首 41 年来首次踏上阿拉伯国家的土地。此前苏联领导人对中东的访问还要追溯到 1964 年 5 月赫鲁晓夫对埃及的访问。在对埃及的成功访问中，普京与穆巴拉克在反对美国输出民主问题上表达了一致意见。此外，普京还给巴勒斯坦带去了装甲运兵车和直升机，并表示愿意协助进行安全机构改革、训练安全部队和提供武器。

总之，随着国力的恢复和俄美关系趋冷，俄罗斯加快了重返中东的步

---

① Концепция внешней политики Российской Федерации // Российская газета. — 2000, 11июля.

伐，其外交自主性呈不断增强的态势。例如，在巴勒斯坦伊斯兰抵抗运动（哈马斯）选举获胜后，俄罗斯更是不顾西方的反对，在2006年3月初接待哈马斯代表团来访，充分反映了普京中东政策的独立性和灵活性。俄罗斯还不顾美国的反对，坚持叙利亚应参加中东和平进程，并获得了阿拉伯联盟秘书长穆萨的支持。[①] 此外，随着伊朗核问题导致美伊关系愈加紧张，俄罗斯明确表达了反对单方面制裁和采用战争手段解决的立场。

一、以建设性姿态介入中东事务

2008年的金融危机加快了国际力量的分化与重组，推动了国际格局多极化的加速发展。面对国际形势的新变化，俄罗斯谋求世界大国地位的外交政策更加积极，其对中东外交也愈加显示出自己的独立性，在伊朗核问题、巴以冲突、叙利亚内战等中东热点问题上频频“出招”，增强了俄罗斯对中东事务的话语权和影响力。

（一）提出解决伊朗核问题的“路线图”

俄罗斯在伊朗的利益不是简单的经济利益，更有地缘安全等战略利益，而且一定程度上还可以对美欧形成牵制。此外，伊朗核问题一直被北约作为部署欧洲反导系统的借口，从而对俄罗斯形成威胁。2002年伊朗核问题产生后，俄罗斯对伊朗核问题的立场十分明确，坚决反对伊朗研发核武器，但承认伊朗有和平利用核能的权利，同时反对美国的单方面制裁或武力打击，主张通过外交谈判解决问题。在2006年以后，因伊朗内贾德政府的强硬立场和美国不断加大对伊制裁，伊核谈判陷入了停顿。为打破伊朗核谈判的僵局，2011年7月，俄罗斯外长拉夫罗夫向美国提出了分阶段解决伊朗核问题的“路线图”，也就是遵照“渐进与对等”原则，让伊朗分阶段逐步满足国际原子能机构的要求，而国际社会也应逐步解除对伊朗的经济制裁。随后，俄联邦安全会议秘书帕特鲁舍夫访问伊朗，就莫斯科提出的新提议进行说明。与此同时，俄罗斯帮助建设的布什尔核电站开始

① Путин обсуждает с генсеком ЛАГ ближневосточное урегулирование // РИА Новости. —2007，7февраля.

运营。应伊方要求，俄方还开始研究帮助德黑兰建设新机组的问题，两国外交部也就修改双边政府间协议进行磋商。[①] 由于俄罗斯与伊朗在核能方面有着深入的合作，而且双方在其他方面也不存在根本性矛盾，所以伊朗最终接受了俄罗斯等方面的提议，使伊核问题谈判得以重启。

从 2012 年 4 月开始，伊朗核问题重新走上了对话与谈判的轨道。经过在伊斯坦布尔、巴格达、莫斯科、阿拉木图、日内瓦等地举行的一系列会谈，虽然各方立场还有很大差距，但都对彼此的关切进行了回应。在 2012 年 6 月的莫斯科会议上，谈判双方首次触及了实质性的问题，伊朗对六国（五个联合国常任理事国和德国）在巴格达会议上提出的一揽子建议给予回应，六国也对伊朗提出的“五点建议”做出了反馈。针对美国不排除军事手段的威胁性警告，莫斯科多次强调只有政治解决才是唯一可行的路径，反对施加任何形式的单边制裁，以防止问题进一步激化。俄总统助理乌沙科夫说：“俄罗斯的基本观点是，不允许美国在违反国际准则和损害第三国利益的情况下单方面制裁伊朗，如果俄罗斯公司和银行因此而受影响，将对俄美关系和双方在国际事务上的相互协作造成冲击。”[②] 俄罗斯还多次警告，不要对伊朗进行军事打击，因为伊朗与中东地区的一系列问题存在着盘根错节的联系。为打消各方的顾虑，确保伊朗的核技术不会用于军事目的，俄罗斯还向伊朗提议双方在俄境内建立铀浓缩联合企业，但伊朗强调其铀浓缩活动只能在本国境内进行，使俄罗斯的提议未能被采纳。尽管如此，随着主张务实主义立场的鲁哈尼当选为伊朗总统，日内瓦会谈还是传出令人振奋的消息。2013 年 11 月 24 日，各方达成为期 6 个月的初步协议，为全面协议的达成打下了基础。[③]

---

① В. Евсеев. Иранский ядерный арсенал – туманная неточность// Независимая газета. —2011，30 сентября.

② Кремль угрожает：принятие Сенатом США “закона Магнитского” чревато ответными мерами. http://www. newsru. co. il/world/17jun2012/act4561. html.

③ 协议规定，在这 6 个月里，伊朗不能从事浓度 5% 以上的铀浓缩，现存 5% 以上的浓缩铀以稀释等方式“处理”到 5% 以下；伊朗不得再扩建或新建铀浓缩设施，用于提取核武器材料钚的阿拉克重水反应堆停止建设；允许国际原子能机构核查人员进入伊朗更多设施进行核查；相应地，伊核问题六国不再对伊朗追加制裁，暂停对伊朗贵金属、汽车零部件和石化制品的禁运，允许伊朗少量石油出口，解冻伊朗留学生资金，放宽食品和药品的进口限制。

自2014年2月起，谈判各方再次就伊朗核问题的全面协议展开谈判。经过数轮谈判后，在原定的7月20日和11月24日都未能最终就全面协议达成一致。新一轮谈判从2015年3月2日开始进行，美伊两国外长和能源部长先期进行了会谈，随后经过艰苦的拉锯式谈判，各方终于就伊朗核问题达成框架性方案。

2015年7月14日，持续达12年之久的伊朗核谈判在经过断断续续、跌宕起伏的数轮谈判后终成正果，伊朗与伊核谈判六方签署了伊核全面协议。协议的核心内容是伊朗在十年内在国际社会的监督下大幅削减其核研发能力，以换取联合国、美国和欧盟解除对伊朗的全面制裁。尽管伊朗核问题的彻底解决尚待时日，但俄罗斯在伊核谈判中发挥的重要作用，无疑增加了莫斯科的影响力和话语权。

（二）积极推动叙利亚危机的政治解决

叙利亚是俄罗斯在中东地区的传统盟友，叙利亚塔尔图斯港是俄罗斯在独联体国家以外的唯一军事基地。在叙利亚问题上，俄罗斯强调政治解决是制止冲突的唯一途径，坚决反对利比亚模式在叙利亚重演；在维护叙利亚的独立、统一的前提下，在没有外部力量介入的情况下，由包括巴沙尔当局在内的叙利亚各政治力量通过对话解决问题。这也恰如俄罗斯媒体的评价：在叙利亚问题上，俄罗斯再也不会落入西方的陷阱。[①] 俄罗斯外长拉夫罗夫也指出："这类行动（指西方军事干预）是绝对不能容许的，因为这将使联合国安理会变为一个'试验场'——为颠覆主权国家的文件盖章的地方。"[②] 所以，俄罗斯与中国一起在联合国安理会多次否决了西方国家提出的含有武力威胁内容的提案，但俄罗斯明确支持联合国和阿盟叙利亚危机联合特别代表安南和卜拉希米的斡旋。

俄罗斯积极参与了有关叙利亚问题的日内瓦国际会议，并呼吁在叙利亚建立停火机制，在联合国驻叙利亚观察团监督下，叙政府和反对派武装

---

① В МИДе изложили Концепцию внешней политики России：старый друг лучше новых двух？http://topwar.ru/24556 – v – mide – izlozhili – koncepciyu – vneshney – politiki – rossii – staryy – drug – luchshe – novyh – dvuh. htl

② Лавров：РФ против превращения СБ ООН в инструмент по свержению режимов// РИА Новости. —2012，1мартта.

同时撤离作战前线。在第一次叙利亚问题日内瓦会议召开前，俄罗斯曾建议邀请伊朗参加（遭到美国的坚决反对），显示了莫斯科希望把伊朗纳入叙利亚问题谈判的想法。俄罗斯认为，西方应对促使叙利亚政权和反对派谈判努力的失败负有责任，因为他们更趋向于支持反对派与巴沙尔政权的武装冲突。拉夫罗夫指出："我们将继续和叙利亚各方会晤。我们对叙政府和该国反对派奉行同一个方针。遗憾的是，日内瓦行动小组的其他参加者向反对派传递了不正确信号，同时根本不和叙利亚政府接触。他们没有努力促使各方进行谈判，只有我们，中国同行，联合国和阿盟代表安南及其后继者卜拉希米进行了这样的努力。"① 针对叙利亚难民问题，普京表示俄将继续通过双边渠道和国际人道主义机构提供各种人道主义援助，帮助安置叙利亚难民，并将尽力促成难民问题的国际会议，而且莫斯科愿意承办此类会议。② 此外，俄罗斯还加紧在叙利亚政府和反对派之间进行斡旋，而"叙利亚反对派和革命力量全国联盟"也强调任何调解与叙利亚当局冲突的协议都应该在俄罗斯和美国的支持下签署，"绝大多数叙利亚人相信，只有政治解决才能拯救国家，而莫斯科是通往和平和政治解决叙利亚危机的必经之路"③。

在叙利亚出现"化武"风波后，普京总统于2013年9月10日在总统网站发表谈话，希望叙利亚同意在国际社会监督下销毁其化学武器，并加入《禁止化学武器公约》，同时呼吁美国放弃对叙动武计划。④ 最终，在俄罗斯的压力和斡旋下，叙利亚接受了"化武换和平"的提议，同意将化学武器在国际监督之下进行销毁。美国也只能无奈接受俄罗斯的建议。随后，叙利亚化武问题联合特派团入境进行核查，化学武器被分批运到公海

① Вступительное слово и ответы на вопросы СМИ Министра иностранных дел России С. В. Лаврова в ходе пресс – конференции по итогам деятельности российской дипломатии в 2012 году, Москва. 23 января2013г. http://www. mid. ru/brp _4. nsf/0/804D3CB775E6CC4044257AFC003FE53D

② Россия окажет Ливану помощь в решении проблем сирийских беженцев. http://www. rg. ru/2013/01/23/livan – anons. html

③ См. : Андрей Резчиков. Мешают только спонсоры. http://vz. ru/politics/2013/3/11/623837. html#.

④ Комментарий по ситуации с химическим оружием в Сирии. http://www. kremlin. ru/news/19194.

的美国军舰上进行销毁。俄罗斯的外交努力和提议得到了各方的认可，避免了利比亚悲剧在叙利亚重演，提升了莫斯科在解决中东事务中的影响力和威望。

2014 年 6 月叙利亚大选后，美欧国家纷纷谴责巴沙尔当选为总统，而俄罗斯则高调承认巴沙尔继续掌权的合法性。随着叙利亚难民问题愈演愈烈，俄罗斯向安理会提交了开辟 4 条通道，通过伊拉克、约旦和土耳其，向叙利亚境内的难民输送救援物资的计划，并得到了叙利亚官方的认可。针对“伊斯兰国”等极端组织在叙利亚境内日益坐大，俄罗斯强调指出，恐怖组织已经成为叙利亚问题政治解决的主要障碍，国际社会应尽快恢复政治解决叙利亚危机的努力，并统一行动打击叙利亚境内的恐怖主义组织，包括与叙利亚当局合作。在 2014 年，巴沙尔政府与境外主要反对派“叙利亚反对派和革命力量全国联盟”举行了两轮谈判，但均无果而终。2015 年 1 月 29 日，在俄罗斯的斡旋下，巴沙尔当局代表与部分反对派代表（要求巴沙尔下台的“全国联盟”没有参加）达成“莫斯科原则”文件，提出了解决叙利亚危机的基本框架。这是叙利亚危机爆发以来巴沙尔当局和反对派首次就政治解决危机达成一致。

（三）积极介入巴以和平进程

2012 年 6 月下旬，在叙利亚内战升级和伊朗核问题充满诸多变数之际，普京对以色列、巴勒斯坦、约旦进行了为期两天的旋风式访问，显示了俄罗斯对“阿拉伯之春”以来中东地区形势的深切关注。普京的中东之行时间虽短但阵容强大，共 3 架包机，随行人员多达 400 人，在以色列更是受到了前所未有的隆重欢迎。除在巴以问题上希望双方表现出最大限度的克制，强调谈判是达成巴以和解的唯一途径外，伊朗、叙利亚问题仍是核心话题。普京敦促西方思考问题要慎重，同时强调应该邀请伊朗出席有关叙利亚问题的国际会议。利用这次短暂的中东之行，普京再次阐述了俄罗斯在巴以和谈、伊朗核问题和叙利亚问题的立场，要求尽快举行中东问题四方会谈（联合国、美国、俄罗斯、欧盟），强调中东民主进程应该在没有外部势力干涉的基础上独立进行。巴勒斯坦民族权力机构主席阿巴斯表示，希望俄罗斯更多介入巴以和谈，以推进中东和平进程。普京此行目的很明确，就是要向西方国家和国内民众表明，俄罗斯没有被挤出大国势力圈，仍然在中东问题上扮演着重要角色。正如乌沙科夫在普京出访前夕曾对塔斯社记者所言："我们的目的就在于继续巩固俄罗斯在世界和中东地区的地位。"[①]

2013 年 3 月，巴勒斯坦总统阿巴斯对俄罗斯进行正式访问。阿巴斯在接受媒体专访时表示，首次出访选择莫斯科，是因为双方有长期的传统友好关系，巴勒斯坦希望在俄帮助下使有关巴以问题的"四方"机制能够重启并尽早发挥作用。[②] 在各方努力下，中断 3 年的巴以和谈自 2013 年 7 月重启；9 月，中东问题四方委员会敦促巴以双方尽一切努力在 9 个月之内达成和平协议。2014 年 2 月，在慕尼黑安全会议期间，俄罗斯外长拉夫罗夫会见以色列代表，表示俄罗斯愿为推动巴以和谈提供必要帮助。但事与愿违，由于巴以冲突再起，巴以和谈于 2014 年 4 月被迫中止。在此背景下，俄罗斯多次强调重启巴以和谈的重要性。[③] 2014 年 12 月 30 日，在联合国安理会就重启巴以和谈和以军 2017 年前撤出巴领土的决议案进行表决时，俄罗斯与中国都投了赞成票，但由于美国等国的反对，该议案未能通过。对此，俄罗斯强烈批评美国等西方国家的阻挠是导致和谈陷入僵局的根本原因之一。

三、借路中东突破西方封锁

2014 年以来，随着乌克兰危机的持续发酵，美欧对俄罗斯的政治孤立、军事威胁和经济制裁持续加码，加之石油价格暴跌和卢布大幅贬值，俄罗斯经济陷入严重衰退。在此背景下，俄罗斯开始积极寻求外交突围，而中东地区则成为俄外交突围的重点方向。在 2014 年的《国情咨文》中，普京强调，俄罗斯不准备断绝和欧美的关系，但要全面利用亚太地区的巨

---

① Путин совершит турне по маршруту Израиль – Палестина – Иордания. http://vz.ru/news/2012/6/24/585248.html.

② Михаил Гусман. У нас нет тайн от России – Махмуд Аббас: Позиция Москвы в отношении Палестины – авангардная, передовая // Российская газета. —2013, 13марта.

③ Лавров и Аббас обсудили урегулирование палестино – израильского конфликта. http://polit.ru/news/2014/09/25/talking_about_palestina/.

大潜能，同时“恢复和发展与南美的关系，继续巩固与非洲和中东的合作”。[①]

（一）全面深化与伊朗的合作

作为什叶派的领头羊，伊朗对叙利亚政府、哈马斯及黎巴嫩真主党都有着较大的影响。鉴于此，俄罗斯强调，伊朗参与有关中东热点问题，包括巴以和谈，叙利亚、伊拉克甚至阿富汗局势，以及联合打击ISIS，都有重要的意义，西方应该放弃意识形态对抗的旧思维。[②] 因此，在俄、伊双方都遭受美欧严厉制裁的情况下，借助深化与伊朗关系增强在中东事务中的话语权，也就成为俄罗斯重返中东政策的重要内容。美国警告俄罗斯与伊朗的合作将会破坏对后者的制裁协议，并威胁要出台对俄制裁的新措施，[③] 但莫斯科认为俄、伊双方没有违反相关规定，并加快推进深化与德黑兰的合作，以期缓解经济困境，并利用在中东的拓展对美欧形成掣肘。自乌克兰危机以来，俄罗斯与伊朗的合作得到了全面深化，主要表现在以下几个方面：

第一，军事合作进一步加强。2015年1月，俄罗斯国防部长绍伊古访问德黑兰，双方签署了军事合作协议规定，两国将在维和与反恐、军舰和军事人员互访及训练、举行司令部会晤、以观察员身份参与对方军事演习等方面展开合作。考虑到上次俄防长到访伊朗还是15年前的事，绍伊古访问伊朗充分说明了处于困境中的俄罗斯对提升两国军事合作的重视。在会晤中，两国部长不约而同地表达了通过合作抵抗外部势力威胁和挑战的愿望，伊朗方面更直接称两国军事合作协议是对华盛顿“干涉”举动的联合回应。此外，双方还就在里海进行联合军演达成协议，其中显然有防止西方向该地区渗透的意图。随着双方军事合作的加强，伊朗能否购买俄S－

① Послание Президента Федеральному Собранию. http://www.kremlin.ru/news/47173.

② Выступление и ответы на вопросы СМИ Министра иностранных дел России С. В. Лаврова в ходе ежегодной пресс－конференции по итогам деятельности российской дипломатии в 2014 году, Москва, 21 января 2015 года. http://www.rusemb.ee/news/pressreleases/22－01－2015/.

③ Госдепартамент не исключил ужесточения санкций против РФ из－за ее сделок с Ираном. http://www.newsru.com/world/02dec2014/usairanru.html.

300 导弹问题再次成为热议的焦点。① 对此，俄罗斯国营国防与工业集团表示，俄罗斯将向伊朗提供更先进的"安泰－2500"地空导弹系统代替原来的 S300（"安泰－2500"能拦截射程达 2500 公里的中程导弹，相当于更先进版的 S300）。② 在伊核协议初步达成后，普京随即宣布解除对伊朗出售 S300 的禁令。

第二，加强能源合作。面对西方的制裁，俄罗斯希望加快推进与伊朗的核能合作项目。2014 年 11 月，俄罗斯原子能技术出口公司和伊朗核能生产和发展公司签署协议，决定联合在伊朗新建 8 座核电机组，双方同时还签署了按俄方工艺在布什尔核电站再安装两个新机组的施工合同。双方核电项目的金额达数百亿美元，而且协议规定现金结算，这对俄罗斯而言犹如雪中送炭。此外，在传统能源领域，双边在强调已达成协议落实的同时，还就新的能源合作协议展开谈判，包括利用伊朗的石油平台输送俄罗斯原油等议题；③ 伊朗方面还邀请俄参加规划伊朗石油出口；德黑兰还打算购买俄电力，并希望俄方在热电厂建设上给予帮助。针对西方的指责，俄、伊称两国之间的合作并不违反安理会对伊朗的制裁决议，西方对俄罗斯的制裁也不会阻碍双方的合作。此外，两国在电力领域的合作也取得了突破。2014 年 9 月，两国达成在伊朗、阿塞拜疆和俄罗斯匹配电力系统的协议，使两国国家电网实现了初步连接。④

第三，经贸领域的合作更加丰富。为反击西方制裁，俄罗斯宣布禁止

---

① 2007 年，伊朗与俄罗斯签署了 S－300 防空导弹的军售合同，但在 2010 年安理会通过对伊朗新制裁协议后，俄罗斯宣布停止向伊朗出售 S－300 导弹。对此，伊朗极为不满，甚至向国际法庭提起诉讼，要求俄罗斯支付 40 亿美元的赔偿金。

② Госдеп：США не хотят，чтобы Иранполучил "Антей－2500" вместо С－300 // ВАШИНГТОН，РИА Новости. —2015，23февраля.

③ 2010 年 7 月，俄罗斯与伊朗签署了石油和天然气领域合作路线图：研究成立面向油气领域项目投资的合资银行；探讨在对方石油交易所相互销售原油问题；研究成立合资企业；加强天然气、石油、石化产品在过境、互换等领域的合作，并发展双方及第三方石油天然气开采和加工合作。此外，双方还签署了一系列企业间合作协议及备忘录。2013 年 2 月，俄罗斯与伊朗又签署了多项油气勘探合作协议。

④ 伊朗、阿塞拜疆和俄罗斯三国匹配电力系统协议达成后，伊朗和阿塞拜疆围绕在两国间建设一条 260 公里长的输电线路达成一致，建设周期为 6 个月，目前已经完工。

从欧美等制裁俄罗斯的国家进口食品和农产品一年，并扩大从伊朗进口水果、蔬菜、海产品、禽肉等产品；双方还就在食品贸易中使用本币结算达成协定，并准备扩大到双边贸易的其他领域。此外，双方酝酿许久的“石油换商品”（伊朗石油换取俄罗斯商品）交易也已经进入准备实施的最后阶段。2015 年 2 月，两国就经贸合作协议达成一致，双方还准备签署优惠贸易协定（PTA）。此外，伊朗还准备与俄罗斯牵头的欧亚经济共同体签署合作协议。为满足经贸发展的需要，伊朗、俄罗斯、阿塞拜疆三国铁路建设公司还就 2015 年启动建设连接三国的铁路达成协议。[①] 俄、伊两国还决定在航天领域展开合作，内容包括：利用俄火箭为伊朗发射卫星，在俄航天员中心为伊朗培训航天员，向伊朗提供资源卫星照片等等。[②]

（二）适时提升与埃及的关系

在历史上，埃及曾是苏联的重要伙伴，但后来成为美国在该地区和阿拉伯世界的重要盟友。“阿拉伯之春”后，埃及局势持续动荡，最终军方实权人物塞西废黜了穆斯林兄弟会的穆尔西政权，并于 2014 年 5 月正式当选埃及总统。塞西对穆斯林兄弟会的高压政策导致大规模流血冲突事件，引起了美国的不满，美国同时宣布暂停部分援助和军事交流。在此背景下，塞西开始推行多元外交，而俄罗斯也希望通过发展俄埃关系扩大在阿拉伯世界的影响，以平衡西方的压力。

由于互有需要，俄罗斯与埃及的关系迅速升温。2013 年 9 月，埃及临时政府外长法赫米访问俄罗斯；10 月，俄罗斯情报机构负责人访问埃及，紧接着俄海军“瓦良格”号导弹巡洋舰访问亚历山大港，这是冷战结束以来俄军舰首次访埃；11 月，两国在开罗举行第二次外长和防长共同参加的“2 + 2”会谈。通过协商，双方在一系列问题上达成共识：恢复两国政府间经贸合作委员会的运转；就打击恐怖主义和海盗举行联合军演，扩大空军及海军合作；拟定军事技术合作的法律文件，成立工作组筹备军事合作

---

① 2009 年 3 月，伊朗、俄罗斯与阿塞拜疆在圣彼得堡签署了共建铁路项目的合作协议，确定三方将建立一个联合公司来建设连接伊朗拉什特与阿塞拜疆阿斯塔亚之间的铁路，但项目一直被搁置。

② Россия построит Ирану спутники и обучит космонавтов // Известия. —2014, 7 мая.

协议等相关事项。对此，普京总统的外交政策顾问谢尔盖·马尔科夫说："俄罗斯非常关注美国在阿拉伯世界的不协调政策，正是该政策导致整个中东地区陷入混乱和战争之中。我们非常担心埃及会爆发内战，我们愿意帮助埃及恢复稳定。"[①] 在俄罗斯与美欧因乌克兰危机争吵之际，时任临时政府第一副总理和防长的塞西于 2014 年 2 月 12 日率高级代表团抵达莫斯科，双方再次展开"2 + 2"会谈。双方商定要加快筹备军事技术合作文件，并就军售协议进行了讨论。塞西还与普京总统进行了会晤，普京表示支持塞西参选埃及总统。[②]

在当选总统后，塞西旋即于 2014 年 8 月 12 日抵达索契，对俄罗斯展开访问。塞西与普京一起参观了俄黑海舰队的旗舰"莫斯科"号导弹巡洋舰，双方还初步签署了高达 35 亿美元的军售合同，并讨论了埃及与俄罗斯、白俄罗斯、哈萨克斯坦关税同盟之间建立自由贸易区及能源合作等议题。普京表示，俄将大幅增加进口埃及农产品，并简化相关程序。

进入 2015 年，随着西方压力的加大，俄罗斯的外交突围也相应加快，作为欧洲侧翼的中东的地位也愈加凸显。2015 年 2 月 9 日，应埃及总统塞西的邀请，普京首次出访就选择了埃及，这是普京时隔 10 年后再访埃及，受到了埃及方面的空前欢迎。普京在行前强调，俄罗斯一直视埃及为可靠的伙伴，而塞西则表示双方对发展两国战略关系有共同的坚定信念。在此次访问期间，两国就加强在反恐、军事、投资、能源、电力等方面的合作达成了一致：俄罗斯将帮助埃及建设首座核电站，并协助建立核工业体系；双方就建立自由贸易区达成共识；就电力和天然气合作达成谅解备忘录。双方还商定 2015 年在地中海举行海军和快速反应部队联合反恐演习。对此，有英国媒体称，自 2014 年以来，埃及就不断扩大和俄罗斯的双边军事合作，似乎是有意转向俄罗斯，改变其长期奉行的亲美政策。[③] 当然，断言埃及倒向俄罗斯不免有失偏颇，因为塞西政权无论是从战略上，还是

---

① Alastair Beach, Red Carpet for Russians Fuels Speculation over Egypt's US Alliance, November 14, 2013. http://www.independent.co.uk/news/world/politics/red - carpet - for - russians - fuels - speculation - over - egypts - us - alliance - 8940151.html.

② Встреча с главами Минобороны и МИД Египта. http://www.kremlin.ru/news/20222.

③ Jeremy Bender and Michael B Kelley, "Russia and Egypt just got even closer," http://www.businessinsider.com/russia - and - egypt - military - agreement - 2015 - 3.

从经济利益角度（美国每年对埃及援助达15亿美元）考量，都不可能放弃与美国的盟友关系。但对普京而言，恢复和提升与埃及的关系，无论对于俄罗斯摆脱孤立现状，还是增强在中东地区的影响力而言都有着极其重要的现实意义。

（三）空袭叙利亚境内的“伊斯兰国”，“撬动”中东地缘政治格局

进入2015年，无论是俄罗斯所面临的内外困境，还是急剧恶化的叙利亚局势，都需要普京做出战略决断。美国领导的国际反恐联盟一年多的空袭并没有有效阻止“伊斯兰国”的肆虐，成为俄罗斯的重要机遇。当前，俄罗斯正在采取非常重要的步骤来形成一个新的国际安全架构，其主要架构是基于支持多极世界的构想，形成摆脱美国控制的广泛的国家联盟，它力求一种以互动、妥协、反对“双重标准”为特点的新国际秩序，使其成为鲜明区别于美国及其盟友主导的国际秩序的替代性选择。[①] 以打击“伊斯兰国”为契机，打造俄罗斯主导的中东什叶派反恐政治联盟，通过增强反恐实效抢占国际道义的制高点，便是俄罗斯上述战略的一部分。其具体内容包括以下几个方面：

第一，通过空袭“伊斯兰国”推动叙利亚问题政治解决。

2015年9月30日，俄空军出其不意地对叙境内的“伊斯兰国”目标展开大规模空袭，进而推动叙利亚危机进入了新阶段，中东地缘政治也可能就此进入新的调整期。

在美国战略东移和欧洲陷入难民危机的背景下，果断出兵叙利亚是俄罗斯国际战略和新中东战略的关键部分。俄罗斯在叙利亚的军事行动所取得的重大战果与俄罗斯、伊朗、伊拉克、叙利亚四国之间的情报合作密不可分，未来还可能成立四国军事打击“伊斯兰国”的协调委员会。此外，俄罗斯、伊朗、叙利亚三国已在拉塔基亚成立军事协调中心。

普京抓住时机果断军事介入叙利亚危机，由被动防守转为主动进攻，使得美国在道义、政治及军事上都处于被动状态。在这种背景下，为挽回局面，美国在加大空袭力度并派出少量特种部队的同时，立场也出现较大调整。在叙利亚问题上，美国不再继续坚持巴沙尔必须下台的预设前提。针对乌克兰危机，美国也转而强调没有对俄罗斯执行孤立政策，希望俄罗

---

① Pyotr Iskenderov，Russia，Syria on United Front against Terrorism，Oct. 09，2015.

斯早日执行新明斯克协议，美欧也将尽早解除制裁。[1]

在美俄达成初步共识的基础上，国际社会针对叙利亚问题的政治协调也得以紧锣密鼓地推进。2015 年 12 月 18 日，安理会全票通过政治解决叙利亚危机的 2254 号决议，主要内容包括：呼吁停火，由联合国负责斡旋和召集在 2016 年 1 月开启政治过渡对话，但“伊斯兰国”和“努斯拉阵线”等恐怖组织被排除在外；美国主导的国际联盟及俄罗斯对“伊斯兰国”等恐怖组织的空袭将持续；联合国秘书长于 2016 年 1 月 18 日报告监测停火的实施措施；在 6 个月内建立稳定、包容、非派系的管理体制；在联合国监督下，在 18 个月内举行选举；政治转型将由叙利亚人自己领导。由于分歧较大，决议并没有涉及在叙利亚政治过渡进程中巴沙尔的地位问题。尽管西方、中东逊尼派国家及叙反对派仍强调在政治过渡期巴沙尔不应在台上，但叙政府方面还是承认了安理会决议，俄美之间围绕叙利亚问题的博弈也将继续。[2]

总之，普京借军事打击“伊斯兰国”逼使美国在叙利亚问题上做出了重大让步，在乌克兰问题上也正在放弃强硬立场，莫斯科初步实现了阶段性的政治目标。对此，白宫也不得不承认，鉴于叙利亚危机的愈演愈烈，俄罗斯已经找到了与美国及其盟友合作的方式。[3]

第二，以反恐为契机推动加强与伊拉克的关系。

在对美国打击“伊斯兰国”行动效果感到失望之余，伊拉克的什叶派政府开始寻求与俄罗斯加强反恐等领域的合作。2014 年 7 月，俄罗斯与伊拉克签署了 10 亿美元的火炮及迫击炮等武器装备军售协议；2015 年 5 月，伊拉克总理阿巴迪访问莫斯科，希望俄罗斯继续在反恐领域给予有力支持。俄罗斯方面表示，俄伊军事技术合作牢固且紧密，俄将尽最大努力满足伊拉克在武器方面的需求，以保证伊国防能力以及打击“伊斯兰国”等恐怖组织的能力。与西方国家不同，俄罗斯的对伊武器援助不附加任何条件。

在伊朗核协议达成后，普京开始加快介入中东事务，伊拉克成为俄中

① С кротким рабочим визитом: Джон Керри больше не говорит о международной изоляции России//Газета “Коммерсантъ”, 16 декабря2015 г.

② Ева Лисовская Резолюция № 2254: миру в Сирии – быть.

③ Политолог о реакции США на слова Путина о Су – 24: грубое цитирование.

东战略的重要方向之一。2015 年 8 月 13 日，巴格达萨德尔市区发生造成 60 多人死亡、200 多人受伤的恐怖袭击事件，克里姆林宫表示随时准备全力支持伊政府打击恐怖分子的行动。随后，伊拉克顶住华盛顿的压力，继续对俄罗斯运输机和战机开放领空，为普京在叙利亚的军事部署提供了极大便利。2015 年 9 月底，俄罗斯联合叙利亚、伊朗、伊拉克在巴格达建立了反恐信息情报中心，其主要任务是收集、整理、分析有关“伊斯兰国”的情报，伊拉克成为首任轮值主管国（3 个月）。正是在巴格达反恐情报信息中心的协调下，俄罗斯的战略空中力量和里海舰队才得以在打击“伊斯兰国”的过程中大显身手，充分展现了俄罗斯的大国威力。①

在成立反恐信息情报中心问题上，阿巴迪政府事先并没有征求美国的意见，甚至都没有提前告知。很显然，巴格达的这种做法与华盛顿的中东战略背道而驰。俄罗斯发动对叙利亚境内“伊斯兰国”组织的空袭后，阿巴迪表示准备要求俄军空袭在伊境内的“伊斯兰国”目标，因为以美国为首的反恐联盟支持不力，其反恐决心令人怀疑。② 对此，俄外长拉夫罗夫表示，莫斯科将继续向伊拉克政府提供援助，包括考虑直接军事技术援助。伊拉克的什叶派积极支持俄罗斯在叙利亚的军事行动，阿巴迪政府也将俄罗斯视为打击“伊斯兰国”组织的主要伙伴。此外，伊拉克媒体和政府还公开抱怨美国领导下的沙特、卡塔尔等海湾国家向“伊斯兰国”等恐怖组织提供资金和武器支持。2015 年 10 月 20 日，美军参谋长联席会议主席邓福德突访伊拉克，并对阿巴迪政府提出了警告：如果伊拉克在打击“伊斯兰国”的过程中与俄罗斯合作，美国将不再提供援助。针对美国的警告，阿巴迪政府称在选择打击“伊斯兰国”的伙伴时不会屈从任何外来压力。虽然受到了美国的压力，伊拉克议会仍倾向于政府与俄罗斯合作对“伊斯兰国”展开空袭。阿巴迪政府还发表声明反对美国向伊增派地面部队。

2015 年 12 月，土耳其派兵进入伊拉克的摩苏尔，伊拉克外长贾法里在记者会上强硬地表示，伊拉克有权采取军事行动捍卫领土，并指责美国

---

① Иван Чернов. Россия опровергла фейк о падении “Калибра” в Иране // Деловая газета “Взгляд”, 9 октября 2015 г.

② Loveday Morris, Iraqi premier “would welcome” Russian airstrikes, *The Washington Post*, Oct. 2, 2015.

对土耳其的过分行为给予了不当支持。[①] 相对于美国不痛不痒的表态，俄罗斯完全站在伊拉克政府一边，谴责安卡拉的举动严重违反国际法，并提请联合国安理会开会进行讨论。

第三，继续加强与德黑兰的战略合作。

俄罗斯与伊朗都面临美国的外部压力，双方在叙利亚问题上的立场也完全一致。在伊核协议达成后，两国新签署了 S－300 防空导弹系统合同，并已经开始供货。2015 年 11 月 23 日，普京时隔 8 年后再次访问伊朗，为德黑兰带去了 50 亿美元贷款和多个经济大单。普京与伊朗最高领袖哈梅内伊、总统鲁哈尼举行了会谈，讨论了能源合作、联合反恐和双边贸易等诸多问题，并签署了一系列合作协议。在高度评价俄罗斯在叙利亚打击“伊斯兰国”军事行动的同时，哈梅内伊指出：“美国有一个长期的阴谋，企图统治叙利亚，然后再扩大到统治整个地区，这对所有民族和国家都是一个威胁，特别是对伊朗和俄罗斯，（我们）应以明智和更紧密的合作来挫败这些阴谋。”[②] 普京的访问有利于巩固两国的战略合作关系，加强俄罗斯、伊朗、伊拉克、叙利亚四国反恐联盟的合作与协调，进而对美国在中东的势力范围形成制衡。在打击叙利亚境内“伊斯兰国”组织问题上，俄罗斯与伊朗密切合作，伊朗不仅对俄罗斯的军事行动开放领空，双方还通过在叙利亚的军事协调中心展开协作，并在联合国框架内积极参与叙政治解决进程。

第四，借反恐介入阿富汗事务。在美国撤军大局已定的背景下，美国与阿富汗围绕签署《双边安全协议》问题争吵不断，导致两国关系日趋疏远，而俄罗斯则借机加强了对阿富汗事务的介入。在奥巴马于 2014 年 5 月 27 日宣布从阿富汗撤军的时间表后，阿富汗需要获得更多的外部支持以应对塔利班的进攻。但是，为了制裁俄罗斯，美国国会则冻结了为阿军方购买俄制米－17 直升机的资金。面对这种情况，俄罗斯和印度很快就由印度出钱购买俄武器装备供应给阿富汗军队达成了协议，[③] 从而为阿富汗政府解了燃眉之急。在 2015 年 7 月的上合组织俄罗斯乌法峰会期间，阿富汗总

---

① Ирак обещает прибегнуть к военным мерам，если Турция не выведет войска.

② Хаменеи：Планы США по доминированию в Сирии угрожают Ирану и России.

③ Индия вооружит Афганистан российским оружием.

统加尼在同普京的会晤中表达了希望俄提供直接军事技术援助的愿望，普京表示愿意尽一切可能帮助稳定阿富汗局势。

在俄罗斯展开对叙利亚境内“伊斯兰国”组织的军事打击后，阿富汗政府请求俄罗斯协助打击塔利班武装分子，包括直接提供火炮、轻型武器和米-35武装直升机，俄方对此反应积极。俄罗斯总统阿富汗问题特使卡布洛夫说，阿富汗已处于严重的内战阶段，俄罗斯准备向阿富汗提供直升机，计划近期供应枪支弹药和其他武器装备，还将帮助训练军官。[①]

在奥巴马宣布延缓从阿富汗撤军计划后[②]，在普京的倡议下，独联体国家首脑在哈萨克斯坦阿斯塔纳峰会上通过了关于打击国际恐怖主义的联合声明，各国领导人还同意建立一支联合部队，以应对阿富汗局势可能导致的边境危机，这预示着俄罗斯军队将被部署到阿富汗边境。此外，据俄外交部透露，俄罗斯与塔利班在有关“伊斯兰国”的信息互换方面保持着有限接触。很显然，俄罗斯在阿富汗的举动进一步加剧了奥巴马政府阿富汗政策的窘境。美国媒体更直接地指出，奥巴马政府延缓从阿富汗撤军也不过是再把现状支撑一年罢了，若认为如此就能改变局势无疑是愚蠢的。[③]

---

① Россия готова поставлять оружие Афганистану. http://www. gazeta. ru/army/news/8048981. shtml.

② 奥巴马在2015年10月15日宣布了延缓阿富汗撤军计划：美军2016年大部分时间在阿驻军规模将继续保持目前9800人的水平，到2017年1月（奥巴马卸任）将减少到5500人，而原来的计划是到2016年底将减少到1100人。可见，俄罗斯在叙利亚的军事行动，直接或间接地影响了奥巴马做出这一决定。Андрей Резчиков. США остаются в Афганистане из-за России // Деловая газета “Взгляд”, 15 октября 2015г.

③ Matthew Rosenberg and Michael D. Shear, In Reversal, Obama Says U. S. Soldiers Will Stay in Afghanistan to 2017, The New York Times, Oct. 16, 2015.

专题报告二

教派问题与宗教极端主义

对中东教派主义的多维思考

上海外国语大学中东研究所副研究员　**包澄章**
上海外国语大学中东研究所所长、研究员　**刘中民**

【内容提要】

伊斯兰教两大教派逊尼派与什叶派的矛盾，不仅影响中东伊斯兰国家内部的权力斗争，而且通过跨国教派渗透影响国家间关系乃至地区格局。中东变局以来教派矛盾新发展的典型特征在于教派矛盾的高度政治化，即教派主义的加剧，并突出表现为许多国家基于教派关系对政治进行评估，根据教派关系制定自己的内政与外交政策。伴随教派主义的发展，中东变局以来教派矛盾的发展突出体现在中东国家国内政治和地区政治两个主要层面，而“伊斯兰国”等宗教极端组织对教派矛盾的利用，则成为教派矛盾影响中东政治的特殊表现形式。这些表现背后的根源则在于教派主义对教派矛盾的政治化和工具化，它既表现为中东国家内部利用教派矛盾的政治权力斗争，也表现为地区大国利用教派矛盾构建政治联盟，争夺地区主导权，还表现为极端组织利用教派矛盾构建宗教极端主义意识形态。认识中东的教派矛盾需要透过现象看本质，同时更要重视挖掘教派矛盾的历史与现实根源。当前中东地区教派矛盾的加剧是长期以来各种矛盾累积的产物，同时是部分中东地区国家和西方国家极力建构的政治话语体系。

伊斯兰教两大教派逊尼派与什叶派的矛盾，不仅影响中东伊斯兰国家内部的权力斗争，而且通过跨国教派渗透影响着国家间关系乃至地区格局。中东变局发生以来，教派因素不仅成为影响阿拉伯国家转型的重要因素（如巴林、叙利亚、也门、伊拉克动荡中的教派矛盾），而且充当了各派力量尤其是地区大国争夺地区领导权的工具，对中东国际关系和地缘政治格局的重组产生了深刻影响。因此，“阿拉伯起义的浪潮加深了近年来一直存在的逊尼派和什叶派的族群和宗教关系的紧张，使其再度走上中东政治的前台”。[①] 在国际关系层面，复杂的教派矛盾不仅突出表现为沙特和伊朗围绕巴林问题、叙利亚问题和也门问题的矛盾，还表现为逊尼派内部的矛盾尤其是传统伊斯兰力量与温和伊斯兰力量的矛盾，如以穆斯林现兄弟会和部分伊斯兰政党为代表的现代伊斯兰主义力量与以瓦哈比—萨拉菲派力量为代表的传统伊斯兰力量之间的矛盾，并在国际关系层面表现为土耳其和沙特对逊尼派世界领导地位的争夺。对此，有学者评价指出：“目前中东的地缘政治对抗正在什叶派势力伊朗、逊尼派激进势力沙特阿拉伯和逊尼派温和势力土耳其三大力量之间展开。”[②] 此外，教派矛盾也成为“伊斯兰国”等极端组织构建和传播极端主义意识形态，建立所谓“哈里发国家”的政治工具。

近几年来，教派因素在中东政治中的作用日益凸显，反映到国际舆论和学术研究中便形成了一种言必称教派矛盾的倾向，这种有着深刻政治意蕴的舆论倾向在中东和西方媒体中最为严重。当前，舆论界对教派矛盾的认识多存在简单化之嫌，似乎中东国家只要有不同的教派，教派矛盾和冲突就必然存在。但是，“中东各国的教派矛盾并非是一种先天存在的必然，逊尼派和什叶派两大教派在长期的历史中在多数情况下都能和谐共处，当前教派矛盾的凸显是长期以来各种矛盾累积的产物”。[③] 因此，客观评估中东变局以来教派矛盾的新发展，准确认识教派矛盾的实质，无疑有重要的理论和现实意义。

---

① Geneive Abdo, “The New Sectarianism: The Arab Uprisings and the Rebirth of the Shi'a - Sunni Divide,” The Saban Center for Middle East Policy at Brookings, Analysis Paper, No. 29, April 2013, p. 2, http://www. brookings. edu/ ~ /media/research/files/papers/2013/04/sunni%20shia%20abdo/sunni%20shia%20abdo.

② Evangelos Venetis, “The Struggle between Turkey and Saudi Arabia for the Leadership of Sunni Islam,” Athens: Hellenic Foundation for European and Foreign Policy, Working Paper, No. 39, February 2014, p. 3, http://mercury. ethz. ch/serviceengine/Files/ISN/176753/ipublicationdocument _ singledocument/6fac775e - 687c - 434b - 98fc - db466f971c2d/en/WORKING - PAPER - _Venetis - Ev. pdf.

③ 刘中民：《勿用教派冲突简单概括中东问题》，载《环球时报》，2015 年 4 月 21 日，第 14 版。

中东变局以来教派矛盾新发展的典型特征在于教派矛盾的高度政治化，即教派主义的加剧。教派主义泛指宗教和教派认同被政治化的过程，当前中东政治中的教派主义同过去教派冲突的区别在于，许多国家统治者的决策基于教派关系对政治进行评估，即从教派角度进行战略决策，根据教派关系制定自己的内政与外交政策。[①] 尽管教派矛盾并非“阿拉伯之春”的直接原因，但随着教派主义逐渐成为海湾逊尼派国家应对“阿拉伯之春”和稳固国内政权的关键性手段，中东地区的教派矛盾被充分激化。教派主义不仅体现于国内层面的政治斗争，还表现为地区层面的权力博弈。伴随教派主义的发展，教派矛盾突出表现在巴林、叙利亚、伊拉克、也门等国家教派矛盾的激化及其外溢导致的地区范围内的教派矛盾，这种矛盾一方面通过外溢形成以教派为标识的阵营分化，另一方面又使巴林、叙利亚、也门的教派矛盾在外部力量的支持下演变为代理人之争，同时成为“伊斯兰国”等宗教极端组织极力运用的政治工具。因此，本文将从国内政治、地区政治以及宗教极端主义三个层面对中东教派矛盾进行分析与评估。

一、教派主义与阿拉伯国家的国内政治
——以巴林和沙特为例

中东变局以来，教派主义对阿拉伯国家国内政治的影响突出表现为海湾阿拉伯国家为应对“阿拉伯之春”，对民众抗议活动进行基于教派话语的塑造和建构，进而将国内社会矛盾转化为教派矛盾，这在巴林和沙特体现得最为突出。

在海湾君主制国家中，巴林是受“阿拉伯之春”冲击最为严重的国家。面对以发展民主、要求自由和政治改革为主要目标的抗议运动，巴林逊尼派王室政权、政治组织和官方控制的媒体积极利用教派因素进行政治动员，将反对派的政治抗议归结为伊朗的“阴谋”，以获取对什叶派进行镇压的政治合法性。

---

① Toby Matthiesen, *Sectarian Gulf: Bahrain, Saudi Arabia, and the Arab Spring That Wasn't*, Stanford, California: Stanford University Press, 2013, xii - xiii.

在巴林，王室成员是逊尼派少数群体，为维护逊尼派的绝对统治，王室对占本国人口60%—70%的什叶派多数群体实行分而治之的政策，一方面拉拢支持政府的什叶派群体，另一方面打压要求改革或持不同政见的什叶派反对派群体。2011年初，由“2月14日革命青年联盟”（February 14 Revolution Youth Coalition）通过互联网发起的民众抗议浪潮爆发。起初，参加抗议群众既包括什叶派，也包括逊尼派，这在当时抗议者高呼的“没有逊尼派，没有什叶派，只有巴林人”① 的政治口号中得到了具体体现，什叶派反对派“和谐协会”（al - Wefaq）② 等组织并非抗议的发起者，它们直至抗议浪潮达到一定规模后才决定加入抗议行列。“2月14日革命青年联盟”是一个缺乏统一领导的松散组织，其成员大部分是大、中学生，是一个不属于特定教派或政党的跨教派青年组织。它通过号召巴林青年以和平非暴力手段进行示威抗议活动，实现民主、公正和选举自由。而“和谐协会”也强调自己的巴林和阿拉伯属性，多次否认该组织与外国势力存在联系。③

但是，以逊尼派和什叶派为载体的反对派内部分歧，很快就导致了反对派的教派分化，这无疑为巴林王室利用教派矛盾获取对反对派进行镇压的合法性提供了机会，政府声称“暴动的根源在于教派冲突”，是“伊朗支持下的什叶派暴动”。④ 在政府渲染教派冲突的同时，“民族联合阵线”（National Unity Gathering）和巴林穆斯林兄弟会、萨拉菲派等逊尼派政治组织和团体也不断强调“现政府的垮台将导致在巴林建立类似伊朗的神权

① Geneive Abdo, “The New Sectarianism: The Arab Uprisings and the Rebirth of the Shi'a - Sunni Divide,” The Saban Center for Middle East Policy at Brookings, Analysis Paper, No. 29, April 2013, p. 14, http://www.brookings.edu/~/media/research/files/papers/2013/04/sunni%20shia%20abdo/sunni%20shia%20abdo.

② “伊斯兰和谐民族协会”（Al - Wefaq National Islamic Society），简称“和谐协会”（Al - Wefaq），巴林最大的反对派组织，在巴林议会中拥有近一半席位，阿里·萨尔曼（Ali Salman）为该协会秘书长。2011年2月27日，“和谐协会”18名议员向议会提交集体辞呈，抗议王室对支持改革的巴林抗议者采取武力镇压的行为。

③ Toby Matthiesen, *Sectarian Gulf: Bahrain, Saudi Arabia, and the Arab Spring That Wasn't*, Stanford, California: Stanford University Press, 2013, pp. 43 - 49.

④ Geneive Abdo, *The New Sectarianism: The Arab Uprisings and the Rebirth of the Shi'a - Sunni Divide*, Washington, D. C., the Brookings Institution, 2013, p. 14.

政体”；官方控制的媒体也极力炒作教派矛盾，例如巴林《国家报》（*Al Watan*）、“巴林论坛”（*Bahrain Forums*）网站都不断熏染教派冲突以及伊朗对巴林什叶派的支持。[①]

巴林王室以镇压什叶派骚乱为名对反对派抗议进行镇压，但始终无法控制局势。2011 年 3 月 14 日，海合会决定向巴林派驻沙特和阿联酋联合部队，协助巴林政府镇压示威人群。沙特的军事介入引来了伊朗政府和阿拉伯什叶派的谴责，使巴林抗议运动迅速转变为海湾大国间的代理人冲突。在外部因素作用下，巴林政治史无前例地两极化，教派身份成为影响国内政治阵营分化的关键因素。[②]

在巴林政治动荡中，逊尼派王室政府及其控制的媒体和政治组织不断强调 1979 年伊朗伊斯兰革命以来形成的教派主义逻辑：伊朗伊斯兰革命——伊朗支持包括巴林在内的海湾什叶派革命——镇压什叶派革命亦即反对伊朗的颠覆。但是，并“没有明确证据证明伊朗直接支持了巴林的示威游行。巴林反对派强调民众的诉求是更合理地分配权力和利益，而非挑动教派矛盾”。[③] 事实上，参加民众抗议浪潮的什叶派民众并无明确建立伊朗式神权的政治目标。2009 年的民意调查显示，反对和支持在巴林实施伊斯兰教法的什叶派信徒的比例分别为 63% 和 25%，[④] 反对者远胜于支持者。但政府对民众抗议的镇压以及事后对抗议者的清算，如取消参加抗议的什叶派学生的奖学金，搁置授予学位和就业歧视等措施，都“加剧了什叶派的受害者心理，导致教派冲突进一步加剧”。[⑤]

在沙特，利用教派主义强化和巩固逊尼派多数群体对政权的忠诚

---

① Geneive Abdo, *The New Sectarianism: The Arab Uprisings and the Rebirth of the Shi'a - Sunni Divide*, Washington, D. C., the Brookings Institution, 2013, p. 18, pp. 23 - 24.

② 李福泉：《中东伊斯兰教派矛盾的演进与影响》，载《国际论坛》，2014 年第 6 期，第 63 页。

③ 吴冰冰：《中东伊斯兰教派矛盾的新变化》，载《西亚非洲》，2012 年第 5 期，第 43 页。

④ Geneive Abdo, “The New Sectarianism: The Arab Uprisings and the Rebirth of the Shi'a - Sunni Divide,” The Saban Center for Middle East Policy at Brookings, Analysis Paper, No. 29, April 2013, p. 24, http://www.brookings.edu/~/media/research/files/papers/2013/04/sunni%20shia%20abdo/sunni%20shia%20abdo.

⑤ Ibid., p. 18.

度，煽动逊尼派对什叶派的教派仇恨，防止逊尼派内部改革派、自由派与什叶派联合进行反政府抗议活动，构成了沙特王室应对“阿拉伯之春”的重要手段之一。沙特王室积极利用瓦哈比主义的宗教教义，尤其是运用其中将什叶派定义为“异端”的教派话语，反对政治上表现活跃的什叶派少数群体，同时要求逊尼派多数群体放弃政治变革的诉求，进而阻止具有跨教派、跨地区、跨意识形态和跨部落特征的政治反对派的产生。对此，有评论指出，由于沙特政权不断利用教派矛盾构建教派主义的政治话语，沙特始终难以形成强有力的超越教派意识的政治反对派，抗议群体虽不断呼吁政治改革，但却很难对沙特政权构成实质性的威胁。[①]

中东变局对沙特国内政治的冲击主要表现为东部什叶派的抗议活动，其重要原因在于什叶派在沙特长期受到压制。沙特外交、安全、军队、警察以及石油等重点行业和部门的要职通常都将什叶派排除在外；什叶派经常面临宗教警察的干扰和迫害，什叶派清真寺等宗教场所也面临随时可能被关闭的处境。[②] 针对什叶派的抗议活动，沙特王室采取了政治—宗教的双重应对策略。在政治上，沙特政府出动安全部队镇压东部什叶派聚居区的抗议活动，并将抗议活动定性为“什叶派阴谋”和“以伊朗为首的外国势力资助的起义”，同时通过逊尼派人士强调“任何抗议活动都将导致沙特的碎片化和地方主义、教派主义和部落主义的回潮”。[③]

在宗教上，沙特王室通过官方宗教机构动员宗教人士支持当局。首先，通过沙特官方最高宗教机构宗教学者委员会（Council of Senior Schol-

① Madawi al - Rasheed, “Sectarianism as Counter - Revolution: Saudi Responses to the Arab Spring,” *Studies in Ethnicity and Nationalism*, Vol. 11, Issue 3, December 2011, pp. 514 - 515.

② Toby Matthiesen, *Sectarian Gulf: Bahrain, Saudi Arabia, and the Arab Spring That Wasn't*, Stanford, California: Stanford University Press, 2013, p. 73.

③ Madawi al - Rasheed, “Sectarianism as Counter - Revolution: Saudi Responses to the Arab Spring,” *Studies in Ethnicity and Nationalism*, Vol. 11, Issue 3, December 2011, p. 520.

ars）颁布的法特瓦（宗教教令），反对示威抗议活动。[①] 沙特媒体和安全机构控制的网站均对法特瓦进行了广泛报道和宣传，政府还印制了1.5万份法特瓦传单在清真寺和社区派发，利用宗教声明广泛论证和宣传抗议活动的非法性。[②] 其次，沙特官方借助知名宗教学者引导国内舆论，通过清真寺、宗教讲座、研讨会和网络视频声讨什叶派，将抗议运动描绘成得到伊朗支持、由国内外什叶派势力共同组织发起的“什叶派阴谋”，如任其发展将导致国家陷入“碎片化、部落战争、内战和血洗”。[③]

值得注意的是，沙特王室在构建反对“什叶派异端”的宗教话语体系外，还构建了一套所谓的自由派政治话语。它主要表现为沙特王室允许逊尼派所谓的自由主义精英分子利用媒体对教派主义进行谴责，这并不意味着沙特王室支持自由派的主张，其实质是沙特王室通过刻意制造和激化逊尼派和什叶派、自由派知识分子与宗教人士之间的分歧，防止在全国范围内形成跨教派政治反对派，并使沙特政府在自由派与伊斯兰势力、逊尼派和什叶派之间扮演调停者角色，以服务王室政权的利益。[④] 由于沙特国内不存在工会、专

① 2011年3月6日，沙特大穆夫提谢赫阿卜杜·阿齐兹签署法特瓦令，其中提到：“委员会在此重申，唯具有合法形式的改革和忠告才能带来福祉和避免邪恶，而非通过发表声明进行恐吓、挑起冲突和征集签名。……在沙特，不以示威游行和其他引发动乱和分裂社会的形式和途径实现改革和忠告。从古至今，沙特的宗教学者都禁止和警告发生此类行为。委员会强调，本国禁止示威游行，避免造成破坏实现福祉的合法途径在于互进忠言（al – Munasahah）。”参见“A Fatwa from the Council of Senior Scholars in the Kingdom of Saudi Arabia Warning against Mass Demonstrations,” Islamopedia-online, March 10, 2011, http://islamopediaonline.org/fatwa/fatwa – council – senior – scholars – kingdom – saudi – arabia – warning – against – mass – demonstrations。

② “Hay’ah Kibar al – ‘ulama’ fi al – Su’udiyyah Tuharrim al – Muzaharat fi al – Bilad wa – Tuhaththir min al – ’irtibatat al – Fikriyyah wal – Hizbiyyah al – Munharifah,” *Al – Sharq al – Awsat*, March 7, 2011; “Saudi Arabia Prints 1.5m Copies of Religious Edict Banning Protests,” *Guardian*, March 29, 2011.

③ Madawi al – Rasheed, “Sectarianism as Counter – Revolution: Saudi Responses to the Arab Spring,” *Studies in Ethnicity and Nationalism*, Vol. 11, Issue 3, December 2011, pp. 521 – 522.

④ Madawi al – Rasheed, “Sectarianism as Counter – Revolution: Saudi Responses to the Arab Spring,” *Studies in Ethnicity and Nationalism*, Vol. 11, Issue 3, December 2011, pp. 521 – 523.

业团体和政党等有组织的公民社团，反对派在组织抗议运动时难以进行真正有效的跨教派动员，这为沙特王室利用教派主义分化抗议群体提供了条件。

二、教派主义与中东地区主导权的争夺

在地区层面，教派主义构成了沙特、伊朗和土耳其等地区大国攻击政治对手、实现政治利益、争夺地区领导权的有效途径，导致教派矛盾成为地区大国争夺地区主导权的重要载体，这不仅表现在逊尼派和什叶派阵营之间的跨国竞争，还体现在逊尼派内部的阵营分化和微妙竞争。

（一）教派主义与沙特、伊朗的地区主导权之争

伴随教派因素在中东变局中作用的上升，逊尼派和什叶派都开始从教派利益的角度观察“阿拉伯之春”对于自身的机遇和挑战。“在许多逊尼派看来，阿拉伯起义为削弱伊朗—真主党—叙利亚的什叶派轴心提供了机会。因为对于逊尼派阿拉伯国家尤其是海湾阿拉伯国家来说，所有的什叶派都是忠诚于伊朗的铁杆分子（iron - clad Iranian loyalists），而伊朗则是叙利亚阿萨德政权的坚定支持者，并坚信伊朗对叙利亚事务进行了深度干预。”① 其结果是，“过去在阿拉伯伊斯兰世界处于弱势和边缘地位的什叶派，目前正在沙特阿拉伯、巴林、科威特等国家积极地争取其权力，政治影响力不断增强。”② 而什叶派则认为，逊尼派伊斯兰主义力量在转型阿拉伯国家取得执政地位、逊尼派反对派对叙利亚阿萨德什叶派政权的严峻挑战、巴林逊尼派政府对什叶派抗议的镇压、伊拉克逊尼派反对派挑战什叶派主导的政府、沙特等国家大力支持巴林逊尼派政府和叙利亚逊尼派反对派，“都促使什叶派认为逊尼派的威胁在不断扩大”。③

---

① Geneive Abdo, “The New Sectarianism: The Arab Uprisings and the Rebirth of the Shi’a - Sunni Divide,” The Saban Center for Middle East Policy at Brookings, Analysis Paper, No. 29, April 2013, p. 4, http://www. brookings. edu/ ~ /media/research/files/papers/2013/04/sunni% 20shia% 20abdo/sunni% 20shia% 20abdo.

② Idid. , p. 6.

③ Idid. , p. 4.

在当前的中东地区，“主要教派冲突已演变为地区权力斗争，这反过来又逐步转变成大国竞争”。[①] 地区国家利用热点问题构建教派主义话语，在他国扶植和动员支持力量，建立具有跨国认同的意识形态体系，其实质是利用教派资源争夺势力范围和地区主导权的斗争，这在沙特与伊朗的对抗中体现得最为突出。

在国内层面，沙特对“阿拉伯之春”的反应主要出于对逊尼派和什叶派反对派可能会出现联合的担忧。[②] 为阻止国内出现类似巴林示威抗议运动，通过催生“教派恐慌”情绪，将国内政治矛盾转嫁至地区层面反对伊朗和叙利亚巴沙尔什叶派政权的教派矛盾，[③] 便成为沙特的战略选择。因此，沙特王室和国内政治精英积极利用宗教操控政治，在国内和地区层面构建起一套“教派话语”，通过主流媒体、论坛网站、社交媒体和宗教人士、媒体精英等散布“什叶派威胁论”，[④] 将国内群体性社会事件塑造成受到外部什叶派势力影响、威胁本国安全稳定的地区性教派矛盾，其目的在于对内减少“阿拉伯之春”对沙特的负面影响，维护政权稳定，对外通过领导逊尼派国家抗衡伊朗，争取地区主导权。

在对外政策层面，沙特在中东变局中对不同国家采取了不同的政策，对突尼斯、埃及的政策相对低调，甚至对美国抛弃盟友的做法表示强烈不满，同时对两个国家的过渡政权给予了一定的经济援助；在利比亚和叙利亚问题上，沙特的政策明显较为激进，积极支持政治反对派推翻卡扎菲和巴沙尔政权；在巴林问题上，沙特却截然相反，不仅对巴林政府提供经济援助，还以海合会名义出兵镇压巴林的民众抗议浪潮；在也门问题上，沙特主导的海合会先是通过斡旋实现了也门政权的和平过渡，但在什叶派胡

---

① Greg R. Lawson，“A Thirty Years' War in the Middle East，” *The National Interest*，April 16，2014，http：//nationalinterest. org/feature/thirty – years – war – the – middle – east – 10266.

② Toby Matthiesen，*Sectarian Gulf*：*Bahrain*，*Saudi Arabia*，*and the Arab Spring That Wasn't*，Stanford，California：Stanford University Press，2013，p. 19.

③ Madawi al – Rasheed，“Sectarianism as Counter – Revolution：Saudi Responses to the Arab Spring，” *Studies in Ethnicity and Nationalism*，Vol. 11，Issue 3，December 2011，pp. 513 – 526.

④ Ibid.，p. 521.

塞武装不断坐大后，沙特开始于2015年3月组织阿拉伯盟军对胡塞武装进行军事打击。

教派因素构成了沙特对不同阿拉伯国家采取不同政策的重要原因。总体来说，沙特对突尼斯、埃及、利比亚、叙利亚等共和制国家的政治变革采取了支持的态度，其重要图谋在于借“阿拉伯之春”颠覆阿拉伯民族主义共和制政权，进而确立泛伊斯兰主义阵营的君主制国家对阿拉伯世界的领导权，这在某种程度上仍然是历史上泛伊斯兰主义和阿拉伯民族主义矛盾的延续。但沙特对叙利亚和巴林的不同政策，则充分体现了沙特对教派矛盾斗争的考虑，镇压巴林什叶派抗议，支持叙利亚反对派推翻巴沙尔什叶派政权，其共同目标都是维护逊尼派的共同利益，同时也是为了肢解伊朗主导的“什叶派联盟”。①

总之，自中东变局以来，以沙特为首的海湾国家试图通过“什叶派阴谋论”激活地区教派冲突，力图以教派逻辑定义地区关系和建立地区秩序，通过强化海湾地区逊尼派同盟，对伊朗和什叶派势力进行打压和孤立。

在中东变局中，伊朗与沙特主动挑起地区教派矛盾有所不同，它一直试图避免掉入沙特设置的教派话语陷阱。“伊朗希望避免一场教派主义的大火，更不会火上浇油”，② 其重要原因在于担心因教派矛盾使伊朗在中东地区陷入孤立。但这并不妨碍伊朗将什叶派教义作为动员中东什叶派反对西方及其盟友的一种软实力工具。③ 伊朗对巴林危机、叙利亚危机和也门危机等地区热点问题的介入，其教派动员虽然有实有虚，但“以教派为基础的联盟是伊朗确保其影响力为数不多的手段之一”。④

---

① 刘中民：《伊斯兰教与当代沙特外交》，载徐以骅主编：《宗教与美国社会》第9辑，北京：时事出版社，2014年版，第78页。

② Daniel Byman, “Sectarianism Afflicts the New Middle East,” *Survival: Global Politics and Strategy*, Vol. 56, No. 1, 2014, p. 80.

③ Mehdi Khalaji, “Yemen’s Zaidis: A Window for Iranian Influence,” The Washington Institute, February 2, 2015, http://www.washingtoninstitute.org/policy - analysis/view/yemens - zaidis - a - window - for - iranian - influence.

④ Daniel Byman, “Sectarianism Afflicts the New Middle East,” *Survival: Global Politics and Strategy*, Vol. 56, No. 1, 2014, p. 80.

在巴林问题上，伊朗认为2011年的民众抗议运动具有非教派和民粹主义的特征，[①] 而不是教派冲突。在政策取向上，伊朗主要在道义和外交层面对反对派予以舆论支持，并不强调教派问题。有学者评价指出："伊朗在巴林（问题上）无论如何都是赢家，如果王室以武力镇压什叶派，德黑兰可以振振有词地声称镇压得到了美国授意；如果反对派推翻政权，伊朗可以借机努力建立新的地区秩序。"[②] 但是，随着沙特的军事介入和煽动教派主义，伊朗无法避免地被塑造成巴林什叶派的支持者。

在叙利亚危机上，叙利亚反对派的示威抗议活动最初主要是以政权腐败、社会不公、治理不善为由要求巴沙尔政权下台，反对派曾打出"无论我们是逊尼派还是阿拉维派，无论我们是库尔德人还是阿拉伯人，我们都要自由"的标语，[③] 表明它并非教派性质的抗议活动。但是，伴随海湾逊尼派国家、土耳其等国家对逊尼派反对派组织的资助，叙利亚国内冲突开始呈现教派化趋势，教派暴力频发和宗教极端势力崛起导致叙利亚内战的教派色彩不断加深。[④] 伊朗对叙利亚巴沙尔政权的支持并非单纯出于教派利益和意识形态的考量，而是出于维护双方同盟关系和共同安全利益的战略需求，同时也为了巩固叙利亚在"什叶派新月地带"中的战略枢纽地位，反对沙特、土耳其和西方通过颠覆巴沙尔政权削弱伊朗。

在也门危机上，沙特动用大量军事力量和政治资源，集结十国联军对也门胡塞武装发动空袭，其重要现实考虑之一在于担心什叶派在也门掌权将进一步扩大伊朗的地区影响。针对也门危机，伊朗的态度十分谨慎。伊朗在主观上不愿在伊核谈判的关键节点卷入也门冲突，更不愿掉入沙特设

---

① "Uprisings in Bahrain Has Nothing to Do with Shiism or Sunnism: Leader," Mehr News, March 22, 2011, http://mehrnews.com, quoted from Frederic M. Wehrey, *Sectarian Politics in the Gulf: From the Iraq War to the Arab Uprisings*, New York: Columbia University Press, p. 39.

② Michael Scott Doran, "The Heirs of Nasser: Who Will Benefit from the Second Arab Revolution," *Foreign Affairs*, Vol. 90, No. 3, May/June 2011, p. 24.

③ International Crisis Group, "Popular Protest in North Africa and the Middle East (VI): The Syrian People's Slow – motion Revolution," *Middle East/North Africa Report*, No. 108, July 6, 2011, p. 8.

④ Emile Hokayem, *Syria's Uprising and the Fracturing of the Levant*, Abingdon: Routledge for the IISS, 2013, p. 9.

置的教派冲突陷阱。此外，胡塞武装对于伊朗的重要性也远不及巴沙尔政权和真主党两个战略盟友。因此，即使沙特和西方媒体不断放大伊朗对胡塞武装的支持，伊朗对也门危机的介入仍停留在舆论和道义层面，并无实质性的军事介入。

沙特和伊朗还在舆论层面展开话语权的争夺，但沙特显然处于攻势地位。近年来，沙特政府和社会不断宣传和渲染什叶派的威胁。例如，沙特王室通过“萨哈”（al－Saha）和“沙特自由网”（Saudi Liberal Network）等论坛网站，发布各类诋毁什叶派的信息，极端萨拉菲派更是把什叶派和犹太人视为“伊斯兰教的敌人”。一些萨拉菲派神职人员甚至对以色列空袭叙利亚戈兰高地炸死黎巴嫩什叶派真主党领导人持肯定态度。例如，萨拉菲派神职人员穆罕默德·巴拉克（Mohammed al－Barrak）于2015年1月18日在推特上写道：“什叶派死在犹太人手里，感谢真主回应了我们的祈祷。”“什叶派对穆斯林的危害比犹太人对穆斯林的危害更大，因为过去四年中什叶派犯下的罪状已经超过了犹太人过去60年犯下的罪状。……什叶派是穆斯林最坏的敌人，因为他们的宗教是犹太人创造的，这令什叶派变成了比西方异教徒或忠于以色列国的犹太人更加糟糕的敌人”。①

沙特阿拉比亚电视台（al－Arabiya）和卡塔尔半岛电视台（Al－Jazeera）与伊朗阿拉伯语电视台世界新闻频道（al－Alam）围绕教派问题展开了激烈斗争。阿拉比亚电视台和半岛电视台在新闻报道中蓄意煽动教派偏见和教派仇恨，通过强调逊尼派和什叶派之间的对立贬损伊朗、伊拉克和叙利亚什叶派政权合法性，沙特媒体甚至还使用有什叶派背景的主持人进行反什叶派话语宣传。伊朗主导的什叶派也不甘示弱，伊朗媒体和黎巴嫩真主党下属的“路标”电视台（al－Manar）也常常从什叶派与逊尼派冲突的角度，放大巴林、叙利亚和也门国内政治社会冲突中的教派色彩。伊朗历史剧《穆赫塔尔》（Mokhtar Nameh）与沙特和卡塔尔联合摄制的历史剧《欧麦尔》（Omar）就是典型代表之一，双方都通过历史剧刻意渲染什叶派和逊尼派之间的教派矛盾。

（二）逊尼派国家间矛盾和地区主导权竞争

中东变局以来，教派主义的政治动员模式不仅表现为逊尼派与什叶派

① See @mohamdalbarrak，http://twitter.com/mohamdalbarrak.

的紧张关系，也表现为逊尼派国家之间的内部矛盾。以沙特瓦哈比—萨拉菲派为代表的保守伊斯兰力量，同以土耳其正义与发展党、埃及穆斯林兄弟会为代表的温和伊斯兰力量之间围绕伊斯兰政治模式的分歧不断加深，逊尼派国家之间的矛盾日渐凸显。

在中东变局中，土耳其与沙特围绕埃及政治转型的争夺体现了逊尼派内部温和伊斯兰势力与传统保守伊斯兰势力的潜在竞争。在埃及的政治转型过程中，土耳其大力支持穆斯林兄弟会，其重要原因在于穆兄会下属的自由与正义党与土耳其正义与发展党同属温和伊斯兰势力的代表，土耳其力图通过支持穆兄会对外输出温和的伊斯兰主义，并与沙特的伊斯兰保守势力进行意识形态争夺，这是土耳其与沙特关系趋于紧张的重要原因之一。

多年来尤其是“阿拉伯之春”以来，沙特一直不遗余力地打压穆兄会，试图遏制穆兄会等地区温和伊斯兰势力的不断壮大。在埃及的政治转型中，在土耳其、卡塔尔等国家的资助下，穆尔西领导的穆兄会下属政党自由与正义党赢得大选并上台执政。穆尔西执政时期，埃及不仅允许卡塔尔半岛电视台在首都开罗扩大业务，还同伊朗迅速改善关系，实现两国元首互访，这都令沙特极为不满。2013 年 7 月，在埃及军方废黜穆尔西政权后，沙特阿拉伯国王阿卜杜拉致信埃及军方，称赞埃及军方在关键时刻拯救了国家。沙特阿拉伯和阿联酋很快表示将分别向埃及提供 50 亿美元和 30 亿美元的经济援助。此后，沙特国王阿卜杜拉对埃及军方的清场行动也表示支持。在沙特的带动下，阿联酋、科威特、巴林、阿曼都表示支持埃及临时政府。[1] 2014 年 3 月，沙特内政部正式把穆兄会定性为恐怖组织。

为抑制穆兄会的发展，沙特、阿联酋和科威特投入巨资支持组建埃及光明党等萨拉菲派政治力量，其政治考虑主要有三：第一，支持埃及萨拉菲派与穆兄会进行伊斯兰政治模式的抗争；第二，同支持穆兄会的卡塔尔、土耳其进行地区主导权的博弈；第三，利用萨拉菲派推广反伊朗、反什叶派的教派主义话语，构建更加广泛的反伊朗、反什叶派联盟。2013 年

① 参见陈天社：《埃及的政治与社会转型》，载刘中民、朱威烈主编：《中东地区发展报告（2013 年卷）》，北京：时事出版社，2014 年版，第 119—138 页。

4 月，50 多名伊朗游客赴埃及旅游时，曾遭到萨拉菲派团体的反对，[①] 这显然与沙特等海湾国家对萨拉菲派的影响有关。沙特等海湾国家反对穆斯林兄弟会既有意识形态的原因，也有现实的政治考虑。从意识形态和国家发展模式的角度看，沙特反对穆斯林兄弟会的原因在于避免温和伊斯兰力量成为中东地区的主导力量，并在意识形态和发展模式方面对海湾君主制国家构成挑战。

在埃及的转型过程中，土耳其一直是穆斯林兄弟会的坚定支持者，并对埃及军方镇压穆兄会表示强烈反对。穆巴拉克政权垮台后，土耳其对穆斯林兄弟会予以大力支持，并在穆尔西当选总统后向埃及提供了约合 20 亿美元的经济支持。[②] 2012 年 9 月 30 日，穆尔西还应邀出席了土耳其正义与发展党的代表大会。2013 年 7 月，穆尔西政权被埃及军方推翻后，时任土耳其总理埃尔多安称军事政变是民主的敌人，是“不可被接受的政变”。2013 年 8 月，埃及军方强力驱散支持穆尔西的抗议营地之后，土埃两国关系严重恶化，双方互相召回大使，导致双方外交关系被降至临时代办级别。[③]

总之，在穆斯林兄弟会沉浮的过程中，不仅埃及国内的宗教和世俗两大力量展开了激烈对抗，地区力量也基于对伊斯兰主义的不同立场展开了复杂的博弈。在此过程中，沙特领导的海湾君主制国家构成了中东地区内反对穆斯林兄弟会的主要力量，土耳其正义与发展党成为穆斯林兄弟会最坚定的支持者，而背后则是逊尼派内部传统与温和伊斯兰力量围绕意识形态、发展模式与地区主导权的争夺。

三、宗教极端主义对教派主义的利用

利用教派主义构建宗教极端主义的意识形态，是中东伊斯兰极端组织

① Geneive Abdo, “Sectarianism Spreads to Egypt,” Brookings Institution, April 12, 2013, http://www.brookings.edu/blogs/up-front/posts/2013/04/12-egypt-sectarianism-abdo.

② 昝涛：《“土耳其模式”之困》，载《东方早报》，2013 年 7 月 23 日，C05 版。

③ “Egypt Expels Turkish Ambassador,” BBC, November 23, 2013, http://www.bbc.com/news/world-middle-east-25066115.

惯用的手段，“基地”组织和“圣战萨拉菲”组织都曾将什叶派描绘成“异教徒”或“叛教者”，并作为暴力活动的主要社会动员模式。随着“伊斯兰国”组织的崛起，教派主义已成为宗教极端主义势力进行社会动员，强化极端暴力行径宗教合法性的主要手段。宗教极端主义的偏执和仇恨心理，已成为加剧地区动荡与政治冲突的重要因素，“导致地区安全问题趋于复杂化”。[①] 在当前中东伊斯兰极端主义的话语体系中，教派主义扮演着重要角色，呈现出教派主义工具化、狂热化等特征。

在地区层面，由于叙利亚危机、也门乱局经常被塑造成沙特和伊朗通过代理人战争进行的教派战争，这套服务于权力争夺的教派话语体系，经过地区极端组织的改造，已经异化为引发宗教狂热、宗教仇恨和宗教暴力的极端主义话语体系。

“伊斯兰国”组织充分利用教派话语体系激化逊尼派和什叶派之间业已存在的对立，通过泛化“异教徒定判”（takfir）和“圣战”观念，调动极端分子的教派仇恨和宗教狂热，为其暴力恐怖行径提供宗教合法性口实，并为重建所谓实施伊斯兰教法的“哈里发国家”提供宗教法理依据。其中，“异教徒定判”观念经过极端组织异化后，成为可以随意判定非逊尼派穆斯林、其他宗教信徒、无神论者为异教徒并对其进行处决的观念。“异教徒定判”观念已成为“伊斯兰国”组织极端意识形态最重要的组成部分，该组织挑选所谓的教法学家，从法特瓦（教法令）中寻找所谓证据来解释“异教徒定判”观念，尽管这类解释经常缺乏逻辑并自相矛盾，但却公然成为极端组织处死所谓异教徒的宗教依据。“伊斯兰国”组织利用年轻人的宗教情感，灌输并且强迫年轻人“信仰”这种被严重曲解和异化的“异教徒定判”观念并付诸实施。当前，该组织内部已出现年轻人将自己的父亲判定为“叛教者”和“异教徒”并要求处死其父亲的现象。[②]

“异教徒定判”观念的蔓延构成了中东教派暴力加剧的重要思想根源之一。2015 年以来，逊尼派和什叶派相互袭击的事件不断上升。例如，

---

① Sajjad Malik, “Politics of Sectarianism in the Middle East,” China. org. cn, March 12, 2015, http://www. china. org. cn/opinion/2015 – 03/12/content_35023992. htm.

② “Mani ‘ al – Mani’: Al – Takfir Hadaf Ra’ is li – Tanzim Da ‘esh... ’ ajbaruni ‘ala Ittiba ‘Manhajihim,” ‘*Ajel*, Feburary 9, 2015, http://www. ajel. sa/local/1520356.

“伊斯兰国”组织也门分支于2015年3月20日对萨那胡塞武装组织控制下的两座清真寺发动自杀式炸弹袭击，[①] 胡塞武装组织也对也门当地极具影响的萨拉菲派长老和政治人物的住所发动了袭击；[②] 又如，2015年5—6月，“伊斯兰国”组织先后对沙特东部卡提夫地区和科威特首都科威特城的什叶派清真寺发起自杀式炸弹袭击。

在“伊斯兰国”组织的话语体系中，受到严重异化和泛化的“异教徒定判”观念是其极端意识形态的主要思想来源，这种排斥异质宗教信仰的极端观念，往往成为评判该组织成员忠诚度的重要标准。逊尼派圣战分子对什叶派和其他宗教信徒的狭隘偏见与仇恨，既是“伊斯兰国”组织实现教派主义叙事狂热化的重要工具，同时也是该组织动员极端分子发动“异教徒定判圣战”（takfiri jihad）的主要动机。

在意识形态的宣传上，“伊斯兰国”组织教派主义的叙事手法催生出一批狂热且非理性的极端分子，这些人不仅将世俗政权、基督徒、西方人、什叶派作为袭击对象，也将逊尼派作为袭击对象。该组织成员破坏逊尼派历史学家、萨拉丁军队的书记官伊本·艾西尔的陵墓，到处滥杀其他逊尼派成员，这表明逊尼派的身份认同并非“伊斯兰国”组织的真正基础，只是该组织对自身意识形态进行政治加工时依附的叙事工具。

此外，极端组织还利用社交媒体进行煽动教派仇恨和宗教狂热进而实现极端主义意识形态的传播和渗透。据一项统计报告，Twitter上公开支持“伊斯兰国”组织的账号保守估计约有4.6万个，最多可能有9万个。[③]“伊斯兰国”等极端组织通过电子期刊、社交网站、视频音频、宣传手册等媒介，蓄意煽动教派仇恨，动员逊尼派极端分子针对什叶派穆斯林实施

---

① 袭击事件发生后，“伊斯兰国”组织迅速通过推特宣称对事件负责，但“基地”组织阿拉伯半岛分支却声称其从不攻击清真寺，以此与“伊斯兰国”组织划清界限。

② Alexis Knutsen, “ISIS in Yemen: Fueling the Sectarian Fire, Critical Threats,” March 20, 2015, http://www.criticalthreats.org/yemen/knutsen-isis-yemen-fueling-sectarian-fire-march-20-2015.

③ J. M. Berger and Jonathon Morga, “The ISIS Twitter Census: Defining and Describing the Population of ISIS Supporters on Twitter,” The Brookings Institution, March 2015, p. 9, http://www.brookings.edu/~/media/research/files/papers/2015/03/isis-twitter-census-berger-morgan/brookings-analysis-paper_jm-berger_final_web.pdf.

报复性攻击，激化了中东国家逊尼派和什叶派之间的矛盾。

四、余论

综上所述，中东变局以来教派矛盾的发展突出体现在中东国家国内政治、中东地区格局两个主要层面，而“伊斯兰国”等宗教极端组织对教派矛盾的利用，则成为教派矛盾影响中东政治的特殊表现形式。这些表现背后的根源则在于教派主义对教派矛盾的政治化和工具化，它既表现为中东国家内部利用教派矛盾的政治权力斗争，也表现为地区大国利用教派矛盾构建政治联盟，争夺地区主导权，还表现为极端组织利用教派矛盾构建宗教极端主义意识形态。因此，认识中东的教派矛盾需要透过现象看本质，同时更要重视挖掘教派矛盾的历史与现实根源。受篇幅所限，这里就中东教派矛盾的根源及其实质提出以下两点认识：①

首先，中东各国的教派矛盾并非是一种先天存在的必然，当前中东地区教派矛盾的加剧是长期以来各种矛盾累积的产物。

就近代以来的情况而言，从外部因素来看，教派矛盾多与西方殖民主义“分而治之”政策的历史遗产有关。1916 年英法签订的《赛克斯—皮科协定》，无视中东的民族与宗教等人文地理现实，把阿拉伯人、库尔德人和土耳其人划分到不同国家，导致了伊拉克、叙利亚、黎巴嫩等国家的族群和教派结构异常复杂。而英法在委任统治时期“分而治之”政策的推行进一步固化了教派权力格局。例如，在叙利亚，法国委任统治当局为对抗逊尼派民族主义力量，不仅扶植阿拉维派建立自治共和国，而且大量吸收阿拉维派进入逊尼派不愿参加的军队，这是阿拉维派后来掌握军队主导权，并能够长期把持叙利亚政权的重要因素。从内部因素看，教派矛盾的累积与中东国家独立后的民族国家建构、政治权力和经济资源分配、社会文化政策等领域存在的问题密切相关。即便如此，在二战后相当长的历史时期内，不同教派大多能和平共处，倡导教派和谐的人士在两大教派中均大有人在。因此，教派矛盾只是政治、经济与社会矛盾的表象，而不是本

---

① 以下观点详见刘中民：《勿用教派冲突简单概括中东问题》，载《环球时报》，2015 年 4 月 21 日，第 14 版。

质，切不可本末倒置。这也正如有关评论所言："伊朗革命、伊拉克内战、黎巴嫩的真主党—以色列战争以及近期的叙利亚内战，都在海湾地区引起反应，激发起教派情绪，煽动着派系斗争的表达。然而，逊尼派—什叶派紧张关系最终的根源在于国内层面，而非地区性事件。"①

其次，教派矛盾是美国等西方国家和部分中东地区国家极力建构的政治话语体系，是服务于其政策需要的意识形态体系。

1979 年伊斯兰革命后，伊朗推行"输出革命"的战略，促使沙特等海湾逊尼派国家开始注重从教派关系的角度对地区格局进行塑造，以服务于抗衡伊朗的战略需要。2003 年伊拉克战争后，沙特、约旦等国家基于对什叶派影响扩大的担心，提出了"什叶派新月地带"的概念。而美国也不断把亲美阵营和反美阵营的矛盾归结为教派矛盾，以此来塑造地区格局。在沙特的官方政治话语中，什叶派经常被置于"异端"地位，宗教学者经常将什叶派描绘成"危险的骗子"和"伊斯兰教的敌人"，② 美国、以色列等国家也纷纷使用"逊尼派—什叶派分歧"、"什叶派崛起"等教派话语概念构建反伊朗、反什叶派阵营。对此，有清醒的美国学者曾指出："近来在整个伊斯兰世界教派矛盾被强化，这反映出西方利用教派分歧来组建反伊朗的地区联盟这一战略。"③

中东变局发生几年来，沙特等地区国家更是极力建构教派冲突的话语体系，不断放大了伊朗什叶派的地区影响。例如，沙特不断强调伊朗支持巴林、叙利亚和也门的什叶派，但迄今为止并无证据表明伊朗介入了巴林和也门问题。这在很大程度上有一定的"阴谋论"色彩，其重要图谋是以抵制伊朗什叶派扩张为由防范国内什叶派骚乱，同时为介入巴林和也门事务提供合法性。而伊朗和叙利亚结盟的根本因素也并非宗教和教派因素，因为二者的政治制度和意识形态存在极大差异，伊朗为坚持伊斯兰主义的

---

① Frederic M. Wehrey, *Sectarian Politics in the Gulf: From the Iraq War to the Arab Uprisings*, New York: Columbia University Press, p. 207.

② Bayan Perazzo, "Propaganda & Sectarianism: How the Saudi Government Stifles the Truth about Qatif," Muftah, January 4, 2013, http://muftah.org/propaganda-sectarianism-how-the-saudi-government-stifles-the-truth-about-qatif/.

③ Shireen Hunter, "Sunni-Shia Tensions Are More about Politics, Power and Privilege than Theology", School of Foreign Service at Georgetown Washington, no date, http://acmcu.georgetown.edu/sunni-shia-tensions.

什叶派神权，而叙利亚政权尽管为什叶派分支阿拉维派执政，但其意识形态是复兴党的世俗民族主义，可见二者结盟的根本基础是利益需要，而非教派因素。因此，从本质上看来，无论是叙利亚危机、也门危机还是伊拉克乱局中的教派冲突，其地缘政治特征都远远超过宗教特征。

当前，在中国学界和媒体都在一定程度上存在夸大教派矛盾的倾向，这在很大程度上不利于对中东问题本质的认识。更为重要的是，过分强调教派矛盾和冲突不利于中国中东政策的宣示和宣传。在叙利亚问题上，中国曾三次行使否决权，当时被部分阿拉伯舆论解读为中国支持什叶派，在国内甚至也有舆论将中国、俄罗斯划入支持什叶派的阵营，这在很大程度上是对中国外交政策的误解。因为中国的政策并未从教派出发，而是以反对武力干涉、主张政治解决作为政策立足点。但是，如果中国舆论过分强调教派矛盾，无疑会让外界对中国的中东研究和中东政策产生误解。因此，围绕中东的教派问题，无论是中国学界还是舆论界，都要在研究层面做到历史、客观，在舆论宣传层面做到保持清醒，避免人云亦云。

伊朗与阿拉伯什叶派关系述评*

西北大学中东研究所副教授　**李福泉**

【内容提要】

伊朗与阿拉伯什叶派的关系具有敏感性、复杂性和变动性的特点，中东政局、阿拉伯国家的国内政治以及伊朗的地区政策都是重要的影响因素。就整个中东而言，教派冲突很大程度上是以教派矛盾为表象的伊朗与沙特的政治较量，而阿拉伯什叶派却被裹挟其中。在阿拉伯国家与伊朗冲突的背景下，阿拉伯什叶派的处境尴尬而又无奈。他们是阿拉伯世界的“异类”，既在阿拉伯民族内部承受教派矛盾的重负，又在什叶派内部承受着民族冲突的阴影。从根本上来说，阿拉伯什叶派的政治处境是决定他们与伊朗关系的最大变量因素。他们与国内逊尼派越对立，就越有可能求助于伊朗，但是，根深蒂固的民族矛盾和固化的国家边界又导致阿拉伯什叶派与伊朗关系的有限性。事实表明，民族和国家依然是中东最重要的利益主体和确定政治界限的最主要依据，超越国界的什叶派教派认同缺乏足够的稳定性和凝聚力。

伊朗是当今全球最大的什叶派①国家，伊拉克（60%）、黎巴嫩

---

* 本文为国家社科基金项目“当代阿拉伯什叶派政治发展研究”（11XSS004）和中国博士后科学基金面上资助项目“什叶派乌里玛与现代伊朗政治研究”（2014M560749）的成果。

① 这里的什叶派指伊朗和阿拉伯国家广泛分布的十二伊玛目派，不包括叙利亚的阿拉维派和也门的栽德派，后两者与十二伊玛目派有较大差异。参见 Martin Kramer, “Syria’s Alawis and Shi’ism”, in Kramer Martin ed., *Shi’ism, Resistance and Revolution*, Westview Press, 1987, pp. 237 – 254.

（45%）、沙特（10%）、巴林（75%）和科威特（30%）[①] 等阿拉伯国家都拥有数量不等的什叶派穆斯林。共同的教派信仰使得伊朗和阿拉伯什叶派形成了无法割裂的关系。1979 年以来，伊朗对阿拉伯什叶派的政策和措施，深刻影响着中东政治。2003 年以来，什叶派“新月”的形成，使得两者间的交往受到更多的关注。综合来看，伊朗与阿拉伯什叶派的关系具有敏感性、复杂性和变动性的特点，中东政局、阿拉伯国家的国内政治以及伊朗的地区政策都是重要的影响因素。解读两者的关系，对于理解和认识当前的中东政治具有重要意义。

一、阿拉伯什叶派和伊朗对彼此的认知

（一）阿拉伯什叶派的伊朗观

对于阿拉伯什叶派而言，伊朗具有三种主要的角色，即作为什叶派首要聚居地的伊朗、作为伊斯兰革命中心的伊朗和作为国家的伊朗。[②]

1. 作为什叶派首要聚居地的伊朗

自伊斯兰教兴起到 15 世纪，波斯人大部分属逊尼派，阿拉伯人在什叶派中处于绝对的主导地位，纳杰夫和卡尔巴拉是两大什叶派圣城，伊朗境内的任何地方就宗教地位而言都无法与它们相提并论。16 世纪初，萨法维王朝确定什叶派为伊朗国教，这对于什叶派的民族构成以及伊朗与阿拉伯什叶派的关系都产生了十分深远的影响。萨法维王朝以暴力为后盾，大力推行什叶派化政策，使伊朗成为中东唯一的什叶派国家。从巴林等阿拉伯地区受邀前来的什叶派乌里玛在这一进程中作出了重大贡献，他们中的许多人成为萨法维国王的座上宾，享有极高的荣誉。[③] 伴随着伊朗的什叶派化，波斯人超过阿拉伯人，成为什叶派中的首要民族。时至今日，伊朗什

---

① 括号内为什叶派所占该国人口比例，详情参见 Vali Nasr，“When the Shi’ites Risie”，*Foreign Affairs*，Vol. 85，No. 4，2006，p. 65.

② Graham E. Fuller and Rend Rahim Francke，*The Arab Shi’a*：*The Forgotten Muslims*，St. Martin’s Press，2002，pp. 71 – 77.

③ Albert Hourani，“From Jabal Amil to Persia，” in H. E. Chehabi ed.，*Distant Relations*：*Iran and Lebanon in the Last 500 Years*，I. B. Tauris，2006，pp. 57 – 58.

叶派约占全世界什叶派（指十二伊玛目派）的48%，阿拉伯人仅占17%。① 在政府的大力支持下，伊朗城市库姆和马什哈德在什叶派中地位迅速提高。伊朗人在什叶派中的权势和影响也稳步增强，什叶派信仰和实践打上了浓厚的伊朗文化色彩，伊朗人逐渐成为什叶派乌里玛的主体。然而，阿拉伯什叶派虽然乐于看到一个强大的什叶派国家的兴起，但依然坚持什叶派的阿拉伯属性。对他们而言，伊朗人虽是什叶派，但其本质上还是属于异族的文化。

进入20世纪，在伊拉克现代国家建立后，纳杰夫和卡尔巴拉作为什叶派宗教教育中心逐渐衰落。1968年复兴党执政后，政府的镇压和迫害对什叶派宗教构成惨重打击。什叶派宗教教育近乎停滞，什叶派圣城丧失活力，许多乌里玛惨遭杀害，更多的乌里玛逃往伊朗，阿拉伯人在什叶派中的地位和影响由此遭到极大削弱。1979年的伊斯兰革命使伊朗人在什叶派中取得了对阿拉伯人的绝对优势。在霍梅尼及其继承者的领导下，什叶派宗教在伊朗获得空前发展，库姆替代纳杰夫成为首要的什叶派宗教教育中心，乌里玛作为伊朗统治阶层的核心，人数迅猛增长。到2006年，伊朗什叶派乌里玛人数接近20万，而伊朗之外只有1.2万。② 伊朗尤其是圣城库姆聚集着最多的阿亚图拉，③ 乌里玛对什叶派的全新阐释不仅在本国处于支配地位，也辐射到其他什叶派地区。伊朗自视为“什叶派的梵蒂冈”，试图号令其他地方的什叶派。④ 与此形成鲜明对照的是，阿拉伯什叶派在宗教领域基本处于凋敝状态，伊拉克什叶派乌里玛人数锐减，科威特、沙特和巴林什叶派中没有本土的效仿对象。在黎巴嫩，法德拉拉（2010年逝世）在90年代初才开始确立效仿源泉的地位，但他势单力薄，远不能挑战伊朗乌里玛的地位。然而，尽管伊朗人主导着什叶派信仰，但阿拉伯什

---

① Vali Nasr, “When the Shiites Rise,” *Foreign Affairs*, Vol. 85, No. 4, 2006, p. 65.

② Mehdi Khalaji, *The Last Marja: Sistani and the End of Traditional Religious Authority in Shiism*, The Washington Institute for Near East Policy, Policy Focus #59, September, 2006, p. 3.

③ 阿亚图拉（Ayatollah）波斯语原意为“安拉的迹象”，指什叶派十二伊玛目派中的高级教职人员，拥有一定数量的追随者，对后者具有重大的影响力。

④ Roschanack Shaery - Eisenlohr, “Iran, the Vatican of Shi'ism?” *Middle East Report*, No. 233, 2004, p. 40.

叶派大多不愿接受伊朗作为什叶派“梵蒂冈”的地位。

1979 年后，什叶派的进一步伊朗化引起了阿拉伯什叶派乌里玛的担忧和警惕。面对伊朗人在什叶派中的强势地位，阿拉伯什叶派乌里玛有意识地强调自身相对于伊朗的独立性。阿拉伯什叶派大多希望恢复阿拉伯人在什叶派中的应有地位，2003 年伊拉克战争的爆发成为重要契机。萨达姆政权被摧毁后，纳杰夫的宗教教育开始恢复，同时有大量伊朗人到伊拉克圣城拜谒伊玛目圣墓。据统计，从 2009 年 3 月到 2010 年 2 月，将近有 200 万伊朗人到伊拉克圣城朝拜。[①] 纳杰夫的复兴不但对伊朗伊斯兰政权构成了挑战，也预示着阿拉伯人在什叶派内宗教地位的上升。在宗教领域，阿拉伯什叶派与伊朗呈现出竞争的一面。

2. 作为伊斯兰革命中心的伊朗

1979 年革命使伊朗成为中东伊斯兰革命的中心，它的指导思想是一种前所未有的政治意识形态——霍梅尼主义，“教法学家统治”是其核心内容。对于什叶派而言，这无疑是石破天惊的革命思想。按照传统，什叶派乌里玛应该与世俗权力保持距离，但霍梅尼却认为，教法学家应直接掌握国家权力，直至隐遁伊玛目复临世间。在夺取政权后，霍梅尼对内推行全面的伊斯兰化政策，对外号召推翻腐败的西方统治者。他对“压迫者”的同情和对“傲慢者”的谴责在中东穆斯林心中引起了很大共鸣，自视为“被压迫者”的什叶派把它视为捍卫自身权利和反对逊尼派政权的召唤。即便是那些缺乏宗教情感的什叶派也受此影响，认为应该像伊朗人一样通过勇敢抗争，来改变自身的命运。因此，伊朗革命客观上大大推动了阿拉伯什叶派的政治化。

伊朗把“伊玛目的路线”作为官方意识形态进行大力宣传，但阿拉伯什叶派的具体反应却各不相同。许多政治化的阿拉伯什叶派认为，伊朗革命思想具有强大的吸引力，为他们指明了政治行动的方向；霍梅尼领导人民推翻巴列维的统治，掌握国家政权，是重大的成就。对他们而言，伊朗模式是实现目标的有效途径。虽然伊朗政权有诸多缺点和不足，但这并不妨碍阿拉伯什叶派把伊朗视为反对西方帝国主义的象征。许多世俗什叶派

---

① Nathaniel Rabkin, “The Iraqi Shiite Challenge to Tehran's Mullahs,” *Middle East Quarterly*, Vol. XXI, No. 1, 2014, http://www.meforum.org/3682/iraqi - shiite - challenge - iran, 2014 - 3 - 1.

并不把伊朗当作什叶派中心，但承认伊朗有正常的议会和选举，比绝大多数阿拉伯国家都民主。但是，也有许多人由于担心自身安全或不认同其意识形态等原因，对伊朗的革命号召持漠然的态度。

显然，伊朗无法有效约束阿拉伯什叶派，并使其毫无保留地接受伊朗特色的革命意识形态。实际上，教法学家统治的思想不仅在伊朗内部遭受异议，在阿拉伯什叶派中也引起了很大的争议。对于效仿源泉权威的范围和大小，什叶派乌里玛的意见很不一致。虽然以黎巴嫩真主党为代表的阿拉伯什叶派政治力量接受霍梅尼和哈梅内伊的领袖地位，但许多阿拉伯什叶派民众和乌里玛拒绝接受教法学家享有如此大的权威，尤其是胡伊和西斯塔尼等纳杰夫的大阿亚图拉明确反对这种思想。[①] 有些阿拉伯什叶派虽然效仿伊朗境内的大阿亚图拉，但对其宗教观点和政治观点却做了明确区分，他们听从其教法意见，但对政治问题却完全由自己判断决定。[②]

值得注意的是，无论阿拉伯什叶派多么羡慕伊朗革命，许多人依然认为这场革命是最糟糕的事情之一。他们担心革命后伊朗的地区意图、民族主义和大国沙文主义。世俗什叶派和遵从无为主义宗教传统的什叶派都憎恨伊朗以宗教狂热和激进主义的面貌展现什叶派。他们认为，伊朗的激进外交和暴力活动严重损坏了什叶派的形象，使得阿拉伯什叶派成为逊尼派和西方人眼中潜在的叛国者和恐怖分子。此外，伊朗咄咄逼人的外交姿态和攻击性言辞在使阿拉伯政权处于守势的同时，也恶化了阿拉伯什叶派在国内的处境。它不仅扩大了阿拉伯世界逊尼派和什叶派之间的心理隔阂，也强化了逊尼派对什叶派的国家忠诚度的怀疑。

3. 作为国家的伊朗

阿拉伯什叶派还把伊朗作为国家看待，对他们而言，作为国家的伊朗意味着特定的区域、文化和民族。阿拉伯什叶派对伊朗国家的看法同样充满了矛盾。他们尊重唯一把什叶派作为国教的伊朗，羡慕伊朗文化的丰富多彩，感谢伊朗为遭到迫害的阿拉伯什叶派提供庇护。但是，许多曾在伊朗生活的阿拉伯什叶派都有不愉快的经历，他们觉得遭到了伊朗人的藐视

---

① Sajjad Rizvi，“Political Mobilization and the Shi’i Religious Establishment，” *International Affairs*，Vol. 86，No. 6，2010，pp. 1301 - 1302.

② Laurence Louer，*Transnational Shia Politics*：*Religious and Political Networks in the Gulf*，Hurst & Company，2008，p. 287.

和歧视。曾在伊朗流亡的什叶派阿拉伯人抱怨他们仅仅由于是阿拉伯人而找不到工作。20 世纪 90 年代，伊朗甚至颁布法律禁止阿拉伯男性娶伊朗女子为妻。[①] 在政治上，绝大多数阿拉伯什叶派对伊朗没有任何形式的忠诚，实际上，许多阿拉伯什叶派都憎恨伊朗干涉他们所在国家的内政。在阿拉伯国家与伊朗发生冲突的情况下，民族主义是影响阿拉伯什叶派对伊朗态度的最大因素。对于绝大多数阿拉伯什叶派而言，他们首先是阿拉伯人、伊拉克人（或者科威特人等等），其次才是什叶派。因此，在两伊战争中，虽然伊拉克士兵大多数是什叶派，但并没有出现伊朗所希望的大规模叛逃的现象。[②] 即便是黎巴嫩真主党总书记纳斯鲁拉也宣称，当黎巴嫩和伊朗的利益相矛盾时，真主党将维护黎巴嫩的利益。[③] 然而，“阿拉伯什叶派却又承认，他们在阿拉伯国家的生活状况越糟糕，他们就越会转向伊朗寻求某些平衡——至少提醒阿拉伯统治者过分压迫什叶派臣民并不明智。”[④]

（二）伊朗对阿拉伯什叶派的认知

伊朗对阿拉伯什叶派的认知同样呈现出多面性和复杂性的特点。

首先，伊朗人普遍鄙视整个阿拉伯民族。在伊朗人看来，阿拉伯人与数千年前就已经定居的伊朗人截然不同，他们是原始、落后、游牧的贝都因人。历史上，伊斯兰教首先在阿拉伯人中兴起，阿拉伯人也曾征服伊朗人。但是，具有悠久文明传统的伊朗人根深蒂固地瞧不起阿拉伯人，藐视阿拉伯人的生活方式和文化水平，并在阿拉伯人面前具有极强的优越感。[⑤]

---

① Graham E. Fuller and Rend Rahim Francke, *The Arab Shi'a: The Forgotten Muslims*, p. 76.

② Kayhan Barzegar, "Iran and The Shiite Crescent: Myths and Realities," *Brown Journal of World Affairs*, Vol. XV, Issue 1, 2008, p. 91.

③ RoschanackShaery – Eisenlohr, *Constructing Lebanese Nationalism: Transnationalism, Shi'ism, and the Lebanese State*, Ph. D. Diss., The University Chicago, August 2005, p. 78.

④ Graham E. Fuller and Rend Rahim Francke, *The Arab Shi'a: The Forgotten Muslims*, p. 78.

⑤ 2008 年 4—5 月，笔者在伊朗调研时，多次听闻当地伊朗人说他们不喜欢阿拉伯人。

在伊朗人看来，中东实际上只有土耳其人和伊朗人，他们完全忽视阿拉伯人的文化存在。一个波斯谚语称，“伊斯法罕的一条狗过得都比阿拉伯半岛的阿拉伯人还要好。”[①] 在伊朗人眼中，阿拉伯人没有逊尼派和什叶派的区分。换言之，阿拉伯什叶派不会因共同的教派信仰而免遭伊朗人的歧视。从根本上说，伊朗的这种认识是波斯和阿拉伯民族矛盾与波斯人引以为傲的文明资本综合作用的结果。

其次，伊朗同情阿拉伯什叶派的遭遇，视其为阿拉伯国家的被压迫者。什叶派在阿拉伯国家长期处于边缘地位的事实，促使伊朗“格外关心”他们的处境。伊朗自视为阿拉伯什叶派的保护者，认为自身有责任使他们免受阿拉伯逊尼派政府的“迫害”。20 世纪六七十年代，伊朗巴列维国王曾支持黎巴嫩和伊拉克的什叶派政治活动。1979 年之后，伊朗革命政权对阿拉伯什叶派充满了前所未有的“拯救意识”，它不惜消耗大量财富，积极鼓动和支持后者起而反对逊尼派政权。90 年代之后，随着革命热情的消退，伊朗支持阿拉伯什叶派的力度减弱，但对他们的关注依然是伊朗地区外交的一大特色。

最后，伊朗认为阿拉伯什叶派是其地区政策方便利用的对象。[②] 基于共同教派信仰的宗教情感和责任意识并不能替代伊朗国家利益至上的外交原则。对伊朗而言，阿拉伯什叶派的存在是阿拉伯民族的“天然弱点”。伊朗有意识地利用阿拉伯什叶派，以此扩大自身影响，实现地区目标。虽然现代伊朗从来不自称什叶派国家，1979 年后的伊朗更宣称自身是伊斯兰共和国，但阿拉伯什叶派却是其对外宗教联系的首要对象，对于究竟选择代表国外什叶派还是维护自身国家利益，伊朗毫无疑问会选择后者。2006 年，针对巴林什叶派要求伊朗援助他们的要求，一位伊朗外交官在接受采访时称，“我一直在告诉我的巴林朋友要现实一些：伊朗有什么好处去支持小岛（指巴林岛）上的大约 30 万什叶派呢？”[③] 即便对于霍梅尼这个伊

---

① Graham E. Fuller and Rend Rahim Francke, *The Arab Shi'a: The Forgotten Muslims*, p. 79.

② Oliviwe Roy, “The Impact of the Iranian Revolution on the Middle East,” in Sabrina Mervin ed., *The Shi'as World and Iran*, Translation by Bart Peeters, Saqi Books, 2010, p. 30.

③ Laurence Louer, *Transnational Shia Politics: Religious and Political Networks in the Gulf*, Hurst & Company, 2008, p. 184.

朗伊斯兰共和国的缔造者而言，什叶派的共同信仰也不能危及伊朗的国家利益。①

综上所述，阿拉伯什叶派和伊朗对彼此的认知存在很大的错位。对于阿拉伯什叶派而言，伊朗的三种角色具有不同的含义。革命和什叶派是伊朗政权的两大特征和认识它的两大维度。什叶派首要聚居地的角色是伊朗与阿拉伯什叶派关系的基础，决定了伊朗是对阿拉伯什叶派影响最大的国家，并使其对后者具有强大的向心力。伊斯兰革命中心的角色虽然产生时间很晚，却对阿拉伯什叶派形成了巨大的政治冲击，改变了他们的国内处境。伊朗国家是什叶派首要聚居地和伊斯兰革命中心的载体，它利用后两者维护自身的利益。在三种角色中，伊朗的国家属性处于根本地位，它的自利本性决定了伊朗的政策必然会对阿拉伯什叶派的利益造成危害。伊朗对阿拉伯什叶派的鄙视、同情和利用是同时存在的三种取向，其中鄙视源于阿拉伯人和波斯人的民族矛盾，同情出自共同的教派感情，而利用是伊朗基于国家利益的现实选择，是伊朗认识的主流。在实际的交往中，双方的力量处于严重的不对称状态，伊朗是强者和主动的影响者，处于绝对的优势地位，阿拉伯什叶派是弱者，处于无力影响大局的弱势地位。

二、伊朗影响阿拉伯什叶派的阶段与方式

自 16 世纪确立什叶派为国教后，伊朗就对阿拉伯什叶派间接或直接地产生着一定的影响，伊斯兰革命后，伊朗进入了全面影响阿拉伯什叶派的时期。伊朗动用政治、经济和宗教等资源，以多种方式对阿拉伯什叶派施加影响。在霍梅尼时期，伊朗虽然奉行泛伊斯兰主义外交，大张旗鼓地对外输出革命，但难以克服的教派矛盾决定了国外什叶派尤其是阿拉伯什叶派才是其输出革命的主要对象。实际上，自革命以来，支持阿拉伯各国什叶派反政府力量，以此促进地区目标的实现，是伊朗中东政策的一项关键内容。

1979 年以来，伊朗对阿拉伯什叶派的影响总体上可以分为两个方面，

① Robin Wright, *In the Name of God: The Khomeini Decade*, Simon and Schuster, 1989, p. 173.

即客观影响和主观影响。客观影响指伊朗伊斯兰革命本身对阿拉伯什叶派产生的一种巨大的示范效应。伊朗革命的成功在阿拉伯什叶派中形成很大震动，它唤醒了许多人的政治意识，引发了阿拉伯什叶派的普遍政治化。主观影响是指伊朗有意为之的主动行为所产生的影响。在1979年后，阿拉伯什叶派在伊朗地区政策中的地位大幅度提升，伊朗与他们的关系处于空前密切的状态。

以1989年霍梅尼逝世为界，伊朗对阿拉伯什叶派的政策大致可以划分为两个阶段，每个阶段都有相应的执行机构。在前10年，“输出革命”是伊朗地区政策的一大核心内容。1981年，伊斯兰革命卫队成立解放运动办公室（The Office of Liberation Movements），其任务是协调和操控周边国家反政府“解放运动”的武装活动，伊拉克、巴林、沙特、黎巴嫩和阿富汗是主要目标，各国的什叶派运动不仅得到了大量物质支持，还受到了伊朗媒体的广泛报道。解放运动办公室的负责人最初是穆罕默德·蒙塔泽里（大阿亚图拉侯赛因·蒙塔泽里之子），成立当年他因爆炸事件遇难后，马赫迪·哈什米（Mahdi Hashemi）接任其职位。1987年，马赫迪·哈什米因“伊朗门事件”被伊朗政府处决后，解放运动办公室不复存在，伊斯兰革命卫队下属的圣城旅（Qods Force）接替了其输出革命的任务。① 为了配合输出革命的工作，1981年伊朗政府还成立了伊斯兰宣教组织（The Organization for the Propagation of Islam），该组织1987年的报告就认为，“输出革命是领导人（伊玛目霍梅尼）和伊斯兰共和国的目标之一。这一神圣的活动不能用剑和武器来完成，而应使用笔、语言、宣传和艺术的手段”。②

1989年霍梅尼去世后，伊朗的对外政策变得相对务实、温和，对于影响阿拉伯什叶派，伊朗更加注重实效，更具有选择性，也更加突出宗教和文化的作用。1990年，伊朗领袖哈梅内伊建立了“圣裔世界基金会”（The World Foundation of ahl al-bayt）是这一变化的重要标志，其目标是

---

① Michael Rubin, “Iran's Revolutionary Guards - A Rogue Outfit?” *Middle East Quarterly*, Vol. XV, No. 4, 2008, pp. 40-41.

② Farhang Rajaee, “Iranian Ideology and Worldview: The Cultural Export of Revolution,” in Johan L. Esposito ed., *The Iranian Revolution: Its Global Impact*, Florida International University Press, 1990, p. 74.

“使全体什叶派处于阿亚图拉哈梅内伊的政治和宗教权威之下；加强伊朗伊斯兰共和国与伊朗边界之外什叶派社团之间的联系，以及按照伊斯兰革命意识形态使他们更加政治化；为全世界什叶派创建制度化的总部”。[①] 显然，这是一个完全以国外什叶派为关注对象的机构。基金会的资金来自伊朗政府，阿亚图拉穆罕默德·塔什希利（Muhammad Taskhiri）是具体负责人。借助雄厚的资金，伊朗在政治、经济、文化和宣传等领域与各地什叶派伊斯兰运动建立了广泛联系。

总之，伊朗高度重视阿拉伯什叶派在其地区政策中的地位。由于阿拉伯各国国情不一，阿拉伯什叶派的现实处境也不尽相同，伊朗采取了丰富多样的策略，有选择、有区别地以多种方式影响阿拉伯什叶派。

（一）大力宣扬伊斯兰革命思想

伊朗是中东最注重对外宣传的国家之一，而伊斯兰革命思想是其“软实力”的关键组成部分。正是依靠这种以摧毁国内外既存秩序为目标的激进思想，伊朗吸引了包括阿拉伯什叶派在内的世界穆斯林的广泛关注，成为伊斯兰革命的中心。因此，在与阿拉伯什叶派的交往中，伊朗把宣传视为“输出革命”的主要手段。即便在霍梅尼之后，革命话语依然没有从伊朗外交中消除。1979 年初，伊朗便通过阿拉伯语广播，鼓动海湾阿拉伯什叶派发起反政府运动。伊朗还出版了大量的宣传材料，使其源源不断地流入巴林、黎巴嫩等国家。伊朗多次召开国际会议，邀请外国穆斯林到伊朗访问，借机进行“思想灌输”。此外，霍梅尼还曾要求在国外旅行的伊朗学生以及伊朗驻外使馆肩负起宣传的职责。[②] 每年一度的穆斯林朝觐活动也被赋予了革命宣传的意义。

（二）建立和支持阿拉伯什叶派军事政治组织

这是最直接、最重要和最受关注的方式。伊朗“输出革命”的最大成果是黎巴嫩真主党的建立。1982 年，伊朗向黎巴嫩派出伊斯兰革命卫队，

---

① Roschanack Shaery - Eisenlohr, *Shi'ite Lebanon: Transnational Religion and the Making of National Identities*, Columbia University Press, 2008, p. 183.

② 陈全安：《伊朗伊斯兰革命及其世界影响》，上海：复旦大学出版社，2007 年版，第 362 页。

集合该国亲伊朗什叶派伊斯兰力量，组建了真主党。伊朗源源不断地向其提供资金和武器，使其迅速成长为黎巴嫩强大的军事政治力量。同年，伊朗支持本国境内的伊拉克什叶派组建了伊拉克伊斯兰革命最高委员会（The Supreme Assembly of the Islamic Revolution in Iraq，简称伊革委），其下属的巴德尔军团接受伊朗训练，使用伊朗武器，在两伊战争中参加了对伊拉克军队的作战行动。[①] 2003 年以来，伊朗乘伊拉克局势混乱之际，通过什叶派向伊拉克进行全面渗透。伊朗除支持“伊革委”外，还建立营地训练萨德尔运动的马赫迪军（Mahdi Army）。[②] 2006 年以来，伊朗伊斯兰革命卫队又资助、武装和训练从马赫迪军分离出来的组织——正义者联盟（The League of the Righteous），积极打击驻伊美军。[③] 在巴林，伊朗支持建立了伊斯兰解放阵线，后者于 1981 年发动了政变未遂。1987 年，伊朗伊斯兰革命卫队还直接支持建立了沙特真主党，并指令其策划实施了一系列破坏活动。[④]

（三）为阿拉伯什叶派流亡者提供庇护

1979 年以来，伊朗是阿拉伯什叶派流亡者最重要的目的地，其来源主要包括伊拉克、沙特和巴林三个国家。由于复兴党政权的血腥镇压和武力驱逐，大批伊拉克什叶派迫不得已离开祖国，而伊朗则成为主要的接纳国。2000 年，依据联合国难民署的数据，伊朗境内有 58 万伊拉克难民，[⑤] 其中大多数属什叶派。此外，沙特和巴林的什叶派反对派也选择伊朗作为首要的逃亡地。伊朗的接纳行为受到了阿拉伯什叶派的称赞，他们虽然在伊朗遭受了一定的歧视，但大体上可以自由活动。伊朗除向一般什叶派难

---

① Faleh A. Jabar, *The Shi'ite Movement in Iraq*, Saqi Books, 2003, p. 241.

② Kimberly Kagan, "Iraq," in Frederick W. Kagan, Kimberly Kagan and Danielle Pletka eds., *Iranian Influence in the Levant, Iraq, and Afghanistan*, American Enterprise Institute, 2008, p. 20.

③ Marisa Cochrane, *The Fragmentation of the Sadrist Movement*, Iraq Report 12, The Institute for the Study of War, 2009, pp. 18 - 21.

④ Toby Matthiesen, "Hizbullah al - Hijaz: A History of the Most Radical Saudi Shi'a Opposition Group," *The Middle East Journal*, Vol. 64, No. 2, 2010, p. 184.

⑤ Antoine Bernard, *Iraq: Continuous and Silent Ethnic Cleansing*, International Federation for Human Rights, January 2003, p. 36.

民给予物资救济外，还向反阿拉伯政府力量提供经济援助、组织和武器支持。这些流亡者回国后，成为伊朗影响该国政治的重要渠道。包括前总理易卜拉欣·贾法里和努里·马利基在内的伊拉克多数重要的什叶派领导人都曾在伊朗生活过。

（四）广泛吸收阿拉伯什叶派到圣城库姆学习

1979 年后，以霍梅尼为首的什叶派乌里玛执掌了伊朗政权，以培养乌里玛为目标的宗教教育受到空前重视。在政府的大力支持下，库姆迅速成为全世界最大的什叶派宗教教育中心。作为伊朗伊斯兰革命意识形态的超级培训和宣传机构，库姆还肩负着为伊朗政权提供合法性的重任。伊朗的泛伊斯兰政策决定了库姆宗教教育的国际化，伊朗政府为外国学生来库姆学习提供经济等方面的帮助。当前的库姆有 50 多所各类经学院，有 6 万多名乌里玛以及来自 90 多个国家的 1 万多名非伊朗宗教学生，[①] 他们绝大多数都属于什叶派。由于纳杰夫经学院长期遭受压制，库姆成为阿拉伯什叶派宗教学生求学的首要目的地。1979 年之前，在伊朗只有不到 10 位黎巴嫩宗教学生，但在伊斯兰革命后，这一数字猛增至 450 人，到 1990 年，总数稳定在 300 人左右。[②] 正如 20 世纪中期的纳杰夫一样，库姆成为什叶派世界又一个"政治思想培训基地"，许多阿拉伯什叶派学生在接受宗教教育的同时，深受伊斯兰革命思想的影响，返回祖国后，成为当地什叶派伊斯兰运动的骨干。沙特真主党的创建者曾全部在库姆接受教育，伊拉克萨德尔运动领导人穆克塔达·萨德尔也曾于 2008 年在库姆学习。库姆的国际化既有助于确立伊朗在伊斯兰世界尤其是什叶派中的地位，也便利了伊朗通过这些学生向相关国家展开宗教和政治渗透。

（五）确立和巩固哈梅内伊效仿源泉的地位

1989 年霍梅尼离世后，哈梅内伊继承伊朗领袖职位。按照宪法规定，

---

① "A Brief Introduction of Qum's Islamic Seminary," *Imam Reza Network*, http://www.imamreza.net/eng/imamreza.php? id = 5415, 2014 - 3 - 9.

② Rula Jurdi Abisaab, "The Cleric as Organic Intellectual: Revolutionary Shi'ism in the Lebanese Hawzas," in H. E. Chehabi ed., *Distant Relations: Iran and Lebanon in the Last 500 Years*, I. B. Tauris, 2006, p. 243.

领袖必须是效仿源泉，但哈梅内伊当时还不具备这一资格。虽然宪法修订取消了这一规定，但哈梅内伊较低的宗教地位不仅对其权威构成直接威胁，还损害了伊斯兰政权的合法性。1994 年，在大阿亚图拉阿里·阿拉基（Ali Araki）逝世后，哈梅内伊被正式宣布为效仿源泉，但这在国内引起了极大争议，多位大阿亚图拉不承认他的地位。[①] 尽管如此，伊朗政府开始在全球范围内把哈梅内伊称为效仿源泉，并通过多种方式吸引什叶派追随他。宣传哈梅内伊是伊朗对外工作的一项核心内容，“圣裔基金会”的一大任务便是在全球确立哈梅内伊的宗教权威。哈梅内伊也像其他效仿源泉一样，向在库姆和纳杰夫的乌里玛发放薪水。[②] 经过多年努力，哈梅内伊在阿拉伯国家有了相当数量的效仿者，尤其是黎巴嫩真主党坚定地支持他的宗教权威。在伊朗政府看来，哈梅内伊的宗教权威与伊朗对外的地区影响之间没有根本差别。哈梅内伊的效仿者越多，伊朗就越有资格充当世界什叶派的领导者，伊朗在阿拉伯什叶派中的政治影响也就越大。[③]

三、伊朗影响阿拉伯什叶派的效果评估

伊朗影响阿拉伯什叶派的效果，可以从阿拉伯什叶派、伊朗本身和中东政治三个方面分析。

（一）推动了阿拉伯什叶派政治运动的发展，同时也恶化了他们在国内的政治处境

首先，伊朗的革命宣传加速了阿拉伯什叶派政治意识的觉醒，增强了伊斯兰运动在阿拉伯什叶派中的吸引力。伊朗革命成功的榜样为众多不满现状的穆斯林提供了一种改变现状的途径，也为什叶派伊斯兰运动做了最

---

① Maziar Behrooz, “The Islamic State and the Crisis of Marja’iyat in Iran,” *Comparative Studies of South Asia, Africa and the Middle East*, Vol. 16, No. 2, 1996, pp. 93 – 100.

② Mehdi Khalaji, *The Last Marja: Sistani and the End of Traditional Religious Authority in Shiism*, p. 16.

③ Roschanack Shaery – Eisenlohr, *Shi’ite Lebanon: Transnational Religion and the Making of National Identities*, p. 191.

好的宣传。1979年和1980年之交，阿拉伯国家普遍出现了什叶派抗议运动的高潮，阿拉伯什叶派政治上沉默无为的时代自此成为历史。

更为重要的是，多年以来，伊朗向阿拉伯什叶派提供了诸多实际帮助，提高了他们的组织化水平，增强了他们在国内外的政治能量。在阿拉伯什叶派遭到镇压之时，伊朗是他们首选的逃亡地和庇护所。伊朗直接支持伊拉克、黎巴嫩、沙特和巴林等国什叶派建立军事政治组织，为其训练战士，向其提供资金、武器和必要的信息。仅伊朗每年向黎巴嫩真主党提供的捐助就至少达1亿美元。[①] 2003年以来，伊朗积极支持伊拉克什叶派返回国内获取政权。毫无疑问，伊朗是阿拉伯什叶派所依靠的主要外部力量，没有伊朗的支持，黎巴嫩真主党不可能有如此强大的实力，其他阿拉伯什叶派组织也难以有今日的影响力。

但是，伊朗的支持又使得阿拉伯什叶派在其国内处于极为不利的境地，进而使伊朗成为阿拉伯什叶派政治运动发展中挥之不去的阴影。伊朗对阿拉伯什叶派的援助使得阿拉伯国家的逊尼派对伊朗十分反感，他们认为，伊朗支持什叶派的目的是为了在阿拉伯国家建立伊朗式的伊斯兰国家。伊拉克（萨达姆时期）、巴林、沙特等国政府把本国什叶派权力的扩大等同于伊朗势力的扩张，认为什叶派伊斯兰主义者是伊朗的“第五纵队”，阿拉伯什叶派是“天生的叛国者”。2006年4月，埃及总统穆巴拉克曾宣称，阿拉伯国家的什叶派忠诚的是伊朗，而不是自己的祖国。[②] 这种负面作用不仅为阿拉伯政府对什叶派采取强硬政策提供了借口，也导致阿拉伯国家逊尼派与什叶派关系日趋紧张。近年来，阿拉伯什叶派在国内处于越来越孤立的境地。皮尤研究中心2012年的调查显示，在大部分阿拉伯国家，至少有40%的逊尼派不认为什叶派属于穆斯林。[③] 在此情况下，阿拉伯什叶派越来越难以名正言顺地表达自身的权利诉求。

---

① Ahmad NizarHamzeh, *In the Path of Hizbullah*, Syracuse University Press, 2004, p. 63.

② Vali Nasr, “When the Shi’ites Risie,” *Foreign Affairs*, Vol. 85, No. 4, 2006, p. 67.

③ Pew Research Center, *The World’s Muslims: Unity and Diversity*, The Pew Global Attitudes Project, August 9, 2012, p. 9.

（二）扩展了伊朗在中东地区的影响，同时也恶化了它与阿拉伯国家的关系

伊朗是以波斯人为主和什叶派掌权的国家，这种民族和教派构成决定了伊朗在中东地缘政治格局中面临被逊尼派和其他民族孤立的危险。因此，打破民族和教派壁垒，向人数占优的阿拉伯人进行力量渗透，是伊朗地区政策的重要内容。1979 年以来，伊朗大力宣扬泛伊斯兰主义，竭力提倡穆斯林团结，试图以伊斯兰宗教认同弱化民族和教派认同。但伊朗的对外政策始终存在一种悖论，它在外交理念上试图超越教派认同，但在具体政策上又无法避免地把阿拉伯和阿富汗什叶派作为其输出革命的主要对象。[①] 伊朗借助与阿拉伯什叶派的天然联系，打造自身的“软实力”，部分实现了分化阿拉伯人的目标。伊朗支持的阿拉伯什叶派军事政治组织成为其实现地区战略的工具，尤其是黎巴嫩真主党不仅把伊朗的势力扩展到地中海东岸，也使其在阿以冲突中享有了发言权。2003 年以来，伊朗大力支持伊拉克什叶派，成为决定该国政治稳定的重要力量。[②] 因此，阿拉伯什叶派一定程度上是伊朗撬动中东政治的杠杆，也是其影响阿拉伯国家政治的有效资源。

但是，伊朗的行动同时成为影响它与阿拉伯国家关系的主要负面因素。在阿拉伯国家看来，伊朗的做法无疑是在干涉其内政，因而遭到它们的强烈反对。1979 年后，伊朗大张旗鼓地输出革命，对沙特、巴林和伊拉克等阿拉伯国家政府形成直接挑战，导致它们与其中断了外交关系。有学者认为，萨达姆发动两伊战争的根本原因是在伊朗鼓动下的伊拉克什叶派反政府活动对复兴党政权构成了致命威胁。[③] 沙特和巴林什叶派每次发起抗议运动后，两国政府都习惯性地指责伊朗是幕后黑手，进而导致双方关系的大幅度倒退。2011 年以来，伊朗对巴林什叶派抗议运动的高调声援，直接引发了巴林、沙特与伊朗的外交危机。因此，伊朗在

---

① 逊尼派伊斯兰组织中只有哈马斯支持伊朗。

② Michael Eisenstadt et al. , *Iran's Influence in Iraq*: *Countering Tehran'sWhole - of - Government Approach*, The Washington Institute for Near East Policy, Policy Focus, No. 111, 2011, pp. 12 - 17.

③ Chibli Mallat, “Iran, Shi'ism, and the Arab Middle East,” in Makoto Mizutani ed. , *TheMiddle East into the 21 Century*, Garnet Publishing Limited, 1996, p. 152.

加强与阿拉伯什叶派联系的同时，付出了与多个阿拉伯国家关系紧张的代价。

（三）加剧了中东政治的教派化和两极化

30多年来，在多种因素作用下，教派对抗构成中东政治发展的明显趋势，伊朗对阿拉伯什叶派的持续关注和支持正是导致教派矛盾日益严重化的原因之一。2003年以来，什叶派在伊拉克执政后，中东形成了包括伊朗、叙利亚、伊拉克什叶派、黎巴嫩真主党等在内的什叶派“新月”，伊朗成为中东什叶派的核心凝聚力量。伊朗保守派主张，黎巴嫩真主党、伊拉克什叶派和伊朗政府应结成“纳斯鲁拉—西斯塔尼—哈梅内伊”轴心，协力捍卫什叶派利益。什叶派“新月”的兴起导致中东教派关系进一步恶化。美国皮尤中心2009年的调查显示，95%的黎巴嫩穆斯林、59%的埃及穆斯林和55%的约旦穆斯林认为，教派矛盾是中东的一个普遍现象。[①] 2011年中东剧变以来，中东一定程度上出现了以伊朗为首的什叶派联盟与以沙特为首的萨拉菲逊尼派联盟的政治对立和竞争，巴林什叶派抗议运动和叙利亚内战是双方矛盾斗争的两大焦点。伊朗政府公开声援巴林什叶派反抗逊尼派专制政权。作为回应，沙特等海合会国家出兵巴林，使巴林抗议运动转变为伊朗支持的什叶派抗议者和以沙特等海湾君主国为后盾的逊尼派哈利法家族对抗的地区性事件。就叙利亚内战而言，中东地区形成了立场分明的两大阵营，一方是支持叙利亚阿拉维派政权的伊朗、什叶派主导的伊拉克和黎巴嫩真主党，一方是支持叙利亚反对派的沙特、卡塔尔、约旦和土耳其等逊尼派国家。[②] 有学者认为，以教派划线已经是中东政治的显著特征，教派关系是分析和理解中东政治的重要视角。[③]

---

① Pew Research Center, *Mixed Views of Hamas and Hezbollah in Largely Muslim Nations*, The Pew Global Attitudes Project, February 4, 2010, pp. 4 – 5.

② Thomas Pierret, *The Reluctant Sectarianism of Foreign States in the Syrian Conflict*, United States Institute of Peace, November 18, 2013, pp. 1 – 2.

③ 李福泉：《中东伊斯兰教派矛盾的演进与影响》，载《国际论坛》，2014年第6期，第63页。

四、结语

从根本上来说，阿拉伯什叶派的政治处境是决定他们与伊朗关系的最大变量因素。他们与国内逊尼派越对立，就越有可能求助于伊朗，但是，根深蒂固的民族矛盾和固化的国家边界又导致阿拉伯什叶派与伊朗关系的有限性。事实表明，民族和国家依然是中东最重要的利益主体和确定政治界限的最主要依据，超越国界的什叶派教派认同缺乏足够的稳定性和凝聚力。1991 年伊拉克什叶派大起义惨遭镇压等事例充分说明，伊朗不会为了保护阿拉伯什叶派而与阿拉伯国家为敌。伊朗确实会帮助阿拉伯什叶派，但其终极目标是为了实现自身的国家利益。

就整个中东而言，教派冲突很大程度上是以教派矛盾为表象的伊朗与沙特的政治较量，而阿拉伯什叶派却被裹挟其中，不能自已。在阿拉伯国家与伊朗冲突的背景下，阿拉伯什叶派的处境尴尬而又无奈。他们是阿拉伯世界的“异类”，既在阿拉伯民族内部承受教派矛盾的重负，又在什叶派内部承受着民族冲突的阴影。因此，对他们而言，伊朗既是依靠，又是负担。伊朗的意义究竟是什么，不仅取决于他们的政治抉择，更取决于他们复杂多变的地区形势以及阿拉伯国家和伊朗的内外政策。阿拉伯什叶派的最大利益不在于成为伊朗的附庸和政治工具，而是与国内逊尼派实现和平共处，但鉴于中东教派关系处于持续恶化的趋势，伊朗将继续是影响阿拉伯什叶派未来命运的重要力量。

“伊斯兰国”与恐怖主义的变形

以色列海法大学政治学院国际关系系博士生　王　晋

【内容提要】

极端组织“伊斯兰国”的兴起有复杂的背景和原因，并对中东政局造成了重大的冲击和影响，引发了相关国家外交政策、对外战略的调整；“伊斯兰国”在伊拉克和叙利亚的不断扩张，不仅使中东乱局进一步恶化，更使得中东地区的宗教、权力、思想观念之争日益尖锐。作为一种新出现的恐怖主义和极端主义组织形态，我们有必要深入探究“伊斯兰国”的历史变迁和内部结构。不同于以往的伊斯兰极端主义和恐怖主义组织“思想激进，管理落后”的特点，“伊斯兰国”组织在战场、民政和社会管理方面均表现出了极高的专业性。“伊斯兰国”象征着一种新型的恐怖主义和极端主义形态，需要引起包括中国在内的国际社会的关注。

2011 年叙利亚内战爆发以来，“伊拉克和大叙利亚伊斯兰国”（ISIS 或 ISIL）不断利用叙利亚国内乱局进行扩张。随着“伊拉克和大叙利亚伊斯兰国”于 2014 年年初攻陷伊拉克安巴尔省费卢杰，以及其领导人巴格达迪于 6 月 29 日宣布建立“伊斯兰国”，国际社会对于以“伊斯兰国”为代表的伊斯兰极端主义和恐怖主义在中东的扩张忧心忡忡。尽管美国领导盟国从 2014 年下半年开始对伊拉克和叙利亚境内的“伊斯兰国”武装进行了一系列空中打击，并且配合地面伊拉克政府军、库尔德人武装和其他叙利亚武装派别一同向“伊斯兰国”发动进攻，但一直未能有效削弱“伊斯兰国”武装的核心力量。

当前国内关于“伊斯兰国”的研究，[①] 更多集中于“伊斯兰国”崛起的外部因素及其影响上，缺少对“伊斯兰国”内部结构的探究。如果简单地在国际社会“全球反恐战争”和大国政治影响的语境下观察“伊斯兰国”，便无法真正理解它对今天国际秩序以及未来国际地缘政治结构所造成的巨大挑战。不同于以往的以“基地”组织为代表的恐怖主义和伊斯兰极端主义团体，“伊斯兰国”代表着一种极端主义团体的“新形态”。作为一支武装力量，“伊斯兰国”与一般意义上以破坏为目标的恐怖组织不同，它有明确的建国目标以及治理行动。在目标上，它与以驱逐西方入侵者为目标的游击式的“基地”组织决裂，进而宣布自己的领土目标与治理理念。在行动上，它们在控制的领土内维持社会基本秩序，依照其诠释的伊斯兰原教旨主义模式，有意识地在其控制的领土内实行社会改造，恢复奴隶制度，创立奴隶市场等。因此，只有深入了解“伊斯兰国”的内部结构，才能帮助我们更好地理解和探究“伊斯兰国”的地区和国际影响。

一、“伊斯兰国”崛起的外部因素：一般性的讨论

（一）关于“伊斯兰国”崛起的“阴谋论”

1.“西方支持说”。[②] 这种观点认为，“伊斯兰国”之所以能够迅速发展，主要受益于西方国家如美国、欧洲和以色列等国的秘密支持。以美国为首的西方国家把这些极端主义武装作为对抗叙利亚巴沙尔政权和伊朗的工具。2011 年叙利亚危机以来，美国一再鼓吹巴沙尔已失去“合法性”，

---

① 国内学术成果可以参见，王雷：《“伊斯兰国”组织兴起于中东政治变迁》，载《亚非纵横》2014 年第 6 期；严帅：《伊拉克和黎凡特伊斯兰国》，载《国际研究参考》2014 年第 7 期；董漫远：《“伊斯兰国”的崛起和影响》，载《国际问题研究》2014 年第 5 期；田文林：《“伊斯兰国”兴起与美国的中东战略》，载《现代国际关系》2014 年第 10 期；孙冉、唐恬波：《“伊斯兰国”极端组织的特点》，载《现代国际关系》2014 年第 9 期；龚正：《“伊斯兰国”冲击美国中东战略》，载《现代国际关系》2014 年第 9 期；李绍先：《“伊斯兰国”崛起与国际反恐新难题——“伊斯兰国”因何而来?》，载《现代国际关系》2014 年第 9 期。

② 《外媒：伊朗人认为“伊斯兰国”系“美国制造”》，中国新闻网：http://www.chinanews.com/gj/2014/09－12/6584278.shtml。

把巴氏下台作为解决危机的先决条件。为达到这一目的，美国除了积极支持叙反对派武力推翻巴沙尔政权外，还默认并怂恿某些国家支持“基地”组织进入叙利亚，以增强叙反对派力量。作为从“基地”组织分裂出来的极端组织，“伊斯兰国”正是利用美国的怀柔政策迅速坐大，成为反对巴沙尔政权的最大武装力量。因此有观点认为，美国对叙政策就是借“伊斯兰国”和“基地”组织之手扳倒巴沙尔政权。然而这种观点同美国的外交政策不符。一方面，从2003年推翻萨达姆政权以来，美国一直试图在伊拉克扶植世俗派政治力量执政；2011年叙利亚危机爆发以来，美国也一直支持以“叙利亚全国联盟”为代表的世俗派政治力量和以“叙利亚自由军”为代表的军事力量，希望以此为基础推翻叙利亚巴沙尔政府，建立一个能够代表叙利亚境内各反对派的世俗政府。另一方面，“伊斯兰国”也以美国为目标，表达了对美国和西方的仇视。而2014年8月美国领导的针对“伊斯兰国”的空中打击，则表明美国同“伊斯兰国”之间的敌对状态。

2.“海湾国家支持说”和“土耳其支持说”。[①] 从2011年叙利亚危机爆发以来，沙特、卡塔尔、阿联酋、巴林和科威特等海湾国家以及土耳其，都试图通过支持叙利亚境内的反对派武装来推翻巴沙尔政府。除了在外交舞台上支持叙利亚反对派之外，海湾国家和土耳其还通过多种途径介入叙利亚内战。一方面，沙特和卡塔尔等海湾国家通过资金支持叙利亚境内包括极端主义武装在内的反对派，以此推翻叙利亚巴沙尔政府的政权；同时沙特也在过去数年中支持伊拉克境内的逊尼派政治力量。另一方面，土耳其也一直同情叙利亚国内极端主义武装。执政的正义与发展党和叙利亚境内有“伊斯兰背景”的武装和政治力量，对于土耳其与叙利亚的边界管控也十分松懈。摩洛哥内政部长就曾经表示，大约有1200名摩洛哥人参加了“伊斯兰国”，而这些摩洛哥极端主义分子都是从土耳其进入叙利亚境内的。土耳其对于叙利亚极端主义武装的“纵容”，客观上促使包括

---

① See Israa Al - Fass, “Turkey: The Dream of Restoring the Glories of Sublime Ottoman State,” *Al - manar*, Sep 15, 2014, http://www.almanar.com.lb/english/adetails.php?eid=170905&cid=22&fromval=1&frid=22&seccatid=55&s1=1; Akbar Shahid Ahmed, “What Do America's Arab Partners against ISIS Really Want?” *Huffington Post*, Sep 23, 2014, http://www.huffingtonpost.com/2014/09/23/arab-coalition-isis_n_5870298.html.

“伊斯兰国”在内的极端主义团体发展壮大。然而2014年沙特调整了国内政策，开始逮捕参加“伊斯兰国”和“基地”组织等极端主义团体成员，此举表明了沙特等海湾国家同“伊斯兰国”之间的敌对态度；而“伊斯兰国”攻陷伊拉克北部重镇摩苏尔后，扣押了土耳其领事馆的数十名外交官及其家属，这也显示出土耳其和“伊斯兰国”之间的矛盾关系。

3. “叙利亚政府支持说”。[①] 由于“伊斯兰国”在叙利亚境内的活动区域主要集中在叙利亚北部和东部地区，与叙利亚反对派武装的活动区域重叠，各方为争夺地盘往往相互交战。因此有观点认为，“伊斯兰国”的崛起得到了来自叙利亚巴沙尔政府的支持，是巴沙尔政府打击叙利亚其他反政府武装的工具。然而进入2014年下半年，“伊斯兰国”开始在叙利亚中部地区扩张势力，并与叙利亚政府军在多地交战，进而使“叙利亚政府支持说”不攻自破。

4. “库尔德人支持说”。2014年8月，伊拉克总理马利基在发表演说时说，将摩苏尔的陷落称作一个“阴谋”。尽管马利基并没有详细指出“阴谋”的策划者和实施者，但是伊拉克国内有一种声音认为，伊拉克北部以巴尔扎尼为首的库尔德自治政府在背后暗中支持“伊斯兰国”，其目的是将祸水南引，借机削弱伊拉克政府。然而随着2014年下半年“伊斯兰国”向北进攻伊拉克库尔德自治区，尤其是在辛贾尔山区附近大规模屠杀库尔德亚兹迪教徒，表明了“伊斯兰国”同伊拉克库尔德人之间的敌对关系。

5. “什叶派阴谋说”。[②] 有一些伊拉克人认为，“伊斯兰国”的迅速崛起，是伊朗政府和伊拉克以马利基为代表的什叶派设计的“大阴谋”，旨在削弱伊拉克逊尼派的力量，造成逊尼派内部的大混乱，最终使伊拉克什

---

① See Sharmine Narwani, “The Myth of Assad, ISIL and extremism”, *RT*, October 07, 2014, http://rt.com/op-edge/193848-syria-isil-assad-history-usa; Robin Yassin-Kassab, “The rise and fall of ISIL in Syria,” *Aljazeera*, 19 Jan 2014, http://www.aljazeera.com/indepth/opinion/2014/01/rise-fall-isil-syria-201411572925799732.html; lex Rowell, “Blame Assad first for ISIS' rise,” *Now Media*, June 17 2014, http://now.mmedia.me/lb/en/commentaryanalysis/551852-blame-assad-first-for-isis-rise.

② See Pinhas Inbari, “ISIS: Iran's Instrument for Regional Hegemony?” *Institute for Contemporary Affairs*, Vol. 14, No. 21, June, 2014; Jay Solomon, “US Sees Iranian, al-Qaeda Alliance,” *Wall Street Journal*, July 29, 2011.

叶派政府藉此夺取更大的政治权力。在“伊斯兰国”攻陷摩苏尔之后，甚至有观点认为，伊拉克什叶派会以打击“伊斯兰国”为名对伊拉克境内的逊尼派进行“大屠杀”。不过随着马利基政府的倒台以及伊拉克哈迪政府的平稳过渡，这种流言也逐渐销声匿迹。

（二）“伊斯兰国”崛起的外部因素

各种关于“伊斯兰国”的“阴谋论”，凸显了人们对于“伊斯兰国”快速崛起的震惊。事实上，作为国际恐怖主义发展的产物，“伊斯兰国”的崛起离不开所处的国际和地区环境。一般来说，学术界认为“伊斯兰国”的崛起离不开以下三个方面的原因。

第一，伊拉克战争、叙利亚内战破坏了传统的中东地缘政治秩序，在某些地区造成了权力真空和无政府状态。

2003年美国推翻萨达姆政权之后，长期秉持世俗主义的伊拉克复兴社会党中央政府不复存在，各种极端主义思潮开始在伊拉克境内暗流涌动；美军的入侵造成原有伊拉克社会结构的崩溃，尤其是美国最高文职长官布雷默推动的伊拉克改革，使萨达姆时代大部分政治、军事和社会精英瞬间失业，带来了整个社会的巨大动荡；[①] 伊拉克萨达姆时期的教派与族群平衡格局被打破，逊尼派与什叶派的教派矛盾、阿拉伯人与库尔德人之间的民族矛盾不断加剧；[②] 美军入侵伊拉克引起了周边国家的警惕，伊朗和叙利亚纷纷寻求在伊拉克内部培植自己的力量，以期增大美国在伊拉克的代价。[③] 另一方面，叙利亚内战的爆发也为“伊斯兰国”的发展壮大提供了良好的“生存土壤”。叙利亚长期执政的巴沙尔政府受到来自国内其他反对派势力的反抗，纷乱的国内局势为伊斯兰极端主义的兴起提供了良好的

---

① Mark Sedra, “Security Sector Reform in Afghanistan and Iraq: Exposing a Concept in Crisis,” *Journal of Peacebuilding and Development*, Volume 3, Issue 2, April 2007.

② Jonathan Spyer, “With Iraq on the Brink, a New Sunni Insurgency Emerges,” *PJ Media*, March 20, 2014, http://pjmedia.com/blog/with-iraq-on-the-brink-a-new-sunni-insurgency-emerges/2.

③ 参见海德：《美国撤军伊拉克后伊朗和沙特的抗衡》，载《阿拉伯世界研究》，2010年第1期；岳汉景：《伊朗对伊拉克的影响力评述》，载《国际展望》2012年第4期；韩志斌：《伊拉克战后中东国际关系的地缘性特征》，载《西亚非洲》2004年第1期；魏亮、李绍先：《伊拉克重建之路剖析》，载《现代国际关系》2009年第2期。

机遇。此外，叙利亚内战造成的什叶派与逊尼派对立，以及叙利亚东北部地区库尔德人与阿拉伯人之间的民族矛盾加剧，使各种极端主义武装有了发展壮大的可乘之机；[①] 海湾地区国家如伊朗、土耳其、约旦、沙特和卡塔尔纷纷介入叙利亚事务，使得叙利亚内战长期化和复杂化，为叙利亚国内伊斯兰极端主义势力创造了良好的客观环境。[②]

第二，美国实行战略收缩，奥巴马政府调整反恐和中东安全政策，无暇顾及“伊斯兰国”的发展壮大。

自第二次世界大战结束的70多年来，“中东一直是美国的一个重要挑战。在几乎所有情况下，它不仅是一个地缘政治威胁的根源，而且是一个使人感到沮丧的长期因素”。[③] 近20年来，美国的扩张型对外战略，特别是伊拉克、阿富汗战争，使美国付出了数千军人的生命和数万亿美元的代价，换来的却是道德制高点的丧失、国内反战情绪的高涨和巨额财政赤字的困局，这使得美国无力维系中东地区的战略格局。正如美国防长哈格尔所言，“我们在伊拉克再次学到了代价很高的一课，（那时候我们）曾经将自己置身于一个自己并不了解的国家”。[④] 此外，随着美国页岩油气开采技术的革命性进步，美国对中东原油的依赖度下降。根据国际能源署（IEA）和美国能源信息署（EIA）的数据，美国已超过俄罗斯成为世界最大天然气生产国，并将在2018年成为天然气净出口国。美国在2013年油气产量已经超过俄罗斯和沙特阿拉伯，位居世界第一。受页岩油气开发热潮的影响，美国原油产量持续快速增长，20年来首次超过进口量。至2013年，美国石油对外依存度已经由2005年的66.3%降为33%。因此，美国主导中东事务能力与意愿的下降，以及对中东能源依赖的降低，使得美国对于“伊斯兰国”的发展壮大反应缓慢。

第三，中东域内外国家的权力竞争和博弈，使得国际社会难以形成共

---

① Seth G. Jones, “The Accelerating Spread of Terrorism,” *the Rand Blog*, June 3 2014, http://www.rand.org/blog/2014/06/the-accelerating-spread-of-terrorism.html.

② 参见柳莉：《叙利亚危机与中东格局演变》，载《国际问题研究》2013年第4期。

③ Kenneth M Pollack, *A path Out of the Desert: A Grand Strategy for America in the Middle East*, New York: Random House, 2008, p. x.

④ 转引自王鸣鸣：《“伊斯兰国”对美国全球战略的影响》，载《当代世界》2014年第11期。

识和合力，一致应对“伊斯兰国”。

2011 年阿拉伯动荡以来，在伊拉克乱局和叙利亚内战中，美国和俄罗斯等世界大国，以及沙特、约旦、土耳其、伊朗、卡塔尔和埃及等地区国家，各自支持不同的政治和军事力量。在伊拉克，马利基政府所领导的什叶派政治力量，长期受到来自沙特、土耳其和卡塔尔等地区国家的反对，因此无法有效行使政治权力；土耳其与巴尔扎尼领导的伊拉克库尔德自治政府关系紧密，并同伊拉克中央政府龃龉不断。此外，美国对于什叶派主导的伊拉克政府“排斥逊尼派”也颇有微词。在叙利亚，为了对抗伊朗支持的巴沙尔政府，沙特、卡塔尔、科威特等海湾国家纷纷支持自己中意的武装派别，这些武装派别往往秉持伊斯兰极端主义，同美国和西方国家支持的“温和世俗派”相互争夺反对派阵营中的领导权，加上土耳其和约旦等国也在叙利亚境内培植自己的武装派别，导致叙利亚政治和军事力量不断碎化。相关国际和地区国家在伊拉克和叙利亚的“代理人”争夺，使得域外大国和地区国家无法在对抗“伊斯兰国”问题上形成合力，对于“伊斯兰国”的打击也就大打折扣。

二、“伊斯兰国”的源起和演变

（一）“伊斯兰国”的源起

“伊斯兰国”的源起同扎卡维（Abu Musab al - Zarqawi）息息相关。扎卡维出生在约旦，曾因参加恐怖主义组织被约旦政府判处监禁。1999 年出狱后，扎卡维前往阿富汗。在本·拉登的帮助下，扎卡维在阿富汗西北部重镇赫拉特建立了恐怖分子训练营，成立了由扎卡维领导的“沙姆战士团”（Jund al - Sham）。“沙姆战士团”主要成员均来自约旦、叙利亚、巴勒斯坦和黎巴嫩等地（即“沙姆地区”）。[①] 2001 年美国发动对阿富汗的军事打击之后，扎卡维参与了对阿富汗“北方联盟”和美军的抵抗，并在年末（一说在 2002 年初）逃离阿富汗，藏匿至伊朗东部。2003 年美军入侵伊拉克后，扎卡维开始将自己的组织渗透进伊拉克境内，并逐渐发展

---

① Roger Hardy, “Profile: Jund al - Sham,” *BBC news*, 4 June 2007, http://news.bbc.co.uk/2/hi/middle_east/6719635.stml.

壮大。

应当指出的是，在2003年伊拉克战争前很长一段时间，扎卡维领导的机构并不是“基地”组织的下属分支，它与“基地”组织只是一种合作关系。直到2004年9月，扎卡维才正式宣布效忠“基地”组织和本·拉登，并把他领导的组织更名为“基地”组织伊拉克分支。但是，扎卡维领导的“基地”组织伊拉克分支与“基地”组织领导层之间的关系并不融洽，双方的矛盾分歧主要集中在袭击策略上。“基地”组织的攻击目标集中于西方势力，尤其是美英在伊拉克的驻军；而“基地”组织伊拉克分支的袭击对象主要是包括什叶派在内的伊拉克平民。扎卡维宣称，穆斯林内部的“叛教者”是圣战首先打击的对象，必须杀死阿拉伯的世俗统治者和叛教者。在他看来，什叶派“是一种与逊尼派伊斯兰毫无共同之处的宗教”，其信徒是敌人、毒蛇和间谍。扎卡维认为，包括伊拉克在内的整个伊斯兰世界已经被“异化”，需要通过暴力方式重新进行“清洗”和组合。[①] 2005年9月，扎卡维甚至宣布以“十字军－什叶派”为圣战目标，对什叶派全面开战。[②]

2006年初，扎卡维宣布将“基地”组织伊拉克分支同其他五个伊拉克极端主义武装联合组成“圣战者协商委员会”，以协调伊拉克境内极端主义武装的行动。但是，在2006年6月扎卡维被美军击毙后，伊拉克的极端主义武装暂时陷入了困境之中。经过协商，“基地”组织伊拉克分支选举马斯里（Abu－Ayyub al－Masri）为“基地”组织伊拉克分支领导人。是年10月，圣战者协商委员会与其他几个极端主义组织和一些伊拉克部落的代表联合，宣布成立“伊拉克伊斯兰国”（Islamic State of Iraq），选举出由多人组成的“内阁”，并且推举阿布·巴格达迪（Abu Abdullah al－Rashid al－Baghdadi）为新任领导人，但是外界普遍相信其实权仍然由马斯里所

---

① 扎卡维曾在2006年10月宣称：“只有将基督徒、犹太教徒和其他异教徒全部消灭，我们穆斯林才会取得最终的胜利。” See Nibras Kazimi，“Zarqawi's Anti－Shia Legacy：Original or Borrowed?” *Hudson Insitute*，1 Nov. 2006，http://www.hudson.org/research/9908－zarqawi－s－amti－shia－legacy－original－or－borrowed#BkMkToFoot2.

② David Bukay，*From Muhammad to Bin Laden：Religious and Ideological Sources of the Homicide Bombers Phenomenon*，New Brunswick：Transaction Publishers，2008，p. 304.

掌握。①

经过2006年的人事变动以及组织变革后，“伊拉克伊斯兰国”逐渐步入正轨，并通过在伊拉克从事敲诈、走私、绑架和洗钱等活动，聚敛了大量财富。但是，“伊拉克伊斯兰国”很快就陷入了生存危机。首先，2007年前后伊拉克国内政治局势逐渐稳定，伊拉克国内的安全部队也在美国的帮助下逐渐壮大，在稳定国内秩序方面的作用日益明显；其次，伊拉克地方逊尼派部落组成的“觉醒委员会”所辖的逊尼派民兵武装，在2006－2007年间对于恢复伊拉克国内秩序起到了重要作用。② 在这段时期内，“伊拉克伊斯兰国”的人员流失严重，袭击数量也大幅下降，对于伊拉克的安全威胁也大大降低。2007年时美国悬赏捉拿“伊拉克伊斯兰国”领导人马斯里的赏金是500万美元，而到了2008年5月，伴随着“伊拉克伊斯兰国”影响力的下降，其悬赏金额已经降至10万美元。

（二）巴格达迪领导下的“伊斯兰国”

进入2009年之后，“伊拉克伊斯兰国”再次得到发展壮大，其原因主要有三：第一，美国在2009年开始逐渐从伊拉克撤军，使得极端主义武装面临的外部压力减小；第二，伊拉克逊尼派“觉醒委员会”同什叶派马利基政府之间矛盾加深，使得“伊拉克伊斯兰国”在逊尼派中有了可乘之机；③ 第三，在经历了一系列的打击之后，“伊拉克伊斯兰国”的机构日趋灵活和高效。2010年5月18日，马斯里和阿布·巴格达迪被伊拉克安全部队和美国军队击毙，新任领导人巴克尔·巴格达迪（Abu Bakr al－Baghdadi）宣誓就职，“伊拉克伊斯兰国”也由此迎来了新的时代。

为了维系组织发展，新任领导人巴格达迪采取了地方化和专业化两个

---

① James Klatell, “Iraq: Top Insurgent Leader Nabbed”, *CBS news*, March 9, 2007, http://www.cbsnews.com/news/iraq－top－insurgent－leader－nabbed/.

② 关于“觉醒委员会”的介绍, see Taraghi Cherie, “Sahwa's role in protecting IDPs and returnees in Iraq,” *Forced Migration Review*, Mar2011, Issue 37; Benraad Myriam, “Iraq'sTribal ‘Sahwa’: ItsRise andFall,” *Middle East Policy*, Spring 2011, Volume 18, Number 1.

③ See Benraad Myriam, “Iraq'sTribal ‘Sahwa’: ItsRise andFall,” *Middle East Policy*, Spring 2011, Volume 18, Number 1.

重要举措。一方面，巴格达迪注重招募伊拉克本地人充实力量，而不再像扎卡维时期那样主要依靠外籍极端主义分子。巴格达迪还通过提高“伊拉克伊斯兰国”成员的薪金标准，增强对伊拉克逊尼派的吸引力。[①] 另一方面，巴格达迪不断增强组织的专业化程度，将原有的由42人组成的“内阁”减少至25人，提升了组织的灵活性。在新任命的内阁成员中，巴格达迪大力提拔专业化指挥人员，任命前萨达姆军队的陆军上校萨米尔（Samir al – Khlifawi）担任自己的副手，负责军事方面的一切事宜，并招募了大量前萨达姆时期军队和情报机构相关指挥人员。[②] 在巴格达迪的领导下，“伊拉克伊斯兰国”逐渐恢复了在伊拉克境内的活动，并宣布将“收复”被美国和“觉醒委员会”夺取的“失地”。[③] 2012年9月，“伊拉克伊斯兰国”向伊拉克中部提克里特的塔斯费拉特监狱（Tasfirat Prison）发动袭击，释放了47名被关押在此的组织成员。2013年7月，“伊拉克伊斯兰国”袭击了巴格达西郊的阿布格莱布监狱，包括大批极端主义分子在内的500多名囚犯趁机越狱。

2011年叙利亚内战爆发后，“伊拉克伊斯兰国”的势力得以向叙利亚进行渗透。巴格达迪派祖莱尼（Abu Muhammad al – Jowlani）等得力干将前往叙利亚扩充实力，并建立了极端组织“支持阵线”。祖莱尼进入叙利亚之后，通过在叙利亚境内策划一系列恐怖袭击事件增加了知名度，召集了大批叙利亚境内的极端主义分子加入其组织。到2013年末，“支持阵线”的人数扩充到了约2000人，从原有的“恐怖团体”转变成为称雄一方的“割据力量”。

2013年4月，巴格达迪宣布把叙利亚“支持阵线”和“伊拉克伊斯兰国”合并为“伊拉克和沙姆伊斯兰国”（ISIS）。但是，祖莱尼很快否认了“支持阵线”同“伊拉克伊斯兰国”之间的联系。2013年6月，“基地”组织最高领导人扎瓦赫里分别向祖莱尼和巴格达迪致信，表达了反对两个

---

① Sinan Adnan and Aaron Reese, *Beyond Islamic State*: *Iraq's Sunni Insurgency*, *Middle East Study Report*, Washington: Institute for the Study of War, 2014.

② See Brian Fishman, “Redefining the Islamic State: the Rise and Fall of Al – Qaeda in Iraq,” *National Security Studies Program Policy Paper*, New York: New America Foundation, August 2011.

③ Jessica D Lewis, *Al – Qaeda in Iraq Resurgent*: *The Breaking the Walls Campaign*, Washington: Institute for the Study of War, September 2013.

组织合并的主张，并且建议由"基地"组织派出"协调员"统一协调两个组织的行动，希望能够借此机会将两个组织纳入"基地"组织的网络之中。巴格达迪很快拒绝了扎瓦赫里的建议，并且向叙利亚派出了新的力量以取代"支持阵线"的势力。[①]

2013 年下半年，"伊拉克和沙姆伊斯兰国"在叙利亚北部和东部地区同其他反政府武装展开了激烈争夺。2014 年 1 月，多个叙利亚反政府武装曾组成联盟同"伊拉克和沙姆伊斯兰国"开战，并一度迫使"伊拉克和沙姆伊斯兰国"撤离北部重镇拉卡。2014 年 2 月，扎瓦赫里宣布"伊拉克和沙姆伊斯兰国"不再同"基地"组织有任何联系。[②] 2014 年 1 月，"伊拉克和沙姆伊斯兰国"攻占了伊拉克西部逊尼派安巴尔省重镇费卢杰，并且向省首府拉马迪扩张。从 2014 年 3 月开始，"伊拉克和沙姆伊斯兰国"不断在叙利亚发动反击，不仅夺回了在拉卡地区的控制权，而且还在代尔祖尔多地打败其他武装，攻取了大片地盘。2014 年 6 月 29 日，巴格达迪宣布建立"伊斯兰国"，并且在 8 月攻占了伊拉克北部重镇摩苏尔，引起了国际社会对于"伊斯兰国"的关注。

三、"伊斯兰国"的组织架构

巴格达迪是"伊斯兰国"的最高领导人和精神领袖。尽管关于巴格达迪个人的资料较为缺乏，但是我们仍然可以根据各方的信息拼凑出巴格达迪的大概经历。巴格达迪出生在伊拉克的萨迈拉，拥有巴格达伊斯兰大学的伊斯兰研究博士学位。在 2003 年美国入侵伊拉克以前，巴格达迪一直是伊拉克一家清真寺的神职人员。由于拥有伊斯兰神学博士学位，巴格达迪

---

① "Zawahiri disbands main Qaeda faction in Syria," *the Daily Star*, Nov. 8, 2013, http://dailystar. com. lb/News/Middle – East/2013/Nov – 08/237219 – zawahiri – disbands – main – qaeda – faction – in – syria – jazeera. ashx.

② "Zawahiri disbands main Qaeda faction in Syria," *the Daily Star*, Nov. 8, 2013, http://dailystar. com. lb/News/Middle – East/2013/Nov – 08/237219 – zawahiri – disbands – main – qaeda – faction – in – syria – jazeera. ashx.

相对于“基地”组织领导人本·拉登和扎瓦赫里等人拥有更多的宗教优势。[①] 巴格达迪的两个副手为安巴里（Abu Ali al - Anbari）和图尔克马尼（Abu Muslim al - Turkmani），他们都曾经是萨达姆军队的高级军官，图尔克马尼负责“伊斯兰国”所控制的伊拉克省区，安巴里主要负责“伊斯兰国”所控制的叙利亚省区。

“伊斯兰国”设立了数个专门的组织机构处理各种事务，不同的资料对“伊斯兰国”部门数量的说法存在着一定的差异。有的材料称“伊斯兰国”下设金融、军事、法律、后勤、安全、信息、媒体七个部门；[②] 有的材料称“伊斯兰国”下设财政部、国防部、作战部、宣传部、内政部、通讯部、伊斯兰教法部、情报部八个部门；[③] 有的材料称“伊斯兰国”下设九个部门，即领导部门、协商部门、军事部门、安全部门、情报部门、财政部门、战士协助部门、媒体部门；[④] 有的材料称“伊斯兰国”下设十个部门，即战争部门、管理部门、战俘部门、治安部门、财政部门、协调部门、外籍士兵部门、社会部门、武器部门和炸药部门。[⑤]

---

① See Ruth Sherlock, “How a talented footballer became world's most wanted man, Abu Bakr al - Baghdadi,” *the Telegraph*, 11 Nov 2014, http://www.telegraph.co.uk/news/worldnews/middleeast/iraq/10948846/How - a - talented - footballer - became - worlds - most - wanted - man - Abu - Bakr - al - Baghdadi.html；此外，也有报道指出巴格达迪的博士学位是在巴格达大学完成的，see Peter Beaumont, “Abu Bakr al - Baghdadi: The Isis chief with the ambition to overtake al - Qaida,” *the Guardian*, 12 June 2014, http://www.theguardian.com/world/2014/jun/12/baghdadi - abu - bakr - iraq - isis - mosul - jihad.

② 参见［德］阿尔弗雷德·哈肯斯贝尔格：《ISIS 组织“哈里发国”的组织架构》，转引自观察者网：http://www.guancha.cn/alfredhackensberger/2014_11_11_285124.shtml。

③ Antonio Galdo, “The structure, funding and weapons of the caliphate,” *ABO*, December 30, 2014, http://www.abo.net/oilportal/topic/view.do? contentId = 2358125.

④ See Jason Bellini and Reem Makhoul, “The Islamic State: How Its Leadership Is Organized”, *The Wall Street Journal*, September 9, 2014, http://blogs.wsj.com/briefly/2014/09/09/the - islamic - state - how - its - leadership - is - organized - the - short - answer.

⑤ See Charles Lister, *Profiling the Islamic State*, Doha: Brookings Doha Center Analysis Paper, Number 13, November, 2014.

在地方结构上"伊斯兰国"下辖12（一说13）个省。[①] 其中在伊拉克境内有7个省，分别是巴格达省、安巴尔省、萨拉赫丁省、基尔库克省、中南幼发拉底河省、尼尼微省和大区域省；在叙利亚方面有5省（一说6省），分别是拉卡省、阿勒颇省、代尔祖尔省、霍姆斯省和哈赛克省。[②] 此外，也有学者认为"伊斯兰国"下辖24个省，其中在叙利亚和伊拉克各有12个省。[③]

尽管各方说法差异较大，但是总的来说，"伊斯兰国"主要通过巴格达迪和其两个副手发布命令，通过下设的各个部门处理各类军事、经济和社会事务，通过地方设立的各个"省政府"来行使自己的权力。与"基地"组织单纯的破坏、袭击不同，"伊斯兰国"不仅仅在组织架构上显示出了很强的专业性，在具体的军事行动、财政政策和内部管理上，也具有非常专业的特征。

在军事方面，"伊斯兰国"的训练、作战、装备和休整等方面都具有极高的专业素养。[④] "伊斯兰国"部队往往被分为三部分，即前线部队、守备部队和休整部队，以便各个部队能够得到及时的休整。参加"伊斯兰国"的新兵会被送往不同的训练营，并接受为期一个月的军事训练，训练内容主要涉及使用枪械、战术编队、通讯维修等专业训练。在战场作战中，"伊斯兰国"的士兵往往具备专业的战场素养，其指挥官也有很强的战地指挥经验。从作战部队配置来看，除了基本的步兵装备之外，"伊斯兰国"军队还配备有不少坦克、装甲车、重型火炮等大型装备。在部队编

① 12省之说，参见［德］阿尔弗雷德·哈肯斯贝尔格：《ISIS组织"哈里发国"的组织架构》，转引自观察者网：http://www.guancha.cn/alfredhackensberger/2014_11_11_285124.shtml；13省之说，参见See Charles Lister, *Profiling the Islamic State*, Doha: Brookings Doha Center Analysis Paper, Number 13, November 2014, p. 21。

② 有的资料称"伊斯兰国"在叙利亚还设有大马士革省。

③ Antonio Galdo, "The structure, funding and weapons of the caliphate," *ABO*, December 30, 2014, http://www.abo.net/oilportal/topic/view.do? contentId = 2358125.

④ See "Islamic State Fighter Estimate Triples—CIA," *BBC News*, 12 September 2014, http://www.bbc.com/news/world - middle - east - 29169914; Mitchell Prothero, "How 2 Shadowy ISIS commanders Designed Their Iraq campaign," *McClatchy DC*, 30 June 2014, http://www.mcclatchydc.com/2014/06/30/231952/how - 2 - shadowy - isis - commanders.html.

制方面，“伊斯兰国”往往将部队根据国籍、地区和语言进行编组，使新兵能够快速融入其中。

在情报方面，“伊斯兰国”建立了强大的情报网络，配合其作战行动。例如，在叙利亚境内，“伊斯兰国”十分注意搜集战区和对手的情报，不仅仅涉及对战部队本身，而且涉及指挥官、士兵家属信息、地区领导人和部落信息等一系列情报。[①] 通过这些情报，“伊斯兰国”武装往往在进攻前就与地方的部落领导人组成联盟，并且渗透到敌对的部队当中；对于不服从“伊斯兰国”命令的敌对部队官兵和地区领导人，“伊斯兰国”往往通过绑架、威胁和拉拢其家属等方式迫其就范；在作战开始前，“伊斯兰国”会派出小股部队，袭击和骚扰战区敌对部队的检查站、哨所和前沿单位，并且通过一系列“斩首视频”、“宣传单”来渲染心理威慑。以情报配合作战的模式，“伊斯兰国”在叙利亚和伊拉克的扩张中随处可见。例如，在攻取摩苏尔之前，“伊斯兰国”就曾经派出大批的士兵，分作小股潜入摩苏尔城郊，袭击伊拉克政府军的巡逻队和各个检查站，迫使伊拉克军队最终放弃外围据点；在攻取拉卡和代尔祖尔的战斗中，“伊斯兰国”军队同样胁迫地方部落领导人倒向自己阵营，而且不断袭扰和破坏其他叙利亚反对派武装的后勤和通讯枢纽，最终完成战场包围和打击。[②]

在资金方面，“伊斯兰国”拥有多样化的资金来源。扎卡维时期的“基地”组织伊拉克分支就已经通过接受捐赠、敲诈绑架、贩毒走私等方式，建立起了完整的资金链。2010 年巴格达迪接管“伊斯兰国”之后，其资金来源日益多样化。据估计，“伊斯兰国”通过敲诈、威胁和绑架等方

① 参见：《“伊斯兰国”在叙利亚为何发展的比在伊拉克更强》，［黎巴嫩］《An Nahar 日报》，2014 年 11 月 14 日，http://www.annahar.com/article/189539-لماذا-داعش-العراق-داعش-من-أقوى-سوريا; Mushreq Abbas, “Can Islamic State keep control of Mosul?” *Al – monitor*, June 17, 2014, http://www.al – monitor.com/pulse/originals/2014/11/iraq – mosul – islamic – state – occupy – lose.html；阿卜杜拉·阿里：《伊斯兰国的下一个目标是德拉还是古塔？》，阿萨菲新闻网（*Assafir*）：http://assafir.com/Article/1/389171.

② Ali Mamouri, “IS uses intelligence to purge opponents,” *Al – monitor*, October 28, 2014, http://www.al – monitor.com/pulse/originals/2014/10/islamic – state – iraq – intelligence – services.html; Ali Mamouri, “Islamic State fears hang over Baghdad,” *Al – monitor*, October 27, 2014, http://www.al – monitor.com/pulse/originals/2014/10/iraq – islamic – state – advance – baghdad – fears.html.

式每月可获取1200万美元；通过石油走私等方式每月可获取3000万到9000万美元左右，走私的目的地主要是土耳其、伊拉克库尔德人自治区、叙利亚南部、黎巴嫩以及约旦等地。[①]"伊斯兰国"还通过收取"保护税"和倒卖文物等方式聚敛财富。例如，仅在2014年8月，"伊斯兰国"就在叙利亚大马士革以北的纳布克（al－Nabk）镇卖出了多件8000多年前的历史文物，获取了约3600万美元的资金。此外，"伊斯兰国"还在占领区设立高速路卡，收取各类"过桥费"、"高速费"。[②]"伊斯兰国"的资金除用于支付薪水、进行宣传和购买武器之外，还会分出一大部分进行基础设施建设，完善电力和供水系统，建立学校和救济穷人，作为社会"再分配"的手段巩固所在地区的统治。

在对外宣传方面，"伊斯兰国"同样具有很高的专业素养。[③]不同于"基地"组织重复"讲话视频"和"讲话录音"的单一模式，"伊斯兰国"的宣传机构创造出了完整的宣传体系。在这个体系中，既有展示血腥残暴的"斩首"视频，也有展示士兵胜利和斗志高昂的图片，还有引人入胜的征兵海报。在2013年早期，"伊斯兰国"更多通过"脸谱"、"推特"等大众社交网站进行传播和宣传，内容也多是战斗视频和血腥场面，以吸引全世界极端穆斯林尤其是年轻人的目光。[④]此后，"伊斯兰国"媒体宣传日趋专业化，所拍摄视频的清晰度更高，光感、音效和背景音乐结合的更好，剪辑节奏也更加合理和明快。与此同时，"伊斯兰国"还推出了阿拉伯语之外的英语、法语和俄语等网站，极力传播极端主义意识形态。

在民政事务上，"伊斯兰国"不仅仅致力于推动"伊斯兰法"，而且也

---

① See Charles Lister, *Profiling the Islamic State*, Doha: Brookings Doha Center Analysis Paper, Number 13, November 2014, p. 22.

② Mitchell Prothero, "Islamic State Issues Fake Tax Receipts to Keep Trade Flowing," *McClatchyDC*, 3 September 2014, http://www.mcclatchydc.com/2014/09/03/238508_islamic-state-issues-fake-tax.html? rh=1.

③ Nico Prucja and Ali Fisher, "Is This the Most Successful Release of a Jihadist Video Ever?" *Jihadica* (*blog*), 19 May 2014, http://www.jihadica.com/is-this-the-most-successful-release-of-a-jihadist-video-ever.

④ Dan Friedman, "Twitter Stepping up Suspensions of ISIS-Affiliated Accounts: Experts," *NewYork Daily News*, 17 August 2014, http://www.nydailynews.com/news/world/twitter-stepping-suspensions-isis-affiliated-accounts-experts-article-1.1906193.

具有强大的民政服务网络。“伊斯兰国”往往通过实施伊斯兰法强化自己在各个地区的军事和政治存在，实行禁酒、禁烟和禁毒，严厉打击各类违反伊斯兰教法的行为，而且设立伊斯兰法庭，严格按照伊斯兰教法传统处理各类民政事务。但是另一方面，“伊斯兰国”也努力提供民政服务。相对于其他叙利亚反对派武装散漫的军纪，“伊斯兰国”军队纪律严明，而且在攻占一地之后，往往在短时期内开始修缮当地的供水、供电系统，稳定民心；在经济事务上，“伊斯兰国”采取了打击投机倒把、稳定物价等措施。有不少叙利亚逊尼派居民认为在“伊斯兰国”的占领区生活，好于在其他叙利亚反政府势力的占领区；在“伊斯兰国”控制的伊拉克地区，逊尼派认为其生活好于伊拉克政府军撤出前。[①] 由此可见，“伊斯兰国”在所攻占的伊拉克和叙利亚区域内，已具备较为牢固的统治基础。

四、余论

在 2015 年，“伊斯兰国”在伊拉克和叙利亚地区的扩张受到了国际社会和地区国家的打击。在伊拉克境内，“伊斯兰国”在伊拉克东部和北部的控制区相较于 2014 年已经大幅缩小，来自于伊拉克东部的什叶派民兵武装、巴格达周边的伊拉克政府军和伊拉克北部的伊拉克库尔德自治政府军队以及其他民兵武装，已经在多地发动了针对“伊斯兰国”的反击，“伊斯兰国”已经不能对伊拉克首都巴格达构成军事威胁，中部提克里特已经被收复，北部的摩苏尔也已经处在伊拉克政府军、库尔德武装和什叶派武装的夹击之下。在叙利亚境内，随着 2015 年初叙利亚库尔德武装在叙利亚东北部幼发拉底河以东地区发动大规模反攻，“伊斯兰国”在叙利亚东北部地区被迫不断后撤；而在叙利亚北部和中部地区，随着俄罗斯在 2015 年 9 月直接介入叙利亚战局，“伊斯兰国”的扩张也受到遏制，在叙利亚的控

① Goha's Nail, "Manbij and the Islamic State's Public Administration," *Jihadology*, 22 August 2014, http://jihadology.net/2014/08/27/guest-post-manbij-and-the-islamic-states-public-administration; "Convert, Pay Tax, or Die, Islamic State Warns Christians", *Reuters*, 18 July 2014, http:/www.theguardian.com/world/2014/jul/18/isis-islamic-state-issue-ultimatum-to-iraq-christians;

制地区大幅下降。

但是，“伊斯兰国”控制地区的减少，并不意味着其恐怖主义威胁的减少。2015 年 11 月巴黎暴恐袭击事件的发生，标志着“伊斯兰国”已具备在伊拉克和叙利亚以外发起大规模恐怖袭击的外线作战能力。作为一个新兴的恐怖主义组织，“伊斯兰国”可以被视作“基地”组织的“更新加强版”，它不仅仅单纯宣扬极端主义教义和策划恐怖袭击，而且还通过占领土地、“治国理政”实现建立所谓“哈里发国家”的政治抱负，其内部结构也更加复杂，且具备相当的国际影响力。由此可见，具有实体化、准国家化特点的“伊斯兰国”已取代“基地”组织成为国际恐怖主义的核心，成为大规模恐怖袭击的主要发起者，极端主义和恐怖主义意识形态的传播者，以及世界各地恐怖极端组织的效忠对象。

美俄围绕打击“伊斯兰国”的国际博弈

上海外国语大学中东研究所副研究员　钮　松
上海外国语大学中东研究所硕士研究生　路　璐

【内容提要】

叙利亚危机、伊拉克动荡和“伊斯兰国”扩张等多重危机的叠加，不仅加剧了中东的动荡，也引发了美俄新一轮战略博弈。打击“伊斯兰国”和应对叙利亚危机并重，构成了美国中东政策的重点，但其中东政策也面临缺乏战略能力与意愿、中东战略与亚太战略难以平衡、与盟友关系陷入危机等多重困境。俄罗斯中东政策的主要内容包括继续支持传统盟友叙利亚政权，通过发展与伊朗、埃及等地区大国的关系拓展战略空间，军事打击“伊斯兰国”，维护叙利亚政权以及俄罗斯国家安全等。美俄围绕叙利亚政权更迭与否针锋相对，在打击“伊斯兰国”问题上也是龃龉不断，但叙利亚危机的复杂性和“伊斯兰国”扩张的威胁，又促使美俄不得不进行一定的妥协，并在打击“伊斯兰国”问题上呈现出矛盾与合作并存的复杂态势。

阿拉伯剧变发生以来，中东地区各种矛盾叠加，加上大国不断干预中东事务，导致中东地区形势持续动荡。在此背景下，各种极端组织纷纷涌现，尤其是极端组织“伊斯兰国”活动猖獗，标志着具有实体化、准国家化特点的“伊斯兰国”组织已取代“基地”组织成为国际恐怖主义的核心，并成为大规模恐怖袭击的主要发起者、极端主义和恐怖主义意识形态的传播者，以及世界各地诸多恐怖极端组织的效忠对象。① 自 2014 年 6 月

① 刘中民：《国际反恐形势进入新历史阶段》，载《文汇报》2015 年 11 月 15 日。

起，打击“伊斯兰国”极端主义势力成为国际社会的一个重要议题。联合国通过决议要求切断伊拉克和叙利亚极端组织的资金来源以及从境外招募武装分子的渠道，并对主要的恐怖分子头目进行制裁。2014 年 8 月，美国开始对“伊斯兰国”进行持续空袭；2014 年 9 月，美国宣布了打击“伊斯兰国”的具体策略，计划进行持续 36 个月以上连续打击。[①] 2015 年 9 月 30 日，俄罗斯出兵叙利亚，对“伊斯兰国”、“支持阵线”等恐怖势力实施空中打击，并组建包括伊朗、叙利亚和伊拉克的打击“伊斯兰国”国际联盟。

美俄两个大国具有强大的军事实力和政治影响力，最有能力对“伊斯兰国”进行打击，但由于美俄在叙利亚问题上存在分歧，双方打击“伊斯兰国”的政策也存在明显矛盾：美国通过支持叙利亚反对派武装打击“伊斯兰国”，而俄罗斯则帮助叙利亚政府军抵抗叙反对派和“伊斯兰国”。作为两个在国际上举足轻重的大国，美俄在在中东的博弈牵动着世界各方的神经。因此，深入了解美俄围绕打击“伊斯兰国”的复杂博弈，有助于全面认识中东地区形势的复杂性。

一、“伊斯兰国”崛起以来美国的中东政策

长期以来，美国中东政策的动机包括控制能源、输出民主、盟友安全等，并且一直在现实主义与自由主义之间徘徊。叙利亚的僵局以及“伊斯兰国”的肆虐使得美国对“阿拉伯之春”以来新一波推进民主化的热情大大降低。“伊斯兰国”的外溢效应使得美国不得不改变立即推翻叙利亚现政权的目标，而是寻求通过支持反对派、控制政治解决叙利亚危机主导权等方式，最终主导未来叙利亚的发展走向。为实现这一目标，美国实施了一系列组合拳：调整“阿巴新战略”，在力促阿富汗政府与塔利班和解的同时加大空袭伊拉克“伊斯兰国”的力度；稳住伊朗，主动推进伊朗核问题全面协议的达成；在叙利亚两派及其地区盟友之间积极周旋，以最大限度地按照美国的意志实现叙利亚危机的政治解决。即便如此，美国仍有诸

① Juliet Eilperin and Ed O'Keefe, “Obama Announces ‘Broad Coalition’ to Fight Islamic State Extremist Group,” *The Washington Post*, September 10, 2014.

多难以逾越的困难，如战略意图与能力的缺乏、平衡中东与亚太战略的困难、难以同时有效安抚牵涉叙利亚利益的诸多“同床异梦”的盟友等，致使美国的中东战略呈现出一种“畏首畏尾”的局面，其打击“伊斯兰国”国际联盟更是漏洞百出，效果不彰。

（一）当前美国中东政策的重点：打击“伊斯兰国”和应对叙利亚危机并重

中东地区一直以来都是美国的战略重心，美国既与以色列有着特殊的盟友关系，也保持着与埃及、约旦和沙特阿拉伯的盟友关系；土耳其是美国在中东的北约盟友；阿联酋、科威特等海湾国家则是美国的军事盟友。“伊斯兰国”肆虐的叙利亚基本处于美国盟友的包围之中。近年来，为减少对中东的战略投入，美国大力着手推进阿富汗政府与塔利班的和解，推动伊朗核协议的达成，以最大限度地集中精力对付“伊斯兰国”；美国还试图与“伊斯兰国”实际控制区周边的一些敌对国家缓和关系，以便专心处理伊拉克与叙利亚问题。

由于阿富汗战争和伊拉克战争的两次前车之鉴，奥巴马政府在对待叙利亚内战问题上并不倾向于直接出兵，而是试图依靠海湾国家和与土耳其共同支持的叙利亚反对派武装来瓦解巴沙尔政权，其原因主要包括两点。首先，在伊拉克战争中，美国曾派出了大量的地面部队，虽然一度成功占领了伊拉克全境，但最终却深陷战争泥潭，并使美国在是否对叙利亚进行军事干涉问题上高度谨慎。其次，当前美国经济增速放缓，具有诸多政治与经济上的不确定因素，美国不倾向于武力卷入叙利亚内战。为应对“伊斯兰国”扩张和叙利亚的紧张局势，美国调整了其伊拉克政策，期望伊拉克能建立一个包括逊尼派、什叶派、库尔德人的包容性政府。由于伊拉克政府军战斗力极弱，美国不得不有限介入对伊拉克境内“伊斯兰国”的打击，并大力支持伊拉克库尔德自治区武装。由于“伊斯兰国”武装人员常常藏匿于伊拉克居民区，空袭效果有限且极易误伤平民。美国仅对“伊斯兰国”实施空袭而无有效的地面支援，其反恐效果自然有限。

为了调动一切力量共同打击“伊斯兰国”，最大限度地避免自身卷入另一场地区战争，美国开始重新审视其中东政策，加快与海湾大国伊朗的和解步伐，便是其采取的重要举措之一。一直以来，美国对伊朗都是采取强制性外交。近两年来，伊朗和美国的关系正逐步趋于缓和，尤其是伊朗总统鲁哈尼上台后，伊朗与美国频频互放善意信号，伊核全面协议的达成更是拉进了美伊两国之间的距离，美国也将取消对伊朗的制裁。

奥巴马政府上台以后，试图从小布什政府留下的中东乱局中抽身，以应对亚太地区的大国博弈，而“阿拉伯之春”的爆发致使美国仍深陷中东，其平衡亚太的目标也一时难以实现。随着“伊斯兰国”的肆虐，美国意识到地区大国伊朗是海湾乃至沙姆地区（阿拉伯国家对东地中海地区的称谓，西方也称“黎凡特”，主要包括叙利亚、伊拉克、以色列、巴勒斯坦、约旦）的“稳定阀”。在当前的中东形势下，美国与伊朗互有迫切的战略需求，美国也不得不屏蔽中东盟友的质疑，以核问题为突破口，带动美伊关系的改善。

中东变局爆发后，美国与伊朗都在密切关注中东局势，围绕核问题的对抗实际上处于一种“不温不火”的状态。随着以“伊斯兰国”为代表的极端势力的坐大，以及 2013 年 8 月“温和保守派”人物鲁哈尼就任总统，美伊之间随即实现了 1979 年以来首次元首通话，长期举步不前的伊核谈判也得以重新启动并迅速取得突破性进展。

随着 2015 年 7 月六大国与伊朗之间达成全面协议，尤其是奥巴马政府成功消解参议院反对派的反击后，无论是伊朗还是美国，都把认真落实伊朗核协议视作重建互信，谋求发展正常双边关系的起点。伊朗核问题历经十数载，从往昔之“一波三折”到今朝之“迎刃而解”，其核心原因在于美伊之间互有需求，并选择以对话取代对抗。

伊朗核协议有可能促使开启“历史性和解”的美伊在关系正常化的道路上走得更远。尽管美国两党选举博弈激烈，但伊核协议符合美国的国家利益和全球战略利益，即便美国在一年多以后实现政党轮替，共和党政府也不会轻易予以否决。美伊在核问题上过去都有过激和误判的行为，当前协议的达成是美伊双方的共赢，对于美伊都是一种解脱。美国既可以集中精力打击以“伊斯兰国”为代表的恐怖主义，又可以最终整合其海湾盟友并确保其坚持无核化。伊核协议开启了美伊直接沟通的渠道，伊朗从此可集中精力发展外向型经济以改善民生，其巨额海外资产的解冻也将为其经济发展提供“助推剂”。尽管伊朗国内仍不时祭出“美国大撒旦”、“消灭以色列”等口号，但美伊关系正迈向正常化这一事实比那些空洞的口号更具实际意义。美伊和解为美国集中精力处理叙利亚问题奠定了基础，即促进叙利亚的两派和解，打击叙利亚境内的“伊斯兰国”。

叙利亚是伊朗的铁杆盟友，长期以来美叙关系随着时代的变化而“三起三落”，即三次建交、三次断交。从美国方面看，自阿萨德总统与伊朗结成战略同盟以来，叙利亚就对美国中东战略的推进构成了挑战，而巴沙尔继任总统后继续在战略上与伊朗保持亲近，并且对美国的盟友以色列持敌对态度。而沙特、土耳其等美国盟友认为，1979 年伊朗“伊斯兰革命”以来，伊朗在中东地区的地缘政治扩张和教派渗透，对逊尼派国家的政权生存和国内稳定构成了严重的威胁，若能推翻伊朗的盟友叙利亚政权，就能够有效地削弱伊朗的势力。然而，叙利亚政权在“阿拉伯之春”中屹立不倒，除了大国因素之外，也与叙利亚的国情有着密切关联：叙利亚复兴社会党的政治动员能力使反对派难以有效与之对抗。此外，西方国家在叙利亚贸易额中占比很小，叙不易受制裁影响。为瓦解巴沙尔政权，美国不断援助和培训叙反对派。例如，美国派出了优秀的教官前往叙利亚对反对派人员进行训练，教他们如何进行巷战和配合空中支援等，同时为叙反对派提供装备和资金等方面的支持。

（二）当前美国中东政策的困境

首先，美国缺乏战略能力与意愿。叙利亚虽然国内政治混乱、四分五裂，但其政府不仅有伊朗和伊拉克什叶派做后盾，还有像俄罗斯这样的军事大国为其撑腰，不易为外部政权所推翻。叙利亚与伊朗之间也深知唇亡齿寒的利害关系，因此伊朗曾放出美国若攻打叙利亚，伊朗就打以色列的狠话。此外，美国国内经济危机尚未恢复，国民厌战情绪高涨，政府与国会的矛盾和党派之争，都对美国的中东战略构成了掣肘。

其次，中东战略与亚太战略之间难以平衡。奥巴马政府在任内实施中东战略收缩，大幅减少对中东的战略投入，并加大了与亚洲盟国的合作力度，但其结果是为俄罗斯介入中东提供了契机，削弱了美国对中东事务的主导权。美国在亚太地区的投入与回报之间也存在明显失衡，美国期望通过重新塑造和强化同盟关系来让亚太盟友分担其国际重担，但亚太国家却要求美国提供更多的庇护，不愿承担过多的安全成本和对抗中国的代价，且大多数亚太国家希望在中美之间维持平衡，不愿选边站。[①]

---

① 俞正樑：《美国亚太再平衡战略的失衡》，载《国际关系研究》，2013 年第 2 期，第 4 页。

再次，美国与盟友关系陷入危机。由于支持叙利亚境内的库尔德武装，美国与盟友土耳其产生了分歧。美国借2003年伊拉克战争和当前叙利亚危机支持库尔德增强自治能力的做法，显然会对土耳其的库尔德问题产生直接影响，并使美土盟友关系产生裂痕。此外，美国与沙特、以色列等盟友的关系也因伊朗核协议的达成受到冲击，美国的叙利亚政策也颇令沙特等海湾国家不满。

最后，“有限打击”叙利亚的方式很难奏效。从军事力量对比看，叙利亚政府显然不是美国的对手，但鉴于伊拉克战争、阿富汗战争的教训，奥巴马提出了“有限军事打击”的概念。虽然从理论上讲美军可以做到对叙利亚的“有限打击”，但却不能排除因突发因素和不可预测因素而使战事升级的可能。

二、“伊斯兰国”崛起以来俄罗斯的中东政策

苏联解体后，俄罗斯大幅度从中东战略收缩，主要发展与中东国家之间的经济交往，其政治和军事影响力一落千丈，只与叙利亚保持了盟友关系，并维持了在叙利亚塔尔图斯港的海军基地。中东变局以来，“伊斯兰国”在伊拉克与叙利亚的肆虐令俄罗斯充满警惕，尤其是西方国家联合海湾君主国试图推翻巴沙尔政权，触碰到了俄罗斯的底线。2015年9月底，俄罗斯开始以打击“伊斯兰国”为由高调介入叙利亚事务。为扩大统一战线，俄罗斯一方面巩固和拓展与埃及、伊朗之间的关系，以图最大限度减少在叙利亚展开军事行动的阻力，另一方面不惜与土耳其对抗，以显示其维护战略利益的坚定意志。

俄罗斯在中东地区有重要的经济利益。例如，俄罗斯在伊拉克石油开采和销售中获利匪浅，因此在2003年美国欲出兵伊拉克时，俄罗斯十分担心伊拉克石油资源和生产潜能落入美国之手，进而对俄罗斯造成直接和间接损害。[1] 作为俄罗斯传统的战略利益区，中东地区也是俄罗斯恢复大国地位的重要舞台。虽然中东已不是俄罗斯外交的重点方向，但仍是其国家

---

① 郑羽：《美伊之战影响俄罗斯经济的复兴速度》，载《中国经营报》，2003年2月24日。

战略重点关注的地区。在中东事务中，俄罗斯常常表现出极大的战略关注度和战术灵活性，时而超脱，时而深度介入其中。普京第三度就任总统后，俄罗斯在中东地区的活动日趋活跃。俄罗斯努力加强同中东国家的双边合作，特别是经贸和军事合作。例如，普京不顾美国反对，坚持与伊朗发展核能合作，帮助伊朗建造核电站。

对俄罗斯来说，维护叙利亚巴沙尔政权具有重要战略意义。从地缘政治的角度看，叙利亚是俄罗斯在中东为数不多的忠实盟友，塔尔图斯港还是俄罗斯在中东地区的唯一军事基地，一旦巴沙尔政权垮台将使俄罗斯失去在中东的重要立足点。从反恐的角度看，巴沙尔政权是目前遏制“伊斯兰国”等极端势力向北高加索地区扩张的重要屏障，如果巴沙尔政权垮台，叙利亚很可能陷入极端恐怖势力手中，并直接威胁俄罗斯南翼的安全。因此，俄罗斯难以接受巴沙尔政权倒台的影响和后果，并三次（2011年10月、2012年2月、2012年8月）否决了联合国安理会关于叙利亚问题的提案。

俄罗斯在中东地区的战略目标包括保持该地区总体稳定，防止域外大国单方面掌握战略主导权，保障俄与中东各国的正常交往，促进双边经贸合作稳定发展。[①] 为实现上述目标，近两年来俄罗斯主要采取了以下措施。

（一）继续支持传统盟友叙利亚政权

近年来，作为俄罗斯在中东地区仅存的盟友，叙利亚政权与反对派的内战十分惨烈。由于叙利亚反对派是力图颠覆巴沙尔政权的亲美力量，俄罗斯不可能放任叙政权被反对派推翻。正是由于俄罗斯强力支持巴沙尔政权，致使美国颠覆巴沙尔政权的目标迟迟无法实现，并令美国既强烈不满，又无可奈何。因而美国极力扶植叙利亚反对派，同时借助沙特和土耳其等盟友向巴沙尔政权发力，旨在实现颠覆叙政权的目标。美俄叙利亚政策的截然对立导致双方围绕叙利亚危机展开了复杂的博弈。

巴沙尔的大本营在阿拉维派所在的西南山区和沿海地区，进可南据大马士革，北图阿勒颇；退可返回山区据守，在俄罗斯的支持下实现自保。叙利亚反对派的支持者虽然资金雄厚，但反对派内部派系庞杂，利益纠结不清，战斗力有限，难以形成压倒性的领导力量。但由于有美欧等大国的

① 王郦久：《俄罗斯的中东战略和政策评析》，载《亚非纵横》，2012年第3期。

金元支持，巴沙尔政权根本无力清除反对派武装，甚至在俄罗斯军事介入前出现岌岌可危的局面。“伊斯兰国”的崛起使叙利亚局势更加错综复杂。原本叙利亚冲突主要表现为俄罗斯等国支持的巴沙尔政权与美欧等国支持的反对派之间的斗争，但“伊斯兰国”兴起后，叙利亚危机已经演变为政府军、反对派与“伊斯兰国”三者之间的复杂博弈。

2015 年 11 月，普京在接受 15 国大使递交国书的仪式上表示，希望最终能建立起一个包括叙利亚政府在内的、真正广泛的国际反恐联盟来协调行动，支持俄罗斯军人在叙利亚针对恐怖组织采取的行动。俄罗斯将西方不予承认的叙利亚政权纳入其组建的反恐联盟的举措，其目标在于以打促谈，掌握政治解决叙利亚危机的主导权，同时通过彰显打击“伊斯兰国”的反恐业绩，掌握道义制高点和国际话语权，弱化美国在中东地区的领导地位。

（二）通过发展与伊朗、埃及等地区大国的关系拓展战略空间

自苏联解体后，俄罗斯在中东的影响力已大不如前，但其与埃及、伊朗等国还保持着一定的特殊关系。2014 年以来，俄罗斯积极修复与中东国家的关系，并十分重视发展与埃及的关系。俄、埃在政治、经济、军事等诸多领域进行了广泛合作。在政治上，两国声明对叙利亚局势的观点一致，重申不能接受任何外部力量对叙利亚局势的干涉；在经济上，两国经贸活动日趋活跃，埃及从俄进口商品名录逐步扩大，轻工产品和农产品的数量持续增长。2012 年，埃及对俄进出口分别为 32.12 亿美元和 3.43 亿美元；2013 年进口额比 2012 年有所减少，但出口额略有增加，分别为 25.03 亿美元和 4.42 亿美元；2014 年双边贸易额比 2013 年增长约 80%①。在军事上，2014 年埃及新签武器购买合同，总金额为 40.9 亿美元，仅与俄罗斯技术公司（Rostec）签署的购买合同金额就高达 35 亿美元。② 俄罗斯也为埃及供应了大量军火，包括米格 -25 战机、潜艇、S -300 防空导弹系统、S -400 防空导弹系统、山毛榉导弹等各种先进防空系统武器。通

① 俄罗斯联邦统计局网站：“External Trade of the Russian Federation with Other Countries”，http://www.gks.ru/bgd/regl/b14_12/Isswww.exe/stg/d02/26 -06.htm.

② 知远、蓝山编译：《全球军火贸易回顾十大军火进口国变化较大》，http://www.81.cn/wjsm/2015 -01/06/content_6295996.htm.

过这些合作，俄罗斯试图以埃及为突破口来恢复其在中东地区的大国地位。

伊朗与俄罗斯隔里海相望，是俄罗斯南下波斯湾和印度洋的重要通道，具有足够的地缘政治影响力，伊朗还联通欧亚多条重要的海上交通干线和陆路交通，因而改善与伊朗的关系对俄罗斯有至关重要的战略意义。由于美国长期与伊朗交恶，对伊朗进行经济制裁和封锁，因而伊朗也在寻求可靠的经济伙伴。自20世纪90年代中期以来，俄罗斯和伊朗的经贸关系逐渐密切，互视对方为重要的贸易与投资伙伴。2015年11月，普京访问伊朗时与伊朗最高领袖哈梅内伊和伊朗总统鲁哈尼举行会谈，双方讨论了油气合作、打击恐怖主义、双边贸易等一系列问题，为组建打击“伊斯兰国”的地区联盟奠定了基础。巴基斯坦伊斯兰堡政策研究所伊朗问题专家拉希德认为，伊朗和俄罗斯在地区问题上有较多共识，当前也有共同对抗美国、支援叙利亚政府的意愿，普京访问伊朗的目的在于巩固双方具有战略性的合作关系，加强对地区形势的掌控，同时扩大俄罗斯在中东的影响力。①

（三）军事打击“伊斯兰国”，维护叙政权以及俄国家安全

2015年9月30日，俄罗斯出兵叙利亚，对“伊斯兰国”、“支持阵线”等恐怖势力实施空中打击，其战略意图十分明确。一是在欧美制裁的压力下另觅出路。乌克兰危机后，俄罗斯遭到了美欧联合制裁，导致其陷入国际孤立和国内经济严重下滑的困局。为摆脱困局，出兵叙利亚成为俄突破西方围堵，赢得国内民意的重要选择。二是维护和巩固俄在中东地区的军事存在。叙利亚塔尔图斯港是俄罗斯在地中海的唯一海军基地。俄军事介入叙利亚后，随即迅速启动拉塔基亚南面的空军基地建设，并公布了在基地部署的苏-34、苏-25和苏-24攻击机的图片。三是为了保障俄国内的经济安全。塔尔图斯和拉塔基亚均位于叙利亚西海岸，军事意义明显，而且毗邻正待开发的地中海东侧油气带，对俄的经济意义重大。四是俄罗斯自身的国内安全考量。俄境内拥有1800万—2000万穆斯林，占其总人口的12%。“伊斯兰国”的迅速扩张及其成员的国际化，特别是车臣分裂势

① 曲颂、杨迅：《俄罗斯提升与伊朗合作关系》，载《人民日报》，2015年11月25日。

力为其所用，成为俄罗斯的心腹之患；叙境内已形成车臣人村，约有 4000 多人，大多来自俄高加索地区；最近“伊斯兰国”渗入阿富汗境内并竭力蚕食塔利班的地盘，也已直接危及俄罗斯及中亚国家的安全。

俄罗斯决心打击“伊斯兰国”恐怖势力并不是一时兴起，在 2015 年 9 月 30 日以前，俄罗斯就已经开始运送军用设备进入叙利亚，包括坦克、导弹、飞机、供军官居住的板房等。自 7 月 14 日伊朗核问题全面协议达成以来，俄罗斯和伊朗的沟通与互动非常密切。9 月 28 日，奥巴马和普京在联合国总部举行正式双边会谈，奥巴马表态愿意与中东国家包括伊朗开展反恐合作。与此同时，俄罗斯与以色列的情报部门负责人举行了会谈，组建了混合委员会以确保俄罗斯的军事行动不破坏以色列的安全，普京明确表态尊重以色列的安全利益。① 在上述条件都已准备妥当后，俄罗斯才出兵叙利亚进行武力干预。

然而，俄罗斯针对“伊斯兰国”的军事行动并非一帆风顺。2015 年 11 月，土耳其击落俄罗斯战机，导致两国关系降至冰点。考虑到土耳其是北约成员国，俄罗斯并未对其进行军事还击，但在经济领域对土耳其展开了一系列报复性制裁，两国政府间合作协议的谈判也已暂停。俄土双方在叙利亚问题上立场迥异。土耳其致力于推翻叙利亚巴沙尔政权，但俄罗斯的空袭行动有助于延续巴沙尔政权的存在，这令土耳其极为不满。由于美国的支持，土耳其强硬的态度也让俄罗斯无可奈何，因此俄土博弈的实质仍然是美俄博弈。

三、美俄在中东的矛盾与合作

尽管美俄在叙利亚乃至整个中东地区各有盘算，尤其是围绕叙利亚政权更迭与否针锋相对，相互斗法，但叙利亚危机的复杂性和“伊斯兰国”扩张的威胁，又促使美俄不得不进行一定的妥协，并在打击“伊斯兰国”问题上呈现出矛盾与合作并存的复杂态势。

---

① 朱威烈：《叙利亚乱局与中东反恐格局新变化》，载《新民晚报》，2015 年 10 月 29 日。

（一）美俄围绕打击“伊斯兰国”和叙利亚危机的分歧

为遏制“伊斯兰国”的扩张，以美国为首的国际联盟对其进行了一系列的军事行动，但收效甚微，“伊斯兰国”仍在不断扩张。2015 年 9 月 30 日以来，俄罗斯在叙利亚持续打击“伊斯兰国”相关目标。事实上，美俄双方都想打击“伊斯兰国”，但两国的战略目标大相径庭。美国想要假“伊斯兰国”之手推翻叙利亚巴沙尔政权，因此在打击“伊斯兰国”上出工不出力，以期借机消耗叙利亚政府军的实力，而俄罗斯在叙利亚的军事行动则是力挺巴沙尔政权。此外，“伊斯兰国”获得车臣极端组织的效忠，并扬言要“解放”车臣和整个高加索地区，这显然触及了俄罗斯的国家利益。在此情况下，俄罗斯加大军事介入叙利亚，适时引导叙利亚的政局走向，彰显了俄罗斯在叙利亚问题上的发言权和影响力。然而，美国国防部长卡特却称，俄罗斯此举是“根本性的错误”，并拒绝与俄进行相关合作，美国方面的担心主要是俄罗斯与其争夺中东的主导权。“9·11”事件之后，美国的中东政策不断陷入困境，“重返亚太”也表明美国力图在中东地区进行战略收缩，但尽管如此，美国仍要维护其在中东地区的领导权和既得利益。

在美国方面看来，俄罗斯在叙利亚 90% 的空袭没有击中“伊斯兰国”目标。但叙利亚巴沙尔政权却高度肯定俄方对“伊斯兰国”的军事行动。叙利亚副总理兼外长穆阿利姆在联合国大会上指出，俄罗斯发动的空袭对于打击恐怖主义是一种“有效参与”。但他同时表示，空袭需要与叙利亚地面部队配合，才能有效打击恐怖主义。美国国防部于 2015 年 10 月 20 日宣布，美俄当天就避免在叙境内打击极端组织时发生军事冲突签署了谅解备忘录。但同时强调指出，此备忘录仅为应对可能发生的冲突，不涉及美俄双方在叙利亚军事合作的可能以及情报分享等内容。面对美方的强硬态度，普京也在瓦尔代俱乐部会议上坦言，俄罗斯在叙利亚军事行动的目标是战胜恐怖主义，帮助巴沙尔政权击败恐怖分子，进而为解决危机创造条件，而美国的目标是推翻巴沙尔政权。①

美俄双方虽然在打击“伊斯兰国”问题上各执一词，但双方的分歧还

① 李洁：《叙利亚困局下的美俄博弈》，新华网，2015 年 10 月 25 日，http://news.xinhuanet.com/world/2015-10/25/c_128355509.htm。

没有严重到令双方大动干戈的程度，俄美之间的沟通渠道依然存在。美国纽约大学国际事务中心俄罗斯安全事务专家马克·加莱奥蒂认为，无论俄罗斯还是美国，都无法凭借自身能力为叙利亚危机找到可持续的解决方法，双方需要在打击“伊斯兰国”等美俄双方都有实际共同利益的领域进行合作。[①]

（二）美俄围绕打击“伊斯兰国”的有限合作

美俄都试图在中东地区维持一种可控的乱局，以便从中获得某种战略契机。当前由“伊斯兰国”崛起所诱发的中东地区博弈将如何发展尚未可知。

2015 年是叙利亚发生内战的第 5 个年头，战争已经造成超过 25 万人遇难，1100 万人背井离乡。此外，“伊斯兰国”扩张与叙利亚危机的叠加，造成了二战以来最严重的难民危机。在这样的大背景下，美俄虽摩擦不断，但也存在合作的可能。2015 年 10 月 23 日，美国、俄罗斯、土耳其和沙特四国代表在奥地利维也纳举行四方会谈，试图寻找解决叙利亚危机的方案。这是自俄罗斯在叙利亚发动空袭以来美俄外长的首次会晤。西班牙《阿贝赛报》认为，美国似乎已不再反对俄罗斯在解决叙利亚危机问题上发挥作用。美俄双方在解决叙利亚危机和打击“伊斯兰国”这两个问题上逐渐趋向于达成共识。对俄罗斯而言，叙利亚政府是否由巴沙尔主导并不重要，但俄需要其在叙利亚的利益得到保障。据报道，美国国务卿克里在 2015 年 9 月 19 日访问伦敦时表示，相对于结束叙利亚内战和解决日益恶化的难民危机，巴沙尔何时下台的问题“并不那么重要”，并表示“他下台的方式和时间是可以商量的”。[②] 10 月 30 日，在维也纳举行的叙利亚问题有关国家外长扩大会议上，与会各国代表通过了一项多点行动计划，支持在联合国主导下，寻求在叙利亚全国范围内实现停火，同时重新开始政治进程，并在联合国监督下，通过自由选举选择叙利亚未来的领导人。这次会议还首次邀请伊朗参加，西方国家的立场也有所松动，不再坚持要求

① 李洁：《叙利亚困局下的美俄博弈》，新华网，2015 年 10 月 25 日，http://news.xinhuanet.com/world/2015-10/25/c_128355509.htm。

② 严瑜：《叙利亚危机或迎来曙光》，载《人民日报》，海外版，2015 年 10 月 27 日。

巴沙尔立即下台，准备同意巴沙尔在政治过渡期间保留总统职务。

2015 年 11 月 23 日，俄罗斯总统普京访问伊朗，并与伊朗最高领袖哈梅内伊和总统鲁哈尼举行会晤，以争取在政治解决叙利亚危机、打击“伊斯兰国”方面获得伊朗的支持。与此同时，美国国务卿克里访问海湾国家。11 月 23 日，克里抵达阿联酋阿布扎比，呼吁阿联酋方面促成叙利亚反对派与巴沙尔政权实现停火，落实叙利亚的政治进程，孤立叙境内的“伊斯兰国”势力。① 12 月 15 日，克里到访莫斯科，并与俄罗斯总统普京和外长拉夫罗夫举行了会谈。双方表示，两国将在叙利亚问题和打击极端组织“伊斯兰国”等方面加强沟通与合作。克里称美国及其伙伴不寻求所谓的（叙利亚）政权更迭，应该让叙利亚人民决定叙利亚的未来。美国方面解释说，在过去数月里，美国对巴沙尔政权的政策已有所改变，原因在于“伊斯兰国”已成为美中东政策的优先问题。美俄当前一致认为，必须努力推动解决叙利亚问题的政治进程。② 2016 年 1 月 29 日，叙利亚政府和反对派在联合国主持下于日内瓦开始谈判，谈判根据联合国安理会第 2254 号决议举行，会谈预计将持续 6 个月。叙利亚政府和反对派谈判的启动，显然与美俄就叙利亚问题达成基本共识有关。

欧洲难民危机持续深化和国际恐怖袭击频发，促使全球重新把解决叙利亚问题提上日程，欧、美、俄都认识到在叙利亚问题上需要各方合作，才能找到叙利亚危机的解决之道。但由于“伊斯兰国”肆虐以及反对派与叙利亚当局僵持不下，叙利亚问题的政治解决依然困难重重。

2016 年 2 月，美俄就叙利亚停火问题达成协议，并敦促叙利亚有关各方在该协议正式生效后切实遵守。与此同时，叙利亚总统巴沙尔单方面宣布将于 4 月 13 日举行议会选举，此举旨在维护其执政的合法性。由于叙利亚两派已开启和平进程且即将执行停火协议，因此此次议会选举一方面可能成为叙利亚和平进程的一个契机，但另一方面也可能会因停火协议流产引发新的危机。

当前美国奥巴马政府第二个任期将结束，中东战略难有大幅调整；而

---

① 马晓燕：《赴欧旅行须谨慎多国反恐齐上阵》，新华网，2015 年 11 月 25 日，http://news.xinhuanet.com/world/2015-11/25/c_128467679.htm。

② 王宁、柳玉鹏：《克里对普京示好做大让步不再称孤立俄有必要》，载《环球时报》，2015 年 12 月 17 日。

俄罗斯因西方制裁遭遇严重的经济危机，尤其是石油价格暴跌、卢布持续贬值使得普京压力重重。奥巴马与普京政府都希望在叙利亚问题和打击“伊斯兰国”问题上有所作为。停火协议生效以后，叙利亚两派仍有较长的磨合期，“伊斯兰国”等恐怖主义势力也会极力破坏，而美俄围绕叙利亚和打击“伊斯兰国”的博弈也不会因停火协议的签订而结束。

中东国家和美国对“伊斯兰国”的认知

上海外国语大学中东研究所副研究员　余　泳
上海外国语大学中东研究所2014级国际关系专业硕士研究生　张芳圆

【内容提要】

极端组织“伊斯兰国”于2014年6月宣布“建国”，引起中东地区和国际社会强烈反对，并组织了不同形式的打击。2015年，该组织发动了一系列恐怖袭击行动，造成了重大人员伤亡和财产损失。一年多来，中东国家与美国的智库、媒体和普通民众纷纷发表对这一组织的看法，谴责和反对“伊斯兰国”构成了各方看法的共性，但其中也有微妙的差异，反映了域内外大国和各方力量围绕打击“伊斯兰国”斗争的复杂性。

2014年6月29日，叙利亚战乱正酣之际，极端组织“伊斯兰国”宣布建立所谓“哈里发国家”。一时间国际社会对这个横空出世的“怪物”错愕不已，域内外各方势力均对其做出了不同反应。就在国际社会围绕其名称[①]争论不休之际，这一极端组织于2015年6月26日在突尼斯的苏塞、10月10日在土耳其的安卡拉、10月31日在埃及的西奈、11月12日在黎巴嫩的贝鲁特，特别是11月13日在法国的巴黎，发动了一系列可怕的恐怖主义袭击活动，造成大量人员伤亡和财产损失。本文探讨的重点是一年多来中东国家（主要包括阿拉伯国家、土耳其、伊朗和以色列）以及美国

① 关于该组织的称谓，联合国决议中使用的中文名称是“伊拉克和黎凡特伊斯兰国”（“伊黎伊斯兰国”，亦称为“达伊沙”），本文按照我国媒体目前常用的“伊斯兰国”来行文，对应的英文称谓用“IS”。

政府、民众、智库和媒体对“伊斯兰国”的认知，从中洞察国际社会对“伊斯兰国”认识的复杂性。

一、阿拉伯国家对“伊斯兰国”的认知

2015年11月13日，“伊斯兰国”在巴黎发动了大规模恐怖袭击事件，造成130多人死亡、300多人受伤，随后该组织声称要对英国发动袭击。一时间世界声讨“伊斯兰国”的声音不绝于耳，那么阿拉伯世界对于这个生于斯、长于斯的极端组织又是怎么看的呢？

在埃及，《金字塔报》将“伊斯兰国”斥为肆虐的“害虫”，称其如果侵犯埃及，将被团结一致的埃及人民消灭；但悲观的观点则认为，除了伊拉克和叙利亚外，埃及的西奈半岛也将成为“伊斯兰国”的“乐土”，对埃及乃至整个地区的安全构成威胁。面对“伊斯兰国”对埃及的渗透，埃及总统塞西警告说，如果埃及倒下了，谁都别想独善其身，“伊斯兰国”将席卷全世界。“伊斯兰国”在海湾国家也招致反感和声讨。沙特资深学者联合发表声明，指责“伊斯兰国”思想异端邪恶，旨在制造混乱，分裂穆斯林国家。声明说，对于伊斯兰教而言，“伊斯兰国”就是个阴谋。为了表达憎恶之情，有阿拉伯网民甚至无奈地戏称：“和‘伊斯兰国’相比，‘基地’算是‘美丽’的恐怖组织。”如今，“伊斯兰国”甚至成了个别阿拉伯人的口头禅。有的阿拉伯人谈及自己偏执叛逆的孩子，有时会无奈地摇摇头，然后蹦出一句“那是一个小‘IS’（‘伊斯兰国’）”。[①]

2015年11月17日，美国皮尤研究中心（Pew Research Center）公布了一项当年春天的调查报告（参见下表），报告显示，以黎巴嫩、约旦、巴勒斯坦等为代表的国家强烈反对“伊斯兰国”。在黎巴嫩，无论是什叶派穆斯林还是逊尼派穆斯林，超过98%的人对“伊斯兰国”没有好感；以色列91%的阿拉伯人蔑视“伊斯兰国”；巴勒斯坦（包括加沙地带和西岸）84%的人不喜欢“伊斯兰国”。

---

① 朱小龙：《阿拉伯世界，怎么看IS（“伊斯兰国”）？》，http://www.chinafeatures.com/tt/201511/t20151117_30328.html。

皮尤研究中心关于有关国家民众对“伊斯兰国”支持度的调查结果①

序号	国名	不支持（%）	支持（%）	不清楚（%）
1	黎巴嫩	100	0	1
2	以色列	97	1	2
3	约旦	94	3	4
4	巴勒斯坦	84	6	10
5	印度尼西亚	79	4	18
6	土耳其	73	8	19
7	尼日尼亚	66	14	20
8	布基纳法索	64	8	28
9	马来西亚	64	11	25
10	塞内加尔	60	11	29

总部位于卡塔尔首都多哈的阿拉伯政策研究中心（Arab Center for Research and Policy Studies）开展的民调（*The Arab Opinion Index*）被认为是关于阿拉伯地区舆论覆盖范围最大的项目，该调查已经连续进行了4年。2015年的民调于5月开始，9月结束，调查范围涵盖沙特、科威特、伊拉克、约旦、巴勒斯坦、黎巴嫩、埃及、苏丹、突尼斯、阿尔及利亚、摩洛哥、毛里塔尼亚12个阿拉伯国家的18311人。恐怖主义产生的原因和应对方法，是此次民调的重要主题之一。12月21日，阿拉伯政策研究中心发布的民调结果显示，人们认为民主转型、解决巴勒斯坦和叙利亚问题是应对恐怖主义及“伊斯兰国”的根本方法；阿拉伯人对“伊斯兰国”普遍持反对态度，其中89%的受调查者表示反对，仅有7%的人对“伊斯兰国”持有“很积极”和“较为积极”的态度。民调认为，对“伊斯兰国”持积极态度的人，主要出于对阿拉伯地区局势发展的政治考量，大约1/3的受调查者认为宗教因素（对宗教的遵循、宣布成立哈里发国）是“伊斯兰

① 参见 Jacob Poushter，“In nations with significant Muslim populations，much disdain for ISIS，” http：//www. pewresearch. org/fact - tank/2015/11/17/in - nations - with - significant - muslim - populations - much - disdain - for - isis/。（表中数据涵盖了穆斯林人口和非穆斯林人口；根据皮尤研究中心的计算方法，调查结果的比例并不都是100%。——作者注）

国”获得支持的原因，而超过一半的受调查者认为政治因素才是“伊斯兰国”获得支持的原因。关于“伊斯兰国”出现的原因，在受调查者中有22%的人认为是源于伊拉克和叙利亚的宗派主义盛行，11%的人认为是源于极端主义者，10%的人认为是源于外部对阿拉伯国家事务的干预，10%的人认为是源于对“伊斯兰”的极端阐释。有关如何打击恐怖主义及“伊斯兰国”，很大一部分受调查者（28%的人）认为首要的选择是在阿拉伯国家推进民主进程；18%的受调查者认为最重要的出路在于解决巴勒斯坦问题，12%的受调查者认为最重要的办法是以一种符合叙利亚人民愿望的方式来解决叙利亚问题。①

二、伊朗、土耳其、以色列对“伊斯兰国”的态度

中东三个非阿拉伯国家即土耳其、伊朗和以色列的态度也非常耐人寻味。

2014年以来，人们开始不断怀疑“伊斯兰国”一直受到域内外某些大国的秘密援助，最受质疑的就是逊尼派大国土耳其，这一现象随着俄罗斯战机被击落之后俄罗斯与土耳其交恶而广受国际社会关注。尽管尚无权威组织或当事方对事件的性质给出足以服众的结论，但根据有关媒体记者的实地调研了解的情况，还是能描绘出土耳其对“伊斯兰国”态度暧昧的表现和缘由②。有媒体分析指出，土耳其和英、美等国智库和媒体都认为“伊斯兰国”崛起得益于外部逊尼派势力的支持，而土耳其的作用相对于海湾产油国更加微妙。土耳其谋求中东与伊斯兰世界的大国地位，使得其政策有利于“伊斯兰国”的生存和壮大。土耳其介入叙利亚内战的最重要行动就是开放了与叙之间长达约900公里的边界，这意味着“伊斯兰国”

① 本段数据和观点均引自《2015年阿拉伯国家民调：大多数阿拉伯人对IS持反对态度》，http：//zhuanlan. zhihu. com/zhongdongxueren/20443985，本文截稿时阿拉伯政策研究中心网站（http：//english. dohainstitute. org）仍只有2014年以前相关的英文版民调报告资料。

② 以下部分观点综述自李明波：《土耳其对“伊斯兰国”的真实态度》，载《南风窗》，2015年第12期。

获得了人员补充和武器输送的安全通道。由于土耳其亦遭受到了“伊斯兰国”实施的爆炸危害和威胁，且外界的怀疑和指责日益加剧，2015 年后土耳其对其边境确实加强了监管，但更多的是严防死守从叙利亚返回土耳其的偷渡活动。而令土耳其决策游移的另一原因在于唯恐库尔德人的力量在打击“伊斯兰国”过程中不断得到壮大，从而影响其国内的库尔德问题。总之，土耳其一度有利用“伊斯兰国”消耗巴沙尔政权的暧昧态度，但在反受其害后又转向参与打击“伊斯兰国”的行动。

相对而言，伊朗始终认为“伊斯兰国”对自身存在严重威胁，并直接走向前台参与打击“伊斯兰国”的行动。2015 年 3 月初，伊拉克安全部队和什叶派民兵发起大规模攻势，从“伊斯兰国”手中夺回北部战略重镇提克里特，并把“伊斯兰国”武装赶出萨拉赫丁省。据悉，伊朗革命卫队人员参与这次攻势，由其武装的什叶派民兵占整个战斗部队的 2/3。可见，伊朗在这次军事行动中扮演了关键角色。英国皇家国际事务研究所（Chatham House）《国际事务》杂志曾刊文指出，两伊边境守备松散，同为库尔德人聚居区的边境省份非法贸易和走私兴盛，一度为遭受制裁的伊朗提供了物资渠道，而“伊斯兰国”在两国边境的推进无疑有损于伊朗的经济利益。从战略层面看，伊朗更无法容忍“伊斯兰国”在其西部边境线上建立敌视伊朗的阿拉伯逊尼派“哈里发国家”，因此伊朗政府多次宣称伊拉克的安全和完整是其对外政策的核心关切。伊朗外交部长扎里夫在 2014 年 8 月访问伊拉克期间称，伊朗视伊拉克的安全为本国安全的一部分。当前伊朗伊拉克政策的核心目标是在抵挡“伊斯兰国”势力的同时维护伊拉克的国家统一和领土完整。文章还认为，伊朗应与联合国甚至是沙特进行战术上的合作来打击“伊斯兰国”。①

尽管以色列是“伊斯兰国”谴责和攻击的对象，但鉴于“伊斯兰国”尚未对以色列构成现实威胁，以色列一方面支持美国主导的打击“伊斯兰国”的行动，另一方面仍然延续了中东变局以来的静观其变、谨慎防范的低调政策。欧洲对外关系委员会副研究员迪米·赖德尔认为，以色列远在“伊斯兰国”最尖端的武器射程之外，该组织直接领导下的地盘根本达不

① 参见 Dina Esfandiary and Ariane Tabatabai，“Iran's ISIS policy，” *International Affairs*，January 2015，Vol. 91，No. 1，https://www.chathamhouse.org/publication/iran%E2%80%99s-isis-policy。

到以色列边境附近的任何地方；其次，与该地区许多好战组织和国家不同，“伊斯兰国”尽管在舆论上攻击以色列，但对干涉巴以冲突既无能力，也无兴趣；第三，“伊斯兰国”没有能力对以色列构成内部威胁，以色列甚至可以借地区动荡谋利，例如以色列乐见巴以问题的进一步边缘化，同时以反恐为由加大对巴勒斯坦某些激进派别的打击。[①]

三、美国对“伊斯兰国”的认知

美国中东政策的失败是“伊斯兰国”兴起和壮大的重要根源，“伊斯兰国”的泛滥自然也引起了美国智库、媒体和民众的高度关注。

2015 年 1 月 8 日，布鲁金斯学会中东政策中心发布了《美国公众对于“伊斯兰国”及叙利亚的态度》调查报告。[②] 该报告的内容主要包括如下几个方面：（1）“伊斯兰国”是美国在中东最大的威胁。70% 的民众认为“伊斯兰国”是最大的威胁，13% 的民众认为是巴以冲突，12% 的民众认为是伊朗问题。（2）对派遣地面部队的支持度。如果空袭“伊斯兰国”失败，41% 的美国人支持派遣地面部队对抗“伊斯兰国”，57% 的人反对。（3）调用地面部队的正当性问题。在支持派遣地面部队的调查对象中，43% 的人认为派兵的合理性在于“伊斯兰国”是“基地”组织的延伸，美国必须予以打击。（4）美国公众的矛盾情绪及其解读。39% 的人认为美国不应该插手，57% 的人认为应该在必要的时候进行干涉。公众矛盾情绪产生的原因在于人们认为依靠武力并不能彻底消灭“伊斯兰国”。调查的数据显示，只有 20% 的受访者认为美国将打败“伊斯兰国”并保证他们不会卷土重来，大多数人（56%）认为虽然“伊斯兰国”可以被打败，但是只要美国一撤军，他们立即会卷土重来。（5）叙利亚危机和“伊斯兰国”问题的关系。2/3 的美国受访者认为，尽管叙利亚反对派拥有大量的资源，

① 参见《赖德尔分析以色列对反“伊斯兰国”及巴沙尔态度冷淡的原因》，载《参考资料》第 210 期，2014 年 11 月 5 日。

② 报告原文参见 Shibley Telhami，“American Public Attitudes Toward ISIS and Syria,” www. brookings. edu/ISISopinionpoll，本文主要摘录的是其中美国民众的看法，而没有提取有关党派的态度。

但它们在面对巴沙尔·阿萨德政权及“伊斯兰国”时力量过于分散和薄弱，导致“伊斯兰国”在反对派和政府的冲突中借机坐大。美国公众对于阿萨德政权的认识存在矛盾情绪，一方面，70%的人认为巴沙尔政权和“伊斯兰国”一样具有破坏力，如果不除掉巴沙尔政权，那么战争就不会消除。另一方面，60%的人坚信美国不应该打击巴沙尔政权，应该允许它对抗和打击“伊斯兰国”。（6）“伊斯兰国”问题与巴以冲突等问题的关系。64%的受访者认为，“伊斯兰国”极有可能利用不断加剧的巴以冲突争取更多支持，并集中力量对抗以色列和美国。30%的受访者认为巴以冲突对“伊斯兰国”问题没有什么影响。

哈佛大学肯尼迪政府学院国际关系教授斯蒂芬·沃尔特认为，美国组建了打击“伊斯兰国”的国际联盟，但其盟友却坐享其成，尽管奥巴马总统不愿意卷入这场战争，但却已犯下了五大错误：第一，夸大威胁。从第一次海湾战争以来，美国领导人反复夸大美在伊拉克和叙利亚面临的威胁，现在甚至将“伊斯兰国”描述成对美直接构成严重的威胁，不断夸大威胁并用以进行军事动员时，往往会做出错误的选择。第二，滥用美国影响力。华盛顿承诺越多，中东当地的伙伴就做得越少，更好的方式是让对方去努力解决问题。第三，没有确定明确的重点。打败“伊斯兰国”、推翻巴沙尔政权、继续孤立伊朗并永远阻止其核计划等目标彼此矛盾，并令美国陷入顾此失彼的境地。第四，美国外交的长期错误在于倾向于认为自己的利益和世界观无疑且正确，但现实是其他国家、部落、宗派和组织都有自己的利益，成功的外交必须始于承认没有两个国家的观点完全一致。第五，承诺有余，落实不足。美国从过去不断重复的错误中应学到的教训包括被占领者会起而反抗、武力是最无效的一种解决问题方式等，解决问题的根本办法在于创立有效的政治权威和管理机构。①

2015年6月26日，突尼斯、法国以及科威特这3个位于不同大洲的国家均发生了恐怖袭击事件。对此，《纽约时报》认为，“伊斯兰国”组织已成功地煽动同情者在自己的国家策划并实施袭击，因为该组织发言人此前曾发表音频讲话呼吁加紧采取暴力行动。因此可以说“伊斯兰国”不再单纯是一种组织，它同时也是一种拥有强大传播与渗透能力的恐怖思想。

---

① 参见《沃尔特分析美国在打击“伊斯兰国”行动中犯下的五大错误》，载《参考资料》第209期，2014年11月4日。

美国《大西洋月刊》的一篇文章深度剖析了“伊斯兰国”的行为特征。首先，该组织鼓吹它恪守对伊斯兰教的“虔诚”。“伊斯兰国”强调，叛教者和异教徒都应受到惩罚。根据这一原则，“伊斯兰国”必须净化世界，否认《古兰经》和先知穆罕默德神圣性的叛教者，以及沦为异教徒的雅兹迪人都应该被处死。其次，该组织极力用建立“哈里发国”彰显其宗教合法性，这也是其头目巴格达迪反复强调的重点。在摩苏尔发表的讲话中，巴格达迪用很大篇幅阐述了“哈里发国”的重要性：哈里发国已经名存实亡了大约一千年，复兴哈里发国是穆斯林共同的义务和责任，“丢失这个传统是穆斯林的罪过，我们必须努力重建它”。再次，“伊斯兰国”极力鼓吹“末日决战”。在美国占领伊拉克的最后几年，“伊斯兰国”期待着在一年内马赫迪（救世主）就会降临。马赫迪是在世界末日来临前带领穆斯林走向胜利的救世主，他将领导穆斯林信徒进行“史诗般的善恶对决”。最后，“伊斯兰国”有强大的“攻心”能力。“伊斯兰国”的意识形态对某一特定的人群有强大的支配力，可以为其追随者提供强大的精神源泉。①另有美国学者从历史构建的叙事角度来思考“伊斯兰国”现象。该学者认为，“伊斯兰国”很简洁，有着清晰的道德目标，明确的敌人，既能确保其追随者具有合法性，又能将他们与所谓的永恒真理相衔接。②

四、结语

通过前文的分析可以发现，无论是中东国家还是美国，其官方政策都是明确反对“伊斯兰国”，并采取打击或支持打击“伊斯兰国”的政策，但具体的政策取向和背后的利益诉求却各不相同。在中东国家中，在政府层面，阿拉伯国家政府多明确反对“伊斯兰国”，伊朗也几乎是义无反顾地反对，土耳其态度暧昧、前后不一，以色列则多少有点漠视旁观。在民众层面，各国普通民众尽管意见不完全统一，但基本上是以反对者居多。

---

① Graeme Wood, “What ISIS Really Wants,” http://www.theatlantic.com/magazine/archive/2015/03/what－isis－really－wants/384980/.

② 参见 Jon B. Alterman, “The Islamic State (Re) Writes History,” October 2015, http://csis.org/files/publication/151015_MENC.pdf。

对于美国而言，美国政府高度重视“伊斯兰国”的威胁，并且组建了打击“伊斯兰国”的国际联盟，但却拒不派地面部队；美国民众的心态也比较矛盾，至少没有形成对“基地”组织那样的同仇敌忾，而智库、专家学者的认知则比较多元，重视从更深层次的历史根源和心理因素来分析这一极端组织，其目标是力图从学理上破解“伊斯兰国”的谜团，但其解读当然也难免存在偏颇甚至是缺失。

欧洲伊斯兰极端主义的性质和结构分析

上海外国语大学中东研究所研究员　**汪　波**

【内容提要】

当前欧洲出现的多起严重恐怖主义袭击事件以及大批欧洲穆斯林青年加入“伊斯兰国”的现象，使得欧洲伊斯兰极端主义问题引起了国际社会的广泛重视。从性质上看，欧洲伊斯兰极端主义包含了极端主义性质和恐怖主义行为两个方面。但就其内涵而言，欧洲伊斯兰极端主义则是一座由三个层面构成的金字塔结构、第一个层面是位于金字塔顶部的那些挑战现有国际秩序并破坏欧洲社会安全的伊斯兰圣战者和恐怖主义分子；第二个层面是金字塔中部“伊斯兰解放党”所代表的伊斯兰激进组织，但并未公开鼓吹用圣战来实现其目标；第三个层面是金字塔的底部那些与穆斯林兄弟会有关联的伊斯兰主义团体，它们致力于在欧洲广大穆斯林民众中传播建立全球伊斯兰国家的极端主义意识形态。

21 世纪以来，从 2004 年 3 月 11 日西班牙发生的与“基地”组织有关联的马德里爆炸案，到当前数千名欧洲国家公民作为“圣战者”前往中东地区参加正在兴起的“伊斯兰国”武装，欧洲伊斯兰极端主义的兴盛和扩展已经成为欧洲国家乃至整个国际社会严重关切的重大问题。“伊斯兰国”的一系列恐怖主义行径，特别是 2015 年 11 月 15 日发生的巴黎恐怖袭击事件，不但使得欧洲国家政府和社会深感震惊和恐惧，而且也使得国际反恐形势变得更为复杂。面对欧洲伊斯兰极端主义影响不断扩大和威胁日益严重，欧洲国家政府提高了安全戒备等级并全面加强了打击恐怖主义的力度，同时政府和学者也开始密切关注和探讨欧洲伊斯兰极端主义问题。然而，从目前的情况看，欧洲伊斯兰极端主义这一问题虽然得到了广泛重视，但对这一问题的性质和深层原因的研究还明显不足，以至于对于极端主义这一广泛运用的概念究竟是指思想意识还是行为方式，或是两者兼而有之，人们也没有共同的认识。为此，本文尝试运用一种新的视角，通过内在结构来剖析欧洲伊斯兰极端主义的性质和内涵。具体来说，这一研究主要是从问题的性质入手，然后从结构上把欧洲伊斯兰极端主义这座金字塔分解为“伊斯兰圣战士”的恐怖主义行为体、宣扬“非暴力”的伊斯兰极端主义政治势力、伊斯兰极端主义意识形态传播和动员运动等三个层面来分析其中的具体内容，希望能为全面深化对欧洲伊斯兰极端主义问题的认识和研究开辟一条新的路径。

一、欧洲伊斯兰极端主义的性质

在谈及欧洲当前面临的伊斯兰极端主义这个问题的性质时，必然首先要涉及到极端主义与恐怖主义之间的区别和联系问题。从理论上来说，人们通常的观点是：所有恐怖分子都是极端主义分子，但并非所有极端主义分子都是恐怖分子。[①] 在这里，对极端主义概念的理解显然涉及的主要是其性质，而非内涵。但要探究当前欧洲伊斯兰极端主义的性质，就必须联系到这一问题产生的社会背景，同时还要联系到对这一问题进行研究的方法。近年来，由于欧洲地区恐怖主义事件频频发生，才引起了人们对伊斯兰极端主义问题的密切关注。然而，如果不能明确恐怖主义和极端主义的关系，就会导致一些难以证明的假设。其中最为关键的问题就是为了制止和打击恐怖主义，是否必须首先制止各种形式的极端主义。对此，一些欧洲学者强调，极端主义只是一个可能导致恐怖主义的过程，两者之间的关系存在两种可能性。他们认为，极端主义有两种类型：一种是“恶性的”极端主义，它会把个人直接推入恐怖主义；而另一种则是“良性的”极端主义，它并不一定会导致恐怖主义。因此，打击恐怖主义并不意味着要消

---

① Edwin Bakker and Beatrice de Graaf, “Lone Wolves: How to Prevent ThisPhenomenon?” *Studies in Conflict and Terrorism*, 2014, http://www.academia.edu/8852299/_Explaining_Lone_Wolf_Target_Selection_in_the_United_States_Studies_in_Conflict_and_Terrorism_2014.

除极端主义。

欧洲学者提出这种假设的原因，是他们在研究伊斯兰极端主义问题时，特别重视认知因素的作用，也就是信仰和价值观与伊斯兰极端主义之间的联系。[①] 但在他们当前的研究结果中，未能对信仰和价值观与行为方式之间的联系做出合理的解释。正如菲什曼（Shira Fishman）所指出的："人们似乎可以确定那些致力于极端行为方式的个体必然拥有极端的信仰。但事实上，现在还不能确定每个个体的生活态度或信仰就一定是他们行为方式的基础，而且接受激进的信仰并不必然会导致激进的行动。"[②] 与此同时，巴特利特（Jamie Bartlett）和米勒（Carl Miller）也进一步提出应区分暴力极端主义和非暴力极端主义。他们认为前者是"一种直接从事、资助或煽动恐怖主义行动的过程"，而后者则是"一种对现状采取激进主义观点的过程，但并不一定会采取或煽动恐怖主义行动"。[③] 在这里值得注意的是，欧洲研究者们尽管更加注重行为方式，但他们也不得不承认暴力极端主义中包含了思想观念和行为方式两个方面，而且恐怖主义的行为方式和激进主义的意识形态必然会在暴力行动中同时存在。

对于欧洲伊斯兰极端主义问题，欧盟官方的认识与学者也大致相似，只是更加关注两者之间的演变过程。对此，欧盟内政部（EU Home Affairs）的官方网站上就有这样的说明："极端主义在某种情况下可以理解为一种复杂的现象。人们因为拥有激进的意识形态，因而导致了他们采取恐怖主义行动。"[④] 但在说到"恐怖主义的极端主义"以及"可能导致恐怖主义行动的极端主义"时，欧盟官方网站又明确表示还存在着其他类型的极端

---

① Max Taylor and John Horgan, "The Psychological and Behavioural Bases ofIslamic Fundamentalism", *Terrorism and Political Violence*, vol. 13, no. 4, 2002, pp. 37 – 71.

② Shira Fishman, "Community – Level Indicators of Radicalization: A Data and Methods Task Force", Report to Human Factors and Behavioral Sciences Division, Science and Technology Directorate, U. S. Department of Homeland Security, College Park, MD: START, 16 Feb. 2010, p. 10.

③ Jamie Bartlett and Carl Miller, "The Edge of Violence: Towards Telling the Differencebetween Violent andNon – Violent Radicalization", *Terrorism and Political Violence*, vol. 24, no. 1, 2012, pp. 1 – 21.

④ European Commission Home Affairs, Countering Radicalization and Recruitment, http://ec. europa. eu/home – affairs/policies/terrorism/terrorism_radicalization_en. htm.

主义，而且它们从根本上不同于那些会导致恐怖主义的极端主义。因此，欧盟官方重视的只是会导致恐怖主义的极端主义，而且特别关注其导致恐怖主义的过程以及在何种情况下会导致恐怖主义。为此，欧盟强调制止恐怖主义的关键是停止这个过程，这样才能避免其产生的结果。

其实，关于极端主义在何种情况下会导致恐怖主义的问题，所涉及的不仅是极端主义如何导致恐怖主义，而且还关系到持激进主义观点的个体在何种情况下会采取恐怖主义的方式，这就牵涉到个体采取恐怖主义行动的决定过程和促使其行动得以实施的潜在依据。经验主义的研究表明，各种因素对于个人决定过程的不同阶段会有不同的影响，包括采取恐怖主义行动的决定。① 因此，制止恐怖主义本身对于制止极端主义的作用有限。② 实际上，制止极端主义从广义上来说几乎是不可能的，因为极端主义只是一种表达信念的态度和行为方式。另外，从某种意义来说，“极端主义只是一种不断增强的意愿，其目标是支持和推动深远的社会变革，而这种变革必将和现存的制度产生冲突或带来直接威胁。”③ 从历史的观点看，基于信念和行为方式的极端主义的性质取决于所涉及事件的合法性程度，并将与现实社会和政治环境相联系，因而在某些情况下甚至具有合理性。通常来说，意识形态可能会受到挑战，但却无法加以禁止或将其摧毁。更何况伊斯兰极端主义的意识形态只是泰勒（Max Taylor）和霍根（John Horgan）所说的那种“建构和影响行为方式的过程”，而不是“某种具体意识形态的内容”。④

另外，关于极端主义和伊斯兰恐怖主义之间联系的问题，其本身就是一个具有争议的话题。对此希尔克（Andrew Silke）认为，在“基地”组

---

① John Horgan, *The Psychology of Terrorism*, New York: Routledge, 2005.

② Max Taylor and GilbertRamsay, “ViolentRadical Content and the Relationship between Ideology and Behaviour: Do Counter - Narratives Matter?”, in National Coordinator for Counter Terrorism, ed., *CounteringViolent Extremist Narratives*, The Hague: Netherlands, 2010, p. 106.

③ Anja Dalgaard - Nielsen, “Violent Radicalization in Europe: What We Know and-What We Do Not Know,” *Studies in Conflict and Terrorism*, vol. 33, no. 9, 2010, pp. 797 - 814.

④ Max Taylor and John Horgan, “The Psychological and Behavioural Bases ofIslamic Fundamentalism”, *Terrorism and Political Violence*, vol. 13, no. 4, 2001, p. 48.

织出现之前，很少有人把极端主义与伊斯兰联系在一起。[①] 直到“基地”组织出现后，极端主义这个概念才开始被频繁用来解释和说明伊斯兰主义者的行为方式。这主要是因为人们已经无法用“激进主义”来概括穆斯林极端主义分子的极端行为方式。因此，无论对“极端主义”的确切内涵是否有明确或一致的理解，但西方学界对“激进的穆斯林”所具有的超越政治范畴的宗教意义已经有了一致的认识，并将其宗教内涵视为必要的组成部分。但在伊斯兰极端主义意识形态的来源问题上，欧洲学者并没有一致的看法。有关极端主义是伊斯兰某种特定性质的假设，也难以在各种不同分支的伊斯兰原教旨主义意识形态中找到依据。[②] 例如，黑尔米西（Christina Hellmich）就反对用瓦哈比主义（Wahhabism）和萨拉菲主义（Salafism，主要含义为复古主义）来解释“基地”组织的意识形态。他认为，“瓦哈比主义产生于伊斯兰的传统教义，在过去的世纪中其性质已经在某种程度上趋向温和”。同时他还指出，萨拉菲主义是一种多样性的宗教意识，其自身内部就充满矛盾。[③] 阿特兰（Scott Atran）和戴维斯（Richard Davis）也认为：“任何已有的意识形态和教义，无论经典或圣训，都无助于理解伊斯兰极端主义网络形成和发展的动力。”[④] 其他一些研究者则强调，应该用“微观层面的心理因素和个人经验”，而不是“宗教信仰和意识形态的原则”来理解伊斯兰极端主义“倡导者”和“践行者”之间的区别。[⑤] 韦斯利（Robert Wesley）甚至明确指出，很多恐怖分子其实并没有明确的意识形态倾向，因为将极端主义等同于恐怖主义的观念是从

---

① Andrew Silke, “Disengagementor Deradicalization: A Look at Prison Programs for Jailed Terrorists”, *CTC Sentinel*, vol. 4, no. 1, 2011, p. 20.

② Lorenzo Vidino, “Europe's New SecurityDilemma”, *The Washington Quarterly*, vol. 32, 2009, pp. 61 –75.

③ Christina Helmich, “Creating the Ideology of Al Qaeda: From Hypocrites toSalafi – Jihadists”, *Studies inConflict & Terrorism*, vol. 31, no. 2, 2008, p. 114.

④ Scott Atran and Richard Davis, “Executive Summary,” in *Theoretical Frames on Pathways to Violent Radicalization*, August 2009, http://www.artisresearch.com/articles/ARTIS_Theoretical_Frames_August_2009.pdf.

⑤ Jonathan Githens – Mazer and Robert Lambert, “Why Conventional Wisdom onRadicalization Fails: ThePersistence of a Failed Discourse”, *International Affairs*, vol. 86, no. 4, 2010, p. 896.

一个相反的逻辑推导出来的。[①]

本文认为，从性质上来说，通常所说的极端主义是对一切具有过度激进主义倾向的政治和社会思潮的统称。但就当前欧洲出现的伊斯兰极端主义这一特定问题而言，则是一种包含两个层面、有着明确限定的概念。从意识形态层面来说，伊斯兰极端主义是一种激进的宗教政治思潮，其最终目标是要推翻世界上现有的一切非伊斯兰的政治制度，建立一个以伊斯兰教法为主导并包含整个世界的伊斯兰神权国家。在当前的政治学理论发展中，这种带有宗教意识的政治目标正是近来出现的宗教政治学的研究范畴。在宗教政治学的利益观中，利益的范围不是按照世俗的观念，而是根据宗教的信念来界定的。所以从意识形态的性质来说，伊斯兰极端主义设定的要推翻当今世界上一切政治制度、建立大一统的伊斯兰世界国家的终极目标本身，就是一种具有过度激进性质的宗教政治的意识形态。另外，从行为方式的层面来看，伊斯兰极端主义强调应使用包括恐怖主义和非暴力方式在内的一切手段来实现这一目标。因此，尽管崇尚这一宗教意识形态目标的群体也赞同采用非暴力的和平方式，甚至一些欧洲伊斯兰政治团体还致力于融入欧洲当前的政治体制，但这些方式都是实现其最终目标的辅助手段，它们在必要的时候都会转化为恐怖主义的暴力方式，因而其性质也是极端主义的。

二、欧洲伊斯兰极端主义的恐怖主义行为者

在欧洲伊斯兰极端主义这座金字塔结构的顶层，是那些直接参与“圣战”的行动主义者，这些人主要来源于20世纪80年代中期欧洲出现的一批崇尚“圣战萨拉菲主义”或是用好战观点来解释伊斯兰教义的人。20世纪80年代末和90年代初，这个群体的人数开始急剧增加，并出现了所谓“阿富汗阿拉伯人”这样的团体。参加这些团体的人，主要是那些曾在阿富汗参加过反抗苏联入侵的“圣战”分子，还有那些为逃避本国政府打击从中东和北非流亡到欧洲的圣战主义者。这些伊斯兰极端主义分子利用欧

---

① Robert Wesley, “Combating Terrorism Through a Counter – Framing Strategy”, *CTC Sentinel*, vol. 1, 2008, pp. 10 – 12.

洲国家的自由环境，通过宣传、筹款和招募人员来支持其国内的伊斯兰激进组织进行暴力活动，并把欧洲作为这些激进组织的后勤基地。在这些团体中最有影响的主要有来自埃及的“伊斯兰团”，来自阿尔及利亚的“武装伊斯兰团”以及“萨拉菲布道与战斗团”等，他们很快就在整个欧洲建立了圣战网络。

起初，这些团体之间的关系仅限于对相互的行动进行一些言论上的支持，但依旧保持在各自不同的国家开展“圣战”。到了20世纪90年代后半期，其中一些团体在“基地”组织的影响下，开始宣传全球“圣战”观念。此后，来自波斯尼亚、车臣、阿富汗和其他国家的“圣战主义”团体之间开始增加接触并决定把他们的力量联合起来。这支联合力量打击的目标不仅有传统穆斯林国家的世俗化政权和外国占领者，而且也扩大到整个西方世界。在这些“圣战主义”团体相互交流思想和斗争方式的过程中，欧洲各地那些著名的清真寺和宗教团体也发挥了重要作用。其中影响最大的主要有伦敦芬斯伯里公园清真寺（London's Finsbury Park）、米兰伊斯兰文化学院（Milan's Islamic Cultural Institute）、维也纳先知伴侣（Vienna's Sahaba）、汉堡圣城旅（al－Quds）等，这些清真寺常常就是伊斯兰圣战主义者汇集的地点。同时，伊斯兰“圣战主义者”在欧洲建立的网络，也很快变成了“基地”组织的分支。而“基地”组织则为这些分支提供人力、财力和后勤支持，推动这些分支的扩大和发展。①

“9·11”事件后，欧洲“圣战主义者”的网络与“基地”组织的关系发生了很大变化。美国入侵阿富汗以及全球范围内对“基地”组织展开的打击，限制了“基地”组织核心机构对其分支以及世界范围内从属团体的控制和影响。“基地”组织领导人忙于逃亡或藏匿，已无法像原来那样发挥领导作用，因而被迫放弃了对全球伊斯兰激进主义网络的实际控制。②在这种情况下，欧洲伊斯兰“圣战主义者”的网络只能利用其内部原来建立的相互协调关系，开始独立自主地展开行动。他们虽然依旧忠于“基地”组织的“圣战”观念，但其行动则更为独立。与此同时，欧洲“圣战

① Lorenzo Vidino, *Al Qaeda in Europe: The New Battleground of International Jihad*, Buffalo, NY: Prometheus, 2005.

② Bruce Hoffman, “The Changing Face of Al Qaeda and the Global War on Terrorism”, *Studies inConflict and Terrorism*, vol. 27, no. 6, 2004, pp. 551－2.

主义者”也开始调整他们关注的焦点，把关注目光转向阿富汗、巴勒斯坦、伊拉克等冲突地区，很多人甚至前往这些地区参加伊斯兰武装与美国军队的战斗。

不仅如此，欧洲伊斯兰“圣战主义者”在“9·11”事件后还提出了“圣战重新本土化”的主张。为此，欧洲的伊斯兰“圣战”网络一面强调自己是全球“圣战”运动的一部分，同时又像他们在世界上其他地区的同伙一样，开始加强自己周围的行动。在这种观念的影响下，这些“圣战主义者”在欧洲国家制造了从2004年3月西班牙马德里爆炸案到2015年11月法国巴黎巴塔克兰剧院枪击案等一系列恐怖主义袭击。他们把包括欧洲国家在内的所有西方国家都看成是伊斯兰世界的敌人，无论这些国家是否参与了美国发动的阿富汗战争和伊拉克战争。随着欧洲“圣战者”把目标转向所有西方国家，他们还开始制造和激化欧洲国家穆斯林群体与本土居民之间的紧张关系。在欧洲“圣战主义者”眼中，西班牙、英国和意大利都犯下了同样的罪行，这些国家不但歧视穆斯林群体，而且还派军队去伊拉克。即使那些没有参与美国在中东军事行动的国家，同样也被视为伊斯兰的敌人，因为它们的媒体批评伊斯兰，而且他们也不是伊斯兰主导的社会。

另外，欧洲“圣战主义者”的思想观念近年来也出现了一些变化。在今天的欧洲，大多数伊斯兰激进分子，尤其是北欧国家的激进分子，主要都是中东穆斯林移民的第二代以及少数欧洲本土的穆斯林皈依者。对于这些年轻的“圣战者”来说，他们虽然感到在自己出生和生长的欧洲社会中有一种被排斥感，但他们与欧洲国家的联系毕竟比和他们父辈国家之间的联系更加密切，因为他们对那里的生活和语言并不了解。因此，他们在关注伊斯兰世界的困境时，也会把自己生活的欧洲国家纳入其中。当他们用最极端方式解释的伊斯兰教义来观察世界时，他们相信伊斯兰正在遭受全球性攻击，因此无论穆斯林国家还是西方国家的穆斯林，都要以同样“正当的”理由和方式来进行抵抗。对于这种观点，荷兰内政部安全与情报总局（AIVD）2004年发布的名为《从达瓦党到圣战者》的报告中有这样的总结：“在西方国家，尤其是欧洲国家的伊斯兰圣战网络中，它们宣扬的伊斯兰极端主义观点甚至比‘基地’领导人更加激进。圣战网络的成员并不按照理性的观点进行思考，而是把自己视为一场与西方世界所代表的恶魔之间神圣的末世战争的参与者。在这场战争中，所有恶魔的体现者，也就是西方公民都要被消灭。”[①]

目前，尽管大多数欧洲国家都采取了重大安全举措，制定了相关法律来应对恐怖主义，但“圣战主义者”的人数依然呈现出快速增长的趋势，并对欧洲国家的安全构成了难以应对的压力。据英国军情5处（MI5）的调查，仅仅在英国就有大约4000名恐怖分子嫌疑人和200个“圣战”网络遍布全国各地。[②] 在欧洲的其他国家，也有相当数量的“圣战主义者”在积极活动，其中包括传统上比较“平静”的斯堪的纳维亚和东欧地区。如今，欧洲“圣战者”网络也在按照某种连续性继续发展，并造成了两种现象。一方面，欧洲本土伊斯兰极端分子组成的团体之间或是和外部的“圣战”团体之间并没有什么实际联系，他们几乎都是独立地采取行动。另一方面，在“圣战者”网络建构的虚拟世界中，极端主义个人和团体都完全服从于这个伊斯兰极端主义意识形态建立的等级制结构。在这种模式下，伊斯兰极端主义个人或是团体采取恐怖主义行动的方式，通常会像欧洲近年来出现的多次恐怖主义袭击一样，由一小撮青年极端分子独立进行。这些人大多出生或成长在欧洲，主要通过当地的清真寺或邻里关系相互认识，而且都是在欧洲的社会环境中蜕变为伊斯兰激进分子。[③]

不仅如此，近年来一些欧洲本土成长的伊斯兰“圣战主义者”还开始走向国外，他们与外界联系的途径都是通过网络。起初，这些“圣战”分子主要是去国外向那些与“基地”组织有关的团体学习恐怖攻击方式和炸弹制造技术。近年来，随着中东地区动荡局势加剧，特别是伴随“伊斯兰国”（ISIS）的崛起和扩张，已有数千名来自欧洲国家的青年“圣战”分子前往中东地区加入其武装力量。据估计，在这些人当中来自英国的有近千人，来自奥地利和德国的有1500人，来自法国的有700人。同时，“伊斯兰国”还通过网络从欧洲国家招募了一批具有伊斯兰极端主义思想的年轻女性加入，成为所谓“圣战士新娘”和“性爱圣战士”。据报道，目前

---

① AIVD, *From Dawa to Jihad*: *The Various Threats from Radical Islam to the Democratic Legal Order*, TheHague: AIVD, 2004, p. 28.

② Kevin Sullivan, “At Least 4, 000 Suspected of Terrorism – Related Activity in Britain, MI5 DirectorSays”, *Washington Post*, 6 November 2007.

③ Government of Great Britain, House of Commons, “Report of the Official Account of the Bombingsin London on 7th July 2005”, 11 May 2006, pp. 13 – 21.

已有数百名西方女性加入“伊斯兰国”。面对这种情况，欧洲国家的应对措施主要是提高国内的反恐级别。同时，还宣布取消这些参与“伊斯兰国”人员的国籍，以防他们回到欧洲进一步发动恐怖主义袭击。不过，欧洲国家采取的这些措施显然未能阻止伊斯兰极端主义“圣战”分子回流的势头。2015 年 11 月巴黎巴塔克兰剧院枪击案中的主犯阿卜杜勒·哈米德·阿巴乌德（Abdel – Hamid AbuOud），就是一名摩洛哥裔比利时人。此人不但是“伊斯兰国”内部的活跃策划者，而且还潜回欧洲组织和发动了欧洲到目前为止最极端的恐怖主义袭击。

三、欧洲伊斯兰极端主义的中间力量

在欧洲伊斯兰极端主义的金字塔结构中，第二个层次是那些宣扬非暴力的伊斯兰极端主义势力。对于这些强调非暴力的伊斯兰极端主义来说，彻底拒绝西方的价值观并推翻一切非伊斯兰的世俗政治制度和政府，不仅是伊斯兰极端主义者的奋斗目标，而且也是他们的最终目的，只不过他们在公开场合特别宣称要用非暴力的方式来实现这一目标。在这些号称非暴力的欧洲伊斯兰团体中，最有代表性、组织最完善的当属（Hizbal – Tahrir）“伊斯兰解放党”（Hizbal Tahriral – Islami，简称“HT”中文也译作“伊扎布特”）。伊斯兰解放党在 20 世纪五十年代初成立于当时处于约旦控制下的东耶路撒冷。如今，它已经发展成一种全球性的伊斯兰运动，在欧洲以及世界其他各大洲都有其分支机构。伊斯兰解放党虽然公开反对一切非伊斯兰的政治制度和政府，但并未公开鼓吹要通过“圣战”来实现其建立全球伊斯兰国家的目标。在此基础上，伊斯兰解放党提出了三个明确的基本观点：首先，人类一切的政治、经济、文化和社会问题，只有通过伊斯兰才能解决；其次，人类实现正义的唯一道路，就是放弃一切人为的制度，包括西方的民主制度，建立一个伊斯兰的哈里发政权；最后，伊斯兰的哈里发政权不仅要包括所有穆斯林国家，而且要包括全世界所有国家。[1]

---

① Zeyno Baran, *Hizb ut – Tahrir*: *Islam's Political Insurgency*, report published by the Nixon Center, December 2004, http://www.nixoncenter.org/Monographs/HizbutahrirIslamsPoliticalInsurgency.pdf.

很明显，这些观点同样表现出鲜明的伊斯兰极端主义特性。只不过伊斯兰解放党强调他们不会使用暴力来实现他们的目标。

伊斯兰解放党实现其目标的方式主要是在穆斯林社会中广泛传播伊斯兰信仰和政治思想，从而动员穆斯林群体对他们当前生存的社会环境发出挑战。因此，他们使用的宣传术语，都是为欧洲穆斯林群体精心设计和专门准备的。在实际行动中，伊斯兰解放党不仅致力于对欧洲那些未能与主流社会融合因而对现状不满的穆斯林民众发挥影响，而且还特别关注欧洲穆斯林第二代移民中那些受过高等教育并具有专业技术的年轻穆斯林，同时还积极劝导欧洲本土人士皈依伊斯兰教来不断扩大他们的组织。为了通过宣传活动来广泛传播伊斯兰解放党的思想，他们采用的方式主要是建立网站和出版各种欧洲语言的出版物，并在穆斯林社区以及当地的清真寺散发传单，甚至还在 YouTube 这样的视频网站上发布各种视频资料。同时，他们还定期在英国、丹麦、奥地利和德国举行有成千上万名支持者参加的伊斯兰解放党大会。目前，伊斯兰解放党这个看似并不明显但实际却广泛存在的组织在欧洲已经非常强大。除了在欧洲展开宣传外，其成员还前往中东地区传播这个政党的思想，号召中东地区的民众起来推翻世俗化国家政权重建伊斯兰化。①

从策略上来说，伊斯兰解放党之所以宣称不使用暴力，主要还是为了避免受到当局的密切监视和打压。但其发表的言论和信息同样带有浓厚的伊斯兰极端主义色彩，主要是宣扬伊斯兰正在受到西方的攻击，穆斯林有责任来维护他们共同的信仰，而且必须建立哈里发政权来维护他们的生存方式。不过，伊斯兰解放党并没有说明穆斯林应该采取什么具体行动来实现这一目标。同时，伊斯兰解放党虽然没有公开宣扬暴力，但却为伊斯兰极端主义提供了强有力的意识形态工具。实际上，从推行伊斯兰解放党的极端主义观点到采取暴力行动来实现其目标，只不过是一步之遥。为此，伊斯兰解放党常常被视为通向恐怖主义的“传送带”。②

不仅如此，伊斯兰解放党在穆斯林群体的小团体内也会宣传暴力，但他们会尽力避免受到媒体和情报机构的关注。伊斯兰解放党一位前英国地

---

① “Britons’ Trial in Egypt Begins”, *BBC News*, 29 March 2003, http://news.bbc.co.uk/2/hi/uk_news/england/2899605.stm.

② Zeyno Baran, “Fighting the War of Ideas”, *Foreign Affairs*, vol. 84, no. 6, 2005.

区负责人马赫（Shiraz Maher）在脱离这个政党后，曾为 BBC 拍摄了一部纪录片来介绍这个政党的情况。马赫在其纪录片中指出，伊斯兰解放党口头上拒绝暴力，但实际上“藐视民主政治，认为伊斯兰教法必须推行到全世界，而且在必要的情况下可以使用武力。”① 伊斯兰解放党另一位前高级成员纳沃兹（Majid Nawaz）也声称：“伊斯兰解放党已经做好准备，一旦他们建立起伊斯兰国家，就要和其他国家进行征战并屠杀这些国家的民众，并最终把这些国家联合成一个伊斯兰国家。”纳沃兹还强调，这个组织传播的思想已经对全社会造成了破坏性影响，因为“这些思想不仅危害了英国社会和穆斯林的关系，而且还破坏了穆斯林在这个社会中作为英国公民的地位，如今这种思想正在危害整个世界”。②

然而，欧洲国家政府在处理伊斯兰解放党的问题上却面临着一些难以克服的困难。例如，英国和其他一些国家都曾试图禁止这个政党，但最后却不得不放弃这一决定。这主要是因为他们缺乏这个党与恐怖主义之间联系的证据，因而禁止这个政党的决定会引起严重的合法性问题。③ 其他一些欧洲国家虽然更为坚决，宣布伊斯兰解放党为非法，但产生的实际效果却很有限。例如德国于 2003 年 1 月以伊斯兰解放党散布反犹太主义言论为由，宣布禁止这个政党继续活动。德国政府宣称的理由是：“这个政党反对国际社会相互理解的原则，而且赞同用暴力方式来达到其政治目的。”④ 不过，尽管有这项禁令，但伊斯兰解放党依旧在德国继续进行活动，并经常以不同的名义组织支持者采取行动。

四、伊斯兰极端主义的意识形态传播和社会动员

欧洲伊斯兰极端主义这座金字塔的第三个层次，是欧洲原先那些与中

---

① Tom Harper, “Islamists Urge Young Muslims to Use Violence”, *Telegraph*, 10 October 2007.

② Interview with Maajid Nawaz, *BBC Newsnight*, 11 September 2007.

③ Nigel Morris, “PM Forced to Shelve Islamist Group Ban”, *The Independent*, 18 July 2006.

④ Bundesrepublik Deutschland, Bundesamt für Verfassungsschutz, *Verfassungsschutzbericht 2004*, p. 204.

东穆斯林兄弟会（Muslim Brotherhood）有联系的组织，以及其他伊斯兰运动在欧洲穆斯林群体中广泛进行政治伊斯兰意识形态传播并推动穆斯林群体激进化的网络。这些组织中有英国巴基斯坦移民建立的巴基斯坦伊斯兰党（Pakistani Jamaat – e – Islami），还有总部设在德国，但活跃于欧洲各国土耳其人口较为集中地区的“土耳其民族视野”（Turkish Milli Görü）等。这些组织既不同于直接参与恐怖主义行动的“圣战主义者”，也不同于伊斯兰解放党那样声称“非暴力”但坚持推翻非伊斯兰政治制度的势力。这些原来与中东穆斯林兄弟会有联系的伊斯兰组织，主要是以温和的政治外表出现，并采取和欧洲社会进行接触的方式，而且表示赞同和支持西方的民主制度。不过，这些伊斯兰主义团体和前两个层次一样，同样坚持建立普世性伊斯兰国家的极端主义目标。为了实现这一目标，他们主要是通过各种方式在欧洲穆斯林的基层民众中传播伊斯兰极端主义意识形态，推动欧洲穆斯林群体中青年一代走向激进。

欧洲伊斯兰主义者建立的组织大约在50年前就开始出现，当时很多成员都来自于中东地区的穆斯林兄弟会。这些人为了逃避在中东地区遭受的迫害，长期流亡欧洲并最后定居于欧洲的不同国家。伊斯兰主义者在西方最初建立的组织，其形式和一般的学术机构相似。在初期阶段，这些组织只是向欧洲的穆斯林群体传播穆斯林兄弟会的意识形态，并致力于在政治上影响他们在中东和北非地区的祖国。① 20世纪80年代末之后，欧洲的伊斯兰主义者开始用不同眼光看待穆斯林在西方的存在。当时在法国举办的各种研讨会上，伊斯兰组织的一些著名学者们开始重新界定已经有着数个世纪历史的伊斯兰教教义，声称传统上关于“伊斯兰之地”（daral – Islam）与“战争之地”（daral – harb）的区分已经不能反映当前欧洲的现实情况。他们认为，当前的欧洲虽然不能被视为“伊斯兰之地”，因为这里还没有实行伊斯兰教法，但也不能被视为传统上的“战争之地”，因为穆斯林已经被允许在这里自由地信仰伊斯兰教而不会受到迫害。因此，这些伊斯兰学者们认为应该创造一种新的解释来说明这种情况。经过广泛协商后，他们一致同意欧洲可以被视为“布道之地”（daral – da'wa），因为在这块穆斯林作为少数群体居住的土地上，穆斯林有义务用和平的方式传

① Lorenzo Vidino, “The Muslim Brotherhood's Conquest of Europe”, *Middle East Quarterly*, vol. 12, no. 1, Winter 2005, pp. 25 – 34.

播他们的宗教。①

在重新定义了欧洲穆斯林存在的性质后，这些伊斯兰主义组织也开始重新确定他们的作用。对于伊斯兰组织在欧洲的作用，来自埃及的伊斯兰神学家，也是穆斯林兄弟会思想家的优素福·卡拉达维（Yusufal - Qaradhawi）在1990年出版的著作《下一阶段伊斯兰运动的重点》（Priorities of the Islamic Movement in the Coming Phase）中做了明确阐述。卡拉达维指出，穆斯林少数群体在欧洲国家存在的意义，在于能够为伊斯兰主义运动提供一种空前发展的机会。他认为，伊斯兰主义可以“在这个各种宗派和团体组成的缺少主导力量的欧洲穆斯林群体发挥领导作用”，可以引导和规范那些居住在欧洲国家的穆斯林群体的思想。卡拉达维还认为，伊斯兰主义运动在中东穆斯林国家只能发挥有限的影响，因为这些国家带有敌意的政权对其进行了遏制。但穆斯林兄弟会的意识形态却可以在欧洲自由宣扬，这一方面是由于欧洲多元文化的自由环境，另一方面也是得益于欧洲伊斯兰主义者的行动主义特点和充足的资金来源。卡拉达维还提出要使伊斯兰主义运动成为穆斯林社区的动员方式，主导欧洲穆斯林群体的思想潮流。为此，穆斯林要在每个欧洲国家的社会中建立自己的社区，也就是穆斯林自己的居住区。不仅如此，还要建立传播伊斯兰主义运动的网站、智库、杂志和清真寺，并举办各种会议，这样就可以在欧洲穆斯林群体中更加广泛地传播伊斯兰主义运动的政治观点。卡拉达维还要求穆斯林与非穆斯林接触时应采取温和的方式和开放的态度，因为在初期阶段任何冲突都会破坏整个伊斯兰主义运动。但如果能表现出一种温和的面貌，就可以让伊斯兰主义运动在不知不觉中全面开展起来。②

进入20世纪90年代后，欧洲国家中与中东穆斯林兄弟会相关的伊斯兰组织开始正式实施其新战略。首先，他们切断了其与中东穆斯林兄弟会的所有联系，因为这种联系已经成为一种不利因素。不过，欧洲国家的伊斯兰组织与中东地区的穆斯林兄弟会在意识形态的共性上并没有改变，切断联系主要是为了更有效地采取行动并避免引起不必要的监视。实际上，欧洲国家这些原来和穆斯林兄弟会相关的伊斯兰团体在运行方式上也不是

① Xavier Ternisien, *Les Frères musulmans*, Paris: Fayard, 2005, pp. 190 - 92.

② Yusuf al - Qaradhawi, *Priorities of the Islamic Movement in the Coming Phase*, Swansea: AwakeningPublications, 2000.

一个由持卡会员组成的结构严密的组织，而是一种超越了正式组织形式的意识形态运动。正如穆斯林兄弟会埃及分支的最高领导人穆罕默德·阿基夫（Muhammad Akif）所说的："穆斯林兄弟会是一种全球运动，其成员在世界各地相互合作。他们基于同样的宗教世界观，积极致力于传播伊斯兰教，直到统治整个世界。我们没有一个国际性的实体组织，我们只是一个对事情看法相同的虚拟组织。"①

在规避了正式组织结构的束缚之后，欧洲国家的伊斯兰主义者开始致力于实施他们双管齐下的计划。在接触欧洲国家的政治家、学者和媒体等精英阶层时，他们会展现出一幅温和的政治面貌，声称他们支持欧洲社会的一体化融合和民主政治体制。他们还通过积极的政治参与，对欧洲现行的政治体制进行渗透。这些伊斯兰主义组织的领导人懂得，对欧洲国家现存政治体制进行渗透而非与其冲突是实现他们长远目标的最好方式。不过，当他们用阿拉伯语、乌尔都语或土耳其语对穆斯林民众说话时，就会摘下温和的面具，积极传播政治伊斯兰的意识形态。同时按照卡拉达维的要求，广泛建立清真寺以及各种网络。他们还借助来自海湾阿拉伯国家的大量财政支持，努力推动欧洲各地迅速发展的穆斯林社区走向极端伊斯兰化。其结果就是，这些组织的代表一面在电视上大谈文明之间的对话和融合，一面又在清真寺的布道中煽动仇恨并警告其信徒不要与西方社会融合。他们在公开谴责马德里地铁爆炸案和巴黎巴塔克兰剧院枪杀案的同时，又在为某些极端组织筹集款项。他们这样做的原因，是因为他们看到像"基地"组织那样的"圣战萨拉菲"团体采用的公开对抗方式，在欧洲内部到目前为止并没有产生任何有利于其长远目标的结果。因此，这些伊斯兰组织的领导者们意识到，当前最有成效的策略就是获取欧洲国家社会精英阶层的信任。因为他们只有成为欧洲社会结构中正式的组成部分，才能获得必要的政治权力来实现其目标。

与此同时，欧洲这些原来和中东穆斯林兄弟会有联系的伊斯兰组织还采用了一些学术性的中性名称来淡化其宗教政治色彩。例如，法国的伊斯兰组织称为伊斯兰组织联盟（UOIF）、德国的称为伊斯兰学会

① "Wie'n zweiter 11. September", *Frankfurter AllgemeineZeitung*, October 11, 2008, http://www. faz. net/aktuell/politik/inland/terrorbekaempfungwie – n – zweiter – 11 – september – 1713161. html.

(IGD)、英国则称为伊斯兰理事会（MCB)。这些得到欧洲国家政府认可的伊斯兰组织，如今已经在这些国家的穆斯林群体中占据了主导地位。尽管欧洲国家穆斯林群体对这些组织保守并带有政治色彩的宣传尚未广泛接受，但这些组织会继续通过各种宣传活动和外国基金的支持来不断扩大其在穆斯林群体中的影响。目前看来，这些伊斯兰组织通过他们在欧洲社会中的合法地位，已经成为欧洲国家穆斯林群体利益的实际代表。

客观地说，尽管欧洲这些伊斯兰主义团体主要致力于在穆斯林群体中传播伊斯兰主义运动，但他们产生的影响可能比那些公然反对西方政府和价值观的圣战主义网络造成的威胁更为深远。多年来，这些伊斯兰主义团体通过在公开场合的温和言论，不仅赢得了欧洲社会精英阶层的信任，而且在某些情况下还被欧洲国家政府视为反对伊斯兰极端主义斗争的“合作伙伴”。他们则利用从政府那里获得的合法身份和权利来加强其在欧洲穆斯林群体中的地位，并不断推动欧洲穆斯林群体走向伊斯兰极端化。然而，欧洲国家政府目前似乎尚未充分意识到这些伊斯兰组织构成的潜在威胁，甚至对他们的认识也处于一种混乱状态之中。英国政府内部对这些伊斯兰组织的性质和危害的矛盾看法，就是一个明显的例证。几年前，在布莱尔（Tony Blair）担任英国首相期间，就曾在涉及这些伊斯兰组织问题的辩论中，将穆斯林兄弟会视为现代伊斯兰恐怖主义意识形态的根源。英国安全部门的多位高级官员也指出，这些与穆斯林兄弟会有联系的伊斯兰组织传播的政治哲学对英国穆斯林青年的极端主义思想具有重要影响。① 但是，英国政府内部的其他官员却坚持不同的立场。2005 年，英国外事办公室官员和前来伦敦访问的穆斯林兄弟会思想家卡拉达威之间的谈话，就明确表明了这些人的看法。在当时的谈话中，英国外事办公室官员虽然承认卡拉达维公开支持伊拉克和巴勒斯坦的自杀式炸弹袭击让人困扰，但同时又对这位伊斯兰教士对英国的访问表示赞赏。他们不仅赞扬卡拉达维在“促进主流伊斯兰”方面发挥的作用，而且宣称“能让卡拉达维这样的人士和我们站在一起就是我们的

① Tony Blair, “A Battle for Global Values”, *Foreign Affairs*, January/February 2007, p. 80.

成功”。[1] 这种情况表明，英国政府像大多数欧洲国家政府内部一样，对待穆斯林兄弟会的态度也是两极分化。正因为如此，当这些与穆斯林兄弟会相关的欧洲伊斯兰组织一方面麻痹欧洲社会精英阶层并渗透欧洲国家政治体制，另一方面又全力推动欧洲穆斯林群体极端化之际，欧洲国家和社会却无法对构成欧洲伊斯兰极端主义金字塔底座的政治伊斯兰意识形态传播运动造成的潜在威胁达成统一认识，因而更谈不上制定有效的措施来加以阻止。

五、结论

本文对欧洲伊斯兰极端主义这座金字塔的结构从三个层面所做的分析，是为了系统说明当前欧洲伊斯兰极端主义的存在形式和特点。从意识形态和行为方式的联系来说，笔者总结了欧洲伊斯兰极端主义概念的内在逻辑。那就是极端主义的行为方式必然包含极端主义的意识形态动机，而极端主义意识形态的动机在一定条件下必然会导致极端主义的行为方式。因此，欧洲伊斯兰极端主义这座金字塔的三个层次之间并非一层不变，而是会在一定条件下向上转化。第一个层次是伊斯兰极端主义意识形态和极端主义行为方式的结合，表现为以“圣战”和恐怖主义暴力方式向欧洲国家和国际社会发起的挑战。在目前的欧洲，属于这个层次的人数有数千人乃至近万人。在第二个层次中，可以看到的是伊斯兰解放党所代表的政治伊斯兰势力。他们虽然为避免受到监控和打击因而宣称采用“非暴力”方式来实现其宗教政治意识形态目标，但实际上这个势力中包含的那些深受极端主义宗教意识形态影响的个体，在条件许可的情况下随时可能转变成第一个层面中的暴力恐怖分子。一种情况是外部环境发生变化，也就是伊斯兰与西方国家之间冲突加剧，甚至爆发像“伊斯兰国”与西方国家的直接武装冲突时，那些已经具备伊斯兰极端主义思想的个体，就会响应“圣战”的号召走上战场。在当年的阿富汗战争和伊拉克战争和当前的叙利亚

---

① “Restricted”, internal memo prepared by Mockbul Ali of the British Foreign Office on Yusufal - Qaradhawi, 14 July 2005, http://image. guardian. co. uk/sys - files/Observer/documents/2005/09/04/Document1. pdf.

内战中，都有大批欧洲伊斯兰极端主义分子投身其中。另一种情况是内部环境发生变化，也就是欧洲社会内部文明冲突加剧，而安全部门的防范又出现疏漏时，他们就可能利用各种机会发动恐怖主义袭击来显示伊斯兰势力对欧洲社会的报复。2004 年的马德里爆炸案和 2015 年的巴黎巴塔克兰剧院枪击案，其实都属于这种情况。在第三个层次中，主要是那些原来与穆斯林兄弟会有联系的伊斯兰组织在欧洲广大穆斯林基层民众中进行的宗教意识形态宣传和社会动员。这些人一面通过他们的温和言论来赢得欧洲国家政府和社会精英的信任，一面又始终不渝地在穆斯林群体中传播激进的穆斯林兄弟会的宗教意识形态，煽动欧洲各国的穆斯林群体走向极端化。通过对穆斯林群体长期的伊斯兰主义意识形态传播，这种带有极端主义倾向的意识形态已经逐步成为伊斯兰思想的主流。特别是对于欧洲穆斯林群体中的年轻一代，这种影响也尤其明显。这些在欧洲出生的穆斯林青年一代，在其成长的过程中目睹了欧洲城市生活中的暴力、歧视和虚无。这就使得他们对自己生存的社会即使不是深恶痛绝，但也充满了一种试图从其中脱离的强烈愿望。在这种情况下，他们自然很容易接受各种对抗甚至暴力的思想。在这种思潮的影响下，他们当中一些人可能去崇尚那些令人困惑而且含义不清的反主流文化，另一些人则会倾向于“圣战萨拉菲主义”的暴力观念。这些伊斯兰组织正是通过极端宗教意识形态的传播和教化，来煽动年轻穆斯林不断加剧对欧洲社会的仇视，并逐步接受宗教意识形态中的极端主义思想，最终成为“圣战”和恐怖主义行动的后备有生力量。由此可见，这个层次构成的威胁更具有潜在性和长远性。

对于欧洲国家和社会来说，目前最大的问题是他们正面临着一种难以全面应对不同层面的伊斯兰极端主义威胁的局面。对于金字塔的顶层那些试图以恐怖主义方式发动袭击的“圣战主义者”，欧洲国家政府当然可以动用国家机器进行打击并制定各种反恐法律来进行防范。近年来，很多欧洲国家提高了反恐级别，其国家情报机构在破解恐怖主义网络和防止恐怖主义袭击方面也取得了很大成功。然而，这种“打击 - 反应”式的临时解决方式，却难以应对欧洲伊斯兰极端主义金字塔中另外两个层面的潜在和长期威胁。目前看来，欧洲国家政府还无法制定出有效的政策和措施来解决这两个层面带来的问题。对于金字塔的第二个层面，他们既无法确定这些宣扬“非暴力”的政治伊斯兰势力何时会以何种方式对欧洲的社会安全构成威胁，也无法采取措施来阻止这些具有伊斯兰极端主义趋向的势力从

“非暴力”方式向暴力方式转变。对于金字塔的第三个层面，也就是所谓的温和伊斯兰势力在欧洲穆斯林社会基层中传播伊斯兰主义意识形态的问题，欧洲国家政府甚至无法确定这些原来和穆斯林兄弟会有联系但如今又自我标榜为“温和的”伊斯兰主义者建立的伊斯兰组织和社团，究竟是欧洲社会精英和专家们所说的有助于解决伊斯兰极端主义的可靠“合作伙伴”，还是他们开展的传播伊斯兰主义意识形态的运动本身就是促成欧洲穆斯林群体中青年一代走向极端主义的鼓动者，因而更无法阻止他们的意识形态在穆斯林群体中传播所造成的潜在和深远影响。

总的来说，欧洲伊斯兰极端主义的出现有其深远的历史根源和复杂的现实原因，涉及到一个多元文化社会中如何通过社会公平、公正和文化融合来解决那些来自不同文化背景的不同族群之间相互关系的社会问题。欧洲国家政府和社会唯有为这些问题找出答案，才能消除欧洲穆斯林群体与主流社会的矛盾，进而从根本上阻止伊斯兰极端主义在欧洲穆斯林群体中的蔓延及其对西方多元社会构成的威胁。从当前情况看，为了维护欧洲国家和社会的安全与社会和谐，欧洲国家在全力打击伊斯兰极端主义金字塔顶层的恐怖主义分子的同时，还要同样重视这座金字塔下面两个层面的问题。无论是可能向第一个层面输送伊斯兰圣战者的第二个层面，还是用伊斯兰极端主义意识形态推动穆斯林群体激进化的第三个层面，都必须采取适当的措施加以制止和根除，这样才可能从源头上阻止欧洲伊斯兰极端主义的进一步发展和蔓延。

专题报告三

中国中东外交

构建中国特色的中东外交战略*

上海国际问题研究院外交政策研究所研究员、
中国中东学会副会长　李伟建

【内容提要】

2016 年初，中国国家主席习近平的首次中东之行，开启了中国与中东关系的新篇章。本文基于对当前中东地区形势变化及其趋势的分析，结合中国特色大国外交的发展战略，提出构建中国中东外交战略的必要性和可行性，并就其内涵、目标、重点和实践路径提出思考。中国中东外交战略的核心理念是：传承友谊共识，加强互利合作，实现共同发展，坚持公平正义，促进稳定和平；主要目标是：提升与中东国家的全面关系和合作，拓展中国在中东的国家利益，增强中国在中东的战略存在，使中国在中东“政治上更有影响力、经济上更有竞争力、形象上更有亲和力、道义上更有感召力”；基本思路是：顺势而为，谋事而动，积极进取，稳步推进，充分利用自身优势，主动塑造有利于各国发展的地区环境及与中东国家的新型关系，在建设性参与中寻找发展机遇，在加强经济合作的基础上累积政治共识，在积极维护地区稳定和推动地区和平中提升话语权和影响力。

中东地理位置重要，战略资源丰富，民族宗教矛盾突出，地缘政治关系复杂，是国际战略格局中的重要板块之一，也是中国开展大国外交的重要舞台。中东是中国未来拓展政治、经济和安全等领域利益及扩大政治、文化影响力的重要地区，也是中国推进“一带一路”建设的关键地区。近年来中东形势经历巨大变化，地区国家渐次进入持久而深入的政治和社会

* 参与本文前期讨论和调研的成员有叶青、金良祥、刘欣等，在此深表感谢！

转型，地区地缘政治格局也因美国中东战略调整而分化重组。这些变化既对中国在中东的利益及中国与中东国家的关系构成了挑战，也为其提供了新的机遇。中国在明确大国外交战略的前提下，更多地参与中东事务、更紧密地发展与中东国家的关系，以及更有效地保护其在中东的利益势在必然。在新形势下，适时构建中东外交战略十分必要。本文基于上述认识，在深刻分析当前中东地区形势及未来发展趋势的基础上，对如何构建中国中东外交战略提出若干思考。

一、当前中东地区形势及未来发展趋势

2010 年底以来，中东地区形势经历深刻变化，这些变化主要由两大因素造成：一是中东剧变；二是美国中东战略调整。前者推动了中东地区国家政治转型，但也引发了地区形势持续动荡和极端主义回潮；后者打破了地区原有地缘政治格局的平衡，激化了地区国家间的矛盾。两者既有各自的发展轨迹，又互相作用、彼此影响。

（一）当前中东形势的若干特点

当前中东复杂多变的局势很大程度上依然受到上述两大因素发展趋势的影响，但也呈现出一些新的特点：

第一，中东剧变初期所呈现的激进式“革命”出现退潮趋势，民众诉求趋于理性，良治和善治成为评判政府合法性及考验当政者治国能力的基本标尺。中东剧变以来，大部分转型国家均不同程度地陷入政治和经济重建的双重困境，一些国家仍处于社会动荡之中。究其原因，一方面是这些国家继续在为前期激进“革命”运动造成的乱局买单；另一方面也折射出中东普遍存在的治理之困。一些国家的新政府因忙于应对各种政治博弈及教派和部落之争而无暇治理国家，也有一些当政者既没有运用政治权威进行管理的资本，又缺乏利用善治来弥补国家调控和协调不足的能力。从更深层面看，中东国家普遍存在的“治理危机”让部分穆斯林民众更容易为“伊斯兰国”等极端组织宣扬的宗教极端思想所迷惑。因治理不善而使国家面临再次动荡的威胁，已经成为许多国家当下新的现实问题。当前，稳定社会和改善民生已成为中东地区大部分国家民众对政府的基本诉求，能

否实现善治和良治则是当政者的首要任务。

第二，地区传统热点问题出现新的发展势头。长期以来，以色列凭借其与美国的铁杆盟友关系，在巴以问题上惯于采用以不变应万变的立场和政策来应对各种压力和挑战，而今美以关系正发生着悄然变化。随着美国战略重心的转移，以色列在中东地缘政治格局中的地位及在美国中东战略中的重要性已有所下降。与此同时，瑞典、英国、法国等西方国家近期相继通过议会投票表决承认巴勒斯坦建国的事实也表明，“巴勒斯坦建国是解决巴以问题的唯一途径”已越来越成为国际共识。这一正在逐步强化的趋势已对以色列构成巨大压力。此外，伊核问题达成历史性协议、美国与伊朗关系的缓和，无疑将对中东地缘政治格局的变化产生重要影响。

第三，极端思想和恐怖主义威胁超过传统军事冲突成为影响当前中东地区安全的最大隐患。极端思想回潮及恐怖主义猖獗是近年来中东地区乱局的产物，也与本地区宗教意识形态博弈加剧密切相关。事实上，宗教内部不同教派和各种思潮之间的争斗和博弈长期存在，但这种争斗和博弈最终走向极端大多与地区局势恶化有关。伊拉克政局长期不稳、叙利亚内战久拖不决直接导致“伊斯兰国”等极端组织趁乱而起，而国际社会和地区国家在打击极端组织“伊斯兰国”上迟迟未能形成合力是后者疯狂肆虐并成为地区最大安全隐患的主要原因。当前，国际社会对“伊斯兰国”等极端组织的危害虽有共识，但在反恐行动上未能协同一致。除空袭手段外，美国在应对当前中东极端思潮和恐怖主义问题上既缺乏长期战略规划，也未做持久战准备，不愿投入更多资源，导致美国当前主要采取推动地区国家及国际反恐联盟来共同应对“伊斯兰国”极端组织威胁的策略。而地区国家虽对“伊斯兰国”组织的危害有所戒备，但地缘政治和教派因素依然是逊尼派国家全力抗击该极端组织的主要障碍。逊尼派国家许多民众认为，“伊斯兰国”组织代表了“在和什叶派的争夺中处于下风的逊尼派的反抗，它是在为反对什叶派而战”。[①] 此外，美国等西方国家及地区大国与伊朗在解决叙利亚危机和稳定伊拉克乱局等问题上仍存在较大分歧，令各方在稳定地区局势、消除“伊斯兰国”等极端组织生存空间上难以有所作为。

① 这是笔者一行2014年底赴中东诸国学术交流期间收集到的部分阿拉伯学者的观点。

第四，美国中东战略调整打乱了中东地区原有的地缘政治格局，地区大国之间的关系更趋紧张。美国战略和政策层面的调整有两大目标：第一，确保中东安全局势总体上处于一个相对可控的局面，在该政策目标上，美国当前面临的最大挑战是极端组织“伊斯兰国”的崛起；第二，构建一个包含地区所有重要国家的地区安全新架构。为此，美国与以色列、沙特和埃及等中东传统盟友的关系经历微妙变化，而同伊朗的关系却有所缓和。美国发展与伊朗的积极关系“不仅是为对抗如‘伊斯兰国’这样的共同敌人，也是为了促进真正的地区安全”。① 但鉴于美伊两国间依然存在巨大的信任赤字，两国内部均有彼此敌视的力量存在，而美国的中东盟友也坚决反对美伊走近，美伊关系短期内难以快速发展。在中东反恐形势日益严峻的当下，美通过核谈判与伊朗走近，也有以此向海湾阿拉伯国家施压，促其在地区反恐问题上采取实质性行动的考量。

（二）未来中东形势的发展趋势

未来一段时期，中东局势将在全球和地区形势发展的大趋势下继续盘整。一方面，中东地区内部积蓄了大量变革诉求，各国渐次进入持续全面转型是大势所趋。转型在很大程度上是各种政治力量和社会思潮相互较量与磨合的长期过程，矛盾和冲突在所避免，不排除个别国家存在爆发新“革命”的可能，但前期国家在政治转型过程中付出的惨痛代价，客观上给地区其他国家带来了深刻警示。目前，埃及等前期转型国家正努力由“因变生乱”向“乱后求治”转变，未来各国将慎对激进式变革，“变而不乱”或成为后续转型国家追求的目标。此外，中东剧变初期引发的地区一系列动荡，已促使地区国家对政治转型模式和方式进行了深刻的反思，以“伊斯兰国”组织为代表的极端主义在带给地区灾难的同时，也同样会激发伊斯兰世界对什么是真正的伊斯兰精神以及宗教对现实政治的意义进行重新思考，这对于中东地区未来的发展具有重要且深远的意义。

另一方面，美国“亚太再平衡”战略将继续向纵深发展，在资源受限的情况下，美国中东政策调整的总态势是逐步减少在中东的投入，但这并

① Flynt Leverett and Hillary Mann Leverett, “Reality Check: America Needs Iran,” *The National Interest*, April 7, 2015, http://www.nationalinterest.org/feature/reality-check-america-needs-iran-12561, accessed May 1, 2015.

不意味着美国将放弃对中东事务的主导权和话语权。美国更有可能在高风险的中东问题上促使其他国际和地区力量分摊责任。随着美国中东战略调整的逐步深入，中东地缘政治格局及国家间关系也将随之出现适应性改变。伊朗和海湾阿拉伯国家之间的紧张关系在较长时间内依然主宰该地区传统的军事平衡，但随着伊核问题全面协议的达成，伊朗将在地区安全新架构中扮演更重要的角色。未来的地区政治生态不会发生实质性变化，而是可能出现地区政治格局在一种多元平衡的架构下进行调整的情况。与此同时，地区内各种非国家行为体如什叶派和逊尼派的各种宗教组织和团体，以及非阿拉伯民族如库尔德人和其他少数民族的团体和组织，也将在地区安全的构建中发挥各自的作用，这无疑增加了中东安全局势的复杂性，但经过一段时间的博弈和磨合后，中东地区最终将形成一种各种力量相互制约、相互平衡的地缘政治新格局。这些变化将对海湾和中东其他国家及外部力量之间的关系产生深远影响。

二、构建中国中东外交战略的必要性和可行性

（一）中东对于中国大国外交实践的意义

中共十八大之后，中国明确了“中国特色大国外交”的战略定位。从本届政府上任以来的实践看，中国的外交布局呈现全球性、综合性和平衡性特点，全方位外交的格局已逐渐成型。“从地缘政治、经济、文化、能源等各个方面看，中东地区都是一个重要而独特的板块”，[①] 中国走大国外交之路需要通过在国际事务中担当更多大国责任，发挥大国作用来积累大国经验，强化大国地位，增强大国应有的国际话语权和影响力，中东无疑是中国开展大国外交的重要舞台，也是中国开展大国外交必须倚重的战略支点。

当前中东对于中国外交实践的意义还在于，中东国家持续转型对中国发挥经济优势、拓展中国发展理念，为地区改革治理提供公共产品带来了难得的机遇和外交新增长点。同时，维护中东稳定、巩固与中东国家关系

---

① 《王毅接受沙特〈中东报〉专访》，中国外交部网站，2014 年 3 月 16 日，http：//www.fmprc.gov.cn/web/wjbzhd/t1137697.shtml，登录时间：2014 年 7 月 14 日。

是从源头防止恐怖组织和宗教极端思想对中国渗透、确保国家安全的重要保障。更重要的是，中东地处中国提出构建“丝绸之路经济带”和“21世纪海上丝绸之路”的会合点，这将为中国和地区国家共同发展、共同繁荣创造良好的机会和前景。

过去几十年，中国与中东国家关系发展迅猛。2013年，中国与中东双边贸易额近3000亿美元，中国已成为很多中东国家的最大贸易伙伴。据不完全统计，中国同地区国家的承包合同金额累计达1200亿美元，直接投资也增长很快，现在已累计达到100亿美元，而且还在以非常快的速度增长。① 其中，中国与阿拉伯世界的贸易在未来10年，还将可能增至6000亿美元。② 这些数字表明，近年来中国与中东国家的务实合作成绩斐然，并且发展潜力巨大。

（二）构建中国中东外交战略的必要性

显然，中国与中东国家的务实合作还会持续发展，促进互利合作也将是中国中东外交的主要目标。中国决定走大国外交之路意味着“中国将更多地承担起对外主持公道、伸张正义的大国责任，更加坚决地捍卫发展中国家的共同权益，更积极有为地为国际关系民主化和全球治理改革提供公共产品”③。在新的历史条件下，中国既要从战略高度看待中东对于中国的重要性，又要深刻认识中东地缘政治的复杂性、多变性和可塑性，理解大多数地区国家在转型过程中对自身价值的内在追求，以新的视角重新审视中国与中东的传统关系，主动塑造与中东国家的新型关系。2013年1月28日，习近平在中共中央政治局第三次集体学习时强调，中国“和平发展道路能不能走得通，很大程度上要看我们能不能把世界的机遇转变为中国的机遇，把中国的机遇转变为世界的机遇，在中国与世界各国良性互动、互

---

① 《王毅：中国将对阿拉伯国家坚持“四个支持”》，中国外交部网站，2014年1月6日，http://www.fmprc.gov.cn/web/wjbzhd/t1114771.shtml，登录时间：2014年7月14日。

② 习近平：《弘扬丝路精神 深化中阿合作——在中阿合作论坛第六届部长级会议开幕式上的讲话》，载《人民日报》，2014年6月6日，第2版。

③ 陈东晓：《理解新一届中国政府外交的四个关键词》，载《世界知识》2014年第1期，第34页。

利共赢中开拓前进”,[①] 这段讲话对于新形势下的中国中东外交具有特别重要的指导意义。中东问题纷繁多变，但发展是首要问题。当前，中国尤其需要研究中东国家转型发展的特点和趋势，了解中东国家在转型过程中的需求及其对中国的战略意义，同时也需要通过更积极的外交、更广泛的交流和更深入的合作，增进中东国家对当今中国的全面认识和了解，引导变化的“中东因素”出现有利于中国发展的战略机遇，同时让中国的发展势头成为中东国家寻求和利用的战略机遇期。2016 年初，中国国家主席习近平访问中东三国的一个“重头戏”，便是与三国领导人共话“一带一路”建设，升级中国与地区国家务实合作。在“中国同中东三国在共建‘一带一路’框架下，对接各自发展战略，谋求协同发展和联动增长，受到中东三国人民高度关注和舆论广泛赞扬，认为这是中国与地区国家共同奏响的‘一带一路’新乐章。”[②]

从这个意义上看，中国中东外交应具备更宽广的视野，“需要在中东事务上有更加高远的战略立意和更加开放的战略胸怀，不断提升中国中东外交的道义高度”[③]，当前尤其要在维护地区和平与稳定方面有更大的作为。近年来，中国在促进中东和平进程，政治解决叙利亚问题以及推动伊核问题达成协议等方面发挥了积极作用，但总体上看，中国对中东事务的参与度仍十分有限。与此同时，国际社会及中东国家希望中国在地区事务中发挥更加积极作用的呼声越来越高，中国必须对此作出积极回应。“随着自身能力的逐步提高，中国愿意为中东地区提供更多的公共产品，为地区和平与发展作出更大贡献。”[④] 适时构建中国中东外交战略既有必要性，也有可行性。

---

① 《更好统筹国内国际两个大局夯实走和平发展道路的基础》，载《人民日报》，2013 年 1 月 30 日，第 1 版。

② 《共同奏响“一带一路”新乐章——中东三国各界盛赞习近平主席国事访问》，载《人民日报》，2016 年 1 月 26 日，第 3 版。

③ 刘中民：《中国应提升对中东外交的道义高度》，载《东方早报》，2013 年 8 月 27 日，A12 版。

④ 《王毅接受沙特〈中东报〉专访》，中国外交部网站，2014 年 3 月 16 日，http://www.fmprc.gov.cn/web/wjbzhd/t1137697.shtml，登录时间：2014 年 7 月 14 日。

（三）构建中国中东外交战略的可行性

从国际层面看，美国中东战略调整，其全球战略东移已成定势。美国不会放弃其对中东事务的主导，但其单边行事的主观愿望和实际能力都在下降，美国尤其不愿单独面对中东地区热点问题，对中国参与中东事务的心态趋于务实，并有可能与中国在维护中东稳定、防止地区国家失序、热点失控等问题上寻求共识与合作。美国战略调整将促进中东地区向世界开放，从而为中东政治向多元化方向转型提供更多可能性。美国在中东的战略收缩也促使地区国家加快外交多元化步伐，在经济、安全等领域寻找新的国际合作伙伴，这也为世界其他力量进入中东提供了机遇。在未来相当长的时间内，中东将成为大国关注和博弈的重点区域，更多国际力量将参与中东事务，国际竞争和合作将成为常态。对中国而言，与中东地区国家开展广泛且深入的政治、经济乃至安全合作的战略空间远比之前宽阔，这为中国建设性参与中东事务提供了历史性机遇。

从地区层面看，中东国家正渐次进入全面转型时期。虽然各种力量展开博弈乃至发生冲突仍是一些中东国家现阶段的主要特征，但稳定和发展终究将成为中东政治和社会转型的主旋律。经历了中东剧变最初几年的动荡后，当前中东国家人心思定，亟需吸取世界的“正能量”来助其实现平稳转型，中国在多年转型过程中积累起来的处理改革、发展和稳定三者关系的经验对中东转型具有一定的借鉴意义。阿联酋《海湾新闻报》指出，中国“不是一个没有挑战和批评的国家。尽管如此，中国的发展模式仍为阿联酋和其他阿拉伯国家提供了许多可供借鉴的地方”。[①] 习近平主席在中阿合作论坛第六届部长级会议开幕式上发表演讲时也指出，阿拉伯国家正在自主探索发展道路，中国“愿意同阿拉伯朋友分享治国理政经验，从各自古老文明和发展实践中汲取智慧”。[②]

从中国与中东关系层面看，尽管中东变局后地区局势持续动荡，一些

---

① Najla Al Awadhi, “What the Arab world can learn from China,” *Gulf News*, November 14, 2012, http://gulfnews.com/opinion/thinkers/what-the-arab-world-can-learn-from-china-1.1104459, accessed November 11, 2015.

② 习近平：《弘扬丝路精神　深化中阿合作——在中阿合作论坛第六届部长级会议开幕式上的讲话》，载《人民日报》，2014年6月6日，第2版。

国家甚至经历政权更迭，但中东国家与中国的关系并未受到根本性影响。事实上，随着近年来中国综合实力和国际影响力的快速增长，中东国家对中国国力的认知及对中国发展模式的认同均有了大幅提升。在经历多年持续动荡后，许多中东国家的政治、社会和经济亟待重建和治理，这些国家对中国的发展经验和巨大的经济实力表现出极大的兴趣，希望借鉴中国经验和获得中国经援成为非常现实的需要，这也使其对加强与中国合作并希望中国在中东地区发挥更大作用的呼声和期待，较之以往具有更加实际的意义。国际社会也越来越认同并期待中国在帮助中东国家度过转型初期的困难方面发挥作用，中国则将在这一过程中大幅提升自身的影响力。

三、中国中东外交战略的主要内涵

中国中东外交战略的核心理念是：传承友谊共识，加强互利合作，实现共同发展，坚持公平正义，促进稳定和平；主要目标是：提升与中东国家的全面关系和合作，拓展中国在中东的国家利益，增强中国在中东的战略存在，使中国在中东“政治上更有影响力、经济上更有竞争力、形象上更有亲和力、道义上更有感召力”；[①] 基本思路是：顺势而为，谋事而动，积极进取，稳步推进，充分利用自身优势，主动塑造有利各国发展的地区环境及与中东国家的新型关系，在建设性参与中寻找发展机遇，在加强经济合作基础上争取政治共识，在积极维护地区稳定和推动地区和平中提升话语权和影响力。

（一）建立相对稳定的与中东国家关系的总体架构

中国将一如既往地发展与所有中东国家的友好关系，但必须充分考虑中东地缘政治情况复杂、政治经济和社会发展水平参差不齐、对地区问题看法存有明显分歧以及在发展与中国关系上利益诉求不一等现实，在传统关系基础上强化与地区大国的战略关系，更有针对性地细化相关政策，建

---

① 钱彤：《胡锦涛等中央领导出席第十一次驻外使节会议》，新华网，2009 年 7 月 20 日，http：//news. xinhuanet. com/politics/2009 - 07/20/content_ 11740850_ 1. htm，上网时间：2015 年 10 月 5 日。

立相对稳定的与中东国家关系的总体架构。

第一，从战略高度上更加平衡地发展与沙特、埃及、伊朗、土耳其、以色列等地区大国的关系，根据各国不同特点制定相关政策，深化互利合作。当前中国已同部分地区国家建立了不同层次的伙伴关系，未来应在此基础上，建立更为平衡的战略伙伴关系网，同时充实战略内涵，进一步提升双边关系，带动与周边国家关系的发展。

第二，以中国实际战略利益为导向，发展与中东各国的互利关系，避免卷入地区矛盾，但支持彼此通过和平对话解决争端，反对武力威胁和鼓动暴力。

第三，巩固与海湾合作委员会国家的传统关系，拓展安全、金融、科技等领域的合作。同时，加强与转型国家为主的北非地区国家的关系，以帮助这些国家平稳转型作为中国外交政策的重点，与北非地区国家建立稳固的关系。

第四，加大对稳定基础好、发展潜力大、相对远离地区矛盾、对华长期友好且对中国有较大需求的地区中小国家的长期战略性投资。中国可选择一至两个地区中小国家作为重点，使其通过紧密发展与中国关系明显获益，以产生令周边国家称羡的扩散效应，从而提升中国在中东的影响力。

（二）加强与中东国家的安全合作，确保中国在中东的合法利益

中东安全形势复杂，传统安全与非传统安全并存，非国家行为体对地区安全的影响尤其突出，对地区稳定及中国在中东的利益构成日益严重的威胁。当前，中东安全问题主要体现在两个方面：一是巴以问题、教派矛盾等传统热点问题长期悬而未解，并随时可能引发冲突；二是政治转型或社会变革仍存在引发政局动荡的可能性。中东安全形势存在四种互相关联和影响的表现：其一是政治转型过程激活了原有的社会及教派矛盾，引发了各种政治力量、宗教派别、宗教和世俗力量之间的博弈乃至冲突；其二是因在政治转型过程中遭遇外来干预出现内乱和内战，突出反映在当前的利比亚乱局和叙利亚危机上；其三是因政治转型后政治、经济重建不顺和国家治理不善而引发社会动乱；其四是因地区总体局势不稳导致极端势力回潮、恐怖主义猖獗，恐怖分子和极端势力具有高度的流窜性，往往利用动荡国家的安全真空落脚布网、趁乱坐大。

中东安全问题对中国的直接影响主要表现在三个层面：一是对中国的

海外利益及人员生命财产造成直接破坏或构成严重威胁。利比亚战乱迫使中国大撤侨，极端组织“伊斯兰国”崛起迫使中国撤离驻伊拉克的中资企业等，这不仅使中国企业蒙受巨大损失，也阻碍了国家间的正常合作；二是中东地区极端主义思潮向域外溢出，对中国西部安全构成日益严重的威胁。大量证据表明，近年来在中国各地发生的暴恐事件，其背后大多都有来自中东极端势力和恐怖组织的影子。极端组织通过社交网站宣扬宗教极端主义和暴力恐怖思想，煽动和组织中国极端分子前往叙利亚和伊拉克参加所谓的“圣战”；三是近年来恐怖主义和极端势力在中东各地的联动性及向域外国家的扩散性明显增加，对参与“一带一路”沿线国家的安全环境构成严重威胁，大幅增加了中国在中东推进“一带一路”建设的安全风险。

中国在中东的利益既包括能源安全、商品和劳务及工程承包市场等物质利益，也包括国家安全、国家形象、政治和文化影响力等无形利益。中国必须明确其在中东的合法利益和保护这些利益的必要性和必然性，通过加强自身实力和同地区与国际力量的合作确保这些利益的安全，具体思路包括：

第一，加强与中东国家的安全合作。美国中东战略调整引发中东地缘安全格局经历变化，地区国家出现寻求多元安全合作的势头，这为中国建设性地参与中东安全合作提供了机遇。当前，中国应同中东国家开展多途径、广领域、高层次的安全合作。这种安全不只是针对境外极端势力和暴力恐怖势力对中国的渗透，保护中国在境外的人员和利益免遭这些势力的暴力侵害，[①] 也在于保护中国与中东国家共建的合作项目和共同维护地区稳定。

第二，利用自身发展优势帮助中东国家平稳转型发展。“求木之长者，必固其根本；欲流之远者，必浚其泉源。”发展是安全的基础，安全是发展的条件。习近平主席在亚信第四次峰会上指出，贫瘠的土地上长不成和平的大树，连天的烽火中结不出发展的硕果。对亚洲大多数国家来说，发

① 吴冰冰：《对中国中东战略的初步思考》，载《外交评论》，2012 年第 2 期，第 43 页。

展就是最大安全，也是解决地区安全问题的“总钥匙”。[①] 而发展滞后导致安全局势不稳也是大多数中东国家面临的严峻现实。当前，中东许多国家“乱后求治”，急需外部力量支持并帮助其发展，中国可以在这方面加大投入，发挥积极作用。

第三，超越传统思维方式，强调国际合作。中东安全形势严峻，热点问题错综复杂，不仅影响地区稳定，也危及世界和平及多国在中东的利益。中国应在参与中东安全事务过程中始终强调国际合作，重视发挥联合国的作用。中国尤其要在解决地区热点问题及打击极端势力和恐怖主义方面加强与美、俄、欧等全球大国的沟通和协调，推动在联合国框架下的国际合作，共同为维护中东稳定和安全作出贡献。

（三）构建中国在中东问题上的国际话语权

近年来，中国综合国力和国际影响力不断提升，但在国际话语权的竞争中，“西强我弱，西攻我守”的态势尚未根本改变。中国对国际议题设置、国际事务话语权的竞争意识不强，竞争能力不足。在中东问题上，中国近年来采取了更为积极进取的外交政策，在参与解决中东热点问题上发挥了独特而重要的作用，政治影响力有所上升，引起全球各国的关注。但在国际话语权方面，中国尚未得到与国家发展相适应的地位，起到相匹配的作用。[②] 未来，随着中国对中东事务参与度及影响力的不断提高，中国确有必要在中东问题上构建自己的国际话语权。为此，中国需要通过以下途径逐渐增强自身在中东事务中的战略存在感。

第一，中国要逐渐加大对中东事务的参与力度和资源投入，尤其要以更加主动的姿态建议性地参与中东热点问题的解决，提出兼具原则性和操作性的建议和中国方案。

第二，中国要对中东发生的重大事件及时提供中国视角和观点，旗帜鲜明地表达中国的原则立场，对涉及或直接影响中国利益的事件，更要在

---

① 习近平：《积极树立亚洲安全观共创安全合作新局面——在亚洲相互协作与信任措施会议第四次峰会上的讲话》，载《人民日报》，2014 年 5 月 22 日，第 2 版。

② 《中东问题特使：中国目前的国际话语权和国家地位尚不匹配》，央视网，2012 年 3 月 6 日，http：//news. cntv. cn/china/20120306/106887_ 2. shtml，登录时间：2015 年 8 月 1 日。

第一时间表明态度，并开展相应的外交行动。

第三，中国要始终坚持政治解决中东热点问题的原则立场，并为之开展积极的外交行动，推动谈判解决地区争端。在国际反恐合作方面，中国要特别强调促进和维护地区稳定对于消除极端思想和恐怖主义根源的重要性，并在其中发挥更积极的作用。中国要明确反对外部势力对别国内政的肆意干预，反对动辄对一国使用或威胁使用武力，谴责一切形式的恐怖主义和暴力事件。

第四，中国要尽可能参与各种现有的中东问题双边和多边机制，通过发挥更具建设性的作用，逐步增强自身话语权。同时，中国要有效利用其他已经参与的国际机制，在涉及中东事务的议题上表明中国的态度和立场。中国应根据中东形势及中国与中东关系发展的需要，适时倡议建立新形势下的双边和多边合作机制，增加中国在中东事务中及双边关系中的议题设置权及话语权。

四、未来十年中国中东外交战略的重点及思路

中国在构建未来十年中东外交战略时，应注重加大对中东转型的关注和资源投入，同中东国家共建“一带一路”，并积极参与中东安全事务的国际合作。

（一）加大对中东转型的关注和资源投入

从中东形势发展趋势看，未来十年，持续深入转型将成为中东各国政治和社会发展的主要特征。这是地区各种政治力量及社会思潮反复较量、碰撞、冲突到磨合的“再平衡”过程，也是地区国家寻找国家发展道路和模式的过程。该过程充满风险和挑战，但稳定和发展是民心所向、大势所趋。未来中国发展与中东国家的关系时需顺应这一趋势，中国中东外交战略也应以关注中东转型为重点。

中东政治和社会转型存在诸多不确定性，但其发展进程难以根本脱离本地区历史、宗教、文化和社会现实的影响，更不会游离于世界发展进程之外，全球政治发展对中东转型的影响只会越来越大。随着美国中东战略的调整，未来中东国家对外关系的重点将会从过去以同欧美合作为主向追

求更多元的国际合作调整，包括中国在内的新兴大国已逐渐超越地区国家的视野。对于仍处于政治转型关键时期的国家而言，当务之急是重建经济，稳定社会，这些国家对中国的发展经验和巨大的经济实力表现出极大兴趣。中国应把握时机，加大对这些国家的关注和投入，帮助中东国家平稳转型应成为中国中东外交的一个重点和新亮点。中国还应重视与中东国家交流和分享转型经验，促进中东国家对中国发展模式的理解、认同和支持。当前中东转型国家亟需外部支持以帮助其发展经济和稳定社会，美国等西方国家由于资金不足或出于其他政治原因，在这方面力有不逮。而中国可以利用自己的发展优势，在帮助中东国家平稳转型方面提供更多的公共产品，这也将成为中国中东外交的特色所在。

开展上述工作的基本思路包括：

第一，利用亚投行和丝路基金为参与“一带一路”共建的中东国家提供投融资保证。中国相关部门可成立中东援助基金，为困难中的中东转型国家提供亟需的经济和人道主义援助。

第二，充实既有多边合作机制内涵，如中阿合作论坛框架下的“中阿关系及文明对话”机制，增设中阿转型与发展对话议题，增强其对阿拉伯国家的吸引力及对中阿关系的纽带作用。

第三，建立与中东国家智库的常态化交流机制，分享各自在政治和社会转型过程中经验与教训，加强对发展问题的共识和彼此发展模式的认同。中国相关部门要为智库交流及合作研究创造条件和提供资助。

（二）弘扬“丝路精神”，逐步推进“丝路建设”

习近平主席提出以“促进文明互鉴，尊重道路选择，坚持合作共赢，倡导对话和平”为具体内涵的“丝路精神”，阐明了中国对于当前及未来中国与中东关系的态度。“丝路精神”既反映出中国外交的新理念和具体的中东政策立场，也体现了主动塑造对外关系的中国外交新思维。“未来10年，对中阿双方都是发展的关键时期。实现民族振兴的共同使命和挑战，需要我们弘扬丝绸之路精神，为发展增动力，为合作添活力，不断深化全面合作、共同发展的中阿战略合作关系”。[①] “丝路精神”无疑是中国

① 习近平：《弘扬丝路精神　深化中阿合作——在中阿合作论坛第六届部长级会议开幕式上的讲话》，载《人民日报》，2014年6月6日，第2版。

中东外交的重要指导思想。2016 年 1 月，习主席访问中东国家期间在阿盟总部发表演讲时，又将“丝路精神”细化为“确立和平、创新、引领、治理、交融的行动理念，做中东和平的建设者、中东发展的推动者、中东工业化的助推者、中东稳定的支持者、中东民心交融的合作伙伴”。[①] 未来，中国要将“丝路精神”融入到中东外交实践和具体的政策制定中，将推进与中东国家共建“一带一路”作为将中国大国外交及推介中国发展理念的有效形式。

第一，在对中东形势及发展趋势做深入研究的基础上，制定中国与中东国家推进共建“一带一路”的规划。中国可适时出台针对中东地区的“丝路建设白皮书”，详细阐述中国在中东推进“一带一路”建设的愿景、目标、重点和方式，及时回应国家对“一带一路”的期待。

第二，搭建与“一带一路”建设配套的合作机制，确保合作的可持续性。中国可尝试开发多方合作共赢的战略型项目，提供更多让地区国家共同享用的资源，与各国共同协商建立确保“一带一路”健康发展的相关制度，最终将“一带一路”打造成由地区内多个国家联合参与、共同消费的区域性公共产品。

第三，在具体推进“一带一路”的建设过程中，中国要依据条件成熟度，有重点、分层次、“一国一策”地推进相关议程，不可一哄而上，也不可急于求成。

第四，当前中国中东外交的重点是培养和提升地区国家对“一带一路”建设的认知度和认可度。中国既要逐渐激发地区国家的参与热情，也要防止其不切实际的过度期待，并注重培养“共建”意识，防止“一带一路”成为中方单边行动的话语。

第五，加大人文交流尤其是智库交流的深度和密度。2016 年 1 月习近平主席访问埃及期间已经提出中方在加强中阿智库交流的具体实施计划。[②]

---

① 习近平：《共同开创中阿关系的美好未来——在阿拉伯国家联盟总部的演讲》，载《人民日报》，2016 年 1 月 22 日，第 3 版。

② 这些计划包括：开展 100 部中阿典籍互译；加强智库对接，邀请 100 名专家学者互访；提供 1000 个阿拉伯青年领袖培训名额，邀请 1500 名阿拉伯政党领导人来华考察，培育中阿友好的青年使者和政治领军人物；提供 1 万个奖学金名额和 1 万个培训名额，落实 1 万名中阿艺术家互访。参见习近平：《共同开创中阿关系的美好未来——在阿拉伯国家联盟总部的演讲》，载《人民日报》，2016 年 1 月 22 日，第 3 版。

中国相关部门可联合或委托国内智库与中东国家具有决策影响力的官员和智库学者重点就共建“一带一路”合作进行深入交流。

（三）积极参与中东安全事务的国际合作

“中国将以建设性姿态参与地区事务，主持公道、伸张正义，同阿拉伯国家一道，推动通过对话找到各方关切的最大公约数，为妥善解决地区热点问题提供更多公共产品。”① 在国际社会、中东地区及中国自身对安全和维稳需求日益增长的背景下，更多地参与中东安全事务的国际合作将逐渐成为中国大国外交的重要内容，加大与中东国家的安全合作也将成为中国中东外交未来的重点和新增长点。

未来中国除尽可能参与现有的中东问题各种多边机制及国际合作并加强在其中的作用外，还应适时主动提议创建新的中东多边安全机制，以增加中国在中东事务中的话语权。例如，中国可考虑提出与中东相关国家共同创建一个能为共建“一带一路”提供安全保障的新机制的倡议，使之成为有关各方共享的区域性公共安全产品。在这个机制下，中国可同中东国家共商防范地区极端主义势力对双边合作的威胁，保护共同项目安全等事宜，并可建立相应机制和措施，加强情报和安保培训等合作。这些合作既可为实现“丝绸之路经济带”目标提供安全有利的环境，也能从源头上最大限度地防范恐怖主义和极端思潮对中国西部地区的渗透。此外，中国还可将帮助中东国家经济发展与中东的安全合作相结合，通过共同参与“丝路建设”，促进地区经济发展，推动地区国家平稳转型，消除因经济停滞导致的动乱隐患，从而推动地区和平与稳定。

五、结语

中国与中东的关系历史悠久。长期以来中国与中东国家始终保持着良好的政治关系，双方的经济关系在过去的10多年里取得了迅速发展，且未来潜力巨大。但总体上看，中国参与中东事务的程度不深，在中东问题上

① 习近平：《弘扬丝路精神　深化中阿合作——在中阿合作论坛第六届部长级会议开幕式上的讲话》，载《人民日报》，2014年6月6日，第2版。

话语权不足，政治影响力跟不上经济关系的增长。近年来，中东地区和中国本身都发生了巨大变化，这种变化对双方的对外战略、外交政策和对外关系都提出了新的要求和期待。作为一个全球大国，中国已经明确了大国外交的战略定位，未来更多地参与中东事务及更紧密地发展与中东国家的全面关系势在必行。因此，构建中东外交战略适逢其时。基于此，中国的中东外交战略大致应包含以下内容：

第一，要从中国整体对外战略的视角思考并制定中国中东外交战略，从大国外交的高度设计中国对中东外交政策，并将中国近年来提出的中国特色大国外交的新理念和新思路融入到中国对中东的政策和立场中去。

第二，按照中国对外战略原则和发展节奏，兼顾中东国家的政治诉求和利益关切，以更加积极主动的姿态开展中东外交，塑造中国与中东国家关系。

第三，明确中国在中东的合法利益、参与中东事务及发展与中东国家关系的基本原则，更加主动、更具建设性地参与中东问题的解决，积极贡献中国智慧，增强中国在中东事务中的话语权和议题设置权。

第四，以关注中东转型发展为重点，以共建“一带一路”为抓手，稳步推进中国中东外交，发展中国与中东国家的务实关系。

中国参与中东安全治理的特点与模式

上海外国语大学中东研究所副所长、研究员　**孙德刚**

【内容提要】

21 世纪初以来，中东地区冲突大致可分为域外大国与中东国家、中东国家之间、中东主权国家内部以及中东跨国性冲突等四种类型，中国参与上述冲突解决的方式包括政治治理、安全治理和社会治理三类方式。外交部的特使机制、国防部的护航与维和机制、以及商务部的援助机制是新时期中国参与中东地区安全治理的主要国内机制；中阿合作论坛、中非合作论坛、联合国和其他国际组织则是中国参与中东地区安全治理的国际机制。中国参与中东地区安全治理是中国向国际社会提供的一项公共产品，也是中国在中东运筹大国关系的重要平台。中西方参与中东地区安全治理的模式既有趋同性，又有差异性；中国的治理实践强调民生先行、自上而下和义利并重，将冲突方和关切方均纳入到问题解决进程中，体现了“平民治理”的理念，具有渐进性、协商性、选择性、开放性等鲜明特征。

地区冲突具有突发性、不确定性、联动性、破坏性和紧迫性等特点，对国际秩序和地区稳定往往会产生重要冲击。世界主要行为体参与全球治理的重要任务是解决国际冲突，它是国际危机管理的重要范畴。安全治理系指“为解决地区性热点问题而由各方进行政治协商以期共同解决危机的行为、机制和理念的总和”。

一、中东地区冲突的类型与中国的治理实践

中东是大国参与地区安全治理的重要舞台。彼得·沃勒斯坦（Peter Wallensteen）将西亚北非地区称作“地区冲突复合体”，认为地方化的地区冲突会使中东各国相互影响、相互关联。[①] 按照行为主体不同，中东地区冲突大致可分为以下四种类型：一是中东地区国家与域外国家之间的冲突，如伊朗核问题（美国和伊朗是矛盾的焦点）、叙利亚危机（西方、海湾国家、土耳其与巴沙尔政权是矛盾的焦点）等；二是地区国家之间的领土、边界、教派和民族冲突，如巴以冲突（以色列与巴勒斯坦）、西撒哈拉问题（摩洛哥、西撒哈拉人民阵线与阿尔及利亚等）、南北苏丹冲突（苏丹与南苏丹边界冲突）、也门冲突（胡塞武装、也门逊尼派、沙特等海湾国家、伊朗）等；三是主权国家内部不同派别、族群、部落之间的冲突，如苏丹达尔富尔问题、2015 年以来阿富汗国内冲突、黎巴嫩教派冲突（黎巴嫩真主党、逊尼派与基督教马龙派）、利比亚冲突（宗教与世俗派）等；四是跨国性地区冲突，如国际社会同“伊斯兰国”组织的斗争（波及叙利亚、伊拉克、也门、阿富汗、利比亚、尼日利亚等国[②]）、以及国际社会同“基地”组织分支机构（包括阿富汗、也门、阿尔及利亚和索马里等）之间的斗争。随着中国综合实力的提高和中东利益的拓展，中国恐将难以维持超脱和不介入政策；中国参与中东地区安全治理的能力和意愿将逐渐增强。

中国作为世界上第二大经济体和进出口贸易第一大国，综合国力和国际影响力不断上升。2014 年，中国实际对外投资达 1400 亿美元，超出中国利用外资约 200 亿美元，首次成为资本净输出国。[③] 广大发展中国家对中国更加积极参与全球治理、分享中国国家治理成功经验的期望值不断提

① Peter Wallensteen, *The Crisis of Governance in the Middle East: Understanding Conflict Resolution*, London: Sage Publications Ltd., 2007, p. 194.

② 2015 年 3 月 8 日，“博科圣地”宣布效忠“伊斯兰国”组织。

③ 参见张德勇：《中国成为资本净输出国意味着什么》，载《决策探索》，2015 年第 3 期。

高。对于中国是否应积极参与全球治理，国内存在积极派（国际主义“责任论”）和消极派（低调保守的“搭车论”）两种截然不同的观点，但中国参与全球治理的必然性这一历史潮流始终未发生改变。[①] 中国参与地区冲突解决是中国参与全球治理的重要一环，也是中国推动“一带一路”建设必须面对的现实问题。实际上，“一带一路”建设本身就是中国参与全球治理的重要实践。

中东冲突方和地区国家对中国参与中东安全治理总体上持欢迎态度，一方面是因为中国是安理会常任理事国中唯一的发展中国家，中国从未像其他大国那样殖民过中东或推行霸权；另一方面是因为中国与中东各方均保持“零敌人”，更加注重冲突当事方的感受，注重平衡与折中。在以色列和巴勒斯坦、阿拉伯与非阿拉伯、逊尼派与什叶派、伊朗与沙特、共和制与君主制国家、产油国与贫油国、温和伊斯兰国家与激进伊斯兰国家之间，中国均与各方保持友好往来，为中国参与中东安全治理提供了良好条件。

从中东当事国和当事方的角度来看，在中东冲突中引入中国的力量也有助于冲突方自身的利益，包括在伊朗核问题5 +1 谈判机制中，伊朗自始至终欢迎中国的参加、平衡美欧的压力；包括沙特在内的海合会国家也欢迎中国在中东地区发挥积极作用，以平衡美国和欧洲强迫对其推动民主改革的压力。2006 年时任沙特国王阿卜杜拉登基后，其出访的域外大国第一站便选择了中国。近年来，尽管美国是沙特的首要安全合作伙伴，但中国无疑是沙特的首要贸易伙伴和第一大能源买家；前国家主席胡锦涛也在2004 年和2006 年两次出访沙特。[②] 中国与埃及（1999 年）、阿尔及利亚(2004 年)、沙特（2006 年）、土耳其（2010 年）、阿联酋（2012 年）[③]、卡塔尔（2014 年）、约旦（2015 年）和伊朗（2016 年）分别建立了战略伙伴关系，增强了中国参与中东地区安全治理的能力。2013 年以色列总理

① 徐进、刘畅：《中国学者关于全球治理的研究》，载《国际政治科学》，2013年第1 期，第117 页。

② James Chen，“The Emergence of China inthe Middle East，” *INSS Strategic Forum*，No. 271，2011，p. 6

③ 吴磊：《构建“新丝绸之路”：中国与中东关系发展的新内涵》，载《西亚非洲》，2014 年第3 期，第9 页。

内塔尼亚胡和巴勒斯坦总统阿巴斯几乎同时访问北京；2014 年，时任沙特王储萨勒曼访问北京；2014 年 5 月，伊朗总统鲁哈尼访问上海，参加亚信峰会；2014 年，全国政协主席俞正声成功访问摩洛哥、阿尔及利亚、约旦和巴林；2014 年 12 月和 2015 年 9 月，埃及总统塞西两次访问北京；2015 年 4 月，阿尔及利亚总理萨拉勒访华；2015 年 11 月，习近平主席出席土耳其安塔利亚 G20 峰会；2016 年 1 月，习主席访问沙特、埃及和伊朗三国等等，这一系列高层互访都表明：当前中东国家有的奉行“向东看”政策，重视中、日、韩、印、东南亚等新兴市场；有的在战略上实行“东西方并重”政策，这两类国家均欢迎中国在中东地区冲突解决中发挥积极作用。

二、中国参与中东地区安全治理的方式与机制

中国参与中东安全治理是新时期中国参与全球治理的重要内容。随着新兴大国群体的崛起，全球治理的主体日益呈现多元化，尤其是中国等金砖国家、欧盟、东盟、非盟、南方共同市场、上合组织、海湾合作委员会等地区组织成为全球治理的新主体；G20 的影响力上升，美元的独霸地位受到挑战，人民币的国际影响力增加，使中国观察世界的角度从亚太地区扩大到全球。中国参与全球治理是新时期全球权力中心从西方发达国家向美、欧、亚太等多中心转变的象征；中国参与中东安全治理则是新时期新兴大国影响力上升的重要标志。与历史上通过暴力促进国际权力转移不同，新时期中国参与中东安全治理是一种“包容性治理”，它强调全球治理的主体应具有广泛代表性，包括美国、欧盟、俄罗斯、土耳其、沙特、伊朗等全球和地区大国。

冷战结束后，尤其是 2010 年底中东地区爆发“阿拉伯革命”以来，中东地区冲突日益成为一种“新常态”。中国是安理会常任理事国，理应对地区冲突和热点问题的解决贡献自己的智慧和力量、提供国际公共产品。中国参与中东安全治理大体可分为三种方式：（1）政治治理，如中国参与巴以外交斡旋，参与联合国在南苏丹、黎巴嫩、苏丹达尔富尔等地区的维和行动，中国参与叙利亚的危机解决等。联合国维和机制是中国参与中东地区安全治理的重要机制。1988 年，中国加入联合国维和行动特别委

员会，参与审议联合国维和行动的审议工作。1990年，中国首次向中东地区派遣了军事观察员，并向联合国停战监督组织、联合国伊拉克—科威特观察团等派出军事观察员、军事联络官、顾问与工程兵部队等。[①]《2013年中国的国防》白皮书指出：中国在全球9个热点地区执行联合国维和任务，其中在联合国框架下派往黎巴嫩临时部队工兵、医疗分队335人，赴联合国南苏丹特派团工兵、医疗分队338人，赴联合国/非盟达尔富尔特派团工兵315人等。[②]（2）安全治理，如中国在联合国框架下与国际社会一道参与中东恐怖主义治理，中国在安理会支持国际社会打击“伊斯兰国”组织，中国在联合国呼吁也门危机通过和平与对话的方式解决，中国参与伊朗核问题等核扩散治理，中国向亚丁湾海域派出护航编队、参与索马里海盗治理等；（3）社会治理，如中国参与西亚和非洲地区的难民治理，包括向阿富汗、伊拉克、巴勒斯坦、叙利亚、索马里等地区的难民提供人道主义援助，参与加沙重建等。

21世纪初以来，伊斯兰世界的冲突主要发生在陆上丝绸之路和海上丝绸之路的沿线国家，有的直接关系到中国国家安全和边疆地区稳定，如阿富汗各派别冲突等；有的关系到中国能源、投资和贸易利益，如伊朗核问题、南北苏丹冲突、苏丹达尔富尔问题、以及美国与海合会国家在伊拉克打击“伊斯兰国”组织等；有的关系到中国作为负责任大国应尽的国际政治责任，如中国参与叙利亚和也门危机的解决。作为安理会常任理事国中唯一的亚非拉南方国家，中国参与地区冲突的解决不仅是中国维护海外利益的重要保障，而且是中国树立负责任大国形象、推动地区热点问题降温的重要手段，更是构建合作、稳定的新型大国关系如中美、中俄、中欧关系的重要抓手。

新时期中国参与中东安全治理实践丰富，范围广阔，已经形成了中国特色，成为中国参与全球治理的重要组成部分，维护了中国在中东的能源、投资和贸易利益，提升了中国的国际话语权，巩固了中国的政治地位，改善了国家形象，成为新时期中国以地区冲突解决为抓手，扩大政治

① 张慧玉：《试析中国参与联合国维和机制对世界的影响》，载《国际论坛》，2009年第5期，第26页。

② 孙德刚：《论新时期中国在中东的柔性军事存在》，载《世界经济与政治》，2014年第8期，第23页。

影响力、外交亲和力和道义感召力的重要手段。

归纳起来，中国参与中东地区安全治理的动因包括：（1）中国在中东冲突当事国不断增长的能源、投资和贸易利益的驱动，以维护当前中国现实利益为目标；（2）中国推动中东热点问题降温、扩大外交话语权和推动全球治理民主化的驱动，以阻止西方大国垄断中东地区事务、促进国际关系民主化为目标；（3）中国参与中东地区安全治理受到构建合作共赢、和平稳定的新型大国关系的驱动，以建立中俄、中美和中欧战略合作关系为目标；（4）中国参与中东地区安全治理，意在国际上展示公正、和平的国家形象，以提升中国外交亲和力和文化软实力为目标。

在参与中东地区安全治理实践中，上述四个因素常常相互交织、彼此影响。例如，伊朗核危机爆发后，中国积极参加“5+1”谈判机制，积极推动伊朗核问题的和平解决，一方面是因为伊朗石油关系到中国国民经济的发展与能源供应安全，且伊朗是中国的重要贸易伙伴，双方在能源、基础设施投资、经贸等领域的合作项目多，合作潜力大；[①] 另一方面是因为参与伊朗核问题解决是中国扩大在中东政治话语权、展示负责任大国形象和运筹大国关系的重要抓手。相比之下，中国在西撒哈拉的现实利益较少，大国在该问题上互动的现实需要不强，因而中国投入的外交资源有限。由于西撒哈拉问题近年来有所“降温”，中国虽在联合国框架内参与西撒哈拉维和行动，但尚未开展密集的斡旋外交。

域外大国参与地区安全治理一般以正式和非正式机制为载体。21世纪初以来，中国参与地区安全治理以国内机制、地区机制和全球机制为抓手，稳定推进，有选择性地突出重点。从国内机制来看，中国外交是内外统筹的大外交，中国往往通过国内各部委的统筹参与全球治理。例如，在全球艾滋病治理问题上，中国卫生部、公安部、司法部、教育部、广播电影电视总局、全国妇联、共青团中央、国家计生委等与联合国艾滋病规划署等通力合作，形成合力。[②] 中国参与中东安全治理也是如此，其国内机制包括：

---

① Lounas Djallil, “China and the Iranian Nuclear Crisis: Between Ambiguities and Interests,” *European Journal of East Asian Studies*, Vol. 10, Issue 2, 2011, p. 227.

② 蔡拓：《全球治理的中国视角与实践》，载《中国社会科学》，2004年第1期，第102页。

第一，外交部分管的特使机制。2002 年 9 月，中国政府首次设立巴以问题特使机制，中国在参与地区冲突解决的机制化建设从此拉开序幕。经过十年的发展，中国参与地区安全治理的国内机制从无到有，由浅入深，在实践中不断摸索，开辟了一条新道路，机制涉及的领域不断拓展，包括巴以问题、苏丹问题、伊朗核问题、索马里问题、利比亚和叙利亚内部冲突问题等。截至 2016 年，中国分别设立了朝鲜半岛事务特使（武大伟）、非洲事务特别代表（钟建华）、中东事务特使（宫小生）、阿富汗事务特使（邓锡军）等，其中涉及伊斯兰国家问题的特使就占了三席，也从侧面反映出伊斯兰地区已成为中国运筹与其他大国双边和多边关系、参与中东安全治理的重要舞台。2013 年，在安理会成员国的共同努力下，销毁叙利亚化学武器的第 2118 号决议在安理会获得通过。中国派出"盐城舰"与俄罗斯、挪威、丹麦等国密切配合，执行叙化武海运护航任务。这是中国首次派军舰执行此类任务，是响应联合国和禁止化学武器组织呼吁、解决叙利亚危机采取的实质性行为；中国邀请叙利亚反对派"全国对话联盟"访问北京；中国外长王毅还提出了解决叙利亚危机的"五个坚持"倡议。①

第二，国防部分管的国际维和机制和索马里护航机制。西亚和非洲地区是中国参与联合国维和行动的重点地区，尤其是中国能源和投资利益较集中的南北苏丹等。中国的国际维和部队一方面有展示中国负责任大国形象、提升政治影响力的考虑，另一方面也有维护中国在冲突地区现实利益的考量。1990 年，中国首次参加联合国在中东的维和行动，向"联合国停战监督组织"（UN Truce Supervision Organization，总部设在耶路撒冷）派出 5 名观察员。此后，在近 20 次国际维和行动中，中国累计派出了 2 万名维和人员。2013 年，中国向联合国维和行动提供的资金位居世界第六位，位于发展中国家首位。截至 2015 年 10 月，中国大约 3040 名维和人员在联合国框架内执行国际维和任务。②

近年来，中国参与联合国在中东冲突地区的维和行动包括 5 处，即：

① 姚匡乙：《中国在中东热点问题上的新外交》，载《国际问题研究》，2014 年第 6 期。

② Lars Erslev Andersen and Yang Jiang, *Oil*, *Security and Politics*: *Is China Challenging the US in the Persian Gulf*? Copenhagen: Danish Institute for International Studies, 2014, pp. 38 – 39.

耶路撒冷的“联合国停战监督组织”；黎巴嫩南部哈尼亚的“联合国驻黎巴嫩临时部队”①；南苏丹的“联合国苏丹特派团”；联合国在苏丹达尔富尔地区的“联合国—非盟苏丹达尔富尔混合行动”；西撒哈拉的“联合国西撒哈拉公民投票特派团”等。

第三，商务部分管的中国国际援建项目和经济援助机制。中国迄今已经在南苏丹投资了数十亿美元，该国也成为中国在西亚和非洲重要的利益区。在提供援建项目和人道主义救援方面，商务部积极参与中东地区安全治理（与外交部协调配合）。2013 年南苏丹各派陷入冲突后，中国与美国、英国和挪威等国一道，说服冲突各方坐到谈判桌前，并向国际监督机制提供 100 万美元用于监督南苏丹各派停火情况，并拿出 200 万美元用于联合国安置南苏丹难民。② 2014 年 10 月，加沙重建大会在埃及开罗召开，中国特使宫小生出席大会，中国政府声明将向巴勒斯坦提供 500 万美元的援助。西方大国和沙特、约旦等空袭“伊斯兰国”组织后，伊拉克和叙利亚难民生活状况恶化，出现了人道主义危机。2014 年 12 月，中国政府向伊拉克库尔德人地区提供了 3000 万元的紧急人道主义救援物资，包括医药品、帐篷等。③ 中国还向阿富汗、叙利亚、伊拉克、南北苏丹等国难民提供了力所能及的人道主义援助。如 2015 年 10 月，中国宣布向叙利亚等国提供 1 亿元人道主义援助；2016 年 2 月，中国驻叙利亚使馆向大马士革近郊贾拉曼纳地区难民提供一批棉被、毛毯等过冬物资。

除国内机制外，中国参与地区安全治理的地区机制包括中国与海合会、阿盟、非盟成员国等签订的一系列双边和多边机制（如中阿合作论坛框架下的高官会议磋商机制、中非合作论坛机制及与之相关的其他机制等；中、美、俄、欧等在联合国和其他国际组织形成的永久性和临时性合作机制，如伊核问题 5 + 1 会谈机制等，也是新时期中国参与中东安全治理的重要机制。

---

① Bonny Ling, "China's Peacekeeping Diplomacy," *China Rights Forum*, No. 1, 2007, p. 2.

② Lars Erslev Andersen and Yang Jiang, *Oil, Security and Politics: Is China Challenging the US in the Persian Gulf?* Copenhagen: Danish Institute for International Studies, 2014, p. 31.

③ 《中国救援物资运抵伊拉克库尔德》，载《人民日报》（海外版），2014 年 12 月 11 日，第 1 版。

三、中国参与中国地区安全治理的特色

中国参与中东地区安全治理的过程实际上是中西方治理模式相互磨合、相互借鉴的过程。新时期，中国和其他大国的治理理念在趋同，如全球意识、国际主义精神的增强等；新时期域外大国均强调中东地区冲突国家增强法治、增加政治透明度、推进中东地区转型国家如埃及、伊拉克、利比亚等国家治理能力等。西方在参与中东地区冲突解决中日益重视中国方案，即地区危机应从基础设施建设和应对人道主义危机等角度出发；中国政府也接受了西方的某些治理理念，如全球治理、地区治理与中东国家国内治理需有机结合起来；在冲突地区如在叙利亚应建立更具包容性的政府，在联合国监督下推动政治和解与政治民主化进程等。然而，中西方参与中东地区安全治理的偏好不一样，特色也不同。

第一，西方重“民主治理”，中国重“民生治理”。中国和西方对导致地区冲突的根源理解不同：西方认为地区冲突的根源是缺乏民主，即所谓“中东民主赤字”，[①] 因而解决地区冲突的“本”是制定民主、法治政体，改善冲突地区的人权，中国则认为中东地区冲突的根源是经济和社会矛盾，因而解决地区冲突的“本”是促进经济社会发展。中国政府认为，西方解决地区治理的办法体现出西医式的“治标”，头痛医头、脚痛医脚，中国在冲突地区的政策主张体现中医式的“治本”，而西方则认为恰恰相反，强调必须从建立多元民主政体出发，再推动经济和社会发展。

第二，西方重“自下而上”，中国重“自上而下”。西方的中东地区安全治理在路径选择上体现“自下而上”的特点，常常注意发挥本国民间社团如人权观察组织、宗教组织、智库等所谓公民社会的作用，在中东冲突地区善于发现有利于自己利益或认可自己理念的政治力量和代理人，在冲突地区培养反对派力量，甚至向反对派提供武器装备。如在叙利亚危机爆发后，美国和欧洲大国纷纷支持叙利亚自由军打击巴沙尔政权。中国在治理路径选择上是“自上而下”，虽然也与冲突国家的反对派接触（如阿富

① See Ibrahim Elbadawi and Samir Makdisi，eds.，*Democracy in the Arab World*：*Explaining the Deficit*，London and New York：Routledge，2010.

汗塔利班），但主要与当地国家的中央政府磋商。中国强调不干涉内政原则，通常情况下只与冲突国家政府接触，不支持主权国家内部的反对派力量谋求分裂或独立，更不会拉一派、打一派，因为中国认为，这种行为不仅干涉了他国内政，而且很容易使地区冲突激化，如中国在伊拉克、南北苏丹、阿富汗、也门等问题上呼吁尊重当事国主权。迄今为止，中国一方面感受到全球治理的必然性、合理性，从而加大了参与国际事务并且与国际规则接轨的自觉性与力度；另一方面，对西方发达国家强调和关注的非领土政治、对联合国在联合国框架以外的治理行动、以及在公民社会等非政府组织发起的国际干预行动、跨国性多边机制等仍然采取保留态度。①

第三，西方重“激进式”治理，中国重“渐进式”治理。西方参与地区安全治理体现“激进式”（radical）特色，希望在短期内一揽子解决所有问题；中国的地区安全治理彰显“渐进式”（incremental）特色。例如，在2014年伊朗核问题“5+1”谈判过程中，美方要求伊朗政府在短期内停止绝大部分离心机活动，伊朗则要求美方完全解除对伊朗的制裁，双方僵持不下。中国代表则提出分步实施、逐步取消的这种方案，并提出解决伊核问题的“五项主张”，包括分步、对等、标本兼治、综合治理等原则最终被双方所接受。中国的外交官比西方国家的外交官更加冷静、有耐心，往往对中东地区冲突的复杂性有更加深刻的认识和预判，有助于提出建设性的、分步实施的危机解决方案。

第四，西方的地区安全治理凸显“强制型”（coercive），中国的地区安全治理彰显“协商型”（consultative）。这主要是因为美国和欧洲大国通常是冲突的当事方或直接利益攸关方，中国通常不是冲突的当事方或利益攸关方。美国以防扩散为由，坚决反对伊朗等反美国家拥核；在阿富汗、叙利亚、利比亚、伊拉克等热点问题上，美国高举“民主”、“自由”和“人权”的旗帜，宣扬美国拥有推广民主的特殊使命，相继用武力推翻了阿富汗、伊拉克和利比亚等伊斯兰国家政权，并对伊朗和叙利亚等反美国家实施军事遏制，因而在地区冲突问题上属于强制型。中国在地区冲突问题上往往首先考虑各方现实利益而不是推广民主、自由、人权的意识形态利益，提出化解分歧、供各方参考的意见和建议，不带有军事强制性，因

---

① 蔡拓：《全球治理的中国视角与实践》，载《中国社会科学》，2004年第1期，第99页。

而属于协商型。例如，在南北苏丹，中国拥有重要石油利益，但是中国提出的斡旋方案仅供各方参考，具有非强制性。

第五，西方属于“全面介入型”，中国属于“选择参与型”。西方在地区安全治理中体现出其多元化利益诉求，属于“全面介入型”；中国参与地区安全治理强调量力而行，属于“选择参与型”。受国内复杂的决策结构和对外多头联络机制的影响，中国参与中东安全治理的时间成本更高，因而其参与地区安全治理的意愿和深度不仅少于发达国家，甚至有时候少于金砖国家其他成员如俄罗斯、印度和巴西等；中国对国际农业开发基金会（International Fund for Agricultural Development）投入较大精力，参与了此领域的全球治理，但是在全球毒品、犯罪、劳工标准、全球卫生和人道主义援助等方面，似乎较为谨慎。[①] 西方在中东冲突中主要拥有政治、安全、经济、文化等地缘政治和地缘经济多重利益，而中国在冲突地区往往仅具有经贸和能源等相对单一的地缘经济利益，这是双方介入深度存在差异的主要原因。尽管自2010年开始中国成为世界上第二大经济体，但中国国内在参与中东治理的程度上还存在分歧。中国坚持在全球治理体系中是现状维护者和建设者的国际定位，以及“发展中国家”的身份属性，决定了中国参与地区安全治理需要量力而行、有选择性地介入。[②] 在解决黎巴嫩教派冲突、打击“基地”组织分支机构、清剿“伊斯兰国”武装、调解索马里国内派别冲突、化解巴林政府与反对派的矛盾、解决西撒哈拉问题、调解伊朗与阿联酋岛屿争端等问题上，中国并未主动参与调解，而是通过联合国间接发挥作用，属于总体超脱型。中国与安理会其他成员国共同努力，于2014年8月16日和9月25日在安理会通过严厉打击“伊斯兰国”的第2170号和第2178号决议，并呼吁国际社会认真执行上述决议，但未参与美、欧、海合会和土耳其等联合军事行动。[③]

---

① Hongying Wang & Erik French, “China's Participation in Global Governance from a Comparative Perspective,” *Asia Policy*, No. 15, January 2013, pp. 90 – 91; Hongying Wang and Erik French, “China's Limited Participation in Global Governance,” *East Asia Forum*, March 12, 2013.

② 黄超：《中国参与全球治理的理论述评》，载《国际关系研究》，2013年第4期，第68页。

③ 姚匡乙：《中国在中东热点问题上的新外交》，载《国际问题研究》，2014年第6期。

第六，西方重“精英治理”，中国重“平民治理”。西方的中东安全治理是一种“精英治理”，代表了一种强者的逻辑，即作为少数派的西方强势力量对所谓失败国家、问题国家的“医治”过程；中国的治理代表的是一种“平民治理”，即通过发展中国家和发达国家、冲突斡旋方与冲突当事方共同参与，开诚布公地推动热点问题的解决，呼吁各方相向而行，实现国际关系民主化和全球治理的多边化。2015 年 3 月，中国外长王毅在记者招待会上指出：“总的方向是要推进国际关系民主化和国际治理法治化，尤其是要维护好广大发展中国家的正当权益，从而使这个世界更平等、更和谐、更安全。”① 与美欧的“精英治理”理念不同，中国的“平民治理”理念实际上将中东冲突方视为问题的解决者而不是麻烦的制造者，包括南北苏丹各派以及伊朗政府等。

第七，西方重“封闭”，中国重“开放”。西方的地区安全治理凸显封闭性，拒绝其他国家参与，如巴以问题四方会谈机制（Quartet），在叙利亚危机问题上召开的所谓“叙利亚之友大会”等都具有一定的排他性。中国的治理彰显开放性，欢迎其他大国尤其是地区大国的参与，特别是主张在联合国的框架下通过多边主义解决国际冲突。

第八，西方重“意利并重”，中国重“义利并重”。在参与中东地区安全治理过程中，西方注重安全利益和政治意识形态利益并重（“意利并重”），中国注重经济利益和道德利益并重（“义利并重”）。西方往往从地缘政治的角度出发审视中东地区冲突，同时宣扬“自由、民主和人权”等西方价值观；中国常常从地缘经济的角度出发审视中东地区冲突，同时强调兼顾各方关切的道德责任。中国在全球治理中发挥更大的作用，为基于规则的世界体系贡献更多源于“天下大同”、“天下为公”等中国传统哲学的理念与实践。② 党的十八大以来，中国强调，只有义利兼顾，才能义利兼得；只有义利平衡，才能义利共赢，即“国不以利为利，以义为利

① 《王毅在十二届全国人大三次会议举行的记者会上就中国外交政策和对外关系答中外记者问》，载《人民日报》，2015 年 3 月 9 日，第 5 版。

② 庞中英、王瑞平：《全球治理：中国的战略应对》，载《国际问题研究》，2013 年第 4 期，第 68 页。

也”。[①] 中国坚持“义利并重”，是中国参与中东安全治理独有的道德力量和软实力。

四、结论

21 世纪初以来，全球治理的主体由西方发达国家（以西方七国集团为核心）转向了发达国家与发展中国家并进、主权国家与国际组织并存、政府与社会力量并举的方向演变，金砖国家、二十国集团等新兴力量成为全球治理的新成员，治理的主体日益多元化。中国参与中东地区治理是新时期新兴大国参与全球治理的重要标志。随着中国经济实力的提高、话语权和议题设置能力增强，尤其是随着中国在中东利益的增加，中国参与中东地区治理的能力和意愿也不断增强。中国以参与中东地区治理为载体，提升大国地位，巩固新型大国关系。作为安理会常任理事国，中国在地区冲突解决上日益扮演积极角色，中国参与地区安全治理使中国在冲突各方之间以及在斡旋者之间扮演桥梁和纽带作用。

新时期中国在参与中东地区安全治理中既维护了各方的正当利益，又维护了国际正义，并取得了初步成效，其主要原因有两点。首先，中国在参与中东安全治理中更加注重平衡。美国是最早参与中东地区冲突斡旋的域外大国。早在 1973 年第四次中东战争结束后，基辛格就在埃及和以色列之间开展穿梭外交，并推动了后来埃以之间达成的戴维营协定，拉开了中东和平进程的序幕。但是美国参与中东地区治理的最大缺陷是偏袒以色列。例如，从 2000 年到 2011 年中东剧变的发生，美国在安理会决议草案表决中共使用了 11 次否决权，其中 10 次与中东问题有关，且这 10 次使用否决权全部是为了维护以色列的利益。例如，2011 年安理会就以色列立即和全面停止在约旦河西岸修建犹太人定居点问题上，奥巴马政府再次投了否决票。[②] 中国则更加重视在阿以之间的平衡。2006 年 9 月，中国时任总

---

① 姚匡乙：《中国在中东热点问题上的新外交》，载《国际问题研究》，2014 年第 6 期。

② Eth Zurich, “The Middle East Conflict: Changing Context, New Opportunities,” *CSS Analysis in Security Policy*, No. 94, May 2011, p. 3.

理温家宝宣布，中国政府决定向黎巴嫩派遣1000人的维和部队，成为中国首次在一项维和行动中派出如此大规模的维和力量。黎巴嫩等阿拉伯国家不愿让偏袒以色列的西方国家过多参与，以色列也曾表示不愿让伊斯兰国家派兵，而中国与伊斯兰国家和以色列都保持着良好的外交关系，故中国提升中东维和力度便成为“众望所归”。[1]

除在中东地区冲突方之间保持一种平衡外，中国在参与中东地区安全治理时还注意在美、欧、俄之间保持一种战略平衡。2012年5月，中美在第四轮战略与经济对话期间达成共识，决定就中东事务进行了磋商，同年8月双方在北京举行了首轮中东问题对话。2013年6月，中美双方在华盛顿举行了第二轮中东问题对话，表明中美双方已经在中东地区冲突问题上建立了对话与磋商机制，中东地区冲突解决已成为中美构建新型大国关系、推动地区治理的重要任务。同时，中俄近年来全面战略协作伙伴关系内涵不断丰富。[2] 2013年3月，习近平就任国家主席后首次国事访问选择了俄罗斯，双方在伊朗核问题、叙利亚危机、利比亚和阿富汗问题上的协调一致，促进了新兴大国参与中东安全治理的能力。在中东安全治理中运筹大国关系，体现出新时期中国的外交智慧。

其次，中国参与中东安全治理强调原则的坚定性与政策灵活性的有机统一。原则的坚定性系指中国反对以武力解决争端，反对西方大国强制推行政权更迭，反对侵犯中东国家主权和领土完整，反对西方国家在安全治理过程中绕开联合国采取单方面的行动，反对在安全治理中偏袒一方反对另一方，武装一方打击另一方，反对域外大国以安全治理为由，谋求私利、干涉中东国家内政，破坏其主权和领土完整。同时，中国参与中东地区安全治理更加强调柔性的手段。中国参与中东安全治理实际上是一种灵活、务实的建设性介入方式。[3] 在反对干涉中东国家内政与预防中东国家人道主义危机方面，中国采取了一定的灵活性。例如，中国在安理会投票

---

① 赵磊：《中国参与联合国维和行动的类型及地域分析》，载《当代亚太》，2009年第2期，第71页。

② 吴冰冰：《中东战略格局失衡与中国的中东战略》，载《外交评论》，2013年第6期，第48页。

③ 王逸舟著：《创造性介入：中国之全球角色的生成》，北京：北京大学出版社，2013年版。

支持国际社会打击“伊斯兰国”组织和“支持阵线”（第2170号决议），同时强调必须尊重当事国的主权。

新时期，中国参与中东安全治理也有需要进一步完善之处。第一，从外交机制来看，中国应对中东突发事件的国际危机管理能力仍有待进一步增强。2006年和2008年，中国政府相继发布《中国政府对非政策文件》和《中国对拉丁美洲和加勒比政策文件》，确立了21世纪中国对非洲和拉美的基本外交政策、原则及战略目标，但迄今中国政府尚未发布对中东战略与政策白皮书或文件，中国参与中东地区冲突至今缺乏顶层设计。[①] 迄今为止，地区冲突爆发后，外交部各司局内部以及外交部和其他部委之间的统筹、协调与沟通能力相对较弱，为预防突发事件而制订预案的能力不足。危机爆发后，一线外交官参与冲突解决的授权有限，影响了其在谈判中的创造性与想象力，在关键时刻提出中国方案和中国主张的主动性仍不够强。以叙利亚危机为例，2013年叙利亚化学武器危机爆发后，俄罗斯提出了“以化武换和平”的主张；2015年初，俄政府又将叙利亚巴沙尔政府和反对派的代表请到了莫斯科，双方发表了《莫斯科宣言》；2015年4月，面对沙特率领的十国空袭也门胡塞武装、造成人道主义危机的局面，俄罗斯请求安理会举行紧急磋商，要求沙特等国暂停对也门胡塞武装的空袭。[②] 俄罗斯在中东安全治理中的创造性介入值得中国借鉴。

第二，从国内共识来看，中国在参与中东地区安全治理的必要性与紧迫性问题上存在认知分歧。中国学界和媒体有观点认为，中国无需在伊朗核问题、叙利亚危机等关系到西方切身利益又与我无直接利益的地区冲突问题上为西方解套。这种观点实际上忽视了参与地区冲突解决往往成为大国间战略合作的新领域，有助于美、欧、俄、中等建立更加稳定的合作关系，也符合中国的现实利益。中东剧变发生后，中国在认知中国在中东的利益时，往往首先想到的是能源安全、商品市场、工程承包和劳务市场等相对狭隘的物质利益，未能从中国参与全球治理的战略角度审视中国参与

① 刘中民：《中东变局与中国外交的几个基本问题》，载《国际观察》，2012年第1期，第20页。

② 《安理会就也门局势紧急磋商》，载《新民晚报》，2015年4月5日。

中东地区冲突的中长期意义。①

第三，从知识储备来看，中国参与中东地区安全治理的信息库和人才库建设有待加强。中国参与中东治理经历了发言人（有所为的旁观者）——传话人（被动参与者）——调解人（积极斡旋者）的角色变化。作为一名后来者，中国自身国力仍处于将强未强的“战略爬坡”阶段，中国在中东利益的延伸与维护这些利益的能力和话语权有限之间的矛盾，在短期内难以得到根本解决。② 当前中国智库和学界关注的重点仍然是西方大国以及日、韩、俄等，忽视了地区冲突的高发地带——“一带一路”沿线国家尤其是西亚北非地区的深度区域与国别研究，导致中国在参与重大突发事件的问题解决过程中，自身知识、信息和人才储备不足，影响了新时期中国参与地区安全治理的能力。

总之，中国参与中东安全治理是“改变自己、影响世界”的过程，是一种不断学习、调适与磨合的过程。中国参与中东地区安全治理绝对不意味着“拒绝参加”或“推倒”现存的国际制度，而是在参加现存国际制度改革的同时，提出更有创意和价值的新的全球治理理念和制度。③ 中国参与地区安全治理从消极认知到积极评价，从被动应对到主动参与，从等待机遇到创造机遇，从不干涉他国内政理念到承担负责任大国义务，从无到有、由浅入深，将有助于维护中国的中东现实利益与侨民安全，有利于提升中国的国际话语权、道义感召力和政治影响力，也丰富了中国特色外交理论与实践的内涵。

---

① 李伟建：《中东政治转型及中国中东外交》，载《西亚非洲》，2012 年第 4 期，第 13 页。

② 华黎明：《伊朗核问题与中国中东外交》，载《阿拉伯世界研究》，2014 年第 6 期，第 9 页。

③ 庞中英、王瑞平：《全球治理：中国的战略应对》，载《国际问题研究》，2013 年第 4 期，第 68 页。

中阿智库交流的现状及前景*

上海外国语大学中东研究所副研究员　李　意

【内容提要】

新时期，加强与阿拉伯国家智库间的合作与交流具有重要意义，它不但是促进双方沟通的理想手段，而且是实施“一带一路”倡议的重要途径。其意义体现在以下三个方面：一是通过智库交流增进理解，构建具有中国特色的中东研究话语体系；二是通过智库合作加强沟通，践行中国的丝路外交战略；三是通过智库交流达成共识，帮助中国研判中东形势、制定中东政策。然而，中阿智库交流面临诸多问题，如中国相关智库的国际化程度不高、中阿智库交流缺乏多边对话与交流平台、中国与阿拉伯国家智库的彼此了解和认识不足等。解决好这些问题，将有助于深化“全面合作、共同发展”的中阿战略合作关系。

随着信息时代和知识经济时代的来临，全球化进程不断加速，当今世界的国际竞争已不仅仅是“硬实力”的竞争，以思想、观念和文化为核心的“软实力”竞争越来越受到重视，而作为创新思想的源泉，智库正成为各国“软实力”竞争的有力依托，智库间的交流也成为各国人文外交的主要内容之一。21 世纪以来，中国与阿拉伯国家从几十年的好朋友、好兄弟、好伙伴，变成了不断加强战略协调与沟通的新型合作者。新时期，以智库交流为依托，加强与阿拉伯国家的合作，通过加强双方智库之间的交流，借用对方智库来观察地区形势，帮助我们讲好中国故事的同时，也将

---

* 本文系 2015 年度国家社科基金项目“丝绸之路人文外交背景下的中阿智库合作研究”（15BGJ057）的阶段性成果。感谢包澄章、孙德刚和余泳参与的前期讨论和提供的帮助。

进一步推动双边关系。本文阐述中阿智库交流对中国人文外交的意义，并梳理中阿智库交流的现状，同时指出其存在的问题与面临的困难。

一、中阿智库交流对我国人文外交的意义

近60年以来，中国对阿拉伯世界的人文外交得到不断巩固和发展。从最初以人民外交为主，到后来将对文化外交、公共外交和民间外交等各种外交方式加以整合，基本形成了人文外交战略，并在阿拉伯世界逐渐塑造了中国的国际形象。毫无疑问，新时期中国“一带一路”的构想对丝路沿线国家文化发展和人文关系具有促进作用，中国与阿拉伯国家在科学、教育、艺术、文化等领域的合作潜力巨大，双方的交流与合作也随之进一步加深。其中，加强智库间的合作与交流对中国人文外交的意义重大，是实施“一带一路”构想的重要途径之一。

（一）通过智库交流增进理解，构建中国特色的中东研究话语体系

习近平主席强调指出，要加强话语体系建设，着力打造融通中外的新概念新范畴新表述，加强国际传播能力。① 这就明确提出了建设中国哲学社会科学话语体系的路径问题。在实现中国梦的过程中，加强中国社会科学话语体系建设具有重要的战略意义。然而，由于信息不对称，国际社会包括阿拉伯国家对于中国的有些看法十分片面，甚至存在一些猜疑和误解。尽管央视阿语频道等对外媒体在阿拉伯世界发挥了重要舆论引导作用，但限于宣传形式不灵活、宣传渠道不畅通等现实，加上中国智库研究人员利用阿拉伯媒体发出“中国声音”、讲好“中国故事”的能力相对较低，造成当地民众往往只能通过美欧媒体了解中国，中国的国家形象和中东政策动机常受到歪曲。反之，中国也需要客观、理智地认识对方，妥善处理中国崛起进程中对阿关系方面出现的各种问题。这些除了需要中阿高层增加友好往来和战略协商外，还需要民间的广泛交流沟通，而智库则起到了独特的纽带作用。通过加强与阿拉伯国家智库的交往，深入了解对象

---

① 王伟光：《建设中国特色的哲学社会科学话语体系》，载《中国社会科学报》，2013年12月20日。

国的政治诉求、文化认同、战略决策，更好地把握这些国家对中东问题的立场，从而打破西方媒体和学界对中东问题话语权的垄断。

一直以来，在“西强我弱”的国际传播格局和传播语境中，中国话语的影响力显得比较微弱。正如萨义德在《东方学》中描述的那样：“他们无法表述自己；他们必须被别人表述。”[①] 这种困境可以通过加强交流，特别是智库间的交流得以缓解，它不仅能够增进理解，而且有助于构建具有中国特色的中东研究话语体系，其主要特点是以中国的主流人文理念为指导：与美国和欧洲某些国家居高临下、盛气凌人的话语体系相比，中国平等待人的话语体系更能为中东伊斯兰国家所接受，因而也应得到中国从事中东研究的专家学者们的重视和珍惜。[②] 近年来，中国与阿拉伯国家部分智库进行了有益的尝试，已经实现了各个层面的初步对接，并建立了一定的互动关系。2012 年 3 月，摩洛哥王国皇家战略研究院院长陶菲克·穆利内在上海市委宣传部以及上海市社会科学界联合会共同举办的东方讲坛上做了一场主题为“阿拉伯世界转型：摩洛哥模式的关键经验”的演讲，他强调，摩洛哥王国是 2011 年年初以来席卷阿拉伯世界革命浪潮中的一个特例。摩洛哥对革命示威的处理方式开创了中东北非国家转型的一条新道路。[③] 2012 年 4 月，商务部调研组拜会埃及内阁信息与决策支持中心，双方就各自关心的问题交流了看法。埃方表示，埃及政府将继续发展旅游业，结合自身区位优势，促进中转贸易的发展，并欢迎更多中资企业来埃投资。[④] 2012 年 11 月，应沙特费萨尔国王伊斯兰研究中心的邀请，外交部前副部长、“中阿合作论坛研究中心”理事会顾问杨福昌大使率“中阿合作论坛研究中心”专家学者代表团访问沙特。代表团与费萨尔国王伊斯兰研究中心、外交学院、《利雅得报》的专家学者举行座谈，与对方就中国与阿拉伯国家关系、西亚北非地区局势、地区热点等问题进行了广泛而深

① 参见［美］萨义德：《东方学》，王宇根译，北京：三联书店，1999 年版，第 1 页。

② 朱威烈：《理解与尊重：关于构建我国对中东研究话语体系的思考》，载《西亚非洲》，2007 年第 12 期。

③ 姜泓冰：《摩洛哥王国皇家战略研究院院长为上海领导讲学》，http://www.hinews.cn/news/system/2012/03/10/014144608.shtml。

④ 《商务部调研组拜会埃及内阁信息与决策支持中心》，http://eg.mofcom.gov.cn/aarticle/i/201204/20120408092280.html。

入的交流。[①] 2014年5月，北京第二外国语学院阿拉伯研究中心与埃及金字塔报政治与战略研究中心签署合作协议，为加深友好关系奠定了基础，实现了两中心学者和研究人员急需更多交流合作机会的共同愿望。[②] 阿拉伯国家智库在当地一般拥有较高声望，在重大热点问题出现后，利用当地国的网站、社交平台、媒体及时发出声音，有助于避免西方媒体歪曲中国并导致当地民众误解中国。因此，利用智库相互交流的机会无疑有助于构建具有中国特色的中东研究话语体系。

（二）通过智库合作加强沟通，践行中国的丝绸之路人文外交战略

增信释疑是中国丝绸之路人文外交的重要任务。中国作为一个新兴大国，不但应当积极参与全球经济治理，还要积极推动文化交流，做到人对人、心对心，认真倾听、互相尊重，努力消除障碍和误解，才能更好地推进国际合作和发展。近年来，在加强智库建设的大背景下，中阿双方的智库在促进中阿学术交流、促进中国对阿公共外交等方面发挥了积极作用。构建伙伴关系是中国外交的一个特色，共建“一带一路”已成为中国与阿拉伯国家进一步深化“全面合作、共同发展”战略合作关系的重要内涵。通过积极搭建智库间的国际交流平台，既可增进友谊，又能极大地促进学科建设，推动中外文化的交流与合作。

近年来，中国研究机构逐步与周边友好国家智库、学术机构建立了常态化的交流合作机制，鼓励和支持优秀专家学者和优秀学术成果“走出去”，对外学术交流范围和规模不断扩大。同时，坚持“请进来”与“走出去”相结合，邀请国外专家在我们主办的期刊上发表文章，参加学术会议或共同参与课题研究，增加国际话语权和影响力并取得一定的成效。2015年1月4日，阿联酋战略研究中心在其发布的“每日要闻”中发表题为《加强中国与海合会关系》的文章，积极评价中国经济建设成就，呼吁加快中海自贸区谈判。报告指出：“在当前国际经济不稳定的形势下，中国与海合会国家作为高水平的贸易和投资伙伴，对彼此的重要性都与日俱

---

① 《“中阿合作论坛研究中心”专家学者代表团访问沙特》，http://www.fmprc.gov.cn/mfa_chn/zwbd_602255/wshd_602258/t992941.shtml。

② 《二外阿拉伯研究中心与埃及金字塔报政治与战略研究中心签署科研合作协议》，http://www.duyan.com.cn/news-c-159-7067.html。

增。当前动荡的国际经济使中海双方得以提升在全球经济版图中的地位，并成为具有影响力的经济体，这将为双方签署自贸协定、进一步实现经济融合提供难得机遇。中国和海合会国家拥有长达数十年的牢固经贸关系，双方贸易额已达1550亿美元，并以年均超过15%的速度快速增长，预计2020年双方贸易额将达2790亿美元。这不仅意味着双方经贸关系将继续高速发展，也意味着双方互利共赢的机会更多。”①

阿拉伯剧变发生以来，阿拉伯社会政治力量、政党和社会思潮的多元化趋势进一步凸显，不同政治派别、政党和社会阶层是中国开展公共外交的重要对象。阿拉伯国家智库可在中国开展公共外交方面扮演重要的中间人角色，为中阿之间民心相通、提升中阿友好度、加强中国对阿拉伯世界的人文交流和公共外交发挥桥梁作用。交流汇集智慧，合作聚合力量。加强与阿拉伯国家智库在国际、区际间的交流与合作，是构建具有中国特色的中东研究话语体系的有力方式。

（三）通过智库研究达成共识，帮助中国研判中东形势、制定中东政策

阿拉伯国家智库是新时期中国开展对阿拉伯国家公共外交的宝贵财富和资源，对它进行深入研究并与之开展合作，将有助于中国应对挑战。

首先，借用对方的“眼”观察地区形势。22个阿拉伯国家的国情、政治制度和经济发展水平各不相同，加上阿拉伯剧变后这些国家出现了各种政党、宗教派别、非政府组织、意见领袖和社会精英等，对中国准确分析和研判各国内政和外交走向造成一定困难。前方使馆和中国中东研究智库尽管能够及时跟踪中东形势的变化，但限于人手不足和第一手资料匮乏，中国对中东形势的预判仍有偏颇之处。阿拉伯国家智库熟悉当地情况，与当地政府、政党、媒体建立了广泛的人脉关系，对阿拉伯国家政治和社会思潮的认识更加直观和深刻，对阿拉伯国家形势走向、外交政策选择等分析更加具体，更富有前瞻性，提出的对策建议也更具可操作性。

其次，借用对方的“口”帮助我们宣传。中国是世界第二大经济体和安理会常任理事国，在世界经济和政治事务中扮演着举足轻重的角色。截至2015年，中国已成为9个阿拉伯国家的第一大贸易伙伴，阿拉伯国家和

① 《阿联酋战略研究中心呼吁海合会加强对华关系》，http://www.fmprc.gov.cn/ce/ceae/chn/sgxws/t1225724.htm。

民众对中国加深了解的愿望日益迫切和强烈。阿拉伯国家智库在当地一般拥有较高声望，长期与中国打交道的阿拉伯智库往往成为知华、友华和亲华力量，其在重大热点问题出现后，利用当地国的网站、社交平台、媒体及时发出声音，有助于避免西方媒体歪曲中国，导致当地民众误解中国并向中国发难。利用阿拉伯智库和地方语言讲述中国故事、解释中国中东政策，在阿拉伯受众间更具有说服力，宣传效果也更好。

最后，中阿双边关系的发展需要借助阿拉伯世界各种积极力量，包括政府官员中的友华人士、阿拉伯国家政党、主流媒体和青年精英等。阿拉伯剧变发生以来，阿拉伯社会政治力量、政党和社会思潮的多元化趋势进一步凸显，不同政治派别、政党和社会阶层是中国开展公共外交的重要对象。阿拉伯国家智库可在中国开展公共外交方面扮演重要的中间人角色，为中阿之间民心相通、提升中阿友好度、加强中国对阿拉伯世界的人文交流和公共外交发挥桥梁作用。例如，海外孔子学院就可以为中阿智库交流提供新平台。目前中国在海外建立的400多家孔子学院中，阿拉伯国家有12所，涉及8个阿拉伯国家（黎巴嫩、埃及、苏丹、约旦、突尼斯、摩洛哥、阿联酋、巴林），它们是中国开展对阿拉伯国家人文外交、加强中国与阿拉伯智库交流的重要平台。

二、中阿智库交流的现状

从思想沟通的角度看，尤其是在一些有针对性的现实问题上，智库是中外思想磨合最好的“润滑剂”。相比官方辞令与外交沟通，跨国智库交流更方便，更能去敏感化。在智库交流中，参与者可以完全放下不必要的政治顾虑，非常放松、丰富、充足地阐述各方立场与观点。[①] 中国和阿拉伯国家的智库发展具有相似性，成立时间均较短，主要兴起于冷战结束后。“9·11”事件后，各国智库特别是研究阿拉伯问题的智库快速成长，中阿各国的智库也开始起步。由于双方智库均处于初建阶段，有的智库成立时间很短，其功能和优势尚未充分展现出来。因而中阿尽管在阿拉伯语

① 王文：《中国智库何惧跨国交流?》，http://www.guancha.cn/wang-wen/2014_03_28_217597.shtml。

教学、翻译和基础研究方面有长期合作的历史，但在智库交流方面仍处于低水平、浅层次的探索阶段。

长期以来，阿拉伯国家的智库专家只能保持相对的政治中立，绝大多数政治、安全和外交类智库仍依附于政府提供的资源，学界和政界之间存在一定的鸿沟。但近年来，中东剧变引发阿拉伯世界剧烈的社会转型，大量的智库和政治研究机构应运而生，在引领社会话语等方面的作用不断凸显。智库专家和政府领导人通过建立有效的沟通互动机制，为阿拉伯国家政府的决策提供智力支持和政策建言。特别是在社会转型和政治改革期间，阿拉伯智库通过召开专题讨论会和提交工作报告协商会，在改革议程的关键点上进行充分交流，进而统一思想，出台一系列备选方案。

在这一背景下，中国与阿拉伯国家部分智库进行了有益的尝试，已经实现了初步对接，并建立了一定的互动关系。然而，不可否认的是，这些交流大多局限于“迎来送往”的双边接触阶段，多边智库交流和实质性合作仍不多见。中阿两国智库的交流，主要有以下驱动因素：第一，中方智库人员在阿拉伯国家高校和智库学习、交流，从而建立人脉关系，进而为智库之间的交流搭建了合作平台；第二，中国智库的研究开始向国际议题扩展。高校智库是最早进行国际化领域研究的智库组织。目前，北京、上海、武汉、南京等地的研究型大学，纷纷成立专门的政策研究机构；第三，受政府部门委托，智库开展的出访、接待和公共外交活动，如中联部当代世界研究中心于2012年接待苏丹智库代表团。受上述三个因素的驱动，中国与阿拉伯国家智库在双边交流层面联系较多，具体事例如下：

中国社会科学院西亚非洲所与阿联酋海湾研究中心长期保持良好合作关系，早在1995年，该所就成立了海湾研究中心。除了中国社会科学院各有关研究所（局）、中央有关部门、首都科研机构和高等院校的代表等近60人外，出席会议的还有海合会六国的使节，他们共同见证了中心的成立并积极筹备各级交流。2009年10月，中国社会科学院代表团应埃及开罗大学、沙特费萨尔国王伊斯兰研究中心、阿拉伯联合酋长国海湾研究中心的邀请，对埃及、沙特和阿联酋三国进行了学术访问，积极响应“拓展学术合作渠道，推动学术‘走出去’”战略。西亚非洲所所长杨光研究员还成为2013年海湾研究中心在剑桥大学召开学术会议的召集人；中国社科院西亚非洲所还与沙特费萨尔国王伊斯兰研究中心建立了密切的联系。2015年习近平主席访问沙特、埃及和伊朗前夕，中国社科院中东问题专家还派出代表团，走访中东智库，产生了良好效果。

外交部下属的中国国际问题研究院（原“中国国际问题研究所”）与约旦阿拉伯思想论坛往来密切，双方曾经于2004年在约旦首都安曼联合主办第二届阿拉伯—中国对话研讨会；摩洛哥皇家战略研究院代表团也多次访问该所，2012年3月，院长陶菲克·穆利内率团访问并达成友好协议，董漫远副所长就中东与非洲地域中的地缘问题与中国角色等议题和来宾进行了交流。[①] 中联部当代世界研究中心与突尼斯战略研究所关系密切，2011年11月，该所著名地缘政治学者麦赫迪·塔吉拜访了当研中心并成为中心的国外特约研究员。[②] 国务院发展研究中心与埃及信息与决策支持中心合作密切，2012年4月，以主席高级顾问默罕默德·埃尔科利为团长的埃及内阁信息与决策支持中心代表团访华，李伟主任会见了默罕默德·埃尔科利及代表团一行，双方就中国经济社会发展与双方交流与合作等问题交换了意见。[③] 2014年1月，应摩洛哥战略研究中心邀请，中国现代国际关系研究院非洲研究所所长徐伟忠赴摩洛哥参加“北非及撒赫勒—撒哈拉地区安全缺陷及脆弱地区扩大会议”。[④]

在上海，于2013年9月成立的上海社科院西亚北非研究中心与美国布鲁金斯多哈中心长期保持合作关系；上海国际问题研究院与阿拉伯各国智库也有密切往来，曾经多次率团访问摩洛哥、埃及、黎巴嫩等国的智库，并与上海外国语大学中东研究所共同接待了以拉卡伊兹研究中心和苏丹战略研究中心为代表的苏丹智库代表团。

上海外国语大学中东研究所与叙利亚中国和亚洲问题研究中心、美国卡内基中东中心（贝鲁特）、沙特费萨尔国王伊斯兰研究中心、黎巴嫩战略与咨询研究所等阿拉伯智库建立了较为密切的联系。受外交部亚非司委托，上外中东所曾于2012年和2013年相继组建智库代表团出访阿拉伯国

---

① 《摩洛哥皇家战略研究院代表团访问我所》，http://www.ciis.org.cn/chinese/2012-03/06/content_4856468.htm。

② 《突尼斯学者麦赫迪·塔吉访问当研中心》，http://www.cccws.org.cn/Detail.aspx? newsId=1384。

③ 《埃及内阁信息与决策支持中心代表团访华》，http://www.drc.gov.cn/gjjl/20120422/3-3-34360.htm。

④ 《徐伟忠所长赴摩洛哥开会》，http://www.cicir.ac.cn/chinese/News_5752.html。

家智库。2012 年上外中东所接待了阿拉伯青年代表团；2013 年接待了阿拉伯精英代表团；2013 年、2014 和 2015 年先后接待了三批阿拉伯专家学者代表团等。中东所积极响应智库“国际化”发展战略，于 2014 年访问黎巴嫩期间与美国卡内基中东中心签订了《合作备忘录》，并邀请阿拉伯智库专家参加 2014 年在上外举行的“第四届亚洲与中东国际论坛”。

在西北地区，2002 年 12 月中旬，宁夏伊斯兰国际经济友好促进会在银川成立，包括 6 个国家大使在内的一批阿拉伯及伊斯兰国家外交使节应邀前来与会，这是宁夏同阿拉伯国家发展交流与合作的新的良好开端。该协会在加强宁夏同阿拉伯国家和地区公司、企业、团体的信息交流和经济往来，促进宁夏与阿拉伯伊斯兰国家的政治、经济与文化交流等方面做出了许多具体的工作。2014 年 12 月 19 日，宁夏大学中国阿拉伯研究院成立大会举行。研究院主要承担科学研究、决策咨询、国际交流合作、建设综合信息平台和人才培养等五方面任务，将以科研组织模式创新为突破口，整合相关领域研究力量，着力打造一支高水平研究团队和决策咨询队伍，取得一批标志性研究成果，为宁夏乃至全国经济文化建设服务，将研究院建成国内一流、国际知名的阿拉伯研究和中阿战略合作决策高端智库，有重要影响力的中阿国际交流的重要平台和高端人才培养基地。

三、中阿智库交流中存在的问题

中阿智库之间的交流虽已取得一些成效，但与中国同欧美大国的智库交流相比，仍处于浅层次。除了研究领域差异造成的国际交流偏少，语言能力不足难以支撑国际交流之外，目前双方的智库交流主要存在以下问题：

首先，中国相关智库的国际化程度不够，与阿拉伯国家相关机构的制度化交往更是相对缺乏。中国智库很少有鲜明的、突出的全球研究视野，很多的全球性战略议题都是国外智库研究引起强烈的社会反响后，国内的智库才开始研究，从而在话语权和影响力上落后于国外，并在政策上受制于人。欧美等发达国家智库主导着国际社会事务的话语权，而中国智库仅专注自身发展问题，埋头做国内公共政策研究，很少参与国际性、全球性事务，更很少有机会在国际组织或会议中表达观点，缺乏国际影响力，在世界舞台上处于一种集体“失语”的状态。[①] 相比之下，美国智库则吸纳各国人才来研究各国。比如，在美国，研究中国政治，不少美籍华人学者做出了巨大贡献；但在中国，几乎没有纯美国学者为中国外交智库工作，更不要说阿拉伯人了。从这点看，缺少足够多的外籍雇员，是中国智库跨国交流的重大障碍。

美国布鲁金斯学会、卡内基国际和平基金会、兰德公司、英国国际战略研究所（IISS）、英国皇家联合军种国防研究所、法国当代马格里布研究所等欧美重要智库均在阿拉伯国家设立了分中心或办事处，与当地阿拉伯国家智库的交流频繁；而中国迄今很少有中东研究智库落地阿拉伯国家，与阿拉伯国家的智库交流渠道并不畅通。长期以来，不多的中国智库与国际智库研究合作进程中，中方很容易处在被动、受牵引的地位，很难在研究方法、结果与进程上占有主导权，这使得中国思想的对外传播大大受到限制，削弱了本应该不断提升的中国软实力。从这些方面看，如何提升跨国智库合作与交流的数量和质量，是中国智库未来发展的重要议题。

其次，中阿智库交流缺乏多边对话与交流平台。迄今，中国有关阿拉伯问题研究的智库大多采取“单线联系”的方式，有选择性地与阿拉伯国家智库建立双边联系。由于中国国内中东研究智库之间客观上存在一定的资源竞争关系，加上国内有关阿拉伯研究的智库隶属于不同的部门、位于不同的城市，故信息沟通并不通畅，国内各智库之间缺乏与其他中东研究智库“资源共享、信息共享”的机制和动力，造成了当前“各自为政、单线联系”的尴尬局面。与之相比，另一研究领域的智库交流可以为我们提供许多借鉴之处。在“中非合作论坛”框架下，“中非 10 + 10 合作伙伴计划”尽管面临各种现实难题，但已取得不少成效，尤其在促进中非智库交流、人文外交和青年人员互访等方面已经取得不小的成绩。由于阿拉伯世界长期处于分裂状态，中阿智库合作的多边机制迟迟未能建立起来，影响了中阿双方智库交流的多边化和机制化建设。

最后，中国智库对阿拉伯国家智库的了解和认识不足。跨国智库合作想要在一些敏感问题上达成共识，至少应实现理解双方难处，了解双方观点的程度，通常会受到智库天生具有的意识形态、价值偏好以及国别立场

① 王辉耀：《中国智库国际化的实践与思考》，http://www.cpaj.com.cn/news/201458/n41983447.shtml。

等因素的阻碍。中国中东智库研究人员的主体是60后、70后和80后，这些中青年中东问题研究者掌握的第一外语是英语而不是阿拉伯语或其他中东地方语言；受自身语言优势和阿拉伯国家访学条件不佳等因素的影响，大多数中国中东问题学者出国访学的首选地是美国和欧洲，访学单位通常是乔治敦大学、哈佛大学、战略与国际研究中心（CSIS）、牛津大学、剑桥大学、伦敦大学亚非学院等，造成中国中东研究队伍的主体缺乏对阿拉伯国家国情和智库现状的感性认识。

实际上，在阿拉伯国家的智库中，区域一级的智库网络格外引人注目，是有待研究且十分值得研究的课题。这些智库或是拥有共同的历史境况、语言和种族上的关联，或是面临相似的跨国界政策问题。[①] 例如，阿拉伯世界的海湾地区、沙姆地区和马格里布地区等区域的智库就承担着这样的角色。海湾地区的智库可以分为两类：一类是经济实力较强的智库，如在沙特、阿联酋和卡塔尔，这些国家的很多智库都有王室背景，受到国王或埃米尔的大力支持，因此智库本身发展较快，影响力较大，在伊斯兰世界有较高声望。如阿联酋的主要战略型智库受到阿联酋总统的直接资助，卡塔尔部分智库直接由卡塔尔埃米尔领导，巴林智库善于运用“旋转门”机制，保持着王室和学术界的长效沟通与交流；另一类是重视民意与学术的，如伊拉克作为文明古国，重视学术研究，智库多以高校为依托。也门智库多具有非政府属性，部分智库集民意调查和基础研究为一体，独具特色。沙姆地区的智库也可以分为两类：一类是政局较为稳定的国家，如文化底蕴深厚、注重思想研究的约旦，该国智库建设起步较早，侧重研究当代阿拉伯思想、经济发展、国家安全等；另一类属于动荡型国家，这些国家的智库更关注本国安全与政治，如巴勒斯坦的智库主要关注巴勒斯坦问题的发展和解决，以及地区和平的动态与趋势；叙利亚部分智库负责人是叙境外反对派重要人物，侧重国家政治、经济、社会等战略和安全问题的研究。马格里布联盟由五个国家组成，这些国家的智库关注地区局势，注重区域研究。受到共同历史轨迹的影响，这些国家都遭受过法国殖民统治，法国殖民者实施语言文化同一政策的影响持续至今，也使马格里

① Diana Stone, “Recycling Bins, Garbage Cans or Think - tanks?” Three Myths Regarding Policy Analysis Institutes, *Public Administration*, Vol. 85, No. 20, 2007, pp. 259 - 278.

布许多地区在殖民时期和独立后都出现了法语凌驾于标准阿拉伯语之上的现象，有部分智库网站甚至只有法语版。尽管如此，这些智库仍致力于国家和地区的战略研究和前瞻研究，不仅关注文化和教育的可持续发展，而且重视社会转型、区域内国家关系等议题。只有厘清不同阿拉伯国家智库各自的特点，做到深入了解，才能做到知己知彼，开展更好的交流与合作。

四、结语

智库在复杂多变的全球格局中，为弥合知识与决策之间的鸿沟，发挥着新的“合纵”与“连横”功能，是国家“软实力”和国际话语权的重要“塑造者”，也是国家治理体系的重要组成部分，还是国家治理与公众参与的重要桥梁。2013 年 4 月，习近平总书记首次提出建设“中国特色新型智库”的目标，将智库建设与发展视为国家软实力的重要组成部分，并提升到国家战略的高度。这是迄今为止中央最高领导专门就智库建设做出的最为明确、内涵最为丰富的批示，也是继十八大报告里明确提出“发挥思想库作用”后中央对智库建设更深层次的阐释和表态。

中国与阿拉伯国家智库的交流是中国人文外交的重要组成部分。尽管与其他区域与国别研究的智库相比，中国的中东智库之间信息沟通不足，内部资源尚未整合，“小、散、弱”的条块分割状况尚未得到根本改善，未能在对阿人文交流中形成合力，但随着中阿人文交流的内容不断丰富，人文交流的主体也日渐多样化，双方的智库交流将不断登上新的台阶。特别是阿拉伯国家目前正处于剧烈的政治变革和社会转型阶段，不确定因素时有发生，对中国准确研判中东形势、制定中东政策提出了严峻挑战。在这一关键时期，阿拉伯国家智库成为新时期中国开展对阿拉伯国家公共外交的宝贵财富和资源，对它们进行深入研究并与之开展合作，将有助于中国迎接挑战，进而深化“全面合作、共同发展”的中阿战略合作关系。

中国与海湾地区关系的历史演变及其特点

上海外国语大学中东研究所所长、研究员　**刘中民**

【内容提要】

海湾地区是一个独特的地缘政治区域，中国与海湾地区关系的发展深受国际体系、地区格局的影响，同时也与中国自身外交战略的调整密不可分。当前，从国际体系、地区格局、中国对外战略调整三个角度分析中国与海湾地区关系的变迁，对深入认识“一带一路”建设在海湾地区的战略环境具有十分重要的现实意义。在冷战时期，中国与海湾的关系深受冷战体制的影响，其具体表现是中国的海湾政策主要取决于中国与美苏两个超级大国关系的状态，海湾地区格局变化和中国自身的战略调整对中国的海湾政策也有一定的影响。冷战结束后，影响中国与海湾地区关系的因素主要包括国际体系变化、海湾地区形势变化、中国发展战略和外交战略的调整，但中国与海湾地区依存关系加深、中国外交战略调整对中国海湾政策的影响较之冷战时期呈现出明显增强的特点。从双方关系的发展趋势看，合作共建“一带一路”，将成为未来中国与海湾国家合作的主线。

本文中的海湾地区包括海湾合作委员会国家（阿联酋、阿曼、巴林、卡塔尔、科威特、沙特）以及伊朗和伊拉克共八个国家。海湾地区地处“五海”（地中海、红海、阿拉伯海、里海、黑海）“三洲”（亚洲、非洲、欧洲）的交汇地带，毗邻博斯普鲁斯海峡、达达尼尔海峡、曼德海峡、霍尔木兹海峡四大海洋战略通道，具有十分重要的战略地位。[①] 海湾地区是一个独特的地缘政治区域，中国与海湾地区关系的发展深受国际体系、地区格局的影响，同时也与中国自身外交战略的调整密不可分。在当前中国推进的“一带一路”建设中，海湾地区是“丝绸之路经济带”与“21世纪海上丝绸之路”的交汇点。

一、冷战时期中国与海湾地区的关系

在冷战时期，中国与海湾的关系深受冷战体制的影响，其具体表现是中国的海湾政策主要取决于中国与美苏两个超级大国关系的状态，同时海湾地区格局变化和中国自身的战略调整对中国的海湾政策也有一定的影响。下文分三个阶段对冷战时期中国与海湾地区的关系进行考察。

（一）20世纪50—60年代

在20世纪50—60年代，国际体系的典型特征是美国领导的西方资本主义阵营与苏联领导的社会主义阵营的全面对抗，即冷战体制的全面形成。1949年成立的中华人民共和国的制度属性，决定了中国采取与苏联结盟的“一边倒”政策。在此背景下，支持亚非民族民主运动是中国在两大阵营对抗体制下反对西方政策的一部分，中国与海湾国家的关系也受到这一政策的制约。

在20世纪50年代，海湾国家在政治制度上均采取君主制度，在外交上都是西方的盟友，伊朗和伊拉克还加入了西方主导的巴格达条约组织。因此，中国将海湾国家视为西方反动阵营的一部分而加以反对，支持民族解放运动构成了中国海湾政策的主要内容。“中国支持海湾地区的解放运

---

① Luo Yuan, “China’s Strategic Interests in the Gulf and Trilateral Relations among China, the U. S. and Arab Countries,” in Abdulaziz Sager and Geoffrey Kemp, eds., *China’s Growing Role in the Middle East: Implications for the Region and Beyond*, The Nixon Center, Washington, DC, 2010, p. 23.

动源于中国的意识形态原则，即打败海湾地区的帝国主义及其走狗。”[①] 具体来说，支持伊拉克革命构成了当时中国海湾外交的重点。1958 年 7 月，伊拉克发生卡西姆（Abd al－Karim Qasim）领导的革命，伊拉克随即退出巴格达条约组织。1958 年 8 月，中国与伊拉克建交，伊拉克成为海湾地区第一个与中国建交的国家。由于当时中国与埃及发生分歧，“伊拉克不仅成为中国在海湾地区的外交中心，也成为中国在整个阿拉伯世界的外交中心”。[②]

20 世纪 60 年代，由于中国与苏联的关系恶化，中国开始把包括海湾地区在内的阿拉伯世界视为抗衡苏联、反对西方帝国主义的舞台。1965 年，阿曼“佐法尔解放阵线”（Dhofar Liberation Front）展开针对阿曼苏丹国政府的武装斗争。1967 年 6 月，“佐法尔解放阵线”代表团访问北京，中国开始向其提供援助。1968 年，该组织更名为“被占领的阿拉伯湾人民解放阵线”（The Popular Front for the Liberation of the Occupied Arabian Gulf），并继续得到中国的支持。中国支持阿曼解放运动的目的在于在海湾地区树立一个革命运动的榜样，削弱西方在海湾地区的影响，同时与苏联在该地区进行竞争。[③]

（二）20 世纪 70 年代

到 20 世纪 60 年代末，由于中苏对抗加剧尤其是中苏边界冲突的爆发，中国开始把苏联视为世界最主要的敌人，建立广泛的统一战线，阻止苏联在第三世界的扩张成为中国对外政策的主要目标。在 20 世纪 70 年代初，苏联不断为南下印度洋在海湾地区进行扩张，其突出标志是苏联与印度（1971）和伊拉克（1972）签订友好合作条约。为对抗苏联的扩张，中国开始改善与美国的关系，这促使中国重新认识海湾国家及其与西方的关系，并接受美国对海湾地区的政策。

---

① ［阿联酋］穆哈迈德·本·胡崴丁著：《中国与阿拉伯湾岛和海湾地区国家关系（1949～1999）》，姚继德、冀开运译，北京：线装书局，2008 年版，第 130 页。

② 吴冰冰：《从中国与海湾八国关系的发展看“中阿合作论坛”》，载《阿拉伯世界研究》，2011 年第 1 期，第 11 页。

③ ［阿联酋］穆哈迈德·本·胡崴丁前引书《中国与阿拉伯湾岛和海湾地区国家关系（1949～1999）》，第 101 页。

为建立与海湾国家的外交关系，中国停止了对海湾地区革命运动的支持。从1971年开始，中国逐渐停止了对阿曼“被占领的阿拉伯湾人民解放阵线”的支持；1973年，伊朗帮助阿曼政府剿灭佐法尔的反政府武装，中国也没有表示反对。[①] 中国的这一政策旨在为建立与海湾国家的关系扫清障碍，因为伊朗和科威特都支持阿曼苏丹镇压佐法尔的叛乱，而更根本的目的在于阻止苏联在海湾地区的扩张。

20世纪70年代初，为防范苏联填补英国撤出海湾后产生的权力真空，中国开始发展与海湾国家的关系。与此同时，海湾君主制国家也有应对苏联威胁和伊拉克挑战的需要。在此背景下，中国与海湾国家的关系取得了丰硕的成果。1971年3月和8月，科威特和伊朗与中国建交。1971年10月中国恢复了在联合国的合法席位；1972年美国总统尼克松访华，中美关系改善，中国联美反苏的外交战略逐渐形成，进一步带动了中国与海湾国家关系的改善。1978年，亲苏联的势力在也门掌权，为平衡苏联的影响，阿曼于1978年5月与中国建交。在70年代中期以后，由于伊拉克与苏联的关系开始疏远，中国与伊拉克的关系也得到恢复和发展。

（三）20世纪80年代

在20世纪80年代，依靠美国抗衡苏联继续成为中国外交政策的主要内容。但是，由于中美关系矛盾不断，中苏关系开始缓和，中国开始“认识到在美苏之间进行平衡的重要性”。[②] 从中国自身的情况看，在1982年以后，中国对内把现代化建设作为国家的根本任务，对外执行独立自主的外交方针。中国外交的巨大变化也对中国的海湾政策产生了影响。

首先，在伊朗伊斯兰革命、两伊战争等重大地区问题上，中国均采取了务实的政策。

1979年伊朗伊斯兰革命后，由于伊朗与美国全面对抗，以及革命前中国与伊朗的巴列维政权保持着良好关系，加之中国担心革命后的伊朗政权

---

① 吴冰冰前引文：《从中国与海湾八国关系的发展看“中阿合作论坛”》，第12页。

② ［阿联酋］穆哈迈德·本·胡崴丁前引书《中国与阿拉伯湾岛和海湾地区国家关系（1949～1999）》，第91页。

与苏联结盟，如何处理与伊朗新政权的关系构成了中国面临的挑战。最终，中国认为意识形态、社会制度的差异不应成为发展两国关系的障碍。因此，中国采取了不干涉伊朗内政、不赞成也不参与制裁伊朗的政策。在这一政策框架下，中国实现了与伊朗关系的平稳过渡。

在两伊战争问题上，防止战争扩大，维护海湾地区稳定，阻止苏联借机扩张，构成了中国的主要政策目标。① 因此，中国对两伊战争采取了严格中立的政策，一直呼吁双方通过和平谈判解决问题，结束这场对双方无益的战争，同时通过与两伊进行军品贸易获取了一定的经济利益。由于中国是联合国常任理事国中唯一与两伊都保持良好关系的国家，在 1987 年 7 月联合国安理会通过要求两伊停火的 598 号决议后，中国是安理会常任理事国中第一个派外交官赴海湾地区进行斡旋的国家，② 这也成为中国斡旋海湾地区冲突的开端。在伊朗接受安理会第 598 号决议后，中国积极推动两伊就战后事务进行谈判，同时支持联合国秘书长的调解努力。

其次，中国继续致力于与海湾国家建立外交关系，在 1990 年与沙特建交后，中国实现了与所有海湾国家建交。

在 20 世纪 80 年代，发展与海湾合作委员会及其成员国的关系成为中国海湾政策的另一重点。1981 年，为防范两伊战争的威胁，海湾阿拉伯君主制国家成立了海合会。海合会成立后，中国外交部长黄华立即发电报对海合会的成立表示祝贺，中国与海合会的联系正式建立。③ 由于中国执行独立自主的外交政策，坚持不干涉内政原则，中国和海湾地区其他国家的关系也得到进一步发展。中国与沙特的关系不断发展直接推动了中国与其他海湾阿拉伯国家关系的发展，阿联酋、卡塔尔和巴林先后于 1984 年 11 月、1988 年 7 月和 1989 年 4 月与中国建交。④ 由于中国国内宗教政策的改善、中国的中东地区政策赢得沙特认可、中沙经贸与文化交流不断扩大，

① 钱学文：《中国对伊拉克外交中的国家利益取向》，载《阿拉伯世界研究》，2010 年第 2 期。

② ［阿联酋］穆哈迈德·本·胡崴丁前引书《中国与阿拉伯湾岛和海湾地区国家关系（1949～1999）》，第 109 页。

③ Zhang Mei，*China's Interests in the Gulf – Beyond Economic Relations*? Middle East Institute，Singapore，November 2009，p. 2.

④ Amb Ranjit Gupta，"China and the Gulf Region，" http://asiastudies. org/file/chinapaper/Amb%20Ranjit%20Gupta. pdf。

使中国与沙特的关系取得了巨大的发展。1988 年 10 月，沙特驻美大使班达尔·本·苏尔坦（Bandar bin Sultan）亲王访华；1988 年 11 月，中国和沙特双方决定在对方首都互设代表处，[①] 这一切都为中沙建交创造了条件。1990 年 7 月，沙特最终与中国建交。至此，中国与所有的海湾八国都建立了正式的外交关系。

二、冷战后中国与海湾地区的关系

冷战结束后，影响中国与海湾关系的因素主要包括国际体系变化、海湾地区形势变化、中国发展战略和外交战略的调整，但中国与海湾地区依存关系加深、中国外交战略调整对中国海湾政策的影响较之冷战时期呈现出明显增强的特点。下文主要分三个阶段进行考察。

（一）20 世纪 90 年代

在 20 世纪 90 年代，中国与海湾关系的国际和地区环境都发生了重大变化。首先，苏联解体、冷战终结和美国全球霸主地位的确立，以及 1989 年“政治风波”后中国与西方关系的恶化，导致中美关系中的矛盾上升。其次，海湾危机和海湾战争后，美国确立了在中东地区的主导权，如何在海湾危机和伊拉克问题上协调与美国和地区国家的关系，成为中国面临的主要挑战。最后，从中国自身的角度看，利用海湾危机改善与西方的关系，确保海湾地区的能源供应，进而为其现代化战略创造条件，成为中国海湾政策的主要目标。

第一，中国对海湾危机和海湾战争进行了积极应对。

在海湾危机爆发后，中国在联合国框架内坚决反对伊拉克入侵科威特，但同时反对大国军事介入海湾事务。中国对谴责和制裁伊拉克的安理会决议都投了赞成票，但对包含授权西方使用武力的第 678 号决议投了弃

---

① ［阿联酋］穆哈迈德·本·胡崴丁前引书《中国与阿拉伯湾岛和海湾地区国家关系（1949～1999）》，第 221 页。

权票。[①] 此外，中国还展开了积极的外交斡旋。1990 年 11 月，中国外长钱其琛在海湾战争爆发前访问了埃及、沙特、约旦和伊拉克四国，劝说伊拉克从科威特撤军，并同地区国家就和平解决海湾问题进行了探讨。在此次访问中，钱其琛外长开展了不带解决方案、不当调解人、意在广泛听取各方意见的“穿梭外交”，是海湾危机期间唯一到达巴格达的安理会常任理事国外长。客观而言，中国利用海湾危机缓和了与美国的关系，但中国并未与美国在海湾问题上进行利益交换。[②] 海湾战争后，中国主张伊拉克应全面、切实地执行联合国安理会的有关决议，同时反对美英在伊拉克设立“禁飞区”，呼吁美英停止对伊拉克的空袭行动，并早日结束对伊拉克的制裁。

第二，中国与海湾国家的能源合作不断增强。

伴随中国经济的高速发展，中国对进口石油的依赖日趋增长，其突出表现是中国在 1993 年成为石油产品净进口国，1996 年成为原油净进口国。

---

① 时任中国外交部长钱其琛在对中国投票立场做解释性发言时指出，中国既反对伊拉克对科威特的侵略，又主张和平解决，反对诉诸武力的原则立场。中国在海湾地区没有也不谋求任何私利，唯一关心的是该地区的和平与稳定。因此，中国力主和平解决海湾危机，以减少损失，避免战争后遗症；避免战争对海湾地区的危害，以及对世界和平与稳定和世界经济的不利影响。“使用一切必要手段”的措辞，事实上是允许采取军事行动，这有悖于中国政府力主和平解决的一贯立场，因此中国难以对决议案投赞成票。另一方面，海湾危机的原因在于伊拉克入侵科威特，伊拉克未在从科威特撤军的关键问题上采取实际行动，这项决议草案同时包括要求伊拉克充分遵守安理会 660 号和其他有关决议，也就是要求伊拉克立即从科威特撤军，对于这一点中国是赞成的，因此中国对这个决议案也不投反对票。参见钱其琛：《外交十记》，北京：世界知识出版社，2003 年版，第 103 页。

② 在钱其琛外长访问中东期间，美国国务卿贝克突然打电话邀请钱其琛在参加安理会会议期间访问美国，布什总统也分别致信江泽民、杨尚昆、李鹏等中国领导人，希望中国在安理会支持美国提出的决议草案，明确表示即将进行的安理会投票表决以及钱其琛对美国的访问，“将为实现双边关系的重大进展提供决定性的机会”。但是，正如钱其琛外长在《外交十记》一书中所言：“为换取中国赞成或不否决美国的议案，主动邀请我正式访问美国，说明美国在这个问题上有求于中方，但又企图把中方对这个议案的态度与恢复中美正常关系紧密挂钩。”美国国务卿贝克向钱其琛表示，希望中国能投赞成票，强调中国投否决票和弃权票都将对钱其琛访美“造成灾难性影响”。对此中国表示了断然拒绝。事实表明，中国并未与美国在海湾问题作任何利益交换。参见钱其琛前引书：《外交十记》，第 98 ~ 99 页。

在此背景下，海湾地区成为满足中国能源需求最重要的地区，中国对海湾地区的能源依赖不断增强，双方的能源合作日趋密切，尽管中国试图实现能源进口的多元化，但其进口石油的一半左右依然依赖进口中东的石油，其中从沙特和伊朗进口的石油占中国进口石油的比例在30%左右。① 1999年，中国与沙特签署建立战略石油伙伴关系的文件，双方能源合作的战略性质进一步增强。

第三，伊朗核问题开始成为影响中美关系的制约因素。

20世纪90年代初，伊朗恢复了核技术的研发活动，美国认为伊朗试图发展核武器，并得到中国在技术和情报方面的帮助，伊朗核问题开始成为影响中美关系的重要问题。1991年11月，美国国务卿贝克访华，要求中国停止与伊朗的核合作。中美双方围绕伊朗问题发生激烈交锋，但谈判无果而终。1992年9月，美国决定向台湾出售150架F-16战斗机后不久，伊朗总统拉夫桑贾尼访华，中国与伊朗签订核技术合作协定，中方同意与伊朗合作在伊朗修建核电站，引起美国的强烈不满。1993年克林顿入主白宫后，美国继续就伊朗核问题向中国施压，要求中国停止帮助伊朗建核电站，而中方则向美方提出了美售台武器问题。1995年9月，在江泽民主席访问美国前夕，中国宣布将暂停与伊朗合作修建核电站。② 此后，美国开始对伊朗进行制裁，对中国与伊朗的能源和经贸合作的开展产生了重要的消极影响。

（二）21世纪的第一个十年

进入21世纪后，“9·11”事件的发生、伊拉克战争的爆发使国际体系和海湾地区格局均发生了深刻变化，中国海湾外交的国际和地区环境更趋复杂，而中国现代化进程加快、能源需求不断扩大、外交自主性增强则构成了中国海湾外交调整的内部动力。在这一时期内，中国与海湾地区关系的内容主要包括深化与沙特阿拉伯和海合会的战略合作，参与伊拉克战

---

① Chietigj Bajpaee, “China Becomes Increasingly Involved in the Middle East,” 10 March 2006, http://www.pinr.com/report.php?ac=view_report&report_id=455&language_id=1.

② 华黎明：《伊朗核问题与中国中东外交》，载《阿拉伯世界研究》，2014年第6期，第5—6页。

后重建，在发展与伊朗的能源合作的同时参与伊核谈判，并艰难平衡与美国的关系。

第一，中国与沙特阿拉伯和海合会的战略合作取得重要进展。

“9·11”事件后，在国际形势和地区格局发生重大变化的背景下，深化双方的战略合作符合中国与沙特的共同利益。在2005年阿卜杜拉就任国王后，中国与沙特的战略合作关系迅速发展，其重要标志是2006年1月沙特国王阿卜杜拉访华，2006年4月和2009年2月胡锦涛主席两次访问沙特，以及时任国家副主席习近平2008年6月对沙特的访问。中国与沙特的经贸和能源合作也迅速发展，沙特一直是中国第一大石油供应国，中国则在2009年超过美国成为沙特石油的第一大进口国。[①] 中国与海合会的关系也取得重大进展，2004年7月，海合会秘书长和六国财长联合访华，中国与海合会签订了“经济、贸易、投资和技术合作框架协议”，并宣布启动建立自由贸易区的谈判。2010年6月，中国与海合会建立战略对话机制并在北京举行了首轮对话。

第二，在伊拉克问题上，中国坚决反对美国发动伊拉克战争，但又保持了外交政策的灵活性，并未与美国发生直接对抗，并在战争后通过双边和多边渠道参与了伊拉克重建。

在伊拉克战争爆发前，中国努力推动在联合国安理会有关决议的框架内政治解决伊拉克问题，积极推动伊拉克在核查问题上转变态度并促成了安理会第1441号决议的通过，为尽可能避免战争付出了巨大努力。在这一阶段内，联合国安理会构成了中国宣示政策主张，反对美国单边主义，争取政治解决伊拉克危机的主要平台，既展示了中国为解决伊拉克危机的外交努力，也未因此导致中美关系出现大的波动。在伊拉克战争进行的过程中，中国继续坚持反对战争的既有立场，但并未参加欧洲和俄罗斯等国家组成的反战阵营，保持了自身政策的独立性，体现了原则性与策略性相结合的外交艺术。“在对伊拉克动武问题上，中国固然明确反对美国甩掉联合国而一意孤行的单边主义政策，但也不希望被视为反美的领头人、扛旗者。”[②] 在伊拉克战争结束后，中国积极通过双边和多边渠道参与伊拉克战后重建。在政治重建方面，中国坚定支持伊主权、独立和领土完整，主张

① 吴冰冰前引文：《从中国与海湾八国关系的发展看“中阿合作论坛”》，第12页。

② 余建华：《伊拉克战争与中国外交》，载《西亚非洲》，2004年第3期，第14页。

通过政治进程，以和平、民主的方式解决各派的分歧，实现伊的安全与稳定。在经济重建方面，中国主要通过双边渠道为伊拉克提供援助，发展经贸关系，支持中国企业在伊拉克进行投资等方式，为伊拉克经济重建提供支持。为了促进伊拉克战后重建，中国减免了伊拉克债务80%；2006年，中国承诺向伊拉克提供2500万美元的经济援助；2007年5月，杨洁篪外长在出席伊拉克问题的国际会议时宣布，中国政府将向伊提供5000万元人民币无偿援助。[①]

第三，围绕伊朗核问题，中国力求平衡与美国和伊朗的关系，同时保护中国在伊朗的经济利益。

自2003年伊朗核危机以来，中国始终坚持三条基本原则：伊朗不应坚持开发核武器；国际社会不应谋求以武力解决伊朗核问题；应通过谈判、沟通和平解决伊朗核问题。坚持维护国际核不扩散体系，积极推动伊与国际原子能机构进行全面合作，通过对话政治解决伊核问题，维护中伊关系的正常发展，是中国的基本立场。[②] 因此，在很长一段时间里，中国始终反对把伊朗核问题交给安理会处理，主张由欧盟在美伊之间进行外交斡旋。伴随欧盟的外交协调陷入僵局，以及2006年1月伊朗恢复铀浓缩活动，伊核问题经历了在国际原子能机构内协调，在六国机制内磋商，在联会国安理会内讨论三个不同而又彼此关联、交叉的阶段。中国从一开始就努力争取伊核问题在国际原子能机构内得以解决，并通过双边途径做伊朗工作，敦促伊朗采取措施，加强与国际原子能机构合作，谋求通过对话解决问题。

2006年2月，在美国的推动下，伊核问题被国际原子能机构提交给联合国安理会。[③] 针对这种转变，中国参加了联合国框架下的六方会谈，但继续主张通过外交手段和平解决伊朗核问题。2007年6月，六国达成了恢

---

① Liu Zhongmin, "China's Diplomacy on the Hot Issues of Middle East: History, Ideas, Experiences and Impact," *Journal of Middle Eastern and Islamic Studies* (*in Asia*), No. 1, 2011, p. 84.

② Jin Liangxiang, "Energy First China and the Middle East," *Middle East Quarterly*, Spring 2005, http://www.meforum.org/article/694.

③ Ji Hye Shin and John J. Tkacik, "China and the Middle East: A New Patron of Regional Instability," September 26, 2006. http://www.heritage.org/Research/AsiaandthePacific/bg1974.cfm.

复伊核问题谈判的“六国方案”，但由于伊朗坚持不放弃铀浓缩治动，伊核问题随之急剧升温，美国竭力推动安理会强化对伊制裁，并扬言不排除对伊实施军事打击的可能。在此情况下，安理会先后通过了关于伊核问题的1737号和1747号决决议。出于维护中美关系的考虑，中国对上述两个决议投了赞成票，但强调外交谈判仍是解决伊朗核问题的最佳选择。

在伊核问题上，保持中国与西方尤其是美国的合作关系，同时避免使中国与伊朗的能源合作受到较大伤害，成为中国外交面临的难题。自2006年至2010年，在美国的强烈推动下，联合国安理会先后通过四个制裁伊朗的决议。由于中国的坚持，所有决议案都剔除了直接损害中国在伊朗重大经济利益的条款和内容。[①] 但是，中美围绕中伊能源合作的矛盾却不断加深，伊朗方面对中国也存在一定的不满。

（三）中东变局之后

中东变局发生、美国在中东进行战略收缩、美国与伊朗关系改善、伊核问题谈判取得重要进展、伊拉克重新陷入动荡、极端组织“伊斯兰国”崛起、也门危机爆发以及沙特对也门胡塞武装进行军事打击，导致海湾地区形势发生重大变化。在此背景下，妥善应对中东变局对中国与海湾阿拉伯国家关系的冲击，积极参与伊核问题谈判并在西方与伊朗之间进行斡旋，成为中国海湾外交的重点。2012年，以习近平为总书记的中国新一代领导集体产生，中国外交主动性进一步增强。2013年，习近平主席提出了“一带一路”的倡议，由于海湾地区处于“丝绸之路经济带”与“海上丝绸之路”的交汇点，“一带一路”战略为中国与海湾关系的发展提供了巨大的机遇，但面临的风险和挑战也不容忽视。

第一，“阿拉伯之春”使中国与海合会国家的关系受到一定冲击，但在双方的努力下很快得到了恢复，并使双方的战略合作水平得到了提升。

“阿拉伯之春”爆发后，中国与海湾阿拉伯国家围绕如何对待所谓“阿拉伯革命”存在明显的政策分歧。中国的政策主要包括三个方面：首先，中国坚持不干涉内政原则，即尊重和支持地区国家自主处理内部事务，相信地区国家和人民有能力、有办法找到适合本国国情的发展道路和

---

① 华黎明：《伊朗核问题与中国中东外交》，载《阿拉伯世界研究》，2014年第6期，第7页。

治国理政方式；其次，中国反对使用武力，呼吁各方通过政治手段、以和平方式解决矛盾；最后，中国呼吁国际社会支持地区国家为恢复政局稳定、发展经济、解决热点问题所作的努力，特别是积极推进中东和平进程，为地区恢复和平稳定、寻求可持续发展创造良好的外部条件。[①] 总之，中国并不反对阿拉伯人民改善民生、发展民主的变革诉求，但中国反对外国的干涉特别是武力干涉，这是基于不干涉内政的外交原则做出的政策选择。海合会国家支持突尼斯、埃及、利比亚、也门、叙利亚的政治反对派，但却支持并参与了巴林政权对什叶派反对派的镇压。海合会国家还参与了北约对利比亚的国际干涉，同时积极支持通过干涉推翻叙利亚的巴沙尔政权。[②] 海合会国家的叙利亚政策的主要考虑在于反对什叶派和抗衡伊朗。中国与海合会国家的分歧集中体现在叙利亚问题上，中国反对对叙利亚进行军事干涉，并在2012—2013年三次在联合国安理会行使否决权。

中国的叙利亚政策引起了海合会国家的不满，海湾阿拉伯国家的媒体甚至谴责中国支持巴沙尔政权。但叙利亚问题并未对中国与海合会国家的关系产生致命的伤害，相反，由于中国积极向海合会国家解释自己的政策，以及双方在能源合作领域的巨大需求，中国与海合会国家的战略合作关系得到迅速提升。2012年初，国务院总理温家宝对沙特、阿联酋和卡塔尔三国进行了成功访问，提升了中国与沙特的战略伙伴关系，并宣布与阿联酋建立战略伙伴关系。[③] 中国与海合会的战略对话合作机制也得到加强。2011年5月，中国－海合会第二轮战略对话在阿联酋首都阿布扎比举行。2014年1月，中国－海合会第三轮战略对话在北京举行。[④]

第二，积极参与伊朗核问题谈判，在西方和伊朗之间做了大量的外交斡旋工作，为推动伊朗核问题的政治解决发挥了重要的建设性作用。

---

① Liu Zhongmin, "On Political Unrest in the Middle East and China's Diplomacy," *Journal of Middle Eastern and Islamic Studies (in Asia)*, Vol. 6, No. 1, 2012, p. 8.

② Jon B. Alterman, "China's Balancing Act in the Gulf," Center for Strategic and International Studies, August 2013, http://csis.org/files/publication/130821_Alterman_ChinaGulf_Web.pdf, p. 2.

③ 吴思科：《"一带一路"框架下的中国与海合会战略合作》，载《阿拉伯世界研究》，2015年第21期，第9页。

④ 《海湾合作委员会》，http://www.fmprc.gov.cn/mfa_chn/gjhdq_603914/gjhdqzz_609676/lhg_610422/jbqk_610424/。

鲁哈尼于2013年6月当选伊朗总统后，美伊关系的缓和为政治解决伊核问题创造了条件。自2013年10月伊核谈判重启后，中国一直发挥着积极的促进作用。2013年11月，习近平主席同伊朗总统鲁哈尼通电话，强调中方主张各方本着对等的原则，通过对话谈判和平解决问题，希望伊方把握机遇，保持对话势头，同各方寻求最大公约数，争取最好结果。在伊核谈判启动后，中国于2014年2月提出了全面解决伊核问题的五点主张：坚持走六国与伊朗对话的道路；寻求全面公平、合理的长期解决方案；秉持分步、对等原则，营造有利的对话谈判气氛；寻求标本兼治、综合治理等。[①] 这些主张旨在弥合各方分歧，推动各方能在规定的时间内达成全面协议。这是中国首次就伊核问题全面提出自己的主张。在伊核谈判的过程中，中国积极做有关各方尤其是美国和伊朗的工作，致力于消除各方分歧，推动伊核谈判向政治解决的方向发展，对2015年7月伊核协议的最终达成发挥了重要的建设性作用。

第三，面对美国撤军后伊拉克陷入政治危机，极端组织“伊斯兰国”（IS）攻城略地，中国积极支持伊拉克实现政治和解和打击“伊斯兰国”的反恐努力。

2011年美国从伊拉克撤军后，伊拉克的政治和安全局势急剧恶化。面对伊拉克各派冲突不断、统一面临严重危险的状况，中国坚定支持伊拉克主权独立和领土完整，主张通过政治进程，以和平、民主的方式解决各派分歧，实现伊拉克的安全与稳定。2014年2月，中国外长王毅访问伊拉克，在这次被称为“支持与合作之旅”的访问中，王毅表示中国将坚定支持伊拉克维护国家独立领土完整；坚定支持伊拉克加快政治重建和民族和解进程；坚定支持伊拉克政府反对一切形式的恐怖主义，并表示中国将在能源、基础设施和民生三大领域向伊拉克提供更多帮助。[②] 伊拉克总理马利基表示，伊方欢迎中国参与和帮助伊拉克战后重建并希望将更多中国企

---

① 高祖贵：《中东巨变以来中国与中东国家的关系》，载《阿拉伯世界研究》，2015年第1期，第19—20页。

② 《王毅与伊拉克外长兹巴里举行会谈》，http://news.xinhuanet.com/world/2014-02/24/c_119460773.htm。

业纳入其重建规划。①

2014 年 6 月，极端主义势力“伊斯兰国”在叙利亚和伊拉克边境地区迅速崛起，不仅进一步恶化了伊拉克的安全局势，导致大选后的伊拉克政治危机不断加剧，而且对地区安全和全球安全构成严重威胁。2014 年 6 月 19 日，中国外交部发言人表示，中方支持伊拉克政府为维护国内稳定、打击恐怖主义所作的努力，希望伊拉克早日恢复稳定和正常秩序。中方愿根据伊方实际需求，继续为伊拉克提供力所能及的帮助。同时，中方希望伊方继续采取切实措施，确保在伊中国机构和人员安全。②

第三，中国提出的“一带一路”倡议，为中国与海湾国家的合作共赢提供了新的历史机遇，但面临的风险和挑战也不容忽视。

2013 年 9 月和 10 月，中国国家主席习近平在出访中亚和东南亚国家期间，先后提出共建“丝绸之路经济带”和“21 世纪海上丝绸之路”（简称“一带一路”）的重大倡议。2015 年 3 月，中国政府制定并发布了《推动共建丝绸之路经济带和 21 世纪海上丝绸之路的愿景与行动》，得到国际社会高度关注。“一带一路”建设坚持共商、共建、共享原则，积极推进沿线国家发展战略的相互对接；“一带一路”建设的主要内容包括政策沟通、设施联通、贸易畅通、资金融通、民心相通；“一带一路”建设致力于推动全方位推进务实合作，打造政治互信、经济融合、文化包容的利益共同体、命运共同体和责任共同体。总之，“一带一路”是一条互尊互信之路，一条合作共赢之路，一条文明互鉴之路。③

2014 年 1 月，习近平主席在会见海合会代表团时表示，中方将一如既往同海合会发展长期友好关系，中方愿同海方共同努力，推动“丝绸之路经济带”和“21 世纪海上丝绸之路”建设。④ 2014 年 6 月，习近平在中阿合作论坛第六届部长级会议开幕式上的讲话指出，中国和阿拉伯国家要构

---

① 《伊拉克总理马利基会见王毅，感谢中国支持帮助》，http://news. xinmin. cn/world/2014/02/24/23600973. html。

② 《外交部回应伊拉克局势：愿继续为伊反恐提供帮助》，http://www. chinanews. com/gn/2014/06 - 19/6300366. shtml。

③ 《推动共建丝绸之路经济带和 21 世纪海上丝绸之路的愿景与行动》http://world. huanqiu. com/hot/2015 - 03/6037723. html。

④ 吴思科：《“一带一路”框架下的中国与海合会战略合作》，载《阿拉伯世界研究》，2015 年第 2 期，第 9 页。

建“1+2+3”合作格局。“1”是以能源合作为主轴，深化油气领域全产业链合作，维护能源运输通道安全，构建互惠互利、安全可靠、长期友好的中阿能源战略合作关系。“2”是以基础设施建设、贸易和投资便利化为两翼，加强中阿在重大发展项目、标志性民生项目上的合作，为促进双边贸易和投资建立相关制度性安排。“3”是以核能、航天卫星、新能源三大高新领域为突破口，努力提升中阿务实合作层次。习近平还特别强调了中国－海湾阿拉伯国家合作委员会自由贸易区、中国－阿联酋共同投资基金、阿拉伯国家参与亚洲基础设施投资银行筹建的重要性。① 在习近平主席提出的中阿战略合作中，海湾地区无疑具有十分重要的地位，有很大的合作潜力。合作共建“一带一路”，将成为未来中国与海湾国家合作的主线。

“一带一路”战略的提出为全面提升中国与海湾国家的合作关系提供了新的历史机遇，也得到海湾国家的广泛关注和积极响应。例如：科威特准备用1300亿美元在北部沿海的索非亚地区建设丝绸之路城，2035年建成后将成为连接中国与欧洲的新丝绸之路的重要战略枢纽。阿曼希望加强杜库姆经济特区建设与“一带一路”的合作。杜库姆是阿曼东北沿海的中心点，建成后的经济特区将包括港务、工业、物流、渔业、商业、休闲、旅游、教育八大功能区块，阿曼希望加强与中国进行合作，希望中国积极参与。阿曼还提出要在郑和下西洋时曾经七次到过的塞拉莱港建立一座郑和纪念园区，树立纪念碑，同时建成集艺术、休闲、旅游等功能于一体的园区。卡塔尔希望在多哈新港建设中加强与“一带一路”建设的对接，希望由中方企业参与扩建港口和增设与海湾合作委员会六国联通的铁路。②

当然，中国与海湾国家围绕“一带一路”建设的合作也面临着诸多的风险和挑战。首先，海湾地区安全形势不容乐观。伊拉克和也门局势持续动荡、“伊斯兰国”等恐怖组织活动猖獗，都是中国和海湾国家必须面对的安全挑战。其次，海湾地区大国沙特和伊朗的地缘政治博弈加剧，如何

① 习近平：《弘扬丝路精神，深化中阿合作——在中阿合作论坛第六届部长级会议开幕式上的讲话》，http://news.xinhuanet.com/politics/2014-06/05/c_1111003387.htm。

② 吴思科：《“一带一路”——来自中东的声音》，http://www.guancha.cn/wusike/2015_04_09_315234.shtml。

平衡与沙特和伊朗的关系，成为中国必须妥善应对的政治议题。最后，中国和美国在海湾地区虽存在许多共同利益，但在地区热点问题上仍存在明显的分歧，如何处理中美在中东的合作与竞争关系，也是中国海湾外交面临的长期挑战。

三、结论

中国与海湾地区关系的发展深受国际体系、地区格局的影响，同时也与中国自身外交战略的调整密不可分。在结论部分，本文从以上三个角度，对每个具体阶段中国与海湾关系的基本内容和特征进行简要总结。

在20世纪50～60年代，国际体系突出表现为冷战体制下的美苏对抗，海湾地区格局的主要矛盾表现为民族革命运动与君主统治之间的矛盾，即共和制国家伊拉克与海湾君主制国家之间的矛盾，中国外交政策的主旨是支持民族革命运动，而海湾君主国家为西方盟国，因此中国与海湾君主国家的关系处于敌对状态，但与1958年革命后的伊拉克建立了外交关系，同时对阿曼的革命组织予以支持。

在20世纪70年代，国际体系层面的美苏对抗态势发生变化，苏联在海湾地区的扩张加剧；在地区格局层面，英国撤出海湾地区，海湾国家取得独立，为中国发展与海湾君主制国家的关系提供了机遇；在中国对外战略方面，由于中苏矛盾激化和中美关系缓和，中国的海湾政策转向以对抗苏联为主要目标，中国开始与海湾君主制国家科威特、伊朗和阿曼建立关系。

在20世纪80年代，在国际体系方面，苏联发动阿富汗战争，美国提出“卡特主义”回应苏联的扩张；在地区格局方面，1979年伊朗伊斯兰革命后，两伊矛盾以及背后的波斯民族与阿拉伯民族的矛盾成为地区主要矛盾，并导致两伊战争的爆发，海湾六国为联合自保建立海湾合作委员会；在中国的对外战略方面，改革开放后的中国开始淡化外交的意识形态，奉行独立自主外交，中国对两伊战争采取中立政策，并继续发展与海湾君主制国家的关系，实现与阿联酋、卡塔尔和巴林建交，并最终于1990年实现与沙特建交，至此中国实现与海湾八国的全面建交。

在20世纪90年代，在国际体系方面，苏联解体后美国一家独大的单极格局形成，美国通过海湾战争确立中东霸权；在地区格局方面，海湾地区的矛盾突出表现为伊朗、伊拉克和海合会国家的三边结构，海合会国家配合美国对两伊进行遏制；从中国外交战略方面看，1989 年“政治风波”后的中国确立“韬光养晦、有所作为”的外交战略，对海湾战争以及伊拉克武器核查危机等重大事态均采取“总体超脱”的战略，但中国利用海湾战争改善了与美国和西方国家的关系，美国因素对中国海湾政策的影响开始显现；中国与海湾国家的经贸合作尤其是能源合作开始发展，国家利益拓展对中国海湾政策的影响开始显现。

在 21 世纪的第一个十年，在国际体系方面，在 2001 年“9·11”事件后，反恐战争主导了美国的全球战略，但阿富汗战争和伊拉克战争导致美国国力衰退；在海湾地区格局方面，伊拉克战争和伊朗核危机成为地区安全的主要议题，伊朗崛起的势头强劲，导致海合会国家与伊朗的矛盾上升；在中国对外战略方面，在“9·11”事件后中美关系改善的背景下，中国提出了战略机遇期概念，实施“走出去”战略，启动与海合会自贸区谈判和战略对话，同时参与伊拉克战后重建和伊朗核问题谈判，中国与海湾地区的关系更趋紧密，但美国因素对中国与海湾关系尤其是中国与伊朗关系发展的制约更加突出。

2011 年中东变局发生以来，在国际体系方面，金融危机后国际格局多极化深化，包括中国在内的新兴大国崛起导致国际体系发生深刻变化，美国开始推行“亚太再平衡”战略，并在中东实行战略收缩；在地区格局方面，“阿拉伯之春”的爆发、美国从伊拉克撤军导致教派矛盾激化，美国改善与伊朗关系并推进伊核谈判，都导致海合会与伊朗矛盾上升；在中国的对外战略方面，习近平执政后的中国在外交上强调“更加有所作为”，更加重视周边外交，尤其是“一带一路”战略的提出为中国与海湾国家的合作提供了巨大动力，但中国与海合会国家在“阿拉伯之春”、叙利亚危机、伊朗核问题等地区问题上的分歧，使得中国在如何平衡与海合会与伊朗关系方面面临巨大挑战。

图书在版编目（CIP）数据

中东地区发展报告．2015～2016：“一带一路”建设与中东/刘中民、朱威烈、孙德刚主编．—北京：时事出版社，2016.6
ISBN 978-7-80232-973-7

Ⅰ．①中…　Ⅱ．①刘…②朱…③孙…　Ⅲ．①经济发展—研究报告—中东—2015～2016②政治—研究报告—中东—2015～2016③对外经济合作—研究—中国、中东　Ⅳ．①F137.04②D737③F125.537

中国版本图书馆 CIP 数据核字（2016）第 094856 号

出版发行：时事出版社
地　　址：北京市海淀区万寿寺甲 2 号
邮　　编：100081
发行热线：（010）88547590　88547591
读者服务部：（010）88547595
传　　真：（010）88547592
电子邮箱：shishichubanshe@sina.com
网　　址：www.shishishe.com
印　　刷：北京百善印刷厂

开本：787×1092　1/16　印张：24.5　字数：410 千字
2016 年 6 月第 1 版　2016 年 6 月第 1 次印刷
定价：118.00 元